王室与巨贾

格雷欣爵士与都铎王朝的外债筹措

启真馆 出品

启真学术文库

QIZHEN

王室与巨贾

格雷欣爵士与都铎王朝的外债筹措

The Crown And The Merchant

Sir Thomas Gresham And Foreign Debt Financing Of The Tudors

赖建诚 著

ZHEJIANG UNIVERSITY PRESS
浙江大学出版社

亨利七世，1457（生）1485（登基）1509（薨），在位 23 年 8 个月

亨利八世，1491（生）1509（登基）1547（薨），在位37年9个月

爱德华六世，1537（生）1547（登基）1553（薨），在位 6 年 5 个月

玛丽一世，1516（生）1553（登基）1558（薨），在位 5 年 4 个月

伊丽莎白一世，1533（生）1558（登基）1603（薨），在位 44 年 7 个月

伊丽莎白一世的首辅威廉·塞西尔爵士（伯利勋爵，1520—1598）

格雷欣与安妮·费内利结婚时（1544，26 岁）

托马斯·格雷欣爵士，1519—1579（约 1560）

Portrait by Sir Anthonis Mor van Dashorst.

格雷欣爵士夫人，安妮·费内利·里德·格雷欣女士，1520—1596（约 1560）
Portrait by Sir Anthonis Mor van Dashorst.

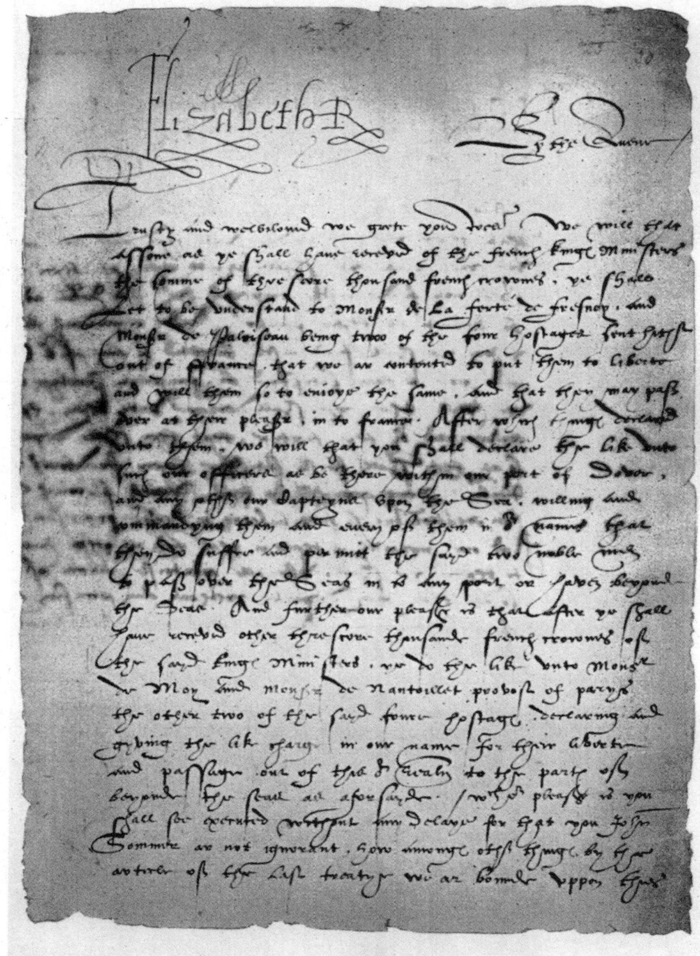

伊丽莎白一世写给格雷欣爵士的信（1564 年 8 月 28 日）

译文见 Perry Gresham and Carol Jose (1995): *The Sign of the Golden Grasshopper: A Biography of Sir Thomas Gresham*, pp.197-198。

资料来源： George Chandler (1964): *Four Centuries of Banking,* Vol. 1: *The Grasshopper and the Liver Bird: Liverpool and London*, p.35.

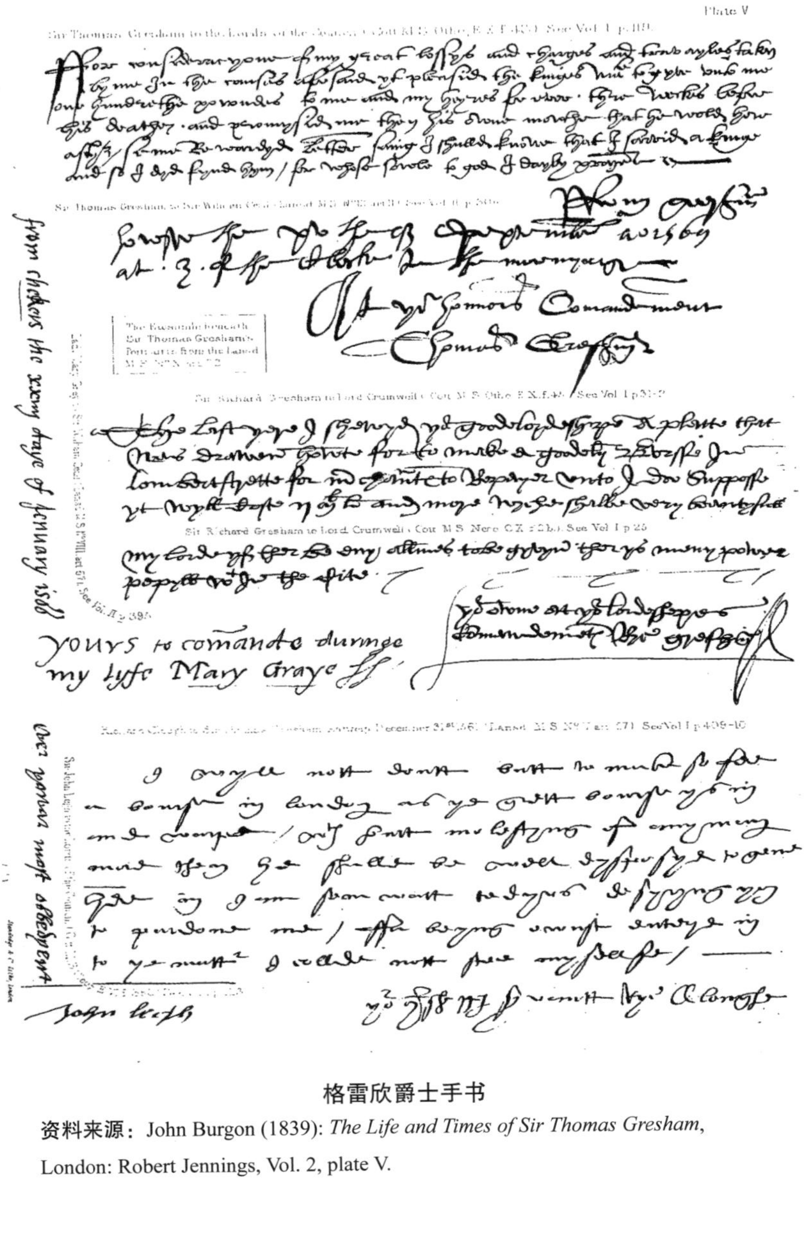

Plate V

Sir Thomas Gresham to the Lords of the Council (Cott MS Otho, E X f 430) See Vol I p 119

Sir Richard Gresham to Lord Crumwell (Cott M S Otho E X f 46) See Vol I p 31-2

Sir Richard Gresham to Lord Crumwell (Cott M S Nero C X f 2 b) See Vol I p 25

from chelsey the xxvij daye of Jenuary 1568

Yours to comande durynge my lyfe Mary Graye

格雷欣爵士手书

资料来源： John Burgon (1839): *The Life and Times of Sir Thomas Gresham*, London: Robert Jennings, Vol. 2, plate V.

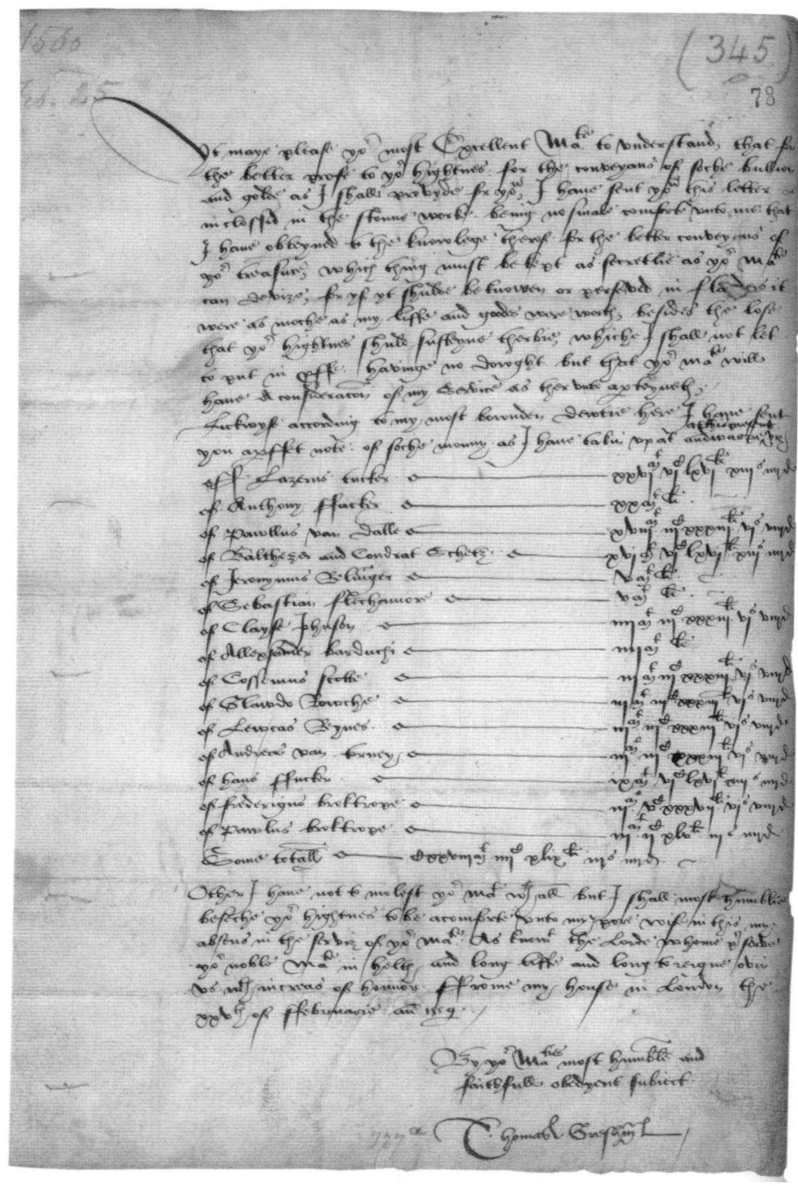

格雷欣写给伊丽莎白一世的信（1559 年 2 月 25 日）

资料来源：Felix Pryor (2003): *Elizabeth I: Her Life in Letters*, London: British Library, pp. 32-33（信函复印件与解说）。此信的内容在 John Burgon (1839): *The Life and Times of Sir Thomas Gresham*, Vol. l,pp. 234–263 之间未见抄录。

说明：

（1）1707 年英格兰与威尔士、苏格兰合并，成为大不列颠（Great Britain）。在此之前，英国的主要领土是英格兰（England，参见地图 2）。

（2）16 世纪的低地国，约略是今日的荷比卢与法国北部（参见地图 3）。

地图 1　16 世纪 80 年代的欧洲

资料来源：D.M. Palliser (1985): *The Age of Elizabeth: England under the later Tudors, 1547-1603*, London: Longman, pp. 24-25, figure 3.

地图 2　16 世纪的英格兰

资料来源： D.M. Palliser (1985): *The Age of Elizabeth: England under the later Tudors, 1547-1603*, London: Longman, pp. xx-xxi, figure 1.

地图 3　16 世纪的低地国

资料来源： J.A. van Houtte (1977): *An Economic History of the Low Countries, 800-1800*, London: Weidenfeld and Nicolson, p.320, map 1.

表格目次

图片目次

目　录

IV 外债·内债·协商

V 贡献与评价

附 录

前言

从亨利八世到伊丽莎白一世，英国与法国、西班牙、爱尔兰之间的争战，导致国库严重亏空，要靠王室商人去欧陆张罗、协商、谈判贷款。本书的主题，是16世纪都铎王朝外债的筹措与偿付，主角是众所皆知的人物——以“劣币驱逐良币”（格雷欣法则，Gresham's Law）闻名的托马斯·格雷欣爵士（Sir Thomas Gresham，1519—1579）。全书分5篇（13章）与7个附录，主轴是格雷欣如何筹借外债，如何谈判借款的数额、利率、期限，如何操作英镑的汇率。

从欧洲经济史的角度来看，16世纪是中世纪和现代的分野，也奠定了往后200年政治经济的发展。此时期最主要也最明显的特色，是主权国家的发展和资本市场逐渐成形。相较于欧陆国家，英国的财政虽然也屡受赤字困扰，但英国的规模较小，收支也较健全。从都铎王朝中期（16世纪40年代）开始，英国与法国、西班牙、爱尔兰之间的征伐不断，国库严重亏空，如何筹措资金成为最紧迫的问题。

主要的筹款方式不外三种：增加税收、货币贬值、国外借款。前两项是内政问题，主权在己。国外借款牵涉三项外在因素：（1）英镑在国外的汇率，这会影响贸易收支与偿债的成本；（2）国际可贷资金是否宽裕，这会影响利息的高低；（3）英国的外债信誉是否良好，外国债主是否肯宽延或再借。这三件事都需要靠王室商人（royal factor 或 royal agent）去欧陆张罗、协商、谈判。

王室商人要替政府处理外交、军事、贸易方面的事，还要充当地下大使和刺探消息的间谍。王室商人是古今中外皆有的角色，他们有些共通的特质：（1）本人或家族在国内的工商企业界有分量；（2）在国际上有声望与人脉；（3）政治上和经济上取得王室信任；（4）有谈判协商解决高层难题的技巧。王室商人的报酬主要有三种形式：（1）颁赠爵位；（2）赏赐封地与田园；（3）授予工商贸易特许。

有个众所周知的“格雷欣法则”，意思是“劣币驱逐良币”（Bad money drives out good）。本书的主角就是他——托马斯·格雷欣爵士。从亨利八世开始，历经爱德华六世、玛丽一世、伊丽莎白一世，格雷欣家族是名闻国际的王室商人，最有名的就是本书主角托马斯爵士。除了外债的重要贡献，他还在伦敦建造雄伟的交易所，伊丽莎白女王将它命名为皇家交易所（Royal Exchange），后来多次失火重建，但皇家交易所之名沿用至今。他独资创办的格雷欣学院（Gresham College），是私人兴学的典范，至今仍在运作，但学术重要性已不高（参见附录1、附录2）。

与格雷欣相关的研究，最早是John Burgon（1839）的两册传记*The Life and Times of Sir Thomas Gresham*。最重要的研究是Raymond de Roover（1949）：*Gresham on Foreign Exchange: An Essay on Early English Mercantilism with the Text of Sir Thomas Gresham's Memorandum for the Understanding of the Exchange*（哈佛大学出版），这是研究格雷欣最权威的著作。[①]此书问世至今已超过60年，期间除了一些简短的综述，如Thomas Bindoff (1973): *The Fame of Sir Thomas Gresham*（30页）、Ian Blanchard (2004): "Sir Thomas Gresham (c.1518-1579)", *Oxford Dictionary of National Biography*, Vol. 23, pp.764-771的8页简要传记，并没有重要的新著作。

为何有必要重做格雷欣与英国外债的研究？(1) 有许多新的统计资料（如本书的图4-1、图4-2、图9-1），让我们更能理解都铎王朝的经济结构。(2) 有许多新的研究，帮助我们理解都铎王朝的货

① 这本书的核心是第2章（中世纪与都铎王朝货币简史）、第3章（16世纪的货币与外汇市场运作方式）、第4章（16世纪时与外汇相关的争辩）。雷蒙德·德·鲁维尔（Raymond de Roover,1904—1972）是比利时籍的著名中世纪经济史学者，我对他的相关学术作品都相当佩服与推崇。

币制度与政策，例如 Christopher Challis (1973): *The Tudor Coinage*。(3) 有许多新著作，帮助我们理解王室与货币市场的关系，例如 Robert Ashton (1960): *The Crown and the Market, 1603-1640*。(4) 有许多 16 世纪的英国政府文件与档案，已电子化为可在线搜寻的数据库。(5) 学界发表许多新专著与论文，帮助我们理解英国经济史的广度与深度。这五点学术性的优势与网络的方便性，都是德·鲁维尔在 20 世纪 40 年代研究格雷欣时不具备的（详见书末的“文献解说”）。

我和德·鲁维尔的研究有何相似性与差异性？相似性有两点：（1）主角相同、历史背景相同；（2）英镑的外汇问题相同。60 多年后我对这两项相同点，借助学界的研究成果，有许多新材料可以补充。但对想深入理解的研究者，我仍然推荐重新研读 de Roover（1949）以及他的所有著作，绝对不会失望。

差异性就较多了，有面向性的、有题材性的。de Roover（1949）全书 348 页分 5 章，初旨是考证与解说一份 18 页的手写稿。传说那是格雷欣以摘要的形式，向伊丽莎白一世和朝廷解说外汇的原理，以及英镑汇率、贸易收支的状况。德·鲁维尔在 14—18 页确认，这份手稿的著作日期是 1559 或 1560 年（p.15），他主张这份手稿的作者是格雷欣（p.17），但其他研究者另有诸多争议。[①]德·鲁维尔在附录（pp.290–309）复制手稿原件，解说内文细节，考证撰写日期与作者身份。

这是德·鲁维尔研究格雷欣的出发点，但觉得单是考证还不够，必须解说 16 世纪英国的货币体制、外汇的运作方式、各方人士对外汇的诸多见解。所以他在第 1 章先解说上述那份手稿的问题、介绍格雷欣的身世背景，以及学界对手稿的各项争议。第 2 章介绍英镑的发展史、英国的货币政策（中世纪至 16 世纪）。第 3 章解说 16 世纪货币市场的运作方式与当时的外汇理论（如金银出入口点、汇率与贸易

① 详见 (1) Challis (1983): “On the authorship and dating of ‘For the Understanding of the Exchange’”; (2) Dewar (1965): “The Memorandum ‘For the Understanding of the Exchange’: its authorship and dating”; (3) Fusfeld (1967): “On the authorship and dating of ‘For the Understanding of the Exchange’”。

收支、汇率如何波动、外汇的投机与操作)。第4章解说与外汇相关的各种学说争论，如英国和欧陆对操作外汇的不同态度与政策、重商主义对外汇的见解、对贸易条件与国际收支的看法。第5章是总结，评估格雷欣的外汇见解，评述早期重商主义对贸易与外汇的争议。

简言之，德·鲁维尔以外汇问题为主轴，考证手稿的作者是格雷欣，解说其内容，旁及英国的货币史。他的重点放在与外汇相关的议题上，聚焦明确，内容扎实丰富，确是无可取代的传世著作。

相对之下，我的布局较复杂，问题较广，主轴也因而多了几条。本书以外债为主，旁及好几个相关的题材：王室的收支与负债、向国内外的借款、税制改革、英镑汇率的起伏与外汇的操作、政治、外交、战争与经济之间的复杂关系。我把格雷欣的私领域(传记)减到最少，把篇幅放在他如何扮演“王室财务的魔术师”(the wonderful wizard of crown finance)上：(1)王室面临哪些财务问题与困难；(2)格雷欣运用哪些策略与技巧来化解；(3)他从欧陆诸国的城市，尤其是安特卫普，获得哪些资助与奥援；(4)如何协助王室缓解财务、军事、政治、外交上的困境；(5)如何与朝廷大臣(尤其是伯利勋爵)搭配，取得君主的信任。

从国际大历史兴衰的角度来看，都铎王朝之前英国是偏远的弱国，到了伊丽莎白一世中后期，打败西班牙无敌舰队(1588)，进入重商主义时期，国势开始上扬。本书的背景，正是伊丽莎白一世挣扎向上扭转的阶段。那时的政治、军事、外交、经济、财政都遇到了许多困难，本书就其中的外债问题，对一位协助调度海外资金的王室商人，做深入解说与分析。

格雷欣是干练之才，犹如救火队长和医院的急诊部主任，擅长解决资金的急迫与困窘问题。我是历史结构观者，看重时代的特质，不愿过度评价英雄人物的独特贡献。我认为英国在都铎王朝的中晚期，在国际地位与经济上都有结构性的进展，格雷欣是这股开始上升的气流中众多耀眼的人物之一。格雷欣确实是个重要角色，但还没有上升到不可取代的层次。

前面提过一本书，题材上和我的很接近——Robert Ashton (1960): *The Crown and the Money Market, 1603-1640*, Oxford：Clarendon

Press。阿什顿（Aston）也是处理王室的债务与贷款，但有两点差异：（1）他处理斯图亚特王朝的早期（1603—1640），我的重点是都铎王朝的中晚期（16世纪40年代—16世纪70年代）；（2）他用较中性的笔法把国债议题问题化，而我的故事里有个著名的男主角，给这个干涩的主题增添了趣味性。

这项研究对都铎王朝经济史学界有什么意义？（1）这是20世纪40—50年代研究的升级版，介绍新的学术资源与研究成果（参见书末的"文献解说"与"参考书目"）。（2）运用新近的英国经济史研究，绘出第4章的两个长期经济变动趋势图。（3）把议题集中在外债问题上，这是之前没有聚焦过的角度（参见第5章与第8章的诸多表格）。（4）透过外债问题这个窗口，重新理解都铎王朝经济的结构与特征，尤其是货币、贸易、财政的议题与意义（第4、5、7、10章）。（5）提供格雷欣研究的更新版，更加简洁、深入、易读（第1、3、8—12章）。

全书内容如下。第1篇（1—3章）介绍格雷欣的家族史与主要的王室代理商人。第1章介绍家族事业的多角化经营，与王室的长期密切关系。第2章解说为何王室需要代理人，格雷欣之前两位代理人的业绩。第3章解说格雷欣担任代理人期间遭遇的波折与过程。

第2篇（4—5章），解说都铎王朝的经济与财政背景：第4章综述三项背景：（1）从英国长期的经济趋势来看，都铎王朝有哪些阶段性的特点；（2）解说都铎王朝的铸币与贬值问题；（3）国内外贸易的特点和业务规模。第5章分析王室的财务收支与困难，如何从铸币、出售王庄园林、卖官爵、颁授特许权，来弥补财务亏空。这是都铎王朝的四位君主挥之不去的噩梦。

第3篇（6—7章）解说欧陆的金融与贸易市场：安特卫普（Antwerp）为何能取代布鲁日（Bruges）而兴起，成为16世纪的国际金融中心？德国、意大利等国的金主，如何在安卫普贷款给各国君主？金额有多大？利率多高？

第4篇（8—11章）分析格雷欣对外债与内债的贡献。第8章以具体细节，说明他的角色与作为：在王室代理人任期内，替英国筹到多少资金，遇到哪些困难，做出哪些重要贡献。第9章提出1528—1568年间的英镑汇率变动图，辅以格雷欣和王室的通信，论证英国当时的财务实力，尚不足以在安特卫普操纵英镑汇率。第 10 章说明他对内债、货币重铸及外汇委员会有哪些见解与建议。第 11 章析述他对外交危机协商、情报工作、采购军火的贡献。

第 5 篇（12—13 章）评价格雷欣的贡献，对比继任代理人的表现。书末有 7 个附录：（1）格雷欣兴建的皇家交易所；（2）格雷欣学院；（3）海外探险商人；（4）格雷欣与伦敦布业商会；（5）格雷欣的商业日志；（6）格雷欣的传记；（7）英国的货币与币值。最后另附：大事记、文献解说、参考书目。

为什么我会写这本书？因为 2007—2008 年陈彦良写了两篇论文，讨论汉代的禁铸与放铸问题，牵涉到劣币与良币的竞争。我觉得很有意思，就和他合写一篇英文短论文。[①]这件事勾起一项长年的困惑：这么有名的格雷欣到底是什么人物？一路追踪阅读相关文献，竟然写成这本书。

这是个中世纪末期（16 世纪）的题材，与这个题材相关的网络数据相当丰富，基础文献、私人信函、官方文件的拼写方式，和现代英文不尽相同，但熟习之后也没有太大的困难。这本书对都铎王朝经济史学界有什么用？用个譬喻性的说法比较容易理解。像我这样只用计算机打字和上网的人，其实 Win95（1995 年版的 Windows）就远超过需求了。随着计算机硬件的进步，如果不用现今的操作系统，就不容易操作各种软件。同样的道理，都铎王朝外债问题在 20 世纪 50 年代就有概括的理解，但对许多细节还不够掌握。许多 20 世纪 50 年代不容易使用的档案与文献，在 21 世纪前 10 年的中期都有电子文件与网络版。从现今的操作系统回头看 Win95，还真的有点简陋。

感谢李翎帆在伦敦政经学院（LSE）读经济史博士班期间，帮我找到许多文献资料，提供修改建议；也感谢台湾科技主管部门的资助

---

① 《四铢钱制与西汉文帝的铸币改革：以出土钱币实物实测数据为中心的考察》，《台湾清华学报》，2007，37(2):321—360。《江陵凤凰山称钱衡与格雷欣法则：论何以汉文帝放任私人铸币竟能成功》，《人文及社会科学集刊》，2008, 20(2):205—241。"Good money drives out bad: a note on free coinage and Gresham's Law in Chinese Han Dynasty", *Economic History of Developing Regions*, 2012, Vol. 27(2), pp.37-46 (London: Routledge).

（2010—2013）。

1752 年之前英国采用儒略历（旧制），1 月 1 日称为 New Year Festival，但 3 月 25 日（道成肉身纪念日）才是法定的"新年"（civil or legal year, Lady Day）。如果看到 1661/1662 这种写法，就是说：用旧制（儒略历）表示的话，那个日期是 1661 年；用新制（格里高利历）表示的话，那个日期是 1662 年。也就是说，1 月 1 日—3 月 24 日（含）之间，用儒略历表示的话是 1661 年；用格里高利历表示的话是 1662 年。1752 年起，英国改用现在通行的格里高利历（新制），1 月 1 日是一年的起算点。本书的日期都用儒略历（旧制）。参见维基百科对儒略历与格里高利历的详细解说。这种差异犹如中国的阳历（1 月 1 日是一年的起算点）与阴历（或称为农历，一年的起算点可以是阳历 1 月的某日，或是 2 月的某日，每年都不一样）。

I　格雷欣家族与王室代理人

1 格雷欣家族与事业

本章有三项主题：（1）综观格雷欣家族的发展史；（2）解说四位重要成员（都有爵位）的生平与事迹；（3）析述家族的事业项目与经营手法。

1.1 家族史综观

格雷欣家族的早期发展并无信史可考，根据维基百科约翰·格雷欣条文的说法大略如下，可信度待考。

父系的先祖名为拉尔夫·德·布兰奇爵士（生于1031年之前），原本是征服者威廉（William the Conqueror, 1028—1087）手下的骑士，曾参与1066年的黑斯廷斯战役。后来赐诺福克地区的一块地给他，内含格雷欣这个小农村的庄园。他的子孙有：理查德·德·布兰奇（生于1051年之前）、威廉·德·布兰奇、理查德·德·布兰奇、彼得·德·布兰奇爵士（1200—1229）。之后传到罗杰（约1230—1259），改以地名为姓：罗杰·德·格雷欣。

罗杰之子也叫罗杰（13世纪末），再传爱德华·德·格雷欣（1312年时还活着）。爱德华的儿子约翰，1340年在诺福克的Aylemerton受洗，逝于1410年。他的儿子也叫约翰（1390—1450），1414年时住在霍尔特（Holt）。这位就是目前可考，在格雷欣族谱排首位的先祖。

根据格雷欣的家谱[①]，最早可追到14世纪末的约翰·格雷欣（1390—1450）。格雷欣是伦敦东北方200公里诺福克地区靠海的农村。[②]约翰是位乡绅，诸子中有一位詹姆斯（1442—1897），结过两次婚，搬到格雷欣村附近的霍尔特村（2001年的人口只有3 550）。詹姆斯的诸子中有一位约翰，是本书主角托马斯的祖父。这位约翰祖父生了四个儿子：（1）威廉是布业商，逝于1548年3月20日。（2）托马斯是教会人士，遗嘱立于1558年9月17日；（3）理查德（1494—1549）于1531年封爵，1537年任伦敦市长，他是本书主角托马斯的父亲；（4）约翰（1495—1556），1537—1538年间封爵，1547年任伦敦市长，逝前一年（1555）创办格雷欣学院。[③]

上述的第（3）位理查德生两子两女：长子约翰经商，1518年生，1547年9月28日封爵，1560年逝；次子就是本书主角托马斯；长女克里斯蒂安娜生逝年不详，嫁给约翰·锡恩爵士；次女伊丽莎白终身未婚，遗嘱立于1552年3月26日。托马斯有一子名理查德，1547年3月生，1564年约16岁早逝；另有一私生女名安妮，母亲据说是低地国布鲁基港人。[④]

以上是格雷欣家族六代的简史，本章的重点放在第四代的理查德爵士和约翰爵士、第五代的约翰爵士（1518—1560）和托马斯爵士上。第四代这两位，除了在商界的崇高地位也都当过伦敦市长。第五代的托马斯在政治上表现并不突出，但对外债处理上有重要贡献，可能是家族史上最闪亮的巨星。

析述这四位的事迹之前先回答一个小问题：都铎王朝之前格雷欣家族出过哪几位重要人士？有一项史料可以提供简要的答案。英国从1202年起（金雀花王朝国王约翰治理期间），王室的重要信函就留下系统性的记录，类似中国的“实录”，但没那么详尽。这些信函

---

① Burgon (1839): *The Life and Times of Sir Thomas Gresham*, Vol. l, pp.455-456. 另参见 Ward (1740): *The Lives of the Professors of Gresham College*, appendix 5, pp.11–16 的族谱资料。

② 详见维基百科对此村的6页详细介绍。

③ 维基百科有14页的详细解说。

④ Burgon (1839): *The Life and Times of Sir Thomas Gresham*,Vol. l, p. 469.

每年集册流传，称为 Calendar of the Patent Rolls，持续到都铎王朝时期都不曾间断，详见参考书目内“官方文献”的解说。美国爱荷华大学把馆藏的 Patent Rolls（1216—1452，从亨利三世到爱德华一世、二世、三世，到理查德二世、亨利四世、五世），扫描后上网供免费搜寻。

在这份王室史料中，格雷欣这个名字总共出现 31 次，最早是在亨利三世时期（1243 年 8 月 11 日）。条文内容是王室授权给格雷欣这个地方开办市集的许可。在目前可考的族谱中，第一位出现在 Patent Rolls 的人是约翰，格雷欣牧师（应该是指格雷欣村有一位叫约翰的人），日期是 1397 年 5 月 25 日。第二位出现的人名是托马斯·格雷欣，日期是亨利四世时期的 1446 年 3 月 4 日。

也就是说：（1）在这项史料的期间（1216—1452），格雷欣这个姓氏只出现两次——约翰（1397）和托马斯（1446）；（2）本章开头说格雷欣家族有信史可查的第一位约翰（1390—1450），应该不是 1397 年那一位；（3）因此可以确定在可信的族谱中，第一代的约翰、第二代的詹姆斯、第三代的约翰，都没在史料留下痕迹。因此本章就把重点放在第四代的理查德爵士、约翰爵士和第五代的约翰爵士、托马斯爵士。这四位在政治与经济舞台活跃的时间，是从亨利八世中期（1520—1539），到伊丽莎白一世的下半期（1579 年起）。换句话说，他们只差没有为开国的亨利七世服务过。与王室有这么长期的重要合作关系，对于非贵族出身的商贾之家相当少见。[①]

为什么格雷欣家族到亨利八世时才崛起？简单地说，到 15 世纪末为止，英国的文明、经济、商业各方面在西欧诸国中算是偏远落后的。经过亨利七世的整顿与勤俭治理，逐渐加入现代国家的行列，商业开始繁荣，为格雷欣家族提供了在政商界施展的舞台。

以下进一步说明格雷欣家族的发展史。欧洲各国以居住地名为姓氏的相当多，贵族以封地为姓氏的更常见，就像中国从周朝起就常以

① 查寻格雷欣家族与王室的长期关系，有个简便的方法：从 *Acts of the Privy Council of England, New Series, 1542-1631*，第 1—10 册（1542—1578）的索引内，以“Gresham”搜寻即可。

封地为姓。伦敦东北方靠海的诺福克地区，有许多小村庄的名字例如沃尔辛厄姆、沃波尔，日后在英国名人史上时常可见。伊丽莎白一世的情报头子弗朗西斯·沃尔辛厄姆爵士（1532—1590），虽然出生在肯特，但祖先应源自诺福克的沃尔辛厄姆。格雷欣的祖先们在格雷欣村垦殖，学者还找到一座教堂附近的废墟，说有可能是格雷欣先祖的居住所，但证据仍薄弱。

格雷欣的名字起源，是当地有条小河 Gur Bech，加上尾部的 ham（意思是 settlement，垦殖地）。依照 1086 年的户口田地普查书（Doomsday Book），格雷欣是威廉·德·瓦伦（第一代萨里伯爵）的辖地。经过贵族间的婚约与几世纪的争夺，格雷欣村多次更换主人。据 1870—1872 年的 Imperial Gazetteer of England and Wales 记载，格雷欣村的面积有 1 303 英亩，总值 1 797 英镑，居民 345 人，户数 84。最重要的地标是教区内名为 All Saint 的小教堂，目前还矗立在原址。[①]

族谱中最早住在格雷欣村的人，是 14 世纪下半叶的约翰，暂且称他为第一代。伯根（Burgon, 1839，Vol. 1, p.459, appendix II）抄录约翰的 5 行遗嘱（1420 年 11 月 4 日立，11 月 18 日公证），内容都是交代遗产的分配，现金中有 12 便士赠予一人、有两人各得 6 便士、40 便士给第四人，其余财产分给三人。简言之，他的现金遗产共约 64 便士，其余财产价值不明，总共七人受惠。看起来约翰是位自耕小农，还能有遗产分配。

约翰不知有几个儿子，其中一位叫詹姆斯，当过法官威廉·帕斯顿的办事员，搬到离格雷欣村几英里外的霍尔特村[②]，离海边 4 英里。詹姆斯在霍尔特的住家还有相片留下[③]，詹姆斯在 1443—1464 年间写的 11 封信还出版过。诺曼·戴维斯（1999）主编的 *The Paston Letters*（牛津大学出版社），多次提到这位住在霍尔特的詹姆斯·格雷欣，说他是可靠的代理人。

---

① 维基百科有 6 页解说，附照片与 6 个相关网址。

② 维基百科有 6 页的详细介绍。

③ Burgon (1839): *The Life and Times of Sir Thomas Gresham*, Vol. 1, pp.14-15.

约翰有两子都早夭（名字都叫威廉），有一女苏珊，和继承家业的儿子约翰（生卒年不详）。约翰（第三代）娶斯特拉顿地区的士绅亚历山大·布莱斯之女艾丽丝为妻，得到丰厚的嫁妆。这位第三代的约翰有四个儿子：威廉（14??—1547/1548）、托马斯（14??—1558）、理查德（1494—1549）、约翰（1495—1556）。我只知道长子威廉和次子托马斯的基本状况，理查德与约翰在亨利八世时受封（爵士），也都当过市长，稍后在第2节和第3节中详述。

第四代的长子威廉，是在伦敦从事海外探险的布业商人（布匹出口商），也是格雷欣家族最后居住在霍尔特村的人。他娶博德利家的女儿，1537年加入伦敦布业同业公会（详见附录4）。有文献说他留下一些账簿，记载1511—1534年间许多英国船只和地中海地区的贸易。威廉的信息有限，只知道当过玛丽·乔治的代理人，但几乎可以确定威廉在1545年时，在低地国贸易的商圈中相当有分量。他英年早逝（1548年3月20日），葬在圣潘克拉斯教堂的附属圣母教堂。

布匹贸易是16世纪最重要的出口项目，为什么偏僻乡村的格雷欣家族会加入这个行业？如前所述，诺福克地区靠海只有小型农业，很早就开始经营海外贸易。从12世纪初起有许多低地国的布业工人渡海，居住在诺福克地区的Worsted镇，带动起这地区的纺织业（以羊毛为主），Worsted因而成为人口众多的繁荣乡镇。1336年英王爱德华三世邀请低地国的一家大型纺织公司，来诺福克的大城诺里奇定居。荷兰人带来纺织业也引进低地国的艺术，对英国产生广泛深远的影响。单以格雷欣家族为例，他们在霍尔特办的学校、自己的住宅，都可明显见到荷兰建筑的风味，甚至日后兴建的皇家交易所（详见附录1），就是模仿安特卫普的交易所。

16世纪初英荷贸易已相当繁荣，布匹出口是获利最丰的行业。格雷欣家族第四代的四个儿子就有三人投入这行业，长子的表现普通，三子和四子的成就很高。简言之，格雷欣家族居住的诺福克地区，从12世纪起就和低地国有密切往来，16世纪英荷贸易的荣景更创造了格雷欣家族。

第四代的威廉、理查德、约翰三人经商获利后，自然就往政治路线攀爬。理查德在1531年封爵、任伦敦市警长，1537年任伦敦市长；约翰在1537—1538年间受封，1547年任市长。1544年亨利八世以王室土地质押，向这三位兄弟借1 073英镑6先令8便士：理查德出500英镑、约翰出800马克（533英镑6先令8便士）、威廉出40英镑。[①]

现在来看第四代的次子托马斯。他先进入宗教界，1515年主管诺福克地区的Southrepps小教区（2001年人口758），1519年主管Northrepps小教区（2001年人口839），[②]这两个小教区离格雷欣村只有几英里路。托马斯后来成为温彻斯特地区的受俸牧师（prebendary），1535年成为利奇菲尔德主教教堂的总管，他的遗嘱立于1558年9月16日。[③]

现在来谈格雷欣家族的徽标：蝗虫（grasshopper）。最明显的例子，是今日伦敦的皇家交易所尖顶上有一只大蝗虫。这是为什么？因为1569年完工的第一个皇家交易所（详见附录1），就是第五代的托马斯集资兴建，他在交易所的四角和尖塔的顶端，都放了醒目的蝗虫。这个做法在兴建第二个交易所（1669年完工）、第三个交易所（1844年由维多利亚女王揭幕）时都沿用。第二只闻名的蝗虫，是在伦敦中心闻名的金融街伦巴第街68号，1563年由托马斯放置（参见本章第6节附图）。伦敦的格雷欣学院（详见附录2）也采用蝗虫当标记。简而言之，若在英国各地（甚至在外国），如果看到建筑物（尤其在屋顶）有蝗虫，那大概就与格雷欣家族有关。

为什么选蝗虫当家徽？有好几种说法。（1）格雷欣的祖先罗杰·德·格雷欣（约1230—1259）出生时，被遗弃在北诺福克的长草地中。有个妇女走过时听到蝗虫声，才注意到这个婴儿，所以感念蝗虫的救命之恩。（2）另有从文字语意的说法，认为Gresham这个字的Gres，在中世纪的英文里就是Grass（古老英文写为grœs）。

---

① Burgon (1839): *The Life and Times of Sir Thomas Gresham*,Vol. 1, p.9.

② 维基百科提供这两个地方的说明，以及相关教堂的相片与数据。

③ 详见Burgon (1839): *The Life and Times of Sir Thomas Gresham*, Vol. 1, pp.11,460的遗嘱内容。

Grass+ham=Grassham，德文的写法是 Grassheim= 蝗虫。[①]这可能是中古德文的拼法，现代德文的蝗虫是 Heuschrecke。（3）还有较象征性的说法：英国的纹章学里蝗虫代表智慧与高贵。[②]

1.2 理查德·格雷欣（1494—1549）

理查德是第四代的三子，生于诺福克的霍尔特村，在伦敦成长，跟随大布商约翰·米德尔顿当学徒，1507 年加入布业公会（The Mercers' Company）。。他偶尔会去低地国做生意，但主要的活动在英国本土，不曾当过王室的驻荷代理人。亨利八世的私人支出账内，理查德的名字出现在 1529 年 11 月—1532 年 12 月之间，提到他名字时只说是"伦敦布商"，看不出是王室的海外代理人。[③]

他和政府高层人士有密切往来，例如托马斯·沃尔西主教（1473—1530，1514—1529 年间是亨利八世的主政者）、托马斯·克伦威尔（1485—1540，1532—1540 年间是亨利八世的首辅）。理查德因与当政者关系密切，有时会被派到低地国处理英荷的政治和商业问题。1526 年他从低地国写信给沃尔西主教，报告低地国政府逮捕英国商人与货品的事件，或许因而被后人误以为理查德和他儿子托马斯一样也是王室代理人。实情是：格雷欣家族第四代四兄弟中，除了次子托马斯走入宗教界，其余三子都是成功的商人。三子理查德与四子约翰的政界关系密切，都当过伦敦市长，无余力当海外代理人。家族中真正担任王室代理人的，只有理查德的次子托马斯。[④]理查德和沃尔西主教关系密切：1529 年主教失宠，被褫夺一切职务与财富，失

① Martin (1892): "*The Grasshopper", in Lombard Street*, p.5.

② 格雷欣家族从 14 世纪至今已在各国开枝散叶，可从 Google 以"Gresham family"搜寻相关的族谱网站。

③ 理查德·格雷欣的史料较少，主要来源是：（1）Burgon (1839): *The Life and Times of Sir Thomas Gresham*,Vol. 1, pp.21-43；（2）维基百科的"理查德·格雷欣"条。

④ Burgon (1839): *The Life and Times of Sir Thomas Gresham*,Vol. 1, p.67: "…none of Gresham's family had ever held the office of Royal Agent before him (Thomas Gresham), not only his father and uncle, …"

意之下1530年11月去世。逝前他还欠理查德200英镑，丧葬费也是理查德支付。

1531年理查德当上伦敦市警长，1537年10月选为市长，同年受封爵位；1538年市长卸任后，1539—1545年间担任伦敦市议会议员。[1] 他的文件仅存四封信，其中三封是市长任内写的。第一封是当选市长几天内（1537年11月8日星期四）写给托马斯·克伦威尔。主题是简·西摩王后生下爱德华六世后就去世的事（1536年5月30日结婚，1537年10月25日逝）。理查德以市长身份探询如何对此事有所贡献与祈福。

第二封信没有明确日期，是请求亨利八世协助建盖三座医院，让穷人、病人、盲人、老者、失能者，能得到照顾与居住场所。国王准许部分协助，日后的爱德华六世继续支持此事。

最著名的是第三封信（1538年7月25日），以市长身份请王室协助在伦敦的金融街伦巴第街兴建交易所，为商人提供一个遮风避雨的买卖场所。这件事理查德挂在心上已久，还特地去安特卫普考察刚盖好的交易所（1531）。他1537年当上市长后，写信给掌大权的克伦威尔，附上与安特卫普相似的交易所设计图。理查德努力过几次都没成功，主要有两个困难：（1）经费约需2 000英镑，亨利八世因战费庞大国库亏空严重（参见第5章）无力支持此事；（2）交易所盖在市中心要迁移不少居民，牵涉许多有权势的地主趁机要高价，收购用地困难所以请王室出面协助。这两项困难朝廷无法解决也没有具体指示，此事要等30年后才由理查德的儿子托马斯完成（参见附录1）。

理查德在王室财政窘困时，常要替亨利八世垫钱供海外的公务使用。例如驻荷大使爱德华·卡恩爵士，1538/1539年1月8日写信给

① Henry VIII，1542—1543年的Calendar of State Papers，第6册第2分册页417有2个注解，说弟弟约翰·格雷欣爵士在1531—1532年担任伦敦市长，1546年任市议员。又说哥哥理查德·格雷欣爵士于1537—1538年担任市长。我认为顺序刚好相反，应该是哥哥先当。此外，任期的年份也不完全正确。这项史料的主要内容，是这两兄弟在1543年8—9月时，替亨利八世和主管低地国的匈牙利女王，安排3 000英镑的借款。

克伦威尔，感谢收到理查德寄来的 50 英镑汇票。几个星期后，赖奥思利也感谢克伦威尔，收到理查德寄来的 710 英镑汇票。这类垫款的还有不少，金额累加起来相当可观。

对精明的商人来说，王室既然需索无度，自然会用其他方式获取比那些有借无还的垫款更有价值的东西。理查德对王室也未必言听计从，1531 年得到伦敦警长的职位后，政治上与宗教上做过几件违背王室的事，当然也不会放弃自肥的机会。理查德写信给克伦威尔，请他向亨利八世请求赏赐诺福克地方的五块土地，每年的收益 150 英镑，这些土地的市价是年收益的 20 倍（3 000 英镑）。[①]王室因国库亏空需要商人与朝臣金援，无以回报只好以赐地弥补。

我们对理查德晚年（1541 年之后，即逝前 8 年）的事迹所知不多，但知道他从亨利八世那里得过五次赐地，那是王室大规模没收教会土地之后转赐的。[②]理查德退休后积极兴建诺福克的豪宅因特伍德大厅，这是他在 1538—1549 年间长期投入的成果，房子上有一只大蝗虫的家徽标记，上面写着 R.G.（Richard Gresham）。

理查德是眼界开阔的商人，培植次子托马斯进剑桥大学。他的事业心强，精力旺盛，积极累积财富勇于投机。他的个性温和，任职警长时对犯人也相当宽厚。1548/1549 年 2 月 21 日逝于常住的伯斯纳尔格林居所，葬在伦敦市区的圣劳伦斯犹太教堂。这个教堂位于市政府附近的格雷欣街上（纪念这个家族），他的墓在 1666 年伦敦大火时被毁。

理查德结过两次婚，第一次或许是 1517 年，夫人奥黛丽（逝于 1522 年）是北安普敦郡人威廉 · 林恩的女儿。他们生有两子约翰、托马斯，两女克里斯蒂安娜（1548 年嫁给富裕的约翰 · 锡恩爵士）、伊丽莎白（未婚，1552 年 3 月立遗嘱）。第二任夫人是伊莎贝拉，1565 年 5 月 28 立遗嘱。理查德在遗嘱中自陈，每年的收益有 850 英镑 2

① 这封一页的短信，收录在 Tawney and Power (1924)eds.: *Tudor Economic Documents*, Vol. 1, p.18，日期是 1538 年 10 月 22 日。

② 详见 Burgon (1839): *The Life and Times of Sir Thomas Gresham*, Vol. 1, p.460, appendix III 的 8 笔赐地记录。

先令6便士，夫人每年可分得282英镑7先令；长子约翰爵士得188英镑13先令6便士；次子托马斯得94英镑10先令8便士。[①]这份遗嘱1549年5月20日公证，他把首饰分给诸亲友。[②]

1.3 约翰·格雷欣（1495—1556）

第四代的小儿子约翰，和三哥理查德的生命轨迹类似，商业与政治上都有重大成就，他也是三哥理查德次子托马斯在学徒时期的导师。生于诺福克地区的霍尔特村，之后和三哥一样跟随伦敦的布商约翰·米德尔顿当学徒，1517年加入布业商会，成为海外探险商人。主要贸易是地中海的东方货品（1511—1534），很快就成为行业中的要角，日后还四次任布业公会的会长。

有一次他的货品（价值1.2万杜卡特金币）被葡萄牙船长侵占，亨利八世认为这是侵犯子民的利益，写信给葡萄牙国王约翰希望取回那批货。那封信的日期是1531年10月15日，现在还能找到。[③]虽然国王的介入并无效果，但从这件事可见格雷欣家族的政商关系。约翰与东方贸易的关系，从他三嫂[④]伊丽莎白·格雷欣女士的遗嘱（1565年5月28日）可以看出：遗嘱特别提到"一些土耳其地毯"。当时的东方地毯，通常是宫廷才有的饰品：1602年时16英尺长的土耳其地毯价值27英镑，民间很少有人持有。

约翰在1537—1538年担任伦敦市警长，可能是三哥理查德当伦敦市长时任命的。同年他也受封爵位，10年后（1547）担任伦敦市长。兄弟两人都是商人出身，又当上首都市长真不容易。要得到这些权位必须付出代价，有个小故事可以看出王室与巨贾的关系。

① Perry Gresham (1995): *The Sign of the Golden Grasshopper: A Biography of Sir Thomas Gresham*, p.322, note 12有详细内容。

② 查索British History Online数据库，2012年4月时"理查德·格雷欣"有1 300项条目，内容丰富多样，可深入理解理查德的活动与事迹。

③ *Principal Navigations*, Vol. 2, p. 96；*Sandys' Travels*, book 4, p. 194.

④ 即理查德的第二任夫人，托马斯的母亲是第一任。

亨利八世迎娶日耳曼杜塞多夫的克里夫斯的安妮（1516—1557），作为第四任王后。然而他们并没有完婚圆房，安妮只当了半年非正式的王后（1540 年 1 月 6 日—7 月 9 日），没有加冕。亨利八世赐她宽裕的住所，称其为“国王挚爱的妹妹”。也因为没有正式婚姻，安妮比亨利八世的众多夫人活得更久。问题是安妮及其随从的庞大生活费（387 英镑 6 先令 7 便士）总要有人支付，格雷欣家族招待随从住宿，其中约翰支付 56 英镑 4 先令 4 便士；理查德送一条上好金链当作国家礼物，价值 100 英镑 13 先令 9 便士。157 英镑虽然不是天文数字，但已够一般人生活十年。这类的奉献报效，在格雷欣兄弟担任伦敦市长与布业公会会长任内，还不知有过多少次，不是巨贾就没资格和王室往来。1539 年亨利八世把萨里地区的桑德斯特德庄园赏赐给约翰，1541 年约翰参与审判凯瑟琳·霍华德王后的外遇事件（她于 1542 年 2 月 13 日被处死）。

1547 年约翰担任伦敦市长后，恢复大规模的花车游行。这是伦敦市长自古以来的重要仲夏活动，但王室在 1528 年和 1539 年禁止过两次，到约翰时才恢复。游行活动办得很成功，亨利八世带着王后在布业公会的阳台上观赏。

亨利八世在位期间，约翰帮王室在低地国筹过钱。爱德华六世与玛丽一世时期，约翰和王室一直有财务往来。1558 年他给玛丽女王写过几封信，Burgon（1839）第 1 册页 18 引述其中的三封：1547 年 4 月 12 日、1547/1548 年 2 月 13 日、1548 年 4 月 28 日。

约翰从贸易赚取巨额财富后，回故乡诺福克购置产业，也在萨里地区（伦敦西南）购买蒂特西庄园。1556 年 10 月 23 日因感染热病（传染病）过世，葬在伦敦漂亮的圣迈克尔教堂。出殡时正好是节庆日，格雷欣家族大开流水席提供鱼鲜大餐，展现风光气派的富贵葬礼，陪葬物丰富得引人注目。送葬行列中有 50 支大火把和随行的火炬队，教堂与街道悬挂黑色祭悼物，有三组圣歌班，大开慈善宴。还赠款 100 英镑给穷人女儿结婚，捐巨款给伦敦的监狱医院，送给 60 位穷人每人价值 26 先令 8 便士、40 位穷妇人每人价值 20 先令的黑长袍。他赠送伦敦布业公会 13 英镑 6 先令 8 便士的餐宴费，希望他们“饭后祷告时记得我的灵魂”。

约翰结过两次婚，首任夫人是玛丽·伊普斯威尔（1521年结婚）。1522—1538年间生了11个小孩（另一说是12个），1538年9月21日逝。第二任夫人凯瑟琳·桑普森（她在前夫爱德华·多默过世后改嫁），1553年7月15日结婚，1578年逝。

约翰留给后世最重要的遗产，是1555年（逝前一年）创办的格雷欣学院，至今仍在运作，这是得到玛丽一世许可（1555）的中学。1546年时约翰把霍尔特村的格雷欣老家，从长兄威廉手中买下当作校址。这是完全免费的初级中学，经费来源是他在诺福克的两处庄园（Pereers and Holt Hales）及其附属物的年收益，加上他在同一地区的十项自有产业收入，以及伦敦地区的三项，合计350英镑。学校的面积约162英亩，招收男学生约50人，完全免费；若有人能上大学，每年发给奖学金20英镑。

1555年4月27日创校时，全名是The Free Grammar School of Sir John Gresham, knight, citizen and alderman of London，1562年获得皇家特许状（Royal Charter）。约翰把前述的产业收益，委托伦敦的鱼贩商会经营监督学校，这项关系至今不变。创校时的档案与产业记录，都存放在伦敦市政厅的图书馆内。

这个学校目前招收4—18岁的男女学生，人数约800人，教职员约90人。学校的网站（www.greshams.com）有完整的校史介绍与历史图片，维基百科的“Gresham's School”条目，有14页详细解说和丰富的网站链接。此校于20世纪70年代开始招收女学生，内有4栋教学大楼给男学生，3栋给女学生，都是1903—1992年间重造的英式典雅建筑。450年来的校友中出过不少名人，例如本杰明·布里顿（1913—1976，英国名作曲家）、W. H. 奥登（1907—1973，著名诗人）。[①]

① 约翰·格雷欣的主要相关史料有：(1)Burgon (1839): *The Life and Times of Sir Thomas Gresham*,Vol. 1, pp. 11-22; (2)MacFarlane (1845): *The Life of Sir Thomas Gresham, Founder of the Royal Exchange*,chapter 1; (3) 维基百科的“约翰·格雷欣”条，内含许多相关网络链接；(4) 维基百科的“格雷欣学院”条；(5)British History Online 在线查索，2009年2月初有1 540笔约翰·格雷欣的资料，内有许多通信文件，可了解他的活动与事迹。

1.4 托马斯·格雷欣（1519—1579）

本书的主角托马斯含着银汤匙出生，继承父叔辈的眼光与胆识，加上个人的坚毅与机运，成为家族的集大成者，是族谱上最闪耀的巨星，至今仍有两件事深入人心：（1）经济学上的格雷欣法则（劣币驱逐良币）；（2）兴建伦敦的皇家交易所（参见附录 1）。

先厘清托马斯的生日与出生地。有人说他出生于 1518 年，也有人说是 1519 年。因为月份不明，我认为有这个可能：英国在 1752 年之前用儒略历，3 月 25 日是法定新年，如果托马斯是 3 月 24 日之前出生，依当时的日历是 1518 年，但依今日的格里高利历则是 1519 年（详见本书前言末页“年份与日期”的解说）。如果这个说法成立，那么托马斯应该生于新历的 1519 年 1—3 月下旬。第二种说法是托马斯的结婚画像是 1544 年，上面说他已 26 岁，所以有可能是 1518 年生。托马斯的哥哥小约翰（参见下一节）是 1518 年出生，如果托马斯也生于同年，必须是一个在年头一个在年尾。我认为生于格里高利历 1519 年初的可能性较高。有人说他生于诺福克地区霍尔特村的老家，也有人认为他在伦敦出生，因为父亲理查德那时已长住此处。布业公会的网站资料（www.mercers.co.uk），明确地说他生在伦敦的牛奶巷。

母亲奥黛丽是威廉·林恩（诺桑普顿地区绍斯威克人）的女儿，1522 年过世时托马斯才 3 岁。无数据显示父亲何年娶继母伊莎贝拉。1531 年父亲任伦敦市警长后不久，托马斯进剑桥大学读书（大约 13 岁），住在冈维尔大厅[①]，在剑桥读书时期有几件事对托马斯有重大的影响。

（1）宗教上选择新教而非天主教，或许和当时亨利八世的宗教改革（反天主教）有关。宗教选择是都铎王朝的重大议题，亨利八世的女儿玛丽一世即位后，反过来大举镇压新教徒，因而有“血腥玛丽”的恶名。她妹妹伊丽莎白即位后，再反其道而行，托马斯的新教倾

---

① 详见 Perry Gresham (1995): *The Sign of the Golden Grasshopper: A Biography of Sir Thomas Gresham*, pp.21–26 对 4 年剑桥求学期间的详细描述。但 Burgon (1839): *The Life and Times of Sir Thomas Gresham*, Vol. 1, p.45 表示，剑桥大学的冈维尔与凯斯学院，找不到 1560 年之前明确的注册记录，能显示托马斯的入学与毕业日期。

向，对他在伊丽莎白政权下的发展很重要。

（2）学习拉丁文与法文，方便日后在低地国筹措外债。他对文学与建筑的品位，以及一般知识的培养，大都奠基于剑桥时期。这些文化上的教养，让他与纯从商界出身人士有气质上的差异，对日后的纵横国际很有助益。

（3）同学中有不少日后成为精英，以名医凯斯为例，他和托马斯是同学，日后因医学上的重大成就，剑桥大学以“冈维尔与凯斯”为名设立学院，托马斯对此事应有提供资助。凯斯医生曾以一页拉丁文记述他与托马斯的交情，称许他在企业的成就，这项文献仍保存在凯斯学院的铁柜内。[①]

其实托马斯的本质或许不是那么商业，但16世纪上半叶正是经济快速繁荣，出口业急速起飞的时期。格雷欣家族在海外贸易已经累积两代，第四代在政治上又掌握重要资源，自然希望第五代的小约翰和托马斯发扬家业。父亲理查德内心明白长子志不在此，次子较堪造就，所以把小约翰留在身边学习，让次子去叔父约翰那里当学徒（大约是16岁，年份不详）。

据托马斯日后的自述，说自己当过8年的学徒，学到目前所具备的知识和经验。[②]以家世来说他根本不必和其他商人一样，经过这么长的学徒阶段，就可轻易加入布业公会的海外贸易。但父亲明智地认为，最好不要让他在自己的庇护下成长。1543年（25岁）学徒期满后，托马斯成为布业公会的成员。

16世纪之前的英国社会，也有类似“士农工商”的价值观，贵族与高层社会对商界人士保持距离。但自从发现新大陆，美洲白银流入、长程贸易兴起，欧洲商人的地位因掌握现金而逐渐提高。相对地，原先拥有土地的贵族因较缺乏现金，需要商界人士的援助，这两个阶级逐渐结合，主要是通过通婚与经商：贵族变得更有钱，商人变

① 剑桥大学的冈维尔学院是1348年由埃蒙德·冈维尔创设，凯斯毕业有成后扩大改建，1557年改以凯斯命名，目前是第四老、第三富的学院。

② 1553年4月16日的信函，节录在Burgon (1839): *The Life and Times of Sir Thomas Gresham*, Vol. 1, pp.46–47。

得更有权。托马斯的父亲与叔父，都受封爵位也都任伦敦市长，就是个显例。在这股风气下，国库匮乏的王室必须向海外找寻财源：玛丽一世和伊丽莎白一世都积极投资海外贸易，[①]对在海外殖民地有重大成就者〔如弗朗西斯·德雷克（1540—1595）与约翰·霍金斯爵士（1532—1595）〕都授予爵位。

在这个时代背景与氛围下，王室、贵族、巨贾之间积极交流互动。托马斯的名字很早就出现在官方文书中，[②]文件的属性是 Flanders Correspondence。内容是西摩与沃顿这两位大臣，从布鲁塞尔写信给亨利八世，主题是要准备对法战争，其中有三行提到这位年轻但已有分量的商人。第二次是 1544/1545 年 3 月 3 日，亨利八世的首辅威廉·佩吉特（1506—1563），从布鲁塞尔写信给威廉·彼得爵士（1505—1572，亨利八世时的政治要人），主题是神圣罗马帝国的皇帝查理五世下令扣留英国货品，以报复亨利八世扣留低地国的船只运货支援法国。这批被扣的英国货主，包括格雷欣家族的三位重要成员（理查德爵士、他的儿子托马斯以及理查德的长兄威廉），被扣的货物以丝绸为主。[③]

托马斯在 1544 年（26 岁）和安妮结婚，她是萨福克地区威廉·费内利的女儿。安妮的前夫威廉·里德较年长，是格雷欣家的好友，也是富有的伦敦海外贸易商。过世时指定托马斯的父亲理查德执行他的遗嘱，还送他 10 英镑和一件黑袍。里德在 1544 年初过世，同年夫人携两幼子嫁给托马斯。对现代读者这是奇怪的组合：儿子娶了好友的遗孀，本来是平辈，现在变成翁媳。但那时期寡妇改嫁是常态，甚至还有三嫁、四嫁的。从寡妇的角度而言，她需要有个大家族来保护幼子与大笔家产；就男方而言，这是人财两得的事。美国第一任总统华盛顿也娶有 7 个儿子的寡妇，基本的道理类似。

---

① 参见 Scott (1910-1912): *The Constitution and Finance of English, Scottish and Irish Joint Stock Companies to 1720* 三册内的详细证据。

② 现在能找到最早的是 1543 年 6 月，24 岁。

③ 托马斯在亨利八世晚年时期的海外活动，详见附录 3 与 Wilson (1572): *A Discourse upon Usury*, pp.66-67。

托马斯夫人与前夫里德生两子：长子威廉生于1539年，日后受封为爵士，次子理查德生平不详。夫人和托马斯结婚时，年收益（前夫遗产加她本人的资产）138英镑15先令4便士，其中的67英镑给长子，这是一大笔数目（16世纪40年代木匠与泥水工的工资约每日7便士，138英镑约等于17年的工资）。

托马斯与里德夫人婚后生几个小孩？确定的有一个叫理查德（与托马斯的父亲同名，1548年理查德的遗嘱内有理查德的名字），1547年3月生，1564年早逝（大约17岁）。[①]为什么会猜测托马斯不只有一个小孩？因为1553/1534年1月18日他从安特卫普写的信中，不经意地提到My power（poor）wiffe（wife）and children。这有可能是指托马斯的私生女安妮，据说母亲是低地国布鲁日人。安妮日后嫁给尼古拉斯·培根（父母是尼古拉斯与简·培根）。

以上是托马斯正式进入人生舞台之前的简介。他从1551年末起担任王室的金融代理人，展开精彩的国际金融外交事业，这些会在第3、8—11章（以及附录3—5）中详述。托马斯的传记有好几本，详见本章附录。

1.5 小约翰·格雷欣（1518—1560）

托马斯有位长1岁的哥哥，1547年9月28日（30岁不到）封爵（Sir）。但他在政商界的成就远不如弟弟，也没有留下重要事迹。[②]他的封爵来自军功，因为他参加马瑟尔堡（在爱丁堡东方6英里）战役，胜利后由萨默塞特摄政王（爱德华·西摩，1506—1552）颁赠。这有可能是答谢格雷欣家族的另一种方式，因为比他更有成就的弟弟托马斯，要到1559年（40岁）才因对王室的贡献封爵。

这位小约翰和家族的其他成员一样，从事布匹出口与海外贸易，

---

① 根据Blanchard (2004): "Sir Thomas Gresham (c.1518-1579)", *Oxford Dictionary of National Biography*, p.767。

② 目前只有Burgon (1839): *The Life and Times of Sir Thomas Gresham*, Vol. 1, pp.369–373这4页多的内容，以及Blanchard (2004): "Sir Thomas Gresham (c.1518-1579)", p.764的半页摘述。

跟随父亲当学徒。但他对事业与权势并不积极，较喜欢乡村的宁静生活。1553 年 35 岁时带领三艘船航向俄罗斯贸易，但只有一艘抵达目的地。1555 年再度航向俄罗斯的船队，玛丽一世也入股参与，小约翰是这家公司助理人员的领导人。这是英国刚开始与俄罗斯接触的阶段，小约翰肩负重任。1557 年他引介俄国的第一位大使来英国，双方都明白这条贸易航线的重要性，伦敦市长也隆重地接待大使。玛丽一世在 1556/1557 年 2 月 21 日记载此事，还赠送礼物给俄国大使。

小约翰的夫人弗朗西丝，是约克郡地方亨利 · 伟兹爵士的女儿与继承人。他们只有一个女儿伊丽莎白。夫人在小约翰去世（1560）20 年之后才过世，小约翰似乎没留下多少财产给她。小约翰的弟弟托马斯每年支援她 133 英镑 6 先令 8 便士，直到她 1580 年 10 月过世。

1.6 家族事业

第四代的三子理查德和四子约翰在事业上搭配，主要的业务是出口纺织品（布匹和羊毛布），从日耳曼进口谷物，从法国波尔多进口葡萄酒。约翰从地中海的奥斯曼帝国进口丝绸与香料，也从波罗的海进口木材和皮毛。他参与俄罗斯公司（详见第 4 章最后 1 小节），和俄罗斯有贸易往来；也替托马斯 · 沃尔西主教处理财务，透过沃尔西认识在 1532—1540 年间担任亨利八世首辅的克伦威尔。约翰的三哥理查德和低地国有密切贸易往来，出口布匹，进口挂毯、丝绒、绸缎，累积了巨额财富。以下是格雷欣家族的事业概况。

1.6.1 土地贷款

都铎王朝时期的金融体系尚未发展，货币供给额也相当不足，王室、贵族、地主常以土地质押给商人周转现金，这些商人称为 the ready gentlemen，当时很多商人用这种方式兼并土地成为士绅。格雷欣家族从海外贸易赚取财富后，通过这种融资（或是地下钱庄）获得不少产业，试举一例。托马斯·霍华德勋爵（1536—1572）用多塞特郡的庄园抵押向托马斯借 4 000 英镑。我们不清楚他是否如约还钱，或这些产业因而易手。据托尼的说法[①]，托马斯的父亲理查德，曾经是王室质押土地周转资金的过程中，规模最大的金主。以这种方式致富的另一位著名人物是霍雷肖·帕拉维西诺爵士，第 13 章第 1 节会详述，他和格雷欣家族一样，既是王室海外借款的代理人，更是国内土地融资的大兼并者，Stone（1956）对此事解说甚详。[②]

1.6.2 金融业务

英国的利物浦城（Liverpool），在 1918—1969 年间有家非常有名（也是最大）的银行叫作马丁银行。它在 Water Street 有个大厅（目前还在使用），各地有 700 多个分行，1969 年与另一个闻名的巴克莱银行合并。马丁银行的历史可以回溯到 16 世纪，它的徽章上面 1/3 是只蝗虫，下面 2/3 是一只利弗鸟（liver bird）。[③]大家都知道蝗虫是格雷欣家族的徽记，怎么会和一只鸟合在一起呢？（图 1–1）

图 1–1　1969 年马丁银行与巴克莱银行合并

工作人员把象征马丁银行的蝗虫标志，换成巴克莱银行的老鹰标志。为什么马丁银行会用格雷欣家族的蝗虫标志？那是因为马丁银行初创时，格雷欣家族是最早期的大股东。

资料来源： www.liverpoolmuseums.org.uk/.../martins.asp.

---

① Wilson (1572): *A Discourse upon Usury*, pp.36, 38.

② Stone (1956): *An Elizabethan: Sir Horatio Palavicino.*

③ 象征利物浦城的鸟，用谷歌的“图片”功能可以看到许多种造型。

其实马丁银行是1928年起才用的简称，它是以1831年创办的利物浦银行为主轴，在将近100年期间积极发展，吸纳许多较小的金融机构之后组成的。既然是以利物浦银行为主轴，为何在1918年时改称为利物浦和马丁银行呢？因为它和另一家大银行马丁银行合并了。之后又吸纳许多金融机构，1928年简化名称为马丁银行。1969年和巴克莱银行合并后，马丁银行就消失了。现在要解说的是：马丁银行和16世纪中叶的格雷欣家族有何关系？

简单地说，马丁银行的前身，是格雷欣家族1563年在伦敦伦巴第街68号创办的金融商号，以蝗虫为店名和店徽，这个地址至今仍在（图1–2）。伦巴第街是爱德华一世（1272—1307）时，赐给意大利北方伦巴第地区来的金匠，作为他们的营业区域，现已成为金融街的代名词，英格兰银行就在附近。这家金融商号几经合伙与转手，在300多年间改过好几个名字：Edward Blackwell、Charles Buncombe、Richard Smith、Stone & Martin（18世纪）、Martin & Co.、Martin, Stone & Co. Stone, Martin & Co.。1891年改名为马丁银行，1918年与利物浦银行合并，称为利物浦和马丁银行有限公司。[①]

图1–2 伦敦伦巴第街69号格雷欣家族店面的蝗虫标志

1563年由托马斯·格雷欣放置。

资料来源：knowledgeoflondon.com/rooftops.html.

① 这400年间的复杂合并过程，Chandler (1964): *Four Centuries of Banking* 的扉页，有详细的流程图可查索，不易用文字解说。

有两本书解说格雷欣与马丁银行在16世纪中叶的最早期关系，[①]但共同指出一个大问题：文献数据远不足以充分描述这段重要时期的细节，只能半猜测地捕捉部分图像。我们不知道蝗虫这个兼做融资业务的"店铺"，是格雷欣家族中哪位成员在何年开设的。我猜测有可能是，理查德与约翰这两位担任过伦敦警长与市长的兄弟，在海外贸易大赚钱时期未从政之前开设的。他们的业务范围多元多角：参与海外贸易投资、商界同业间的周转融资、借钱给王室与贵族，伺机兼并土地。到了第五代托马斯时期，这个店铺的"办公室"功能更加发扬光大，成为伦敦商圈、金融界、政界暗盘交易既方便又重要的地点。

从资金融通的角度来说，伦巴第街从13世纪以来，就是意大利金融商人的活动基地。Chandler（1964, p.23）说格雷欣是"英国银行业之父"，也未免过度奉承，但格雷欣家族调度资金的实力不容低估。亨利八世以下的王室都和这个家族有金钱往来（借钱），拥地但缺钱的贵族就更有求于格雷欣家族。以威廉·佩吉特爵士为例，这位深受亨利八世倚重的外务大臣，后来还当过首辅，1546年担任司库（国王的私人财政官）时，向格雷欣借500英镑，"利息依王室规定10%"（Chandler, 1964, p.27）。托马斯这年才27岁，决定这笔交易的背后的金主应该是他父亲理查德（逝于1549年）。

简言之，位于伦敦市中心伦巴第街与交易所街交接处的蝗虫店铺，在16世纪的英国金融圈有策略性的中心地位。这个著名的店铺毁于1666年伦敦大火，著名的蝗虫店徽烧掉后换成木制的，现今的店徽（图1–2）已成为观光小景点。

马丁银行最早的创始人是查理德·马丁爵士（?—1617年7月）。他也是金融业（goldsmith）出身，伊丽莎白女王时期担任过造币厂长（1582）、伦敦市警长、两任市长（1589、1594）。他在1589年封爵时，托马斯已逝（1579）。托马斯年轻时马丁尚未出名，当时两人的年龄、地位、财富相差甚远。若说蝗虫店铺和马丁银行有业务上的

① Chandler (1964): *Four Centuries of Banking*,p.43; Martin (1892): *"The Grasshopper" in Lombard Street*.

联结，那是机构性的，而非人身的合伙。[1]

1.6.3 社会评价

整体而言，格雷欣家族是：（1）以海外贸易起家赚取巨额财富；（2）然后在国内融资给王室、贵族、地主，伺机兼并土地；（3）控制伦敦的布业公会，这是最具权势的商业团体；（4）以巨贾的角色一方面替王室在欧陆筹措外债，另一方面积极争取行政权（伦敦市警长与市长）；（5）介入国际商业谈判、与汉萨同盟（Hanseatic League）争地盘、驱逐外国商人、英荷贸易有争纷时介入调停斡旋；（6）在海外兼做外交、军火买卖、间谍工作；（7）经营商业与银钱周转业务，粗具早期的金融银行业。（参见附录 5 雷格欣的经商日记账）。

要同时处理这么多面向的事务与多角化经营，必须有过人的精力和手段。杜利特尔说格雷欣（托马斯）是当时最富有的平民，个性固执，有时也未必那么诚实，道德的敏感度不够。[2]这是很委婉的严厉评价。霍尔的批评更严重，说托马斯是个"高利贷者，父亲与叔父也是高利贷者；是个独占者，是朝廷腐化的代言人；是以契约来窃盗的共犯；是地主，整个家族都是疯狂的压迫者、驱逐者、掠夺者"[3]。

---

① Martin (1892): *"The Grasshopper" in Lombard Street*，chapter 2 对理查德 · 马丁爵士的生平事迹有详细解说；维基百科的"理查德 · 马丁爵士"条目有不少补充资料。另参见 Burgon (1839): *The Life and Times of Sir Thomas Gresham* , Vol. 1,pp. 280–285 的内容，了解格雷欣家族与银钱业的关系。

② Doolittle (1994): *The Mercers' Company, 1596-1959*, p.27.

③ Hall (1902): *Society in the Elizabethan Age*,p.58.

2 格雷欣之前的王室代理人

2.1 王室为何需要代理人？

都铎王朝时期有一种非官方但重要的职位，在政府组织中逐渐成形，即王室代理人。为什么王室需要代理人？因为当时的金融体系还不成熟，金融业者只能提供中小规模的资金，无法应付战争或大笔的需求。当王室紧急需要巨款时，必须派遣代理人到欧陆的金融中心调度，例如低地国的安特卫普和布鲁日、法国的里昂（详见第 6 章第 2 节和第 3 节）。

派遣代理人去外国借钱是万不得已的事，因为这类对国家声望不利的信息很快就在国与国之间散布。敌国可从借款的金额、利息的高低、旧债展延的状况，来判断国库的虚实。向外国周转之前王室通常用下列手法先在国内榨取：（1）增税严课，杀鸡取卵；（2）以备战为由向国会要挟拨巨款；（3）贬值铸币赚取暴利；（4）出售王地与庄园；（5）颁授特许权换取收益；（6）卖官售爵。

还有较临时性的手法：（1）以皇家园林土地抵押向贵族和商人借钱，第 1 章第 6 节中已简要提到，这是格雷欣家族兼并土地的方法之一；（2）以粗暴手段没收教会土地与财产，或妄加罪名从贵族手中夺取财富；（3）向富商勒索要求报效捐输；（4）向各种专业商会（如出口同业、渔业公会、建筑公会），强制借款（forced loan）。

以上手法使尽后，不得不转向国际金融集团借钱，好处是要多少就有多少，缺点主要有二。（1）和国内的免偿性榨取不一样，外国债主的钱一定要偿还，而且借款条件严苛。一旦无力或延迟偿还，催债的压力十分大。第 6 章第 1 节会解说，西班牙王室借钱不还时，如何被国际金融集团使出各种手段逼债。（2）这种方便的钱就像毒品一样愈陷愈深，逼得王室要拿出实物偿债，或对国际金主低声下气请求推延。

以上的分析也解说了王室商人的必要性：（1）赴欧陆寻找资金；（2）与金主商讨借金额、期限、利率；（3）无法如期偿还时要设法推延，或借新债来还旧债；（4）代理人在国与国之间奔走时，顺便替政府办外交工作、搜集军事情报、进行间谍战、代购军火、担任密使穿梭各国朝廷。简言之，代理人是多功能的地下大使，这项工作须具备许多内外在条件：王室可信任的本国要人；国际上声望良好的知名人士；国际视野、胆识与气度兼具。格雷欣是都铎王朝派用的代理人中，最负盛名也最有贡献的佼佼者。

换个角度来说，虽然代理人要执行这些重要工作，其实也只是个听命的棋子：随时向朝廷报告最新动态，拟出几项可行方案呈报上级选择，朝廷若有相反的指示也必须服从，国内政局变化时代理人也容易被撤换。以格雷欣为例，他几乎是当时最知名的富商家族，为什么愿意离开家庭与事业在国与国之间长期奔波？能得到哪些好处？先说两项明显的坏处。（1）女王与朝廷官员大都不懂国际金融与汇兑，对贸易界的实际运作更不熟悉。他们只想借到钱，未必明白如何和国际大金融商讨价还价，或借由操纵英镑汇率来降低借款成本，这一切的判断与成败完全由代理人承担。（2）当王室无法如期偿债时，金主会扣押代理人和商人在外国的资产与货品，引发诸多纠纷，全都要靠代理人设法解决，甚至会招致生命威胁。

代理人能得到哪些好处，才肯做这些吃力不讨好的工作？（1）王室会支付代理人日薪（例如 20 先令）和生活津贴。但这完全不够用，因为在安特卫普要支付办公室费用与员工薪资。（2）代理人可从总借款额中，抽取 1% 或 0.5% 的佣金，金额视业绩而定，通常要靠这笔收入才够应付各项开支。（3）趁机在海外进行自身的贸易事业。（4）以这项重要职务之身，在朝廷、权臣、商界穿梭，获取各项难以明说的利益。（5）若贷款有功，王室会以庄园和经营特许行业为赏赐，获取新的财富。（6）以王室代理人（御用商人）的名号领导工商界。简言之，代理人的表面收入有限，背后的潜在利益很高。

接下来要回答一个小问题：英国史上有哪些重要的王室代理人？本章主要介绍二位：斯蒂芬·沃恩（第 3 节）和威廉·当塞尔（第 4 节）是都铎王朝时期在格雷欣之前的代理人。第 13 章第 1 节介绍格雷欣之后的代理人霍雷肖·帕拉维西诺。为了提供简单的对比，第 13 章第 2 节介绍斯图亚特王朝（House of Stuart）初期的外债状况，与当时的主要王室代理人。

以下回答一个更早期的问题：在都铎王朝之前难道没有这类的代理人吗？据我所知，没有。王室透支缺钱的事古今中外皆有，解决国库亏空的手法在第 5 章会详细说明，但有一种较私下的管道尚未提到：向富有的贵族或商人周转，这些和王室有资金往来的权贵和商人可称为王室金主。这类的金主历朝历代都有，较有名的两位是：（1）爱德华三世（1327—1377）时期的威廉·德拉波尔（逝于 1366 年）；（2）理查德二世（1377—1399）时期的理查德·威汀顿（1354—1423）。[①]他们的主要贡献与基本特征是：（1）富商出身；（2）借钱给国王；（3）用大笔借款来交换政治权力或担任伦敦市长；（4）获得爵位。这四项特征在格雷欣家族第四代的理查德（第 1 章第 2 节）和约翰（第 3 节）身上完全适用。

简言之，王室金主是以个人财富和人脉解决王室的急需，建立政商的共生关系，他们的资金来源都是国内。第一位真正代理王室向外国金主周转大额外债的，是亨利八世时期的斯蒂芬·沃恩。以下第 3 节析述沃恩的作为与困难。[②]在此先说明为何亨利八世必须向外国借钱。

---

① 这两位的事迹在维基百科和谷歌内有详细解说。

② Burgon (1839): *The Life and Times of Sir Thomas Gresham*, Vol. 1, pp.73-75，含糊提到几个人名，说他们是英国在荷的商界领导人，兼做大使并替王室筹钱。这几位是约翰·哈克特爵士（逝于 1534 年）、约翰·赫顿（逝于 1538 年）、约翰·菲茨威廉、托马斯·张伯伦。我找不到确切的证据与数字，可说明他们在外债方面的贡献。以下是历任英国驻荷的商会主席与任期：约翰·赫顿爵士（1536—1538）、斯蒂芬·沃恩（1538—1545）、托马斯·张伯伦爵士（1545—??）。以上是亨利时期。以下是玛丽时期：安东尼·赫西（15??—??）、威廉·当塞尔（15??—1551 年 4 月）、约翰·马什（1555—16 世纪 70 年代）。以上的名单中，真正担任外债代理人的只有沃恩与当塞尔（详见本章第 3、4 节，另见附录 3 的相关解说）。

2.2 筹措外债的艰苦

国库亏空是常见的事，英国史上也屡见不鲜，大都从国内的各种管道弥填（增税、没收、硬借、半抢）。对外举债在亨利八世之前很少听说，最常见的是向外籍商人（意大利人、犹太人）借钱，这是自古就有的事。[①]为什么亨利八世会被迫转向外债？

关键在于亨利八世想要和法国的瓦卢瓦王朝、西班牙的哈布斯堡王朝相抗衡。要达到这个目标，必须强化军队备战积极出征。在沃尔西大主教的运筹帷幄下，把英国带入穷兵黩武的漩涡里：和法西两国以及爱尔兰、苏格兰长期对峙。国库很快就被争战耗竭，其中最大笔的开销是 1543 年同时和苏格兰、法国的争战。在政治上，亨利八世为了离婚问题和罗马教皇决裂，等于是与欧洲的天主教国家为敌。亨利八世在新任首辅托马斯·克伦威尔的引导下，半被迫地和低地国、法国、日耳曼的新教势力结合对抗天主教地区。

单是 1543—1546 年间的战争就耗损亨利八世 200 多万英镑，国库空虚资源耗竭只好向欧陆举债，主要的窗口就是当时的金融中心安特卫普。亨利八世的错误策略，让他的三名子女在都铎王朝的下半叶，陷在争战与筹措偿还外债的泥沼里，直到 1588 年伊丽莎白一世打败西班牙无敌舰队，才摆脱欧陆的军事威胁，也才逐渐从辛苦周转的外债转向国内筹措各项资金。

整体而言，英国在安特卫普筹借外债的时间约 30 年（1544—1574），也就是从 1543 年亨利八世同时发动对法国与苏格兰战争的翌年，通过沃恩向韦尔泽（Welser）家族借了 10 万克朗（Crown, 1

Burgon (1839), Vol. 1, p.393 说，还有一位威廉·赫莱，是首辅威廉·塞西尔的兼任代理人，主要的工作是担任财务代理人，还说赫莱有好几封信在大英博物馆的手稿档案内。我觉得奇怪，查了 Alford (2008): *Burghley: William Cecil at the Court of Elizabeth I*, p.401 的索引，知道赫莱确是塞西尔的手下，但主要的工作是间谍（plant, expert intelligencer and informant, pp.69，339）。综合判断后，我认为 Burgon 说赫莱是塞西尔的财务代理人，这件事恐怕有误。另，从 British History Online 可查索威廉·赫莱的相关事项，2012 年 4 月时有 696 项条目。

① 参见 Barzel (1992): "Confiscation by the ruler: the rise and fall of Jewish lending in the Middle Ages",pp.1-13; Veitch (1986): "Repudiations and confiscations by the medieval state",pp.31-36。

克朗 =5 先令）算起，到伊丽莎白一世在位的第 16 年为止。1574 年之后，由于宗教上的动乱（新教与天主教的冲突），以及西班牙军队的无情镇压，结束了安特卫普的黄金时期，这些事在第 7 章会详述。1574 年之后，英国的资金需求转向两个地方：本国的工商界与日耳曼的金主。[①]1544—1574 这 30 年是外债最严重的时期，以下要回答三个问题：（1）王室资金缺口的大小与急切的状况；（2）为何国内资金无法应付这些亏空；（3）英国与安特卫普的贸易，如何有助于外债的筹措与偿付。

先举两例说明王室资金缺口的严重性。（1）亨利八世在 1544—1547 年间，通过沃恩在安特卫普借了将近 100 万英镑（详见本章第 3 节），到 1547 年他驾崩时，还积欠 7.5 万英镑未还。（2）伊丽莎白在安特卫普的举债额，比她父亲亨利八世少很多（1558—1574 年间将近有 50 万英镑），但每年要摊还的数额还是很高：以 1560 年为例，就要摊还 27.9 万英镑以上，比王室的岁入额（27.6 万英镑，参见第 5 章表 5–5）还高。这 27.9 万英镑，大约是英国商人每年运到安特卫普商品总值的 1/3。[②]从这个简单的对比，可以想见王室财政缺口之大和还债压力之重。

王室当然会先从国内榨取，但面临两个问题：（1）英国的金融体系尚未发达，不易在短期内筹到巨款；（2）平时各种课征已重，一榨再榨之后公共资源早已枯竭。无奈之下只好寻求私人管道。找富有的王公贵族，以各种方式威胁利诱借钱给王室。好处是债主人数较少，单笔借款金额较大。这招用完后就找次级的贵族与乡绅，债主人数较多但单笔金额较少。通过各项同业公会（如布匹出口业、渔业公会），向伦敦的富商强制借款（相当于中国古代的报效或捐输，清末最常见），详见第 10 章说明格雷欣如何在商界帮王室筹款应急。被敲诈的

① Outhwaite (1971): “Royal borrowing in the reign of Elizabeth I: the aftermath of Antwerp”, pp.251-263.

② 参见 Ramsay (1975): *The City of London in International Politics at the Accession of Elizabeth Tudor*, pp.26-27：英国商人每年运到安特卫普商品总值，1563—1564 年间约 70—80 万英镑，另有一说是 92 万英镑。

商人分本国籍和外国籍，本国大商人（如格雷欣家族）会要求爵位或官位（如伦敦市长或警长），外籍商人无此机会，大多以缴纳保护费的心态认命。

在国内搜括数额既零星又耗时，“交易成本很高”。以 1522 年为例，麻烦很久才借到 2.26 万英镑。所以一旦有大额急需，还是要去安特卫普找金融集团调度，速度快金额又大，只是利率高得惊人（相较于国内借贷），又不能拖延不还（如第 6 章第 1 节所述，连西班牙这个大帝国都得罪不起金融集团）。

安特卫普的金融市场是欧陆金主的汇聚点，交易所里的资金就像是裹了蜂蜜又埋藏倒钩的热包子，几乎是全年无限量供应的毒品，专钓急缺巨款的君王。然而高利率的背面就是高风险，第 6 章第 3 节所述的全欧最大金主富格尔（Fugger）家族，就是兴起于借贷给君王，但最后也是垮在这上头：这是能载舟也能覆舟的大输大赢。

另一个问题是 16 世纪上半叶的国际金融市场，还没有我们想象的那么成熟完整。狡猾的金主不会把贷款整整齐齐地送到借款人手中，通常会有对债务人不利的“潜手法”。

（1）把从各国搜集来的各种货币堆在一起，宣称这批钱币的总价值是多少。这些杂乱的金银币重量不一，成色不同，有些还破坏得不成形，急着借钱的苦主只好硬着头皮收下来。但还钱时就要依照金主的要求，偿还高质量的完整钱币，拒收破钱与烂钱。换言之，这是变相的提高利率——借出烂钱回收好钱。

（2）有时金主会谎称现金不足，必须搭配 20% 的小麦和 10% 的香料，急着借钱的苦主又只好接受。让人厌烦的是，金主会大幅提高这些小麦和香料的市价，等于是变相提高利率。这些都是国际金主惯用的手法，提高实质利率欺侮王室的财务代理人。从亨利八世到爱德华六世、到玛丽一世的 10 多年间，英国常因为这种手法而吃暗亏，直到精明能干的格雷欣上任，金主顾忌他的商界地位与国际人脉，才让英国减少这些看不到的损失，把高到不合理的利率压下一些。下一章会详细说明，为何格雷欣是都铎王朝时期最有才干也最有贡献的代理人。

（3）由于借贷双方的互信度不高，加上国际金融的投机性强，这类的国家级巨额贷款期限大都很短。下一章会看到许多例子，通常的借期约半年，很少超过一年，利息很少低于12%。金主为什么偏好这种短期高利的贷款？因为当时各国的争战不断，资金需求强劲，短期型的贷款方便金主在一年内在国与国之间快速周转，如同生意好的餐厅会用各种手法要客人快速吃饭，同一张桌子一个晚上要做三次生意。

向欧陆金主借钱最大的困难，是找到适合与足够的抵押品，主要的方式有两种：（1）以英国商人在安特卫普的货品抵押，并由英国驻荷兰的商会负责人连带担保；（2）找有信誉的机构（如伦敦出口同业公会），或有资产的人担保（如王公贵族或殷实商号分别或联合担保），若王室无法如偿还金主就告官押货抓人。亨利八世的代理人沃恩刚开始在安特卫普筹钱时，欧陆金主对英国的偿还能力有疑虑，因此设下相当高的门槛；双方熟悉互信后，金主愿意接受伦敦市政府的本票当作抵押（由市政府担保偿还）。若非受迫于王室的威胁利诱，没有人愿意承担这么重大的抵押联保。

16世纪的金融圈是卖方市场（金主强势），若借方无法如期偿债，就必须付出额外的高利来展期。如果金主硬是不肯（因为已答应另一国的急贷），代理人只好千请万托说尽好话。英国的商人，特别是商业冒险家，通常是王室债务的连带保证人，若王室无法如期还款，商人在安特卫普的财产会被没收抵债。以1563年夏季的事件为例，王室欠安特卫普三位金主共1.1万荷兰镑，几经延期加利息还是还不出来，这些金主以“告官、押货、抓人”向英商施压，王室要求格雷欣无论如何再拖3个月或半年。无法如期偿还的原因，一方面是伦敦发生瘟疫，另一方面是英荷的贸易停顿，因而收不到货款。

格雷欣被迫用重金贿赂司法人员，若欠债无法如期偿付，只好请高抬贵手不要押货抓人。同时他亲赴金主的总部求情，说明困难请求展期。雪上加霜的是英镑汇率因瘟疫与贸易中断而大跌，多方交迫下英国从国内各地的铸币厂运送价值1.2万英镑的金银块，到安特卫普还给金主。[①]当时的欠款额是1.1万荷兰镑，价值不到1万英镑。几

---

① 参见 Outhwaite (1971): “Royal borrowing in the reign of Elizabeth I: the aftermath of Antwerp”, p.294。

经延期后竟然要付出高代价才能解决问题，可见国际金主的凶悍。更可恶的是这些金银到达后，金主说他们只收钱币。格雷欣被迫再花一笔钱，把金银块送到当地的铸币厂换出现钱，又被剥了一层皮。向外举债的艰苦犹如哑巴吃黄连，若不是格雷欣这么精干，王室不知还有多少障碍与苦恼。

王室无法如期偿债时代理人首当其冲，夹在金主与债主之间进退两难。以格雷欣为例，他在 1560 年还受到人身安全的威胁。[①]代理人要在金主间奔走斡旋，谈判金额、利率、借期，还要负责把借到的钱运回英国，债务到期又要把钱从英国运到金主手中。光是装箱、运船、渡海、通关、取得金钱出口许可，这些琐事就够繁杂，还要贿赂司法机构、海关人员、朝廷官僚、交涉船只、谈判保险费、应付黑白两道。

若王室下令代购军火，还要安排走私船只；王室或朝臣若要买礼物，不但要火速送上还不敢收钱；北海常有风浪，难免翻船人货俱亡，还要承担损失处理善后。王室若无法按时偿还，又要借新款抵旧债。这些种种苦恼只能独吞，别期盼王室会派人协助或拨款济急。代理人吃力不讨好，有功无赏打破要赔，难怪只有格雷欣能做最久也做得最好。但如第 12 章所述，格雷欣离职后与朝廷还是有财务纠葛，最后靠女王特赦收场。

这些短期的巨额外债几乎每半年就要偿付，王室哪有这么多现钱在手中，又要劳师动众从伦敦运到安特卫普？最简单也最常用的手法，就是利用英国驻荷的商会，从会员收到的货款（荷兰镑）先还给债主，等贸易商人回国后王室再以等值的英镑拨还。这可省下往返运费，王室也可用较有利的汇率还钱给英商。若时间稍拖延或汇率不合理，商人只好吞下损失。1561 年时，王室甚至要商会垫还价值 3 万英镑的外债，这笔巨款拖欠到 1564 年还没付清，商人吃了大亏就不太肯和政府配合。[②]

① Burgon (1839): *The Life and Times of Sir Thomas Gresham*, Vol. 1, p.289.

② Outhwaite (1966): "The trials of foreign borrowing: the English crown and the Antwerp money market in the mid-sixteenth century", p.300.

大笔现钱在海上运来运去既昂贵又危险，所以除了急需或特殊状况，都以国际汇票的买卖方式结算：代理人在安特卫普借到钱之后，付出手续费转换成汇票，寄回给王室去伦敦的国际金融集团票号提领。要偿付时就反向操作，把钱交给伦敦的票号换取汇票，寄给安特卫普的金主在当地提领，金主也可以要求把汇票寄给里昂或西班牙的票号，转借给当地的王室或做其他用途。这就是今日国际汇兑的运作方式雏形。

还有各式杂项费用累加起来也不是小数目，都要算进“交易成本”内：代理人在低地国的办公费、租金、职员薪资、邮件费、当地车马费、宴饮招待金主、与当地政界商界的交际送礼打点、英荷间的往返旅费、英镑与荷兰镑的兑换佣金。乌思怀特曾详列这些费用，例如，1558 年 11 月 24 日—1562 年 4 月 22 日之间，汇率佣金与汇率损失高达 1 293 英镑，各项杂费 5 289 英镑，餐饮与其他费用 3 646 英镑。这三年半之间的各项费用合计超过 2.4 万荷兰镑，还不包括佣金与利率这些“正式费用”。[①]以上的说明讯息很清楚：外债既麻烦又昂贵。

2.3 斯蒂芬 · 沃恩

16 世纪上半叶英国已在欧陆各国派驻大使，一方面执行亨利八世的外交与政治任务，二方面在各地搜集情资，三方面处理贸易谈判和商务纠纷。如果有特殊或重要事件，国王会另派使节赴外交涉。

筹措与偿还外债必须另派专人专职：这是相当专业的事，主事者必须熟知金融圈的生态，能掌握金主的实力与对英国的态度，更需知晓国际货币的汇率起伏，以及各国的贸易收支状况。换言之，与其委任外交行政人员处理，不如在工商界找寻政商关系良好且具备国际信誉者，在安特卫普的金融市场折冲斡旋，同时处理复杂的贸易谈判与

---

① Outhwaite (1966): “The trials of foreign borrowing: the English crown and the Antwerp money market in the mid-sixteenth century”, p.303, note 1.

工商纠纷。

斯蒂芬·沃恩（14??—1549）是第一位全职的王室代理人（1538—1546），主要职务是外债的筹借与偿还，但和后来的几位继任者一样兼做情报、买军火、地下大使。此外还做许多杂事，包括发薪资或特别费用给王室派在国外短暂工作的人员。王室的资金短缺，只能提供很少现金给代理人运用，通常是日后以颁赐爵位、庄园、特许权的方式弥补。所以当代理人的基本条件，必须具备相当的财力先应付日常开支，年终再向国库报账结算。

王室支付代理人的“食宿费”（diet money，每天约 20 先令 = 1 英镑），外加旅费、邮件费、交际费、礼品费，半公半私的费用通常不可报销。王室会派稽查员审核，若有争议就送请朝廷或国王裁决。代理人通常要倒贴办公费，实力不足的还要举债办公。[①]第 12 章第 1 节会详述，王室的稽核指控格雷欣欠了巨额办公费。

王室甄选代理人的过程相当谨慎，基本的手法是从驻荷商会的历任代表，挑选具财力与才干者。亨利八世时期的商会代表有约翰·哈克特、约翰·赫顿、托马斯·张伯伦、斯蒂芬·沃恩、威廉·当塞尔，但只有后两位担任过代理人。王室对这两位的满意度不高，代理人也常有怨言，原因是结构性的：（1）王室提供的薪资和预算太少，又要马儿跑又要马儿不吃草；（2）金主知道英国的国库亏空严重，不肯轻易借钱或要求高利率，代理人夹在中间不易达成任务；（3）亨利八世暴躁易怒天威难测，代理人提着脑袋办事，不知何时会上台或下台；（4）王室时常无法准时偿债，代理人首当其冲面对金主讨债，压力甚大人少事杂吃力不讨好。若不是看在日后的补偿、爵位的诱引、可在朝廷与商界之间谋权获利，代理人的工作实在是苦差事。

学界对沃恩的出身不详，甚至不知道生于哪一年，也不知道他的成长过程，只知道 1539 年时他已是驻低地国的大使（resident

① Richardson (1953): *Stephen Vaughan, Financial Agent of Henry VIII*, pp.2, 6-8, 40, 43 详说沃恩担任代理人期间的薪资与日后的报酬内容。

ambassador)。这个职位大概是由首辅克伦威尔推介的，[①]因为沃恩和克伦威尔有过生意往来。虽然早在 1530 年，沃恩就被指派在低地国当过代理人，但那是短暂的任务，他也在低地国当过短期大使。1544 年沃恩担任正职驻荷的财务代理人，主要做筹款与情报工作，亨利八世和首辅对他相当信任。他的个性喜好当官，会稍夸大工作的困难与障碍。王室知道他对欧洲的金融圈熟悉，但有时过度谨慎犹豫略缺自信。整体而言还算肯定他的能力，安特卫普金融圈也称赞他处理财务诚实正直，做人还算谦和、人缘好、知所进退。

前面稍为提过，1544 年亨利八世同时对苏格兰和法国宣战，3 月时派张伯伦与沃恩联袂去低地国做军事外交和军费筹款，开启了沃恩担任财务代理人的正式任务：从 1544 年 4 月起到离职共 28 个月（两年半）。第一笔借款计划是 1544 年 5 月 23 日，沃恩向统辖低地国的匈牙利女王玛丽表达这项计划。玛丽对英国的财政状况甚表惊异，因为亨利七世的财富早已让全欧洲印象深刻，没想到亨利八世这么快就挥霍光了。沃恩的初期目标是每个月筹到 10 万杜卡特金币，玛丽女王在布鲁塞尔朝廷了解状况，查明沃恩的身份，同意亨利八世可以在安特卫普进行此事。唯一的条件是，不能影响神圣罗马帝国皇帝查理五世在低地国的筹款。得到女王允许后，沃恩就到安特卫普找殷实可靠的代理人进行此事。

1544 年 6 月亨利八世准备渡海攻打法国，急需巨款供各项开销。亨利八世能使用的手段早已用尽（课恩税、卖教会土地与财产、货币大贬值），只能靠外债来支应积欠的军饷。沃恩能筹到的远不足以应付这个无底洞，但有一些在手上就能多支撑一下。一方面沃恩的个性较谨慎，另一方面王室的指令约束较多。沃恩的身份只是“代理人”而非“全权”，只能听命令做动作，事事要回报核准才敢进行。除了羊毛和布匹这两项重要贸易商品，当时最有价值的商品是“国王的铅”（属于王室的铅矿），金主同意以此为抵押品贷款。但短期内大量的铅运到低地国后，市价跌了 1/3，这是王室对商业的外行，不愿放

① 参见 Richardson (1953): *Stephen Vaughan, Financial Agent of Henry VIII*, 第 2 章谈沃恩的生平与事业。本节重点在介绍格雷欣的前任，着重外债方面的经历与贡献。

手让沃恩自由裁量而自讨苦吃。

经过一番努力，1544 年 5 月底沃恩筹到 10 万克朗金币，半年利率 14%，金主同意 7 月再借 10 万。在这个交战期间各国需钱急迫，市场银根较紧，金主只肯贷小额短期高利。沃恩透过中介商杜奇牵线，向德籍金主韦尔泽家族（详见第 6 章第 3 节）借到这笔钱。经过几许波折，拖到 1544 年 7 月 2 日才收到这笔款，利息 10.5%，9 个月后应偿还的总额是 122 788 克朗。从这个例子可以看到，战时在金融中心筹款多么不容易。

第一笔成功后，沃恩发现他的中介杜奇不老实，让英国吃了亏。但这位中介是王室指定的，他不敢轻易更换。在心中迟疑绑手绑脚的情况下，沃恩在 1544 年底从困难重重的金融市场借到第二笔——21 万克朗。这笔钱是用来：（1）雇日耳曼的佣兵；（2）支付英军薪饷；（3）采购军需与补给。运这笔钱回国需要低地国女王批准，还要在起起伏伏的汇率市场挑个有利价格换成英镑，还不一定能换到足额的英镑。这些林林总总的大小琐事把他弄得晕头转向，还要另请助理协助。远在朝廷的亨利八世只想马上拿到钱，不耐烦这些复杂的程序，这对沃恩是另一层困扰。

东拼西凑之后的成绩还不错：1544—1545 年间总共借到 56 万英镑。但这些钱进来的速度太慢，应付不了战时的燃眉之急与永无止境的需索。也就是说，沃恩要尽力筹钱，只要借得到就好。但这些短期外债半年到一年就要偿付，亨利八世哪来钱还呢？他把脑筋动到英商在荷的应收货款上，要沃恩去调查这笔金额大小。这是犯众怒的事，必然两面不讨好。

人算不如天算，亨利八世的如意算盘很快就破灭了：神圣罗马帝国皇帝查理五世，在 1545 年 1 月 6 日下令扣押所有英国船只与货物，原因是同为天主教的西班牙，报复英国在前一年扣押荷兰的船只。[①]交易所和金融市场立刻陷入惊慌，安特卫普的国际贸易停顿。沃恩和英国友人在晚餐时被捕，私人财产、保险箱、钱柜被贴上封条。英荷关

① 参见 Letters and Papers of Henry VIII, January 7, 1545, No. 243。

系急冻，经过多次协商，到 4 月 6 日才在布鲁塞尔签约恢复通商。

这件事对筹措外债有重大影响：（1）贸易中断的 4 个月期间英国商人收不到货款；（2）英国应偿还的 20 万克朗筹不出来，钱和货都运不出去，金主要加收利息与罚金；（3）仗还在打，但借不到钱，国王的铅、商人的羊毛与布匹都卖不掉。走投无路时，中介商杜奇告诉沃恩说找到一位新金主：日耳曼的富格尔家族（参见第 6 章第 3 节）愿意周转一大笔数目，条件是国王答应让杜奇带一批珠宝金银进入英国商谈此事，而不必缴纳关税（这才是杜奇的真正目的）。结果可想而知：杜奇带珠宝进英国卖了一大笔钱，但和富格尔的借款未谈成，沃恩又被耍了。

沃恩估计亨利八世在 1544—1545 年间耗掉 130 万英镑，从国会的拨款与各项税收只能拿到 30 万英镑，不足的 100 万英镑只能靠变卖土地、货币贬值、外债来支应。对苏格兰和法国的战争总共耗了 220 万英镑，英国不但打穷了，还积欠欧陆金融集团一大笔外债，付出 12%—18% 的超高利息，养肥中介商和金主，苦了百姓和王室代理人。以当时欧陆金融集团的实力，要调度这几百万还不成问题，只是他们看到亨利八世黔驴技穷的样子，就算利息再诱人也不敢借。

沃恩在王室的压力与金主的抗拒下，必须同时讨好双方，王室无法依约还债时，他会陷入悲观与惊慌。两年多的任期间他难免犯错，导致金主与王室逐渐对他不满。最严重的失误是 1546 年 9 月他要求王室汇出过多的钱到国外，因而被严厉谴责。1546 年 9 月 8 日他接到命令结束工作，改由张伯伦和当塞尔接手。12 月回到伦敦后，国王召见并感谢他多年的忠心服务。十个星期后亨利八世驾崩，在国事纷扰国困民穷的环境下，原本答应他的酬劳已无从提起，多年的为国效劳到最后是一场空。离职后他在铸币厂和法院工作，1547—1549 年间的活动无记录可查，1549 年 12 月 25 日逝于伦敦。

沃恩任期（2.5 年）的后两年间，大约总共筹到 27.2 万英镑，其中有 4 万克朗是珠宝而非现钱，有 3 万荷兰镑是毛织物而不是钱，另有 2.7 万英镑是由在伦敦的商人以信用证支付。简言之，借到的不全是现金，也不是全都从安特卫普取得，而是：（1）现金搭配实物；（2）通过安特卫普的交易所从各国商人凑钱；（3）最主要的金主还是欧陆（尤其是德荷）的金融集团。

这27.2万英镑的外债沃恩离职时已大都清偿，只有欠雪资（Schetz）家族的2万荷兰镑，和欠富格尔家族的8万荷兰镑在亨利八世驾崩时尚未还，但同年内就清偿了。[①]从这件事可以看出：英国和西班牙一样都不敢得罪金融集团，这个传统延续到都铎王朝结束都没改变。整体而言，沃恩筹措到的金额和亨利八世的开支实在不成比例，但急需时还是不无小补。[②]

2.4 威廉·当塞尔爵士

前面提过，沃恩离职后的接任者是当塞尔（15??—1582，生平不详），辅佐者是张伯伦。三者的背景有相同点：都是伦敦出口商会驻安特卫普的会长；熟习欧陆的贸易工商界；和交易所与金融圈有往来。整体而言，当塞尔的处境因为战争结束而比沃恩容易，但个性与能力并不更适应，以业绩来说更糟糕。这些人都是商场老将，为什么转任王室代理人后就表现得不理想？应该是结构性的原因大于个人的才能问题。

当塞尔共有4年3个月任期（1547年9月—1551年12月29日）。刚接任时还算顺利，王室尽量如期偿债，比西班牙或其他国君的声誉好。新借款大致顺畅，所以几个月后就由当塞尔独力专责，张伯伦专注贸易事务。之后的4年间，当塞尔的表现被王室视为“懈怠、无效

① 参见“Vaughan's account of the Crown's debts abroad and of the condition of the Antwerp money Market, 1546” (12 August 1546)，收录于Tawney and Power (1924)eds.: *Tudor Economic Documents*, Vol. 2, pp.138-142。

② 学界对沃恩在安特卫普的筹款研究很少，最主要的是Richardson (1953): *Stephen Vaughan, Financial Agent of Henry VIII*, chapters 5-6；以及Richardson (1954):“Some financial expedients of Henry VIII”, pp.33-48。有几项文献对理解沃恩筹措外债过程的细节很有帮助。（1）Ehrenberg (1928): *Capital and Finance in the Age of the Renaissance*,pp.251, 265, 268.（2）Dietz (1964): *English Public Finance, 1485-1641*, Vol. 1, pp.167–174（有丰富的细节）。（3）Burgon (1839): *The Life and Times of Sir Thomas Gresham*, Vol. 1, pp.57-60引述沃恩的几封信函。（4）British History Online可查到1000多项与他相关的条文。

率”。托马斯·格雷欣接任（1551 年底—1564 年？月）后，主要的任务是“弥补前任的笨拙”，因为当塞尔的“不明智行为已危害英国公平诚实处理债务的信誉”。目前没有具体的细节，但可以确信朝廷认为他“无能且不可信任”。据当塞尔的自辩，他是听信格雷欣的建议做了某些外债交易，导致英国政府损失 4 万英镑。这些事没有详细证据可供评判，但有一点恐怕是真的：沃恩在欧洲金融圈的人缘和评价相当不错，但当塞尔在这方面就明显差多了。①

当塞尔接任的头 3 年（1547—1549），由于欧战已停，各国的资金需求大减，安特卫普交易所的通行利率从 12% 降到 9%。资金宽松加上利率大跌，所以轻易筹到 24 万英镑，平均利率不超过 11%。但从 1549/1550 年起，由于西班牙介入低地国的宗教与政治，加上英荷关系紧张（参见第 7 章第 4 节），导致资金紧缩利率提升，他能借到的钱变少，利息变高。

当塞尔犯严重错误被撤职后，朝廷也严重失策：在 1550—1551 年间由朝廷直接和欧陆的金主谈判筹借外债。不够专业的结果是借款条件更差成本更高，积欠安特卫普的外债总额高达 32.5 万英镑。为什么会发生这些事？主因是 1547 年亨利八世驾崩后，他的 9 岁幼子爱德华六世继任（1547—1553），政争激烈，朝廷成员更迭。

1551 年 4 月有人检举当塞尔无能失职，12 月有一位约翰·迪莫克要求当塞尔返国述职，但他拒不回应，12 月 29 日被撤职。当塞尔拖到 1552 年 3 月 31 日才回国，朝廷指派霍比“照管监护”他。②以上是当塞尔任内的主要事件与起伏过程，以下三项内容是辅助性的讯息，基本上支持前述的说法。③

---

① Richardson (1953): *Stephen Vaughan, Financial Agent of Henry VIII*,p.78.

② 参见 Blanchard (2004): “Sir Thomas Gresham (c.1518-1579)”, Vol. 23, p.768。另见 Burgon (1839): *The Life and Times of Sir Thomas Gresham*, Vol. 1, pp.63–66，有当塞尔与朝廷的信函摘要。这是相当重要的文件，主要讯息如上所述：朝廷对他的工作效率不满，责备他害政府损失 4 万英镑，但当塞尔力辩无辜，双方激烈对峙。朝廷令他束装返国接受调查，但当塞尔拖延不应，朝廷大怒而被解职。

③ 详见 Ehrenberg (1928): *Capital and Finance in the Age of the Renaissance*, pp.105, 180, 251, 270 的叙述。

（1）1549 年 9 月当塞尔在安特卫普筹了几个月都没成功，后来富格尔家族同意借 5.4 万英镑为期一年。年底时这笔钱又展延一年，利率 12%。

（2）1549 年当塞尔向塔克（Tucher）家族借一笔钱，王室到期付不出款，要求延期，利率 12%。但塔克不肯，当塞尔只好转向另一位金主伊拉斯谟·雪资借钱还给塔克。塔克收到这笔钱之后，立刻说愿意再借出 15 万荷兰盾（6 荷兰盾 =1 荷兰镑），但因为法律不允许，不愿协助把钱运去英国。王室对这笔交易不满，因而指责当塞尔。塔克愿意以 12% 的利率贷款，但只肯贷出实物（或许当时仓库有过多的商品）而非现金，并要求还钱时以现金支付。王室的条件正好相反：要借现金用实物还债。这笔交易因而告吹。

（3）1549 年当塞尔以 13% 的利率借到钱，还说能用 14% 再借到 10 万荷兰镑。他认为这个价钱合理，因为神圣罗马帝国的皇帝要付 15%—18% 才借得到。其实当时荷兰政府只要用 10% 或 9% 就借得到小额款项（因为战争已结束），同时期有好几家日耳曼金主都只要年利 10%，当塞尔让王室吃了亏。其实王室指示过利率不要高于 12%，有人愿意借他现钱（而非实物），利率 13%，当塞尔还价 12.5% 但没成交。①

1552 年之后就很少听到当塞尔的消息，朝廷偶尔会派他去低地国采购金银和军火。1558 年 11 月伊丽莎白女王即位后，从新年赠礼给女王的名单内还常见到他的名字。虽然他的职位已由格雷欣接替，但两人的友谊似乎未变。1579 年格雷欣逝后当塞尔还健在，似乎未婚，1582 年 6 月 1 日—8 月 18 日之间去世。他居住在奥德曼伯瑞的圣玛丽教区，遗赠 100 英镑给母校牛津大学，其中 2 英镑帮助穷学生学习。他有一封亲笔函（1545 年 8 月 17 日），保存在 Harl. MS. No. 283 art. 179。②

① 从 British History Online 可搜寻到不少当塞尔的通信内容，谷歌内也有不少与他相关的记载和文献。若从当塞尔的例子深入探索，可增加对当时欧陆金融市场的理解。

② Burgon (1839): *The Life and Times of Sir Thomas Gresham*,Vol. 1, pp.66-67, note u.

3 曲折的代理人之路

第 3、8、9 章是本书的核心，解说格雷欣如何在欧陆的外债舞台上大展身手。本章说明朝廷政权的多重变化，与财务代理人职务的不确定性。第 8 章的重点是格雷欣在安特卫普、西班牙、日耳曼筹措外债的过程，评估他的成果与功绩，解说他面对的问题与障碍。第 9 章分析英镑的汇率变化如何影响借债与偿债的成本，以及格雷欣如何计划用各种手段操纵英镑的汇率。

本章前 5 节解说格雷欣在爱德华六世、玛丽女王、伊丽莎白女王期间，担任财务代理人的坎坷过程：(1) 爱德华六世如何在 1551 年底选用格雷欣；(2) 玛丽女王 1553 年 7 月 6 日即位后的 4 个月期间，格雷欣察觉朝廷有人在排挤他，不再担任代理人的职位，为何年底还能被延请回原职位；(3) 朝廷“若有似无”地用着他，也用其他人同时处理外债，其中最重要的是克里斯托弗 · 当齐；(4) 但 4 个月后发现行不通，只好把格雷欣找回来；(5) 1558 年 11 月玛丽女王驾崩，由她妹妹伊丽莎白即位，格雷欣如何取得新女王的信任保住代理人职位。最后 2 节分别解说：(1) 代理人的薪资、佣金、业务费、车马费如何计算；(2) 外债事务烦琐，格雷欣需要团队才能运作，他如何在伦敦与安特卫普拥有自己的代理人，协助他搜集情报与完成各项任务。

3.1 爱德华六世的指派

上章末说当塞尔在 1551 年 12 月 29 日被撤职，朝廷意识到外债业务的复杂度和重要性，立刻召集商界人士商议如何协助幼年国王减轻外债。格雷欣是受邀的商界代表之一，他记载当时的情景："我受邀与会觐见国王陛下。其他商界人士也在场，他们想知道我的意见，如何以最低代价减轻国王的债务。我表达看法后，国王和在场人士要我主持会议。虽然我没有主动要求，其实是要我接管此事。"这是格雷欣家族首次有人担任王室代理人。①

格雷欣的名字早就出现在枢密院的记录簿，身份是"伦敦布商"。朝廷早已知晓他的商界地位，朝廷也有人和他熟识。1552 年他才 33 岁，已有 6 年的经商经验（1546 年 4 月—1552 年 7 月，详见附录 5），熟悉安特卫普的工商贸易与金融圈，王室自然想借重他的家族政经关系与国际历练。②

上一章提及沃恩在亨利八世在位的最后两年大约筹到 27.2 万英镑，每半年的利率大约 14%。亨利八世每年约要支付 4 万英镑的利息，这么贵有三个原因。（1）在银根紧的时间点，用高利率（14%）借短期（6—12 个月）的巨款。无法如期偿还时，只好用更高的利率，借新款以债养债。（2）亨利八世在国库亏空时采用大贬值的手法，虽然赚取巨额的"铸币税"，但英镑的国际价值因而大贬：原本比荷兰镑值钱许多，1547 年 1 月亨利八世驾崩时，1 英镑（20 先令）竟然只值 23 荷兰先令（详见图 9–1）。也就是说王室必须付出更多的英镑，才能支付原本已经很高的外债本金与利息。（3）国际金融集团看准英国付不出钱，就拿一些廉价珠宝要王室以高价买下，来抵还债务或利息，从亨利八世向外举债开始王室就吃了不少明亏与暗亏。

亨利八世死后幼年国王爱德华六世登基，从他的日记（1551 年 4 月 25 日）可以看到沉重的债务压力与奇怪的解决方式。"与富格尔家族谈成一笔交易，大约有 6 万英镑的款项，可以延后到 5 月和 8 月偿付。如果以下的条件满足，则富格尔同意延后 1/10 的时间付款（这不是延后付款的条件）。条件一：我（爱德华六世）要向他们购买 1.2

---

① Burgon (1839): *The Life and Times of Sir Thomas Gresham*, Vol. 1,pp.66-67.

② 父亲于 1531 年封爵，同年任伦敦警长、1537 年任伦敦市长；叔父 1538 年受封，1547 年任伦敦市长，详见第 1 章。

万马克（1 马克 = 249 公克）的白银，每两价格 6 先令，在安特卫普交货，并运来英国。条件二：我要支付 10 万克朗金币（1 克朗 = 5 先令），购买他的 1 套珍贵珠宝、4 件超大颗的红宝石、1 个东方的大钻石、1 个大珍珠。”这不是爱德华第一次用这种方式抵债，在他的日记中还有类似的记载：1550 年 5 月 9 日买了 25 万磅火药才让 3 万英镑债务延期 1 年。[①]

以上事情说明三个要点：（1）亨利八世的穷兵黩武真是祸延子孙；（2）国际金主有各种要挟债务人的手法；（3）格雷欣在 1551 年 12 月或 1552 年初接任时，[②]或许知道这些事，或许是接任后才真正明白此事的黑暗面与棘手程度。格雷欣接任后携家带眷搬到安特卫普，暂住在商界朋友兼金主加斯帕·雪资家中，之前他在低地国时常住的地方。这是一项重要的结盟，因为西班牙在低地国的财务代理人原本是杜奇，他常在布鲁塞尔的朝廷和安特卫普的金融圈往返。杜奇失势后由加斯帕·雪资接任，成为“神圣罗马帝国皇帝的财务代理人”（参见第 6 章末节）。格雷欣住在他家对筹款相当有帮助：这两人分别代表英国与西班牙，是人脉、钱脉、靠山的梦幻组合。

为什么格雷欣会被选任王室代理人，主因是有力人士的推荐：约翰·达德利（1501—1553），第一代诺森伯兰公爵。1549 年达德利还是华威伯爵时，朝廷派他去诺福克平定叛乱，8 月 23 日夜宿格雷欣父亲理查德兴建的宅第因特伍德大厅（离诺维奇市 3 英里）。这次的会面是两年后他推荐格雷欣的重要机缘：（1）1551 年达德利成为 13 岁国王爱德华的亲信，对朝廷有显著影响力；（2）他对当塞尔的能力与操守有疑虑，希望由格雷欣取代；（3）格雷欣 1552 年 5 月 10 日的信函也显示，主要推手就是这位重要的朝臣。[③]

其实两人的关系还不止如此：1552 年他又选派格雷欣接待神圣罗马帝国皇帝查理五世的大使，任务是了解皇帝对英国的态度与政

① Burgon (1839): *The Life and Times of Sir Thomas Gresham*, Vol. 1, p.69.

② de Roover (1949): *Gresham on Foreign Exchange*, p.19 说，格雷欣于 1551 年 4 月接替当塞尔的职位，此说不确。

③ Burgon (1839): *The Life and Times of Sir Thomas Gresham*, Vol. 1, p.101.

策。这种事格雷欣当然胜任愉快，但更重要的是：荷兰总督趁机调查格雷欣的身家、事业、信誉，这件事让他在国际商界与政界的知名度大幅提高，对他的筹款任务大有帮助。其中有一项对英国非常重要的情报：低地国女王为了示好，通过她的财务大臣向格雷欣展示好几封苏格兰女王写给法国国王的信函，作为苏法之间的结盟与反英的证据。[①]

但格雷欣的职位并非一路平坦，以下分 4 小节说明两条主轴：（1）他如何在 1553 年爱德华驾崩后，被继任的玛丽（爱德华的姐姐）短暂冷落，由克里斯托弗·当齐接任，但不久又复职；（2）玛丽在位 5 年 4 个月后驾崩，由她妹妹伊丽莎白即位（1558 年 11 月），再度重用格雷欣。

3.2 玛丽女王时期的波折

1553 年 7 月 6 日玛丽即位后，格雷欣察觉自己的职务不稳，这是政权更替时常见的事，但还有几个原因：（1）他的主要靠山诺森伯兰公爵，是阻挠玛丽（信仰天主教）登基的要角，格雷欣与他的密切关系必然会受牵连；（2）格雷欣是新教徒，和天主教当道的朝廷不易融洽；（3）还有个政敌（财务大臣）看他不顺眼，即罗马天主教派的威廉·保利特爵士（1475—1572, 第一任温彻斯特侯爵）。[②]玛丽即位后，把保利特之前失去的权势全部平反过来。1558 年伊丽莎白（新教徒）即位后，格雷欣写信给新女王说：爱德华六世 1553 年夏过世后，原本要答谢我的酬劳全部被财务大臣保利特挡掉了。[③]

8 月 16 日格雷欣写一封长信给新朝廷，陈述过去几年外债工作的主要成果，分 10 项要点。

① Burgon (1839): *The Life and Times of Sir Thomas Gresham*, Vol. 1, pp.104-105.

② 详见 Loades (2008): *The Life and Career of William Paulet (c. 1475-1572)*, pp.106-110, 120, 129-130, 142-143, 147。

③ Burgon (1839): *The Life and Times of Sir Thomas Gresham*, Vol. 1, pp.114, 171-172.

（1）1551 年底朝廷召他接任当塞尔的职位时，王室积欠的外债约 26 万荷兰镑。

（2）当时 1 英镑的汇率已跌到只值 16 荷兰先令，这 26 万英镑的外债使英国负担更加沉重。眼看着王室就无法如期偿付，英国的国际债信马上就出问题。过去的做法是付出高利展延付款期限。外汇贬值的损失，加上展期支付的高利，两者合计每年约 4 万英镑。

（3）每次展延付款时，王室就被迫以高价买下金主的低值珠宝。格雷欣陈述自己的贡献，一方面积极筹措新外债，另一方面努力免除掉这类（因汇率不振、延期性的高利率、被逼迫高价购买珠宝）的额外损失。

（4）其中最重要的是他不必付出额外代价，就把 1 英镑的汇率从等于 16 荷兰先令拉抬到 20 先令，之后更到 22 先令（让英镑的国际币值反而高过荷兰镑）。这样的逆转至少帮英国省下 10 万马克（1 马克 = 2/3 英镑）。

（5）英镑的汇率从 16 荷兰先令提升到 22 先令后，由于英镑的购买力提升，外国的货品就变得便宜，英国就能以同样的价钱买到更多外国产品，使国家的收益在短时间内增长 30—40 万英镑，国民因而更富裕。[①]

（6）亨利八世时因为采用贬值政策，通过劣币驱逐良币的原理，英国的良币被大量运往外国。现在英镑的汇率从 16 荷兰先令升到 22 先令，通过相反的原理，外国良好的货币因而大量流入英国。以最近为例，至少有 10 万英镑流入英国，将来还会更多。[②]

（7）自从他担任王室代理人，国王的外债状况大幅改善，积欠额已少。爱德华六世驾崩之前，积欠外国金主或欠本国商人的债务都已

① 不知格雷欣是否故意不提此事的负面效果：英镑升值后英国货变贵了，这会打击出口，应该把这种损失算进来。

② 英镑升值有碍出口，对贸易顺差不利。英镑汇率之所以提升，那是英国产品外销传回的外汇存底增加，而非货币的成色改善，使英镑成为良币。格雷欣说这样会吸引外国的良币流入，此说可疑，应该是在夸大邀功。

减少，国王手边还能有些余钱。国王的实力大增，敌人开始怕他。[①]

（8）为了让英镑升值，必须保密进行。他只动用自己的人脉，和自己与友人的金钱，这是因为怕外人会干扰破坏。汇率不顺时，为了抬高英镑价格，他还要投入自己的资金，因此亏损过 200 或 300 英镑。以自己的名义买卖外汇，完全没有用到国王的钱。这些事在他过去的通信中都解说过，朝廷可以查证。

（9）为了达成任务，过去两年间他携家带眷出国，放着自己的贸易和事业不管。这两年间他在国王的指示下，往返安特卫普与朝廷不下 40 次，写了不计其数的报告给国王和朝廷。这一切都是他亲手做的，以免机密外泄，这些事都有朝廷档案可查。他的目标是要把外债清偿掉，把所有的票券都支付干净，这样对国家与陛下才有实质的贡献。这些外债若和今日一样无人打理，拖个四五年之后，本金和利息可能会滚成 150 万英镑的庞大债务。

基于前述为了提升汇率所造成的损失，以及各项业务费用，加上往返的车马船费，他在国王过世前 3 周请陛下付 100 英镑给他和工作人员。国王亲口答应此事，希望他日后表现更好。国王说他已对王室做出贡献，格雷欣在此替国王祷告。[②]

（10）前述事项都是真实的，朝廷应该具实告知新女王，也希望女王能认可这些功劳。格雷欣会和先前对女王的弟弟（爱德华六世）一样，为新女王和国家效劳。之前的代理人让国王背负更多债务，被迫购买金银珠宝。他的勤奋与服务就是要让女王摆脱债务，谨希望女王能理解他的服务。另有两件私事报告：他携家带眷赴安特卫普就任时，因气候不佳同行的器具和家私全部沉没海底，因公受损但求偿无门；诺森伯兰公爵买他的珠宝，欠 400 英镑尚未归还，希望女王主持正义。[③]

---

① 此说可疑，因为爱德华六世的国库依旧亏空，外债减少有限，敌国没有更惧怕的理由。

② 格雷欣在明示新女王，说前任国王答应付他 100 英镑，但可能尚未支付，希望女王能补付，同时暗示女王日后要奖赏他的功劳。

③ 另详见 MacFarlane (1895): *The Life of Sir Thomas Gresham*, p.80 说明格雷欣的真正目的。

以上 10 点有两项主要诉求：（1）在外债与汇率两方面对国家有具体贡献；（2）王室答应给的报酬尚未支付，因公受损的财产求偿无门，希望女王能合理补偿。这封长信的内容公私兼顾，其中的要点已摘录在朝廷的会议记录上（1553 年 8 月 27 日）。[①]重点在于：这封信是否发挥功效，女王会让他继续担任代理人吗？格雷欣是略带狡猾的现实主义者，是永远的当权派。玛丽即位后并没有立即撤换他，但女王身边的人一直在找机会。在不利的情境下他如何求生呢？[②]

为什么格雷欣还能暂时保住职位？1561 年 9 月 6 日（伊丽莎白即位 3 年后），他写信给首辅威廉 · 塞西尔爵士说明原委：有位叫作约翰·阿莱耶爵士的朋友在玛丽即位时救了他，他对这件事终生感激。这位朋友是罗马天主教徒，是女王言听计从的心腹，在大举镇压新教徒的恐怖时期格雷欣能保命已经很好，还能继续担任代理人更是不敢奢求，这些都幸亏约翰爵士的保举。[③]

这位约翰爵士到底是何方神圣？[④]只能大略知晓他姐姐是亨利八世时的王后之一，和玛丽从小就熟识。怎么会和格雷欣相识？两人应该是在安特卫普交往的，主因是亨利八世和爱德华六世时期镇压天主教徒，许多天主教徒因而出走，玛丽即位后才回国平反。约翰爵士较格雷欣年长，对他如父亲般爱护，才会在女王面前推荐这个“异教徒”。

外债对新朝廷还是一大压力，他们不愿续用前朝留下的格雷欣（这个宗教性强硬的异教徒），直接和安特卫普的富格尔家族联络，再找过去的代理人（可能是当塞尔）去交涉外债（这件事是格雷欣说的）。朝廷还找一位克里斯托弗 · 当齐去筹办外债。当齐的靠山是威廉 · 彼得爵士，他是亨利八世时期的朝臣，玛丽即位后任幕僚。但当齐只撑了 4 个月朝廷就发现行不通，只好把格雷欣找回来。

---

① 这封长信摘录在 Burgon (1839): *The Life and Times of Sir Thomas Gresham*, Vol. 1, pp.115–121。

② 详见 MacFarlane (1895): *The Life of Sir Thomas Gresham*, pp. 76-78 的相关解说。

③ Burgon (1839): *The Life and Times of Sir Thomas Gresham*, Vol. 1, pp.122-125.

④ Burgon (1839): *The Life and Times of Sir Thomas Gresham*, Vol. 1, pp.125-126 做了一些考证。

如同格雷欣说的，这两个用来替代他的人，只会帮倒忙。[①]以下把故事转到当齐身上，看他做了哪些事，遇到什么麻烦，为何还是要把格雷欣找回来解决问题。

3.3 当齐接手 4 个月

根据德·鲁维尔的说法[②]，玛丽即位后格雷欣失去宠信与职位。其实朝廷并没有撤他职，我认为是“若有似无”地用着他。因为玛丽是 1553 年 7 月 6 日即位，而格雷欣同年 11 月就被找回来重掌外债。这 4 个月之间他的确被冷淡，也确实有好几个人插手外债，最重要的是克里斯托弗·当齐（生平不详）。但从外交的能力与业务的纯熟度来看，当齐都明显不如格雷欣，不能胜任解决问题。

当齐有两封信保存在国家档案馆[③]，一封写给朝廷，另一封给威廉·彼得，日期都是 1553 年 11 月 10 日。这两封信之后，格雷欣就被找回来重掌外债，所以知道他的任期是 1553 年 7 月—11 月。这两封信有五项主要讯息。

（1）当齐携带之前寄给富格尔家族的信去见富格尔，但金主认为当齐之前未依约出现，所以把那 10 万杜卡特金币借给神圣罗马帝国的皇帝查理五世。（2）富格尔家族在前个月已通知当齐在荷的代理人这件事，但未收到回音所以认为女王并不需要这笔钱。（3）要等西班牙的汇票抵达后才有钱可贷，但承诺在一两星期内可筹贷 4 万或 5 万英镑。（4）当齐只好转向当时金融界大老拉撒路·塔克借 5 万杜卡特金币或 10 万盾为期 1 年，1554 年 11 月 1 日偿还。（5）不久后还可再借到 10 万盾。

朝廷的疑问是：当时金融市场资金宽松，英国的信誉良好，只要

① Burgon (1839): *The Life and Times of Sir Thomas Gresham*, Vol. 1, p.127.

② de Roover (1949): *Gresham on Foreign Exchange*, pp.19–20 说格雷欣被玛丽撤职，Salter (1925): *Sir Thomas Gresham, 1518–1579*, p.62 说格雷欣被停职两年，我认为都不对。

③ 收录在 Burgon (1839): *The Life and Times of Sir Thomas Gresham*, Vol. 1, pp.128-130。

10% 就可借到（比哈布斯堡所付的 12% 还低），但当齐在 11 月 10 日以 13% 的高利，向塔克家族借了 20 万盾（约值 12.83 万英镑）。更让人气愤的是：塔克的钱迟了 1 个月才到手，让王室付出的实质利率（14%）高到让市场耻笑。

从 1553 年 7 月任事到 11 月的信为止，这 4 个月期间朝廷感觉到当齐的办事相当无效率，和主要金融家族的沟通有问题，金主也等不到"要不要借钱"的讯息，因而把资金转借他人。朝廷一方面写信给当齐表达失望，另一方面只好回头找格雷欣协助。3 天后（11 月 13 日）格雷欣回信给女王说愿意承接。朝廷表示认同，并称许他在爱德华六世时期以及本朝玛丽一世期间，所筹到与偿还的大笔资金，表示女王愿意指派他担任代理人，会在 11 月 13 日发出派遣令。[①]

其实这项派遣令是格雷欣自拟的，表面上是女王的指示函，其实是格雷欣自定义的工作目标。主要内容是：（1）1 年内从安特卫普筹到 5 万英镑利率 11%—12%，以女王签署的债券和伦敦市政府的担保借款；（2）以极机密的方式进行，把借到金银币运送到伦敦，或用汇票的方式在伦敦兑现；（3）若用船运，则从安特卫普运到伦敦或伊普斯维奇港，每艘船不要超过 1 000 英镑；（4）朝廷授权他从安特卫普以陆运运送 3 000 英镑到（现今法国的）加莱港，走海运到伦敦，运送者可以是格雷欣的属下或信托者，运送途中的风险与损失由王室承担；（5）格雷欣每日支薪 20 先令，所有开支（邮件、通讯、车马费、运费）可报公账。[②]

这封由格雷欣拟定内容、以公文形式发布的派遣令，有几项意义：（1）公开宣称他的身份与地位；（2）订下一年的工作目标与进行方式；（3）明确双方的权利义务；（4）间接宣告当齐的职务结束。格雷欣随即起身，11 月 17 日晚 8 时抵达安特卫普（第 8 章会详述他的工作内容与进度）。接下来的问题是：当齐过去 4 个月间和欧陆金主有广泛接触，格雷欣如何去重谈条件？简要地说，格雷欣对当齐

---

① 全文录在 Burgon (1839): *The Life and Times of Sir Thomas Gresham*, Vol. 1, pp.471-472, appendix X。

② Burgon (1839): *The Life and Times of Sir Thomas Gresham*, Vol. 1, pp.131-132.

的态度相当友善，给他宽阔的台阶下，这是圆融的外交与高明的商业手法。[①]

3.4 格雷欣回任

1553年7月玛丽即位后到11月的这4个月间，外债主要是由当齐处理。女王是1558年11月驾崩，这5年间（1553年11月—1558年11月）是否都由格雷欣当代理人？答案是否定的。1568年11月10日格雷欣写信给莱斯特伯爵[②]，说他只替女王工作两年。这么说的原因是：1553年11月格雷欣被派到安特卫普后，他的往来信函很规律，直到翌年（1554）仲夏。之后他被派到西班牙筹款（详见第8章第2节）。整个冬季他都在西班牙，1555年2月回到安特卫普时，发现已有两个人在做外债工作：一位是约翰·格雷欣（可能是他的堂兄弟），另一位是尼古拉斯·霍伯恩，是女王指派去低地国的。[③]

1555年2月他从西班牙回安特卫普后，他与朝廷的公务通讯变少了：1555年5月—1556年3月这10个月，只有三封和朝廷往来的信件。第一封（1555年6月）说要到朝廷呈报已清偿的外债票券（收据）。第二封是1555年9月，第三封是12月。以信函件数来看少得有点奇怪。更奇怪的是1556年3月之后就没信件，直到两年后（1558年3月）才再有，同年11月玛丽驾崩。

虽然朝廷的会议记录上，格雷欣在1555年11月22日、1556年

① 这些事格雷欣已向朝廷详细报告，信函后来收录在Burgon (1839): *The Life and Times of Thomas Gresham*, Vol. 1, pp.132–140。

② 此时伊丽莎白已登基10年，见Burgon (1839): *The Life and Times of Sir Thomas Gresham*, Vol. 1, p.179。

③ 女王指派函的日期是1554/1555年2月，还保留在State Paper Office内，见Burgon (1893): *The Life and Times of Sir Thomas Gresham*, Vol. 1, p.179。Blanchard (2004):"Sir Thomas Gresham (c.1518-1579)", Vol. 23, p.759 说："Gresham disappeared, pursuing his commercial interests in Spain"。我认为没有证据可支持这件事，那时公事多状况又严重，格雷欣在西班牙也没有个人的生意。Blanchard (2004), Vol. 23, p.759 接着说："...and leaving the job of rolling over the crown's Flemish debts to his cousin and Nicholas Holbourne." 我认为不对，这两人是女王派去低地国的，格雷欣回安特卫普才知道这件事。

6月19日、1557年5月31日，都有来朝廷呈报已清偿的债券。[①]但整体而言，玛丽在位的5年4个月期间，他的规律性信函只出现在前26个月（大略说是两年半）。若扣除当齐任职的4个月，格雷欣至少有两年半未在这个职位上活动。那么是谁在做外债工作呢？答案是朝廷另派约翰·梅森爵士（1503—1566，英国的外交官、间谍、国会议员），和沃尔特·迈尔德梅（1523—1589，政治家，曾任伊丽莎白女王的财务部长）处理外债业务。换言之，朝廷（尤其是财政大臣保利特）对格雷欣有顾虑，并未把他当作唯一的代理人。[②]

虽然格雷欣未得到充分信任，但还是努力和朝廷保持联系，其中最具代表意义的是，他写给玛丽女王的信函：第一封是1555年8月19日，第二封是同年12月23日。[③]信函的内容报告外债业务（数额、利率、期限），这些事情留在第8章详述。现在要说的是这段半公半休期间格雷欣在做什么。在这段公职空档期间虽然仕途稍有失落，但正好可以照顾自己的贸易与家族事业（以布匹出口为主，详见附录4）。

现在来看格雷欣和玛丽的关系。1555年圣诞节觐见女王的新年赠礼名单上，可以看到他送的礼物是“一个黑皮盒子内装着荷兰制的精美bolte”，女王回赠“一个发亮的壶”，重量16.5盎司（大概是银制品），这是商人阶层收到的最大礼物。时间是1555/1556年1月，女王对他的服务相当满意，另颁赐给他庄园与宅第（每年的产值与价值约200英镑），还有多项礼物，是相当有面子的盛事。[④]

从他写给女王的信可以感受到玛丽对他还算熟悉，甚至还表达对他的关心。但为何从1556年春季起的两年多时间女王不但冷落他，甚至另派两人去处理外债业务？在档案中也看不到他写给朝廷的规律信函？最有可能的原因，是第2小节一开头说的：威廉·保利特爵士，这位主管财务的大臣作梗。格雷欣说保利特在爱德华六世时期根据谣

---

① Burgon (1839): *The Life and Times of Sir Thomas Gresham*, Vol. 1, p.180, note z.

② Burgon (1839): *The Life and Times of Sir Thomas Gresham*, Vol. 1, p.181.

③ 信函内容详录在 Burgon (1839): *The Life and Times of Sir Thomas Gresham*, Vol. 1, pp.181-184。

④ 详见 Burgon (1839): *The Life and Times of Sir Thomas Gresham*, Vol. 1, pp.189-190。

言对国王说他的坏话。第二次是在玛丽女王时期，这位财政官发现王室欠格雷欣钱未还，又对女王讲他的坏话。[①]

到了 1558 年 4 月 26 日（玛丽驾崩前 6 个月），格雷欣写第三封信给女王，辩解他办理外债的账户并无问题。他说叔父约翰·格雷欣爵士（参见第 1 章第 3 节），曾为女王的父亲（亨利八世）服务过，格雷欣希望女王能像亨利八世信任先人一样地信任他。1558 年 6 月女王通过朝廷指示他工作的方向与内容。[②]格雷欣写给女王的第四封（最后一封），是 1558 年 10 月 23 日（女王逝于 11 月 17 日）。这封短信报告，女王交代送给夫婿西班牙菲利普国王的戒指已安全送达。另外报告西班牙国王最近的行程，以及健康状况良好，欧陆目前状态平和，请女王放心。[③]

3.5 伊丽莎白女王的倚重

1558 年 11 月 17 日玛丽驾崩，妹妹伊丽莎白继位，三天后（11 月 20 日星期天）重组执政团队，为求政局稳定新女王在尽量不更换旧成员。[④]格雷欣如何取得新女王的信任？

玛丽逝世时格雷欣不在国内，很有可能是在安特卫普。新旧女王交替时，国际金主当然会注意英国有无新的国债政策，以及是否仍由格雷欣负责。格雷欣明白新女王对他事业与声誉的重要性，立即返国候传。他这么积极另有三个原因：（1）新女王的宗教和他一样（都是新教徒）；（2）财政大臣威廉·保利特（任期 1550—1572）已无法和从前一样诽谤打压他；（3）新女王的首辅是威廉·塞西尔，他和格

① Burgon（1839）: *The Life and Times of Sir Thomas Gresham*, Vol. 1, pp.190-191.

② Burgon（1839）: *The Life and Times of Sir Thomas Gresham*, Vol. 1, p.197. 详见 *Calendar of Patent Rolls*, 11 June 1558: "Appointment of Thomas Gresham, the crown's agent in parts beyond sea,..."

③ Burgon（1839）: *The Life and Times of Sir Thomas Gresham*, Vol. 1, p.201.

④ 这是复杂的政治革新过程，Alford (1998): *The Early Elizabethan Polity: William Cecil and the British Succession Crisis* 有详细分析。

雷欣的交情不错，知道外债的重要性，也知道格雷欣的能力与国际声誉，应该会建议女王继续聘用。

果然如他所料，1558 年 11 月 20 日星期天的首次朝廷会议，格雷欣就觐见伊丽莎白女王，也和朝廷成员见了面。女王和格雷欣谈了话，愿意让他继续担任代理人。前朝的财政大臣威廉·保利特，后来又有两次（1560、1563）对女王说格雷欣坏话，要减他的薪资与费用，但都无效。格雷欣说女王答应过他两件事：（1）她不会听信别人对他的毁谤；（2）如果他能像替前两朝一样为她服务，她会像前两朝的君主一样，赏赐他土地。“这两项承诺让我感觉又像是个年轻人，更全心全力投入这项工作。女王还让我亲吻她的手。”①

1558 年 11 月 20 日格雷欣觐见女王，两星期内（12 月初）就受命赴安特卫普：（1）向各方金主宣示女王的态度与政策，请他们放心前朝的债务会如期偿付；（2）宣抚在低地国的英籍商人，英荷贸易照常不变；（3）采购弹药军火；（4）筹措新债，伦敦市政府愿意承保偿付。

就在这个时间点上（1558 年 12 月，日子不详），格雷欣精神抖擞地写一封长信给新女王。这封信用小号字体印刷长达两页半，②主旨是向女王（与朝廷）解说外债与汇率问题。他写这么详细，是因为女王与朝廷对国际金融和外汇市场的运作方式理解不足，所以一方面解说基本原理，二方面说明市场现况，三方面表达他的计划与进行方式。这封长信有 5 项具体建议：（1）女王在时间与机会允许的情况下，应尽速把亨利八世贬值的货币恢复原来成色，即每 20 先令要含 11 盎司的纯银；（2）不要刻意图利钢铁工厂，让它们有侵占性的

① Burgon (1839): *The Life and Times of Sir Thomas Gresham*, Vol. 1, pp.217-218。如前所述，格雷欣会受重用的主因是他的朋友塞西尔 (1520—1598) 成为伊丽莎白期间最重要的人物，地位犹如万历年间的张居正。其实这两位还有更深层的私交与共同利益，会在第 12 章第 2 节详述。

② 收录在 Burgon (1839): *The Life and Times of Sir Thomas Gresham*, Vol. 1, pp.483-486,appendix XXI，标题是：“Sir Thomas Gresham to Queen Elizabeth, on Finance”。原信的标题是：“Information of Sir Thomas Gresham, Mercer, towching the falloff the exchaunge, 1558”。这项重要文件以现代英文重印在 Tawney and Power (1924)eds.: *Tudor Economic Documents*, Vol. 2: *Commerce, Finance and the Poor Law*, pp. 146-149。

特权；（3）尽可能减少颁赐专利特许权；（4）尽可能减少海外债务；（5）要如期偿债，对本国商人的债务更要如此，因为陛下有需求时商人才愿意协助。[①]

前两年（1558—1560）外债工作并未占据格雷欣的全部时间，还能兼顾自家的贸易与事业。但之后的压力愈来愈大，他觉得应以公务为重，逐渐把自家的事业转交给专业经理人处理（详见本章第7节）。以下转谈与外债相关的交易成本：各式各样的业务费用、薪资与佣金。

3.6 代理人的旅费、办公费、薪资、佣金

第2章解说过格雷欣之前几任代理人的起伏，本章前5节解说他担任代理人期间的曲折过程，这些事都让他更具政治敏感度与警觉心。在13年的代理人任期内（1552—1564），他在朝廷档案留下的信件其实不多（和业务的复杂度不成正比），只有急迫或重要的事才用书信，较敏感或不便书诸笔墨的尽可能当面解说。这表示另一件事：他必须在安特卫普与伦敦之间时常往返。现在要谈的是这类的业务费用：往返出差的旅费、邮电费等。

3.6.1 出差旅费与公务费

现代法国西北部加莱港16世纪时属于英国领土，商人与旅客为了避开安特卫普附近的海贼（sea dog），较少直接从伦敦直航安特卫普。而是先到加莱再到敦刻尔克，再到新港，再到布鲁日，之后抵达安特卫普。若航海情况良好、路途顺利、马不停蹄，这趟绕行共要3整天，旅费4或5英镑（够中下家庭1年生活）。

另一条路线是伦敦与安特卫普的直航，通常是运邮件（较不怕打劫），而非旅客与货品，也要3天才能到对岸。因为押运军火或高价

① 参见 Burgon (1839): *The Life and Times of Sir Thomas Gresham*, Vol. 1, pp.233-234 的摘要与解说。

值的东西，格雷欣时常绕远路经法国回伦敦。走这趟长时间又危险的旅途，需要聘请陪伴的仆役。1553 年 12 月之后的 4 年半期间，都是由弗朗西斯 · 德 · 托马佐相随打点。最危险的事情是借到外债后，要押运沉重的现金走陆路（怕盗匪）和海路（怕翻船）回国。这种心理压力和旅途的疲困，每年要有好几次。

运送书信时因为怕被拦截，必须用私人信差往返，以 1555 年为例，他的信差叫作约翰 · 斯普里特威尔，这是长久观察后认为机灵可靠的帮手。他还用过好几位信差：威廉·本德洛斯、托马斯·道恩（德温）、詹姆斯 · 布罗克特罗普、托马斯 · 达顿、罗伯特 · 霍根。1554 年去西班牙筹款时也用过爱德华 · 霍根在塞维利亚港帮忙，用约翰 · 格布里奇在托莱多城帮忙。他在法国还有几位信差：亨利·加尔布兰德、约翰 · 韦丁顿、理查德 · 佩恩。这些人一方面帮他送信件传讯息，更重要的是当他在法西荷三地的眼线，汇报政情与各种状况，格雷欣综合判断后呈报朝廷。

这是他的通讯网与情报网[①]，是要花钱长年维护的重要班底，这笔账怎么算？谁来支付？这些信差还要做不少杂事：在各地买罕见的奢侈品供格雷欣送礼，朝廷大臣托买的东西也要代办，从丝袜到建筑材料到马匹到花卉。做这些私事很有好处：朝廷赏识、女王大悦。这些东西的成本与运费如何支付或自行吸收？[②]

再来谈出差旅程的困难，格雷欣有封信诉说较特殊的状况。[③]那次他走另一条海路，从西兰岛港回伦敦（1563 年 10 月 4 日），搭英国女王所属的船燕子号（Swallowe），同行者有商会会长和其他商人。出港时碰到逆风，只好在港外 20 英里处下锚，清晨 4 时看到 3 艘船驶过，疑心是法国（敌）船，大家都很紧张，幸好确定是英国船才松一大口气。但狂浪不止有可能会翻船，一路不平安直到 13 日才回到家，回想这趟 9 天的海上痛苦旅程还是心有余悸。

也有旅程顺利快畅的时候。如果没有货要押运单身简行的话，可

① 参见第 10 章第 2 节有更多相关细节。

② Burgon (1839): *The Life and Times of Sir Thomas Gresham*, Vol. 1, pp.107-110。

③ 1563 年 10 月 15 日，见 *The Life and Times of Sir Thomas Gresham*, Vol. 2, pp.41-43。

在当天下午 5 时从哈里奇港出航，搭上海军的燕子号，第二天中午 11 时就到对岸的西兰岛，总共 18 小时，再加上 4 小时转到安特卫普，正好一整天 24 小时。[①]替伊丽莎白服务的前 5 年（1558—1563）间，他这样来回合计 40 多次。[②]每次的路线不一定相同，旅费也有高低，若每次平均 3 英镑，总共要 120 英镑。身为王室代理人，并不可以想去哪里都可以，行程要先得到王室批准。虽然通常会许可，但邮件与公文往返耗时，有时要等几个星期才准假。[③]

3.6.2 薪资与佣金

格雷欣以伦敦商界领袖的地位在国际贸易圈与外交界小有名气，这个级别的高手薪资有多高呢？答案是少得惊人。第 2 章第 1 节说，沃恩是每天 20 先令，费用可报公账。[④]格雷欣抱怨说，同样在低地国工作的英国公务员，有人日薪 3 英镑，也有人领 6 英镑。金融圈很需要排场交际，都是无法报公账的开支，每日 1 英镑根本不够用。他抱怨说安特卫普的办公室有 4 个员工，每天每人工资 16 先令，虽然房租、邮件、办公用品、仓库费用可报公账，但在回国（不在国外）期间，薪水减为每日 13 先令 4 便士，可见王室计较的程度。[⑤]

格雷欣在 1563 年 10 月 3 日的信中，抱怨女王要减他的 20 先令日薪。虽然此事未成，也不知女王要减掉多少。这么卖命工作多年功绩显著，女王竟然要扣减他的工资。[⑥]他写信向女王陈情，说自己的待遇远低于其他公务员（平均每日约 4 英镑）。其实这不是个案，而是公务员的普遍不满。有位官阶更高的托马斯·史密斯爵士因为替女王办事，还要卖掉每年产值 100 英镑的土地才能应付，他的夫人还因

---

① Burgon (1839): *The Life and Times of Sir Thomas Gresham*, Vol. 2, p.29.

② MacFarlane (1845): *The Life of Sir Thomas Gresham,* p.46.

③ Burgon (1839): *The Life and Times of Sir Thomas Gresham*, Vol. 1, p.143.

④ Burgon (1839): *The Life and Times of Sir Thomas Gresham*, Vol. 1, pp.132, 146-147, 193, 232.

⑤ Burgon (1839): *The Life and Times of Sir Thomas Gresham*, Vol. 1, pp.132, 146-147, 193, 232.

⑥ Burgon (1839): *The Life and Times of Sir Thomas Gresham*, Vol. 2, pp.30-36.

而陷入悲伤之中。[①]

对精明的格雷欣来说，当代理人除了可以得到爵位、政界机会、商界领袖这些无形的利益，还有其他好处吗？主要有两类：（1）王室赏赐庄园田宅。爱德华六世的最后一年（1552—1553），王室赏赐他诺福克地区的 Westacre Priory，这个庄园每年的产值约 200 英镑。爱德华六世驾崩前三星期又赏赐他每年价值 100 英镑的土地（原先属于教堂）。这两块地的所有权和收益从此归他，子女可以继承，长期而言这也是一大笔数字。[②]

（2）筹借外债时视金额大小可抽佣 0.5%—1%。[③]佣金收入的总额有多少？没留下记录，只要他和朝廷同意即可。第 8 章会估算他担任代理人期间（1551—1564）一共筹借多少钱，乘以 0.5% 就可知道大约赚多少。我有个猜测：佣金收入加上每日 1 英镑的薪资，若扣掉各项办公费、交际费、礼物，以及无法报销的贿赂费用和隐性支出，其实金钱的收益并不合算，若用这些时间和精力来做生意收入应会更高。他的信函也屡屡透露“不合算”的抱怨。他仍肯做的原因是看上无形的收益（爵位、政界人脉与商界地位），期盼女王会赏赐土地和工商特许权。

换个角度来看，王室借外债的总负担其实很重：要付给海外金主 12%—14% 的利率，付给代理人 0.5%—1% 的佣金，再付给安特卫普金融中介（例如雪资家族）1% 的佣金。[④]整体而言，王室的借债总成本（利率加双重佣金，加代理人的各项公务开支）实在高得惊人，万不得已才会这么做。

---

① Burgon (1839): *The Life and Times of Sir Thomas Gresham*, Vol. 1, pp.36-37，由此可见国库困窘的严重。以女王的首辅塞西尔为例，他为女王夙夜匪懈工作 26 年的正式薪资，还比不上在爱德华六世时期工作 4 年的收入。女王对其他公务员也一样苛刻，Burgon (1839), Vol. 2, pp.34-38 有许多类似的记载。

② MacFarlane (1845): *The Life of Sir Thomas Gresham*, p.61.

③ 见 Chandler (1964): *Four Centuries of Banking*, p.37；Hall (1902): *Society in the Elizabethan Age*, p.63；Scott (1910–1912): *The Constitution and Finance of English*, Vol. 1,p.55。

④ MacFarlane (1845): *The Life of Sir Thomas Gresham*, p.47. 其实雪资从双边抽佣：从英国王室抽 1%，从各国金主抽 1%。

3.7 格雷欣的工作团队

英国社会很擅长运用代理人，商业圈内更是如此，试举一例。主管晚清海关总税务司（1861—1911）的赫德（Sir Robert Hart，1855—1911），在伦敦有一位代理人金登干（James Campbell，1833—1907）。金登干从 1862 年起在中国海关工作，成为赫德的亲信，1873 年起担任中国海关伦敦代表长达 34 年。在格雷欣的工作团队中有一位理查德 · 克拉夫（1530—1570）也有这种长期的代理关系。若非他于 40 岁时因病早逝，这样的关系应该是终身的。以下先介绍几位较次要的代理人，说明他们在不同地点的各种职务。

1551 年底或 1552 年初接受爱德华六世的指派后，格雷欣携家带眷去安特卫普处理外债。他把伦敦伦巴第街的金融与贸易业务交给约翰 · 埃利奥特（生平不详）管理。埃利奥特也帮格雷欣处理伦敦的各种事务，包括和朝廷的联系与信件传递，名字还因而出现在枢密院的记录上。但与埃利奥特相关的记载太少，只知道他逝于 1615/1616 年 2 月 13 日（高龄）。格雷欣的遗嘱并没有留赠给埃利奥特，可见两人的关系不是那么深厚。①

埃利奥特的代理人职位几年后由理查德 · 坎德勒接任。他和格雷欣都是诺福克地区的人，来自有名望的家族，但对他的信息所知有限。②只知道他长住在安特卫普当公务员，协助政府把采购的金银、军火、军需，以正式或非正式管道，或通过荷兰海关的人脉（贿赂）运送回国。他时常提供当地的各种消息（军事、外交、贸易）给朝廷参考，例如他对查理五世（罗马帝国皇帝）的驾崩与葬礼就有详尽的报告。③

第 8 章第 2 节会详谈格雷欣赴西班牙筹款的过程，在此先提一下有个驻塞维尔（Seville）的代理人叫作爱德华（埃德蒙）· 霍根，协助格雷欣把 30 万杜卡特金币运回英国。这笔巨款是在低地国筹的，但提款地点在西班牙，需要国王菲利普允许才可运回英国。当时英西

---

① Martin (1845): *The Life of Sir Thomas Gresham*, pp.12-13.

② Burgon (1839): *The Life and Times of Sir Thomas Gresham*, Vol. 1, p.106.

③ Martin (1892): *"The Grasshopper" in Lombard Street*, p.12.

联姻（菲利普二世娶玛丽一世），政治与外交上都没问题。只是要有人去西班牙把这大笔钱兑领出来，请求国王许可后运回英国。

1554年6月格雷欣到西班牙把这件大事委托给霍根，住了几个月之后格雷欣有事先回国，有人指责他竟然把这么重要的事留给一个代理人。其实格雷欣和霍根已合作过：爱德华六世时期格雷欣通过霍根买"一双西班牙制丝质长袜"送给国王，这是罕见的奢侈品。后来伊丽莎白也很喜欢，甚至还写说："我真的非常喜欢丝质长袜，因为穿起来很愉快、细腻、触感又好，之后我就不再穿布袜了。"

大约20年后（1575）格雷欣因骑马跌断腿，不良于行，视力也衰退，因而不愿出国。他再次推荐霍根赴安特卫普筹1.5万荷兰镑。还有一件事更可显现他对霍根的信任：格雷欣在遗嘱里要赠送100英镑给霍根，并请他当遗嘱的执行见证人。这是格雷欣留赠给朋友辈的最高额度。他留给4个学徒（师徒制）每人40英镑，由此可见霍根的地位。[①]

格雷欣真正重要的代理人是理查德·克拉夫，是驻在安特卫普的主要助手。在担任王室代理人期间（1551年底至1564年），格雷欣常在英荷往返，与低地国相关的业务（外债、军火、间谍、外交、商业）完全依靠克拉夫，基本上是推心置腹的亲信与能干的左右手，不可一日无他。

克拉夫是威尔士人，父亲是手套业者。年轻时期在各地游历，曾因去耶路撒冷朝圣，在那里受封爵位。这是开玩笑的性质（因为英国不承认），但商界很少有人有这种名位，所以常被戏称为理查德·克拉夫爵士。后来他经商赚了钱在登比郡（出生地）成为乡绅，但那总是在威尔士，所以就去安特卫普为国家筹外债。

他常写信给格雷欣当作业务报告和政情分析，提供朝廷许多有用的信息，也因而让他在高层政界有相当知名度（文笔好、内容丰富）。[②]在

① Martin (1892): *"The Grasshopper" in Lombard Street*, pp.9, 13-14；Burgon (1839): *The Life and Times of Sir Thomas Gresham*, Vol. 1, p.155.

② 维基百科的"理查德·克拉夫"条目内，有一项链接可以看到克拉夫与夫人的相片、家族徽章、豪宅，内容相当丰富。从谷歌也可找到许多与他相关的资料。

Burgon 于 1839 年写的《格雷欣传》内，克拉夫占相当多的篇幅（约有 50 页，详见第 2 册页 529 的丰富索引），除了介绍他的出身、作为、业务，最重要的是长篇节录他写的信件，内有不少重要的记载，包括外交关系、政治事件、社会变动、宗教冲突，但与外债业务直接相关的篇幅并不多。

以下进入外债问题的核心：如何在安特卫普与欧陆，用各种方式和各种条件，筹措与偿付外债。

II 都铎王朝的财经与债务

4 经贸结构与决策

本章以统计数据和实例，呈现都铎王朝的四个重要经济面向：长期变动趋势、铸币与贬值、国内外贸易、财经贸易的决策。第 1 节的图 4–1 描绘了 1200—1900 年间（700 年），英国经济的长时段趋势。图 4–2 用 1450—1650 年间（200 年）的数据，显示都铎王朝五位君主的经济表现。由于历史数据的限制，只找到 4 项相关的统计：（1）生活成本（cost of living）；（2）技艺工人的实质薪资（craftsmen's real wage）；（3）农业劳动者的每日工资（day of agriculture workers）；（4）人口成长。

第 2 节讨论货币问题。呈现 1485—1603 年间大略的货币供给量，分析其中较重要的议题：1544—1551 年间的大贬值（the Great Debasement）及它对物价的冲击程度。第 3 节析述国内商业、国外贸易的特征与成长趋势。第 4 节解说经济、财政、贸易的决策机构（枢密院），举例说明它的组织成员与运作方式。

为何本章特别着重财经贸易，而不讨论农业、工业、物价这类最基本的议题？原因很简单：学界对这几项基本题材已有较好的理解，这些问题的争议性较少。以下试举几本代表性的著作。Bridbury (1962): *Economic Growth: England in the Later Middle Ages*. Clarkson (1971): *The Pre-Industrial Economy in England, 1500-1750*. Coleman (1977): *The Economy of England, 1450-1750*. Palliser (1985): *The Age of Elizabeth: England under the Later Tudors, 1547-1603*. Ramsey (1968): *Tudor Economic Problems*. 同样重要的，是三册经典的文献汇编：

Tawney and Power (1924)eds.: *Tudor Economic Documents*, Vol. 1: *Agriculture and Industry*, Vol. 2: *Commerce, Finance and the Poor Law*, Vol. 3: *Pamphlets, Memoranda and Literary Extracts*.

4.1 长期的变动趋势

4.1.1 四项指标

图 4–1 的 4 条趋势线，显示 1200—1900 年之间英国经济的基本方向。现在经济学常用的指标，例如国民所得（GNP）、消费者物价指数、货币供给额、利率，在 1200—1800 年之间都还不存在，或只有零散的数据。图 4–1 的 4 条统计线，可能是目前所知世界各国的经济史料中，涵盖时间最长久，完整性最高的连续性指标。

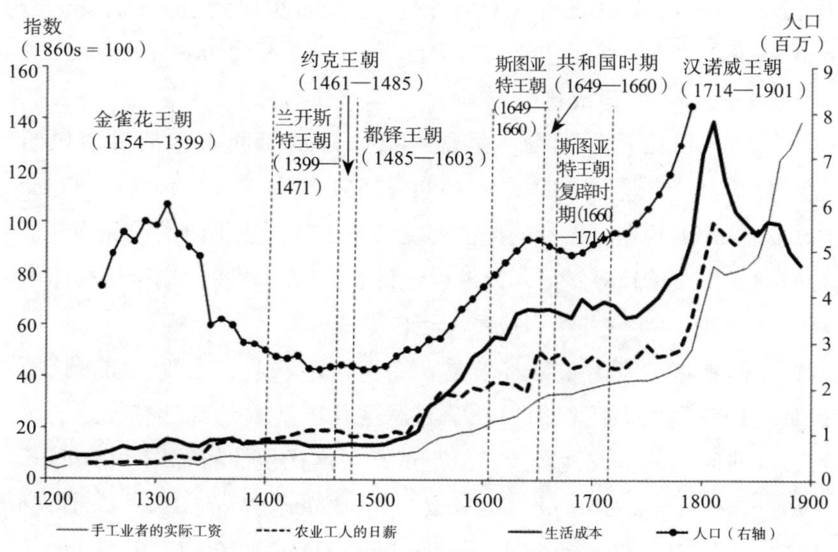

图 4–1 英国的经济指标，1200—1900（以 10 年为单位）

资料来源：

（1）Population (1860s = 100)。1250—1540 年间的人口，参见 Clark（2007）: “The long march of history: farm wages, population, and economic growth, England 1209-1869”, *Economic*

History Review, Vol. 60 (1), pp. 97-135, table 9。1541—1801 年间的人口，参见 Mitchell(1988): *British Historical Statistics*, pp. 7-8, yearly data。

（2）Cost of living（1860s = 100），参见 Clark (2005): "The condition of the working class in England, 1209-2004", *Journal of Political Economy*, Vol. 113 (6), pp. 1307-1340, table A2。

（3）Craftsmen's real wage (1860s = 100)，参见 Clark (2005), table A2。

（4）Day wage of agricultural workers, 1209—1869 (1860s = 100)，参见 Clark (2007)，table 1.

（5）感谢高志祥先生制作图 4–1 与图 4–2。

（6）英国的长期物价参见 N.J. Mayhew (2013): "Prices in England, 1170-1750", *Past and Present*, Vol. 219 (1), pp. 3–39, table 1。1270—1700 年间的国内生产毛额成长率与人口成长率，参见 Mayhew (2013)，table 2。1086—1775 年间的国内生产毛额（百万英镑），参见 Mayhew（2013），table 6。1086—1775 年间的经济成长率推估值，参见 Mayhew（2013），table 6。1086—1750 年间的各种总体（宏观）经济指标，参见 Mayhew（2013），table 8。

从人口变动的曲线（参考数值是图 4–1 右侧的垂直线，单位是百万人），可以观察到几项特点：（1）14 世纪前 10 年英国的人口甚至比 18 世纪 30 年代多；（2）人口在都铎王朝早期（15 世纪 80 年代左右）最低，大概只有 220 万；（3）从 16 世纪起人口逐渐上升，18 世纪进入产业革命后，在短时间内显著上扬。

其余的 3 条趋势线，参考数值都是左侧的垂直线，以 1860s = 100 作为基期指数。这 3 条线的走势大略相似，有几项特点。（1）在 1200—1500 年这 300 年间，这 3 项指标几乎没多大变动，差距也不显著。（2）1500 年之后这三条线明显翻升，其中以"生活成本"上涨得最快，它和另两条工资趋势线之间的差距，表示工人和农民生活的"痛苦指数"——所得成长赶不上"生活成本"的增加速度。其中又以工资涨幅最迟缓，在面对高成长的"生活成本"时，工人的处境比农民更为艰困。（3）在 1800 年之前，生活成本一直远高于所得，但 1850 年之后生活成本大跌。相对于下跌的生活成本，工人收入明显升高，甚至高于农业部门，原因很简单——产业革命成功。工人的待遇提升，生活成本相对下跌；也就是说，共产主义成功的机会大大缩减。

以上是从水平的角度，来看 4 条趋势线的长期变化。现在换个角度来看图 4–1：此图内的垂直线是以朝代来区分，都铎王朝是在 1485—1603 年这一段。用通史的说法来表达，16 世纪是从中世纪晚期转入近现代，也是进入重商主义和产业革命的准备阶段。都铎王朝是英国经济翻转上扬，进入“日不落国”之前的重要转换期。

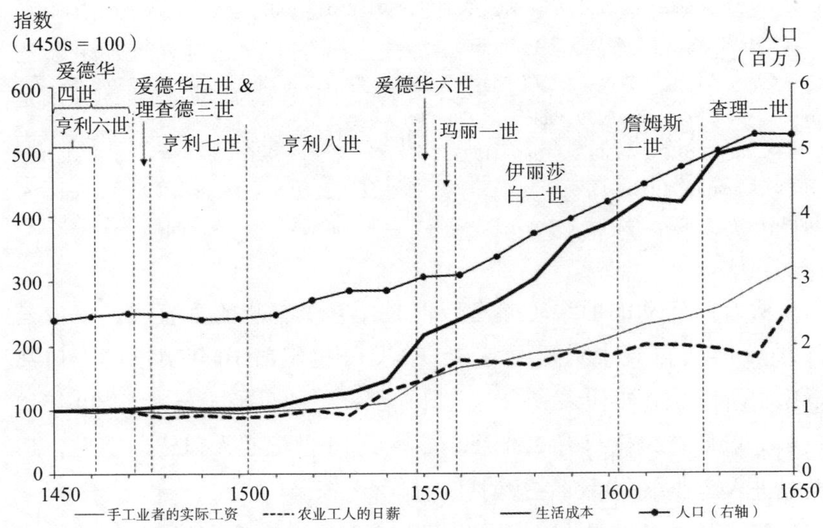

图 4–2　都铎王朝之前与之后的经济指标，1450—1650（以 10 年为单位）
资料来源：同图 4–1。

接下来看图 4–2，这是把图 4–1 的 1450—1650 年这一段，切取出来局部放大，有两个用意：（1）对比都铎王朝之前（1450—1485）和之后（1603—1650）的经济状况变化；（2）对比亨利七世、亨利八世、爱德华六世、玛丽一世、伊丽莎白一世，这 5 位君主治理期间的经济表现。整体趋势是缓步向上，大体而言：（1）整个都铎王朝的经济形势，表现得比之前的朝代好，但比不上之后的斯图亚特王朝；（2）明确的翻转始于亨利八世的中后期，伊丽莎白时期开始进入“辉煌的年代”——打败西班牙无敌舰队、开启在北美与各地的殖民活动、海上霸权逐渐形成、国际贸易兴盛化。

图 4–2 内的各线条显示：（1）人口持续地增长；（2）生活成本与工资指数在 1530 年之前大致稳定，之后就明显上扬；（3）1530—1650 年间，生活成本和工资的差距迅速扩大，农业部门的收入开始

低于工业部门；（4）都铎王朝之后的斯图亚特王朝早期，农工部门收入的差距严重化。

4.1.2 和平的重要性

接下来分析都铎王朝经济的特性。第一个问题是，促使进步的首要因素是什么？著名经济史学者约翰·内夫认为，最重要的原因是“伊丽莎白女王即位（1558）之后几十年间的和平”。[①]也就是说国内无战事，与苏格兰、爱尔兰之间的战争（与战费）大幅减少，与法国的战争和谈化，打败无敌舰队免于西班牙的入侵干扰。这几十年间相对的和平稳定，提供有利于资本投资、产业发展的环境，才有可能在产业技术、重工业的发展上取得领先地位。

欧洲产业的龙头原本在荷、法、意诸国，伊丽莎白执政的16世纪70年代，产业的优势逐渐转到英国，直到17世纪20年代初期英国制布业发生大萧条为止，历时约半世纪。在这50年间（1570—1620，都铎王朝晚期与斯图亚特王朝），英国出现初期的产业革命。相对地，欧陆各国在1540—1640年间战事不断，各处的田园、城镇被军队严重破坏（行军、驻扎、战斗）。而英国在1569年（伊丽莎白降服北方的天主教徒）与1639年（苏格兰强渡蒂维厄特河）之间，国内几乎无战事。相对和平的英国，吸引大量的外来移民，也引进先进的产业技术，最著名的例子是荷兰移民引进布匹业（new drapery），帮助英国成为技术与产业发展进步最快的国家。

英国是欧陆诸国争战的受惠者。东安格利亚地区的制布业，就是得惠于法国雨格诺（Huguenot）教徒难民的教导。[②]伦敦制糖业的大幅成长，同样受惠于这场宗教战争打垮了安特卫普的制糖业。伊丽莎白即位之初伦敦只有两家小型制糖厂，安特卫普第二次陷落（1583）

---

① 参见John Nef (1942): “War and economic progress, 1540-1640”, p.13。

② 雨格诺教派是16—18世纪位于法国北方和低地国南方的基督新教徒。因为在政治上反对法国国王专政，1562—1593年间与天主教会发生战争，尤以1572年对雨格诺派的大屠杀最严重。新教徒大量移居国外，以信仰新教的英国为主。

之后的十年间，伦敦建造了几座大型糖厂。到了 1593 年，英国的糖产量之多，不仅可以供给德国与低地国，质量也优于欧陆。

简言之，1569—1639 这 70 年间，相对于欧陆诸国间的频繁争战，英国产业处于耕耘与收获期。在这段重要的和平期间，国内产品的需求与矿业的产出，对往后的经济发展有重要贡献。海外贸易需要靠军舰保护，16—17 世纪期间，英国重商主义能迅速发展，是由和平、商人、海军共同创造的。

在 1545—1625 年间，百吨级以上的商船增加 5 倍，去海外经商的人数也增多 5 倍。1550—1625 的 75 年间，英国由北往南的海岸运煤量增加十倍。这段无战事期间，促进大型采矿业与制造业的发展，重工业的发展也带动科学与技术的大幅进步。这些是解释图 4–1 与图 4–2 中，16—17 世纪之交经济迅速成长的因素。伴随着产业的扩张，人口与都市也跟着成长。以伦敦为例，在 1540—1640 的百年间，从 6 万人的小城转为 30 万人口的大城。经济大幅成长、对宗教的态度较宽容、对国外移民与新观念的接受，这些因素使伦敦跃为国际大都会，给日后的产业革命与日不落国奠定了重要的基础。

4.1.3 都铎王朝的经济特征

史学界对都铎王朝的共同认知，是它的父权主义（paternalism），在社会、宗教、经济、工商业各方面，政府都积极介入主导。有人对这个观点提出不同的解释：（1）认为这么做的主因，是为了财政上能更广泛深入地征敛；（2）认为这么做的目的，是为了维护政权的稳定与社会安全，经济繁荣并非首要考虑；（3）认为都铎王朝的经济“政策”其实是“摸着石头过河”，还谈不上规划或计划。

埃尔顿认为这三种说法既无证据也不可靠，必须有系统地研究王室的告示与国会文献。因为从国会的文件看来，有许多产业界人士和实业家，通过国会来对抗王室的经济政策。以埃塞克斯地区的纺织工人为例，1539 年他们要求国会通过自己所提出的法案，这反映了他们对工作环境不满意。制布业者与布料贸易商人，为了维护自己的利益也会向国会请愿。这些例子显示，王室的经济决策权未必那么权威。[①]

16世纪的英国经济，一方面还是传统的地方性生产与销售，但另一方面已经相当受到国际因素的影响，试举两例。（1）美洲白银通过西班牙与葡萄牙带入欧洲，逐渐流通到其他国家，对整体的物价水平有广泛影响，英国避不了这个大环境的变化。（2）16世纪欧洲的工商业与金融中心，不再是意大利的威尼斯或热内亚或佛罗伦萨，已经向北转到低地国的安特卫普港。英国的布匹是外贸易重要项目（详见表4–3、表4–4），其中最主要的销售转运点就是安特卫普。国际金融借贷周转的中心也在此：英国与欧陆王室的资金需求，在国内无法找到支援时，必须向各国的财团金主求援，最主要的国际借贷就在安特卫普。

在这种环境与气氛下，传统农业部门的重要性开始下降，工商界人士，尤其从事海外贸易的商人，社会、经济、政治的重要性逐渐提升。主因是他们能：（1）从国外赚入金银；（2）把英国的产品销售到国外；（3）给国内的产业带来商机，给社会创造就业机会。简言之，都铎王朝经济已不是单纯人口与产值的“增长”，而是多面向、多层次的“发展”，这些特征在伊丽莎白时期尤其显著。[②]

16世纪时英国的金融市场尚未发展，从海外赚入的钱缺乏国内投资管道，大部分的闲置资金都投入购买土地。大家会问：英国不是迅速地工业化、国际化吗？其实那是浓缩历史时间之后的印象，这段历时半世纪以上的经济成长，在一般民众的日常生活中，并没有明显的变化和改善，大多数的人仍在传统乡下过旧日子。海外贸易与产业发展只在少数几个大城市与港口，对全国而言受惠的人口比例很低。

整体而言，都铎王朝经济有几项结构性的特征：（1）对外贸易过度倚靠布匹出口；（2）相对于欧陆诸国，英国的农业部门不够发达又不平静；（3）农业与工业部门的劳动力皆不足；（4）国内外的运输业还不够发展；（5）乡村的生活困苦。

朝廷明白振兴工商业的重要性，但王室本身并无经营能力，只好

---

① Elton (1961): “State planning in early Tudor England”, pp.433-439.

② 参见 Fisher (1957): “The sixteenth and seventeenth centuries: the dark ages in English economic history?”, p.15。

采取授予特许的方式，让功臣与官员经营各种制造业，如肥皂、玻璃、纸张、铜器。虽然王室的生产能力不足，却是全国最大的消费需求者。16 世纪晚期每年花费 50—60 万英镑，其中 2/3 用在军需上，1/3 用在维持中央政府、行政与法务体系上，以及王室本身的花销。各地政府主要依靠自行筹款。

王室的另一项经济功能，不是在生产或消费，而是在管制——限制土地、资本、劳动的使用方式，介入产品的生产与劳务的销售方式。例如从 15 世纪末起，王室就对圈地耕作、豢养羊只有详细规定；也随着市场价格的高低，管制谷物和羊毛的出口数量。都铎王朝时期约有 250 条法令规章与经济事务相关，可由此判断哪些是重要的经济议题。有许多条文规定学徒制的年限、工资和济贫的措施。某些重要议题则由王室直接宣告，例如食物短缺或与货币相关的强制性措施。这些条文中占最多数的，是对产业的管制与生产标准的规定。其中以布业最受关注，有 34 项条文与羊毛制造这项古老行业有关。有些条例用来保护本国产业，或维护某些团体的独占利益。

另一项重要的管制是“反高利贷法”，都铎王朝早期 1487 年和 1495 年分别颁布过法令，禁止借钱取息。虽然教会逐渐接受借钱给工商业赚取利息的做法，但反对收取过高的利息，所以 1545 年修改规定，利息在 10% 以内合法。7 年后（1552）又宣布完全禁止借钱取息，原因是这段时期物价上涨严重，禁息可以减少资金的流通，降低物价上涨的压力。10% 的利息于 1571 年再度合法，但债权人对欠钱不还的债务人，却无法依据追讨。

前面说过，都铎王朝君主与大臣主要关心的是战争、和平、安全、社会秩序，经济议题属于第二线。经济政策的目的，主要是在为非经济目的（战争、安全）服务。经济增长与繁荣是今日的主要关怀，但在 16 世纪时并非如此，这也说明为何政府的立场是干涉主义与父权主义。其实 16 世纪的干涉主义，和现代的经济计划或建立福利国家，是完全不同的概念。

图 4–1 与图 4–2 所提供的讯息，是 16 世纪的欣欣向荣。其实都铎王朝面临许多困难，例如爱尔兰的叛乱、农业歉收。在伊丽莎白女王后期，中部人口大幅减少，地方暴动频传。以地方性的居民生活为

例，伊丽莎白时期的济贫法（Poor Laws）就显示，有些人的年收入只有 20 先令，必须依靠工厂提供食宿与工具，微薄的所得只能为家人添置衣物，到年底也存不了 5 先令 8 便士。

然而经济增长的基础也确实在这段时期奠定，各阶层的生活水平向上提升。在伊丽莎白晚期，欧陆的安特卫普因政治和宗教的动乱而衰落，英国已接替德国在矿冶和工业制造方面的龙头地位。1574—1585 年间的商业繁荣，使英国更能在造船、远程贸易、冶金、灌溉、采矿、产业加工等方面居于领先地位。都铎王朝结束时，只缺金融中心尚未完成。

4.2 铸币与贬值

表 4–1 显示都铎王朝时期铸造的金银币数量，可以观察到四件事。（1）铸币数量惊人：在 120 年间约铸造 1 235 万英镑的金银币，其中约 30.8% 是金币。（2）在 1485—1526 的 42 年间，铸造 166 万多英镑；在 1560—1603 的 44 年间，铸造量是 1485—1526 期间的 3 倍多，高达 536 万多英镑，由此可感受伊丽莎白女王期间的高度物价膨胀压力。（3）但这个数字（44 年间铸 536 万多英镑），和在“大贬值”8 年期间（1544—1551）铸造的 403 万多英镑相比，就小巫见大巫了。（4）金币占总钱币铸造量的比重减少：1485—1526 年间金币占 76.30%，迅速下跌到伊丽莎白期间的 14.34%。

表 4–1　已知的都铎王朝金银币铸造数量，1485—1603（英镑）

时间	银币	金币	总额	金币的比例
1485—1526	394 954	1 271 986	1 666 940	76.30
1526—1544	603 381	360 244	963 625	37.38
1544—1551	2 724 479	1 314 188	4 038 667	32.54
1551—1561	228 500	88 201	316 701	27.84
1560—1603	4 594 128	769 502	5 363 630	14.34
总额	8 545 442	3804 121	12 349 563	30.80

资料来源： Challis (1978): *The Tudor Coinage*, p. 232.

说明：

（1）1485—1603 年间铸币总额细节，参见 Challis (1978): *The Tudor Coinage*, appendix II, pp.305–306（银币铸量）, pp.307–308（金币铸量）。

（2）参见 Challis and Harrison (1973): "A contemporary estimate of the production of silver and gold coinage in England, 1542—1556", *English Historical Review*, Vol. 88 (349), pp. 821-835 所提供的另一套铸币量的估计。

（3）参见 Gould (1970): *The Great Debasement: Currency and the Economy in Mid—Tudor England*, pp. 38–39, table 5 所提供的铸币量细节：1542—1552 年间的金币、银币、先令。

（4）1086—1700 年间的铸币总额，参见 N.J. Mayhew (2013): "Prices in England, 1170—1750", *Past and Present*, Vol. 219 (1)，pp.3-39, table 3。1344—1750 年间的金银币总铸量，参见 Mayhew(2013), table 4。

下个问题是：伊丽莎白时期在市面上流通的货币大致有哪几种？据 1599 年的估计大约有 5 类：（1）亨利八世发行的金币，例如 20 先令（Fine Sovereign，价值 1 英镑）、半个索维林（Half Sovereign，10 先令或半英镑）、安吉尔（Angel，10 先令或半英镑）、克朗（Crown，5 先令或 1/4 英镑），以上合计约值 10 万英镑；（2）外国货币，例如西班牙的里亚尔币（Real）、皮斯托尔币（Pistolet）、法国的克朗金币，合计约值 5 万英镑；（3）爱德华四世（1461—1485）时期铸的金币和银币，合计约值 10 万英镑；（4）玛丽一世时期铸的金银币，约值 37 万英镑；（5）"大贬值"期间发行的劣质银币，约值 120 万英镑。[①]亨利八世晚年和爱德华六世早期的"大贬值"，是英国货币史上的大事件：在七八年间好几次减轻金银币的重量、降低金银的含量（成色），目的是从中赚取高额的铸币利润，填补国库的亏空。[②]

大贬值也对海外贸易造成重大影响。16 世纪欧洲的交易媒介，主要是金银制成的钱币，汇率取决于货币的金银含量。大贬值期间英国货币的重量和成色大幅减少，导致英镑大跌。Gould（1970）页 89 表 9 提供 1544—1563 年间，伦敦与阿斯特丹之间的汇率表。[③]16 世纪的汇率变动和对外贸易收支的关系，是既复杂又重要的问题，需要

① 详见 Challis (1978): *The Tudor Coinage*, p.244。

② 参见 de Roover (1949): *Gresham on Foreign Exchange*, pp.49-59; Challis (1978): *The Tudor Coinage*, pp. 81-112，248-274; Gould (1970): *The Great Debasement*.

③ Gould (1970): *The Great Debasement: Currency and the Economy in Mid-Tudor England*.

专文解说。在此只能简单地提到，虽然低汇率有利于出口，但英镑的购买力降低，自然会增高进口的成本。

以上是铸币与大贬值的状况，以下解说五位君主的货币政策。

4.2.1 亨利七世（1457—1486—1509，在位 23 年 8 个月）

亨利七世 1509 年去世时，留下约三四百万英镑的财富，保守的说法是 180 多万英镑，不论哪个数字在当时都相当庞大。为什么能在短时期内累积这么大笔财富？原因很简单：不卷入欧陆的政治漩涡，避免不必要的战争。虽然他曾带兵进入法国领土，但一来时间很短，二来他从法国带回的财富高于远征费用。亨利七世在位期间是英国史上少见的平静时期，商业在这段休养生息期间急剧发展，也建盖许多宏伟的教堂。[①]

4.2.2 亨利八世（1491—1509—1547，在位 37 年 9 个月）

亨利八世即位后不久，就致力追求“势力平衡”：与欧陆（尤其是法国）的争战、对苏格兰和爱尔兰的讨伐。耗尽亨利七世遗留的财富后，亨利八世动脑筋掠夺教会的财富，这是英国史上前所未见之事。频繁的对外争战，高昂的军费外交支出，很快就超过王室的财力。即位六年后，从 1515 年起就入不敷出，只能靠强制借款和恩税（benevolence，英王向民间征收的一种税金），来应付捉襟见肘的财政。

亨利八世的首辅托马斯·沃尔西主教估算，若要支应与法国战争的费用，必须筹措 80 万英镑。这笔金额等同于连续四年，从每个子民的土地与财富课取 20% 的税，由此可知战争对国库的耗竭程度。1526 年 7 月 25 日，沃尔西一方面实行货币贬值，一方面禁止物价上涨，这对人民造成相当的伤害。货币贬值必然伴随物价上涨，但为何同时做矛盾的事？贬值是为了赚取更多的铸币利润，禁止物价上涨是

① Oman (1895): “The Tudors and the currency, 1526-1560”, pp.170-172.

避免因为贬值而增加军费的开支。这等于是把国王的财政负担转嫁给全国人民：禁止物价上涨会让人民的收入平均减少 12%，贬值会让债权人损失 12%，唯一的受益者是国王。①

贬值与限价双管齐下的结果，让亨利八世比 20 年前刚继承父亲财富时更富有，让他能在 1536—1542 年间更加挥霍，这是典型的饮鸩止渴。亨利八世很快地又陷入财税不足、债务高筑的窘境。货币贬值无须经过国会许可，就能成为快速增加王室收入的方法。1542 年起，亨利八世采取一连串的贬值，造成“劣币驱逐良币”：成色较佳分量较重的良币，很快就被商人带去外国做生意，留下劣币在国内流通；人民很快就学会把良币藏起来，拿劣币去买东西，市面流通的钱币质量愈来愈差。英镑的国际信誉每下愈况，汇率一路下滑。当时有人用反讽的语气说：原本是白银制造的先令，为什么现在看起来是红色的呢（高含铜量）？那是因为先令感到羞耻而红颜。②

4.2.3 爱德华六世（1537—1547—1553，在位 6 年 5 个月）

亨利八世 1547 年 1 月 28 日逝世后，由 10 岁不到的儿子爱德华六世继位。朝廷大臣延用旧币，所以新王的前两年未发行钱币。为了偿还王室的 8 万英镑债务，1551 年货币再度贬值。具体的做法是银币的成色，减少到只有 1/4 的含银量，剩下的 3/4 是铜。币值贬到前所未见的低度。

4.2.4 玛丽一世（1516—1553—1558，在位 5 年 4 个月）

玛丽即位后宣称要“恢复往日的昔好时光”，她恢复旧式的诺贝尔币（Noble，1/3 英镑）、安吉尔（1/2 英镑）、索维林（20 先令或 1 英镑）。她想要恢复英国的债信（偿还旧债恢复信誉），还是没能成功。她打算召回 1543—1551 年间发行的劣币，但并未执行，主因是

① Oman (1895): “The Tudors and the currency, 1526-1560”, pp.173,175.

② Oman (1895): “The Tudors and the currency, 1526-1560”, p.180.

她即位之后的第二三年间有饥荒，以及因之而引起的工商业危机。解决这些困难后，玛丽卷入西班牙菲利普二世（她丈夫）的欧陆战争，再度陷入战费与债务的沉重压力。原本质量还算优良的钱币被运出国外，或被国人窖藏起来（担心又会贬值）。

4.2.5 伊丽莎白一世（1533—1558—1603，在位 44 年 7 个月）

伊丽莎白登基后，决意扫除 17 年来父亲（亨利八世）和弟弟（爱德华六世）留下的劣币问题，手段虽然有些激烈但效果明显。首先减低劣质银币的面值，降低回收劣币的成本。她在登基的两年内，以 1560—1561 年铸造的优质先令与 6 便士硬币，成功地收回 1545—1549 年间铸造的劣质银币。

收回的白银一共铸出价值 78.3 万英镑的钱币，比她预期的多出 15 万英镑。原本以为会亏损 5 万英镑，但事后证明她从这次铸币赚到 1.5—1.8 万英镑的利润。简言之，1544—1551 年大贬值期间所铸的劣币，到 1561 年左右就解决了。

表 4–2 物价指数的变化，15 世纪 50 年代—17 世纪 30 年代（1451—1471＝100）

（1）= 食物类的综合物价指数；（2）= 工业产品的综合物价指数

时间	（1）	（2）	时间	（1）	（2）
1450—1460	98	99	1461—1470	105	103
1471—1480	93	100	1481—1490	121	103
1491—1500	100	97	1501—1510	106	98
1511—1520	116	102	1521—1530	159	110
1531—1540	161	110	1541—1550	217	127
1551—1560	315	186	1561—1570	298	218
1571—1580	341	223	1581—1590	389	230
1591—1600	530	238	1601—1610	527	256
1611—1620	583	274	1621—1630	585	264

资料来源： Outhwaite (1969): *Inflation in Tudor and Early Stuart England*, p.10, table 1.

另见 Ramsey (1971) ed.: *The Price Revolution in Sixteenth Century England*，内含 6 篇分析 16 世纪物价的重要文章。参见 de Roover (1949): *Gresham on Foreign Exchange*, pp. 83–90 的解说（“Debasement and prices”）。

但如表 4–2 所示，伊丽莎白治理期间物价持续升高将近 1.5 倍（从 1561 年的 298 升到 1601 年的 527）。以小麦价格为例，1500—1520 年间每夸特（1 quarter = 8 bushels = 36×8 公升）的价格，在 5 先令 5 便士和 6 先令 8 便士之间。1540—1559 年间涨到 10 先令 8 便士，1550—1560 年间 15 先令 4 便士。这有另一项原因：美洲白银大量涌入欧洲造成了物价革命。白银丰富后对海外贸易很有帮助，主因是整个欧洲的货币数量大幅增加，方便支付货款。

1544—1551 年间的大贬值，冲击整个英国经济社会：（1）贬值之后对借款人有利（偿债成本降低），对债主不利（收回的款项价值减少）；（2）高物价与高售价对工商业有利，而基本生活物资大涨对农民与工人很不利；（3）对地主也不利，因为地租无法与物价同步上涨。伊丽莎白在 1560—1561 年间的重新铸币，除了召回劣质的旧币，稳定国内的币值，恢复英镑的国际声誉，对海外贸易、借款、偿债都有显著的助益。

4.3 内陆贸易与海外贸易

4.3.1 内陆贸易

一般对英国的印象，是商业很早就发达的国家，其实直到 1840 年左右，40% 以上的工商业产品，都只供应地方性的市场。都铎王朝时期地方市场的比重，必然要高出 19 世纪中叶许多。也就是说，必须等到内河航行网和铁路网在 19 世纪下半叶完成后，才有可能完成全国性的商业网络。在 19 世纪中叶之前仍以地方性的工商业为主，原因如下：（1）缺乏对外界市场的相关信息；（2）交通不够发达，运输条件不便利；（3）远距贸易的风险和交易成本较高。贸易的发达与交通的便捷，是互为因果同步成长的过程，促进贸易兴盛的主因有两个：人口增长与所得增加。[①]都铎王朝时期的交通条件，虽然已有道

① Clarkson (1971): *The Pre-Industrial Economy in England, 1500-1750*, pp.117-118.

路，状况也比法德两国好，但基本上仍不便利。道路只能承受轻型运输，重型的陆路运输仍有困难。对英国商旅来说，16 世纪时的旅行其实不比罗马时期方便很多。[①]

英国的内陆贸易，大约在都铎王朝与斯图亚特王朝时期才开始，但缺乏统计资料，无法提出较明确的图像。16 世纪时内陆贸易发展的原因，主要是人口增长之后对粮食的需求提升。另一个原因是工商业的产量大增，原本的地方性市场已无法吸纳，必须向外拓展市场。

内陆贸易不只是重要产品（例如羊毛、皮革、金属、矿产）的生产与运送，已经扩展到一般物品“甲地买、乙地卖”的贸易形态。各地的商店林立，是贸易发达的另一项重要指标。德国人曾讥笑英国是个“商店国家”，其实这项特点至今仍然存在：国内外各种商品，都可在数不清的各式商店中找到。[②]

内陆贸易发达后生产规模跟着扩大，不再只考虑地方性小市场的有限需求。规模扩大的重要效果是：（1）可以增加雇用人数，聘雇关系长期化；（2）雇用人数增多后就可以分工，增加产出效率（专业化）。依《国富论》（1776）的说法，这就是国家财富起源的根本。但我们也不要有错误的印象，以为《国富论》出版时伦敦是全国内陆贸易的唯一中心，其实各地都有不同程度的进展。到 1750 年为止，英国还不能称得上是一个“国家市场”。无知、保守、通讯不足这三项因素，把国内市场切割成好几个区域性的经济圈，相互之间只有稀疏的联系。[③]

4.3.2 海外贸易

根据 Michell（1988）的经济史数据，英格兰与威尔士在 1697 年之前，并没有全面性的对外贸易（进出口）统计。[④]若要了解 1550 年

---

① Ramsey (1968): *Tudor Economic Problems*, p.12.

② Fisher (1957): “The sixteenth and seventeenth centuries: the dark ages in English economic history?”, p.11.

③ Clarkson (1971): *The Pre-Industrial Economy in England, 1500-1750*, pp.122-123.

④ Mitchell (1988): *British Historical Statistics*, p.448.

之前的外贸统计，Carus-Wilson and Coleman（1963）的统计，至今仍是最常引用的数据。[①]

在诸多经济统计中，外贸是最丰富的一环，原因很简单：货物进出口都必须通过港口，有港口就有海关就有税收和各项统计。古今中外诸国皆如此，晚清的统计数字也是以各地的海关最齐全。1492 年哥伦布发现新大陆之后，海洋探险大幅进展。16 世纪时欧洲各国有两个共同特征：（1）外贸与运输量的成长率，都明显高于人口成长率；（2）与外贸相关的工商业，就业人口迅速成长。虽然如此，16—17 世纪时外贸占各国 GNP 的比例还不很高：主要的产值还是来自农业，主要的产品还是供国内消费。[②]

英国到 14 世纪中叶，主要的出口物是未加工的羊毛，羊毛与毛制品占出口总值的 4/5：外贸几乎倚靠单一产业（羊只的健康与否很关键）。由表 4–3 可以看出，布业（纺织品）在亨利七世时期逐渐重要。表 4–4 的最后一行显示，亨利八世晚期（1547）布匹的出口总值（10.9 万英镑），已接近羊毛制品的出口总值（11.9 万英镑）。

布匹的主要销售点是低地国的安特卫普，毛利约 20%—25%，但空船从外国载货回国销售的利润却相当有限。[③]1350 年之后英国出口的布匹，逐渐对低地国的制造业构成威胁。表 4–3 与表 4–4 的数据显示，15 世纪的羊毛与布匹出口只能算稳定成长，还称不上快速增长。16 世纪上半叶布匹的出口明显成长，有几项原因：（1）国内产出的增加；（2）16 世纪的人口成长，扩大欧陆对英国布匹的需求；（3）稳定的政治情势，有助于生产和销售；（4）安特卫普发挥转口销售的集散功能；（5）16 世纪 40 年代（亨利八世晚期）欧洲的农业收成好；（6）各国备战的军需上升；（7）英镑大贬值更刺激布匹的销路。[④]

---

① Carus-Wilson and Coleman (1963): *England's Export Trade, 1275-1547*.

② Fisher (1957): "The sixteenth and seventeenth centuries: the dark ages in English economic history?", p.9.

③ Ramsey (1968): *Tudor Economic Problems*, pp.51, 53.

④ Clarkson (1971): *The Pre-Industrial Economy in England, 1500-1750*, pp.124-125.

整体而言，都铎王朝的外贸可分为三个阶段。首先是出口量的增加，主要表现在羊毛而非布匹上，1520 年达到第一波的顶峰。第二阶段是 1520 年之后的起起伏伏，直到 1538 年为止。1539 年之后又有一段行情，之间略有起伏。16 世纪中叶，由于低地国的宗教与政治动乱，结束了英国与安特卫普的长期贸易。英国的羊毛与布匹，试图转向德国港口销售，但成果不佳。1553 年之后，英国羊毛和布匹的出口停滞，甚至减少。

整体而言，16 世纪 50 年代之后，羊毛与布匹外销的黄金时期就结束了。1570 年的外销量，甚至比 16 世纪 50 年代还少 20%，显示这两项几世纪以来最重要的出口品，已在世界市场已失去竞争力，必须找寻新的产品来维持外贸业务。[①]

表 4–3　亨利七世时期的海关统计数字，1485—1509（英镑）

时间	国外进口品的总税额	驻英外国商人出口的宽布总值	汉萨同盟商人出口的宽布总值	外籍商人的出口宽布总值	合计
1485—1486	50 849	33 562	14 591	8 951	57 104
1486—1487	36 224	19 116	9 014	5 602	33 732
1487—1488	49 849	17 650	14 370	15 283	47 303
1488—1489	59 492	24 938	14 887	13 483	53 308
1489—1490	82 892	34 115	15 765	8 277	58 157
1490—1491	53 145	30 245	10 805	14 614	55 664
1491—1492	74 717	29 059	14 923	10 562	54 544
1492—1493	55 948	27 962	14 679	12 522	55 163
1493—1494	65 230	29 964	17 637	11 910	59 511
1494—1495	71 625	31 137	17 011	12 397	60 545
1495—1496	60 966	31 815	16 886	9 697	58 398
1496—1497	59 704	31 353	16 621	9 740	57 714
1497—1498	57 797	34 803	16 910	10 395	62 108

① Stone (1947): "State control in sixteenth-century England",p.106；Ramsey (1968): *Tudor Economic Problems*, p.51; Clarkson (1971): *The Pre-Industrial Economy in England, 1500-1750*, p.125.

（续表）

时间	国外进口品的总税额	驻英外国商人出口的宽布总值	汉萨同盟商人出口的宽布总值	外籍商人的出口宽布总值	合计
1498—1499	65 740	34 308	18 146	8 006	60 460
1499—1500	77 252	47 942	17 280	10 735	75 957
1500—1501	76 908	48 779	17 230	16 100	82 109
1501—1502	92 775	51 035	18 625	16 631	86 291
1502—1503	70 155	48 166	16 472	11 416	76 054
1503—1504	82 065	40 949	18 265	15 989	75 203
1504—1505	79 924	35 941	17 536	14 638	68 115
1505—1506	83 689	42 266	16 144	19 435	77 845
1506—1507	96 279	47 820	19 223	16 211	83 254
1507—1508	107 801	51 064	18 364	24 169	93 597
1508—1509	108 109	48 782	19 720	24 493	92 995

时间	依进口值付税的总额	非甜酒类的进口酒税	羊毛出口的袋数	毛皮出口的袋数
1485—1486	116 780	5 151	6 382	1 912
1486—1487	119 773	5 948	7 375	1 990
1487—1488	97 028	6 329	5 729	2 610
1488—1489	128 990	10 495	4 801	2 182
1489—1490	152 007	6 507	6 087	2 909
1490—1491	140 896	9 048	1 141	123
1491—1492	147 521	7 355	2 151	491
1492—1493	140 779	10 164	3 782	1 256
1493—1494	121 333	7 221	5 205	1 265
1494—1495	167 437	8 556	8 090	2 352
1495—1496	136 169	7 163	10 144	2 280
1496—1497	141 710	9 101	5 370	2 221
1497—1498	160 061	8 550	6 827	2 018
1498—1499	141 136	11 175	3 785	2 081
1499—1500	170 375	10 904	4 468	1 789

（续表）

时间	依进口值付税的总额	非甜酒类的进口酒税	羊毛出口的袋数	毛皮出口的袋数
1500—1501	196 409	10 914	4 119	2 505
1501—1502	207 327	10 626	5 723	1 651
1502—1503	188 543	10 213	3 913	1 630
1503—1504	198 644	11 174	2 895	1 207
1504—1505	181 991	14 820	3 937	955
1505—1506	212 059	12 335	2 287	656
1506—1507	231 396	6 679	4 664	1 270
1507—1508	278 960	8 708	4 710	1 511
1508—1509	252 967	10 259	4 540	1 813

说明：

（1）本表取自 Ramsey (1953): “Overseas trade in the reign of Henry VII: the evidence of customs accounts”, *Economic History Review*, Vol. 6 (2), p.181。

（2）统计的基期是每年的 9 月到翌年 9 月（Michaelmas）。

（3）最后一栏的数字只包含由大宗物资商（Merchants of staple）的出口数字。

（4）Carus-Wilson and Coleman (1963): *England's Export Trade, 1275-1547*, pp. 11, 197-198 对“驻英外籍商人”有详细解释。简言之，他们是在国外出生的商人，但有国王的特许权，可以用本国人的税率付关税，所以无法从账目上判别他们是本国或外国人。

表 4-4　亨利八世时期布匹、羊毛、精纺毛料的出口值，1510—1547

（单位：千英镑或千袋，小数点取近似值）

时间	伦敦港之外诸港口的布匹出口值	从伦敦港出口的布匹值	英国的布匹总出口值	羊毛出口袋数	精纺毛料出口值	羊毛布料的总出口量	羊毛的总出口值	本国商人出口的布匹百分比（%）	汉萨同盟商人出口的布匹百分比（%）	其他外国人出口的布匹百分比（%）
1510	26	50	76	8.5	6	119	97	58	14	28
1511	22	64	86	8.6	5	128	105	61	26	13
1512	20	57	77	6.5	5	110	93	59	29	12
1513	27	59	86	5.1	7	118	101	51	28	21
1514	27	66	93	7.8	6	133	113	59	22	19
1515	28	65	93	7.2	7	131	112	60	23	17
1516	23	59	82	7.6	6	121	101	61	24	15

（续表）

时间	伦敦港之外诸港口的布匹出口值	从伦敦港出口的布匹值	英国的布匹总出口值	羊毛出口袋数	精纺毛料出口值	羊毛布料的总出口量	羊毛的总出口值	本国商人出口的布匹百分比（%）	汉萨同盟商人出口的布匹百分比（%）	其他外国人出口的布匹百分比（%）
1517	30	57	87	8.2	7	130	108	52	25	23
1518	25	67	92	9.1	7	138	115	58	23	19
1519	26	65	91	13.1	6	154	121	56	24	20
1520	31	67	98	11.5	8	156	125	62	18	20
1521	26	54	76	10.2	6	126	100	61	22	17
1522	14	50	64	5.0	3	89	76	69	22	9
1523	29	57	86	5.1	5	113	99	49	22	29
1524	21	69	90	5.1	6	118	104	58	23	19
1525	17	79	96	3.8	6	118	108	62	22	16
1526	21	70	91	4.9	7	119	106	63	20	17
1527	20	71	91	7.1	6	127	109	57	17	26
1528	19	81	100	5.6	6	130	115	58	27	15
1529	21	74	95	3.3	5	119	105	64	22	14
1530	21	71	91	4.6	5	116	103	63	23	14
1531	22	65	87	2.7	4	103	95	56	23	21
1532	20	62	82	3.0	4	99	101	54	25	21
1533	17	83	100	2.1	5	114	107	58	25	17
1534	21	89	110	3.7	3	125	119	58	25	17
1535	14	78	92	3.8	3	111	102	61	28	11
1536	18	90	108	4.9	3	132	120	62	28	10
1537	17	86	103	3.6	2	121	111	59	33	8
1538	19	85	104	3.1	1	118	111	62	30	8
1539	17	97	114	4.3	2	135	124	53	22	25
1540	16	100	116	4.9	3	140	128	53	21	26
1541	21	110	131	4.7	2	153	141	52	20	28
1542	15	97	112	5.6	2	138	124	53	20	27
1543	18	81	99	4.2	1	118	108	54	25	21
1544	18	119	137	6.9	1	168	152	61	20	19

（续表）

时间	伦敦港之外诸港口的布匹出口值	从伦敦港出口的布匹值	英国的布匹总出口值	羊毛出口袋数	精纺毛料出口值	羊毛布料的总出口量	羊毛的总出口值	本国商人出口的布匹百分比（%）	汉萨同盟商人出口的布匹百分比（%）	其他外国人出口的布匹百分比（%）
1545	11	136	147	4.9	1	169	158	40	22	38
1546	11	124	135	4.3	1	155	145	44	23	33
1547	13	98	109	4.7	1	130	119	57	27	16

说明：

（1）本表取自 Stone (1947): "State control in sixteenth-century England", *Economic History Review*, Vol. 17 (2), p.119。表内的单位都是"千"：千匹布、千袋羊毛、千英镑，皆取近似值。Stone (1947) 依据 G. Schanz (1881): *Englische Handelspolitk gegen Ende des Mittelalters*, Vol. 2, pp. 76-105 的数值，计算出本表各栏的数字。

（2）本表只到 1547 年为止，而都铎王朝的最后一年是 1603 年，但我无法取得 1548—1603 年间的类似数字。另请参见 Stone (1949): "Elizabethan overseas trade", *Economic History Review*,Vol. 2 (1), pp.30-58 提供部分的进出口数字。Carus-Wilson and Coleman (1963): *England's Export Trade, 1275—1547* 所提供的数字也只到 1547 年。为何 1547—1603 年间的资料无法取得？ Carus-Wilson and Coleman (1963, p.1) 解释说："因为 1547 之后的海关体系与记载，都有明显的不连续性。" Stone (1949, p.50) 说，伊丽莎白女王统治的初期和末期，英国的外贸数量相对地有相似性。伊丽莎白时期贸易量的扩展虽然不错，但原因仍不明。

（3）Carus-Wilson and Coleman (1963): *England's Export Trade, 1275—1547* 提供许多相关的统计，限于篇幅无法在此呈现。Carus-Wilson and Coleman (1963) 有两个图和一个表，与此处的表 4–3、表 4–4 特别相关：(i) Raw wool exports total for all England (1279-1540), pp. 122-123. (ii) Cloth exports total for all England (1349-1547), pp. 138-139. (iii)Worsted exports as a percentage of broadcloth exports (1337-1544), pp. 199-200.

（4）Gould (1970): *The Great Debasement: Currency and the Economy in Mid—Tudor England* 提供 1488—1489 至 1543—1544 这段长时间，羊毛制品的出数量（p.120, table 12）。依据他对海关记录的研究，他也提供 1544—1561 年间布匹、羊毛、羊毛制品的出口数量，参见他的表 XV（pp.134–136）与附录 C（pp.170–182）。

（5）Fisher (1940): "Commercial trends and policy in sixteenth-century England", *Economic History Review*, Vol. 10 (2), p.96 认为，都铎王朝时期的统计数字相当不完整与误导，贸易统计必须视为建议性的。

表 4–3 和表 4–4 告诉我们三项主要讯息。（1）亨利七世时期的经济成就被低估了。在他治理时期的前 2/3 可以说是稳定成长，之后有明显的繁荣。亨利七世的前六年间，布匹的平均出口值是 50 878 英

镑，最后六年的平均值是 81 835 英镑：在 24 年间成长 61%。相对地，在亨利八世治下的 38 年间，布匹的平均出口值成长 45%。（2）羊毛出口逐渐降低，有两项可能的因素：（a）出口税愈来愈重；（b）国内市场对布匹的需求渐高，带动对羊毛的需求，可供外销的数量因而减少。这个下滑趋势一直延续到亨利八世时期。幸好布匹的出口成长，远高于羊毛的下滑，出口额仍可维持成长。（3）亨利七世时期的进口明显上升，步伐甚至比出口的成长还快，表示贸易收支逐渐成为入超（赤字）。亨利八世时期的贸易收支已有出超（盈余）。布匹贸易的利润有多高？根据格雷欣 1546—1551 年间的账簿（Day Book），纯利大约 15%。也就是大约每 5 年就可以赚一个资本额（资本可以翻两番）。①

海外贸易到 16 世纪时，性质与方向都有重要改变。伊丽莎白时出现许多新贸易公司，例如莫斯科公司、东印度公司，这些公司的活动范围与业务性质，大大扩展了都铎王朝商人在地理上的势力。②另一项特点是出口物品逐渐多样化，公司的形态从个人独资、合伙、家族企业这些老式组织，逐渐转型为股份化、社会化、专业经理人化的新型企业。这种性质与方向上的变化，是伊丽莎白时期外贸兴盛与繁荣的重要指标。③

对 16 世纪的英国人来说，外贸的发展（进出口关税的增加），是政府收入的重要来源之一，但还算不上国家财富的主流。在“所得税”这项观念之前，关税是最稳定、最可预期、最易征收的税源，甚至比财产税还容易课征。基于关税收入的重要性，有必要简扼地说明征税的制度与方法。

各项进出口货物的税率，都详细记载在《海关税率簿》（*Book of Rates*）中。都铎王朝最早的《税率簿》于 1507 年颁布，之后依市场价格的变动不定期更新：1507、1532、1536、1545、1550、1558、

① Ramsey (1968): *Tudor Economic Problems*, p.64.

② 详见 Scott (1910-1912): *The Constitution and Finance of English, Scottish and Irish Joint Stock Companies to 1720*, 三卷的详细分析。

③ Ramsey (1968): *Tudor Economic Problems*, pp.47-48.

1582、1586、1590、1604 年各修订正一次，17 世纪期间修订过好几次。[①]表 4–5 是伊丽莎白时期最后 10 年的关税收入，可以显示海关税收的规模。

表 4–5　海关的净收入，1594—1603（英镑）

1594	101 000	1599	81 000
1595	120 000	1600	87 000
1596	101 000	1601	108 000
1597	106 000	1602	90 000
1598	86 000	1603	114 000

资料来源：Dietz (1964):*English Public Finance, 1485-1641*, Vol. 2, p.328, note 2. 另见 Newton (1918): "The establishment of great farm of the English Customs", *Transactions of the Royal Historical Society*, Vol. 1, pp.129-156 有较详细的分析。可对照 Burgon (1839): *The Life and Times of Sir Thomas Gresham*, Vol. 1, p. 411 有 1330—1839 年间的简要海关收入。

对外贸易商人通常也是富有的阶层，比拥有大批不动产的地主还有更多现金，是王室周转资金的重要对象：伦敦的海外贸易商会（Company of Merchant Adventurers，参见附录 3），是王室最常借款的单位。这个协会必须应付王室的需索，一因王室可以派军舰保护海外的商船与贸易路线，二因王室可以授予或收回贸易的特许权。这是典型的互利共生，格雷欣家族就是这个协会的重要成员。协会得到王室借款的指令后，就在会员圈内筹钱，然后向王室收取利息。协会和王室的借贷关系，基本上是奉承的、应酬的、非营利取向的。

伊丽莎白 1558 年即位时，进出口约有 2/3 通过安特卫普，1/3 通过法国和伊比利亚半岛（西班牙、葡萄牙）。到了都铎王朝的最后几年（1601—1602），进口货中有 3/4 来自法国、低地国、德国与伊比利亚半岛。[②]这些进口品对经济发展很有帮助：原料的进口有助于麻

① 详见 Gras (1912): "Tudor 'Books of Rates': a chapter in the history of the English Customs", pp.766-775; Willan (1962)ed.:*A Tudor Book of Rates*。

② Stone (1949): "Elizabethan overseas trade", pp.41, 51.

布、帆布、丝绸、毛制品的生产。有些行业，如造船、金属、轻皮革、染整、成衣，很倚靠国外的原料进口。在消费品方面，烟草、糖、杂货则刺激出“进口替代型”的产业，制造原本需靠进口的产品。

1603年伊丽莎白崩逝时，英国商人在许多方面还比不上外国对手：财富较少、业务规模较小、商业技术不够先进、组织的复杂度不足。但英国积极作为，到新地区开拓新市场、组织新的大型股份公司、生产更多样的布匹。以当时欧陆的眼光来看，都铎王朝的商业还不够壮观，要等到下个王朝（斯图亚特）才有耀眼的成果。[①]

16世纪下半世叶时，英国的对外贸易有三项特征。（1）社会的中上阶层，对奢侈品（酒类、丝绸、绒布、缎）的需求开始提升，约占进口总额13%。（2）15世纪以降，安特卫普一直是欧陆的仓库、转口站、外汇中心；16世纪中叶后，因宗教与政治的纷争而衰落。英国被迫把布匹出口转向北欧的港口，如荷德交界的埃姆登港、汉堡及其附近的施塔德。同时成立的几家新的股份公司，如Muscovy Company、Barbary Company、Levant Company，扩展新的地区与市场，但短期内对英国的出口帮助并无明显效果。（3）伊丽莎白时期的外贸政策，处处显现政府的干预：以出口补贴的方式，激励羊毛和布匹外销，以课重税的方式防止外贸竞争，用国家资金建造远洋商船和渔船，商业体系内的政治意味浓厚。以造船为例，1571—1576年间建造51艘百吨级的商船，总数超过7 550吨。这些大型的远洋商船在十年内倍增，开拓远方的新贸易路线。除了载运布匹外销，大型商船也从波罗的海载回较廉价的谷物（麦），对1596年的大歉收有重要帮助。[②]

以上是都铎王朝对外贸易的几个基本面貌，从后人的眼光来看，可以用几个形容来表达：（1）出口贸易集中在单项产品（羊毛与布匹）；（2）主要透过单一港口（伦敦）外销；（3）航向单一的贸易终点站（安特卫普）；（4）国家积极推动主导；（5）鼓励民间商人海外经商；（6）气氛自由，包容外籍商人来英国做生意。

---

① Ramsey (1968): *Tudor Economic Problems*, pp.81-82.

② Stone (1949): “Elizabethan overseas trade”, pp.43-44, 48-49, 51-52.

4.4 枢密院的经贸决策

4.4.1 组织与运作

都铎王朝有四个国家级的决策机构：（1）枢密院（The Privy Council）；（2）法院；（3）平民院（Commune concilium，即下议院或国会）；（4）大会议（Magnum concilium，是全体贵族集会，或称上议院，1640 年最后一次召开）。英格兰和苏格兰有各自的枢密院，“1707 年联合法案”之后两地合并为“大不列颠王国”，枢密院也合二为一。“1800 联合法案”之后，爱尔兰加入不列颠王国，但仍保留自己的枢密院到 1922 年。

枢密院是君主的咨询机构，是朝廷的权力核心，成员称为 The Lords of Her Majesty's Most Honorable Privy Council，枢密院议长称为 Lord President of the Council。这个组织起源于诺曼王朝，主要功能是向君主提供建议，成员由权贵、教士、重要官员组成。议题包括国内外的重要战争、和谈、政治、经济、财政、行政、司法事件，但也处理各式各样的杂事，如私人争执[①]、行政纠纷、囚犯、叛变、暴动，也接见外国使节，指挥驻外大使。以 1553 年为例，虽然枢密院的编制有 40 人，但国王只依靠其中的核心人士（犹如小内阁），会议的记录出版为 *Acts of the Privy Council of England*。[②]

枢密院在各朝代的功能不完全相同，在强势的亨利八世统治下，枢密院是听命行事的成分较大；伊丽莎白时枢密院就还有商议、讨论、建议的功能。此时期的枢密院主导者，例如威廉·塞西尔（伯利勋爵），得到女王充分授权，调度指挥国内外的政治、经济、军事、

---

① 参见 Ponko (1968): *The Privy Council and the Spirit of Elizabethan Economic Management, 1558-1603*。页 58—59 有 1575 年 5 月 4 日的 17 项议程，内容五花八门。

② 参见都铎王朝与斯图亚特王朝的会议记录 *Acts of the Privy Council of England, New Series, 1542-1631*, J.R. Dasent *et al.* ed., 46 Vols., 1890-1964。台湾大学总图有纸本（46 册），台湾清华大学有光碟（22 片），方便搜寻。

官吏，几乎和明朝的张居正一样是个“首辅”。

以伊丽莎白时期为例，说明枢密院的运作方式。先从“阁员”的选派来说，女王刚登基时大多数是爱德华六世、玛丽一世时期就任命的。换言之，伊丽莎白初期的国内外政策、政治与宗教措施，都沿用前两任的原则与做法。女王的枢密院有多少成员呢？增增减减，来来去去，上上下下，没有定数。女王的情报头子弗朗西斯·沃尔辛厄姆爵士，在1573年加入枢密院，当时连他一共才14位。

这14人的团队中，主管财政的沃尔特·迈尔德梅爵士，通常只在处理与他相关的公务时才出席。会议记录显示，拉尔夫·萨德勒爵士（1507—1587，亨利八世的首辅）很少出席。较常出席的12位中，6位是贵族，6位是平民，无宗教界人士参与。这12位当中各人的分量不一，承担的责任不同。在伊丽莎白时期，枢密院几乎没有全员到齐过。核心人士是5—6人的工作小组：伯利、沃尔辛厄姆、弗朗西斯·培根爵士（1561—1626）这三位是女王的亲信，工作能力超强；莱斯特伯爵（罗伯特·达德利，1533—1588）与克里斯托弗·哈顿（1540—1591）是女王的宠臣；还有萨塞克斯伯爵（托弗马斯·拉德克利夫，1525—1583）与亨斯顿男爵（亨利·凯里，1526—1596）。名义上成员之间地位平等，但真正的决策者就是这个小组。他们的决议就是国家政策，除非女王有异议。

女王较少直接参加会议，多是召见个人或小组听取重要议案。从女王召见的次数，可以看出谁是宠信者，或哪些人逐渐失势，这是另一种朝廷的争斗。换个角度来看，这样的枢密院在组织上并不完善，个人色彩远大于制度性的平稳运作。如果“首辅”失宠，枢密院甚至会群龙无首。以最长时期“秉笔”的伯利来说，他的权势在一人之下万人之上，他的意见通常就是国家政策。在这种情况下，他必须有三头六臂的本领，处理五花八门的杂事，从绝对重要的军国大事，到写信给格雷欣指示在低地国借款的条件。一切权力来自女王的信任。这是宫廷内部的运作，对外行文时以枢密院为名共同签署，日后成为都铎王朝的重要文件。女王不会在这类文件上签名，用以区别王室的公告和枢密院的议决。[①]

在财经方面，枢密院的决策主要有三项：第一，财政压力大时先对内搜刮，例如没收教会财产、要求商界捐输报效、货币贬值重新铸币赚取暴利，这些手段与效果会在第5章内详述；第二，国内资金不足时，派遣财务代理人去国外（欧陆）借钱（外债），这是本书的主题，会在第3、8—10章中详述；第三，协助工商业扩展海外业务，增加关税收入（下一小节举实例说明，枢密院在外贸方面的作为）。

就工商与经济议题来说，伊丽莎白时期的枢密院有六项主要方针：（1）在法规设计与执行上鼓励工业发展；（2）协助设立新兴产业促进税收；（3）维持政府与工商界的关系稳定和谐；（4）管制原物料的买卖；（5）制定销售物品的规则；（6）干预产品的制造过程，提升英国货物的质量。[②]要注意的是，我们不能以今日的标准，认为这六项方针显示王室已有经济计划性的方案。16世纪下半叶英国才刚迈入重商主义，离产业革命还很远。

都铎王朝王室谈不上有规划性的政策，较贴切的形容是“摸着石头过河”，原因如下：（1）英国工商业与金融体系的水平，远远比不上欧陆诸国；（2）英国产品的素质较差，以纺织业为例，只能出口到低地国的安特卫普，染整加工后转售中西欧各国（详见第7章第3节）；（3）民间工商业者（例如纺织业）强大，结合贵族与地方势力后，有实力向国会诉求自身利益，显示王室要主导工商业并没那么容易；（4）王室的产业政策（如果有的话），基本上是从税收的角度出发；（5）王室的基本关怀，是社会安定而非经济繁荣，那是18—19世纪的诉求[③]；（6）学界常以王室颁发特许经营权或专利权为例，说

---

① 王室公告用Proclamation的形式颁布，目前有四种版本可查索。(1)Heize (1976): *The Proclamations of the Tudor Kings*. (2)Hughes and Larkin eds. (1964, 1969): *Tudor Royal Proclamations*, 3 Vols. (3)Steele (1910)ed.: *Tudor and Stuart Proclamations, 1485-1714*. Vol. 1: England & Wales; Vol. 2: Scotland & Ireland. (4)Young (1976): *The Proclamations of the Tudor Queens*.

② 这些方针并没有具体的文字，是后来历史学者研究的整理，参见Ponko (1968): *The Privy Council and the Spirit of Elizabethan Economic Management, 1558-1603*, p.18。

③ Ponko (1968): *The Privy Council and the Spirit of Elizabethan Economic Management, 1558-1603*, p.54.

明都铎王朝的经济父权主义。其实这些特许专利权主要是用来酬劳朝臣或功臣的贡献，在工商业体系中的重要性并不高。[①]

以下举例说明，枢密院的外贸政策是“且战且走”的性质，远多于长期主导性的规划。成败都由民间自负，王室并未主动提供资金（也无此实力），擘画英国的经济蓝图。[②]

4.4.2 以外贸决策为例

都铎王朝最重要的出口物是羊毛和布匹，但羊毛的重要性已被布匹快速超过。主要的出口地是安特卫普港，运载布匹的船队春秋两季出航，赚回大笔外汇，也载回欧陆的货物与奢侈品，进出口关税是国库的重要收入。

枢密院在外贸政策扮演什么角色？最关键的就是管制船只进出港口，这些禁令或特殊许可，各时期有不同的目的：在英荷外交关系紧张时，严禁双方船货来往[③]，或是防范外国商人抢走本国商人的地盘与利益，或是希望与德国签约开发汉堡作为新的贸易口岸。

枢密院内决策此事的小组人员有四位：伯利（威廉·塞西尔爵士）、萨塞克斯伯爵、莱斯特伯爵、林肯伯爵（亨利·克林顿，1539—1616），都是女王宠信的贵族。以 1569 年那次禁运为例，事件的主因是西班牙运往低地国的军饷船，因躲避暴风与海盗而驶入英国南方的普利茅斯港。女王扣住这大笔白银财富，英荷西三边因而尖锐对立，相互禁运，扣押对方的商人、物品与财产，英国商人的贸易利益受到相当冲击。事情立刻升高到国家安全的层级，战争随时会爆发。但女王态度强硬，经过相当复杂的谈判斡旋，英荷贸易才恢复常态（参见第 11 章第 1 节）。这是枢密院介入贸易政策最明显的案例。

枢密院也关注层级较低的贸易政策，例如 1574 年 4 月英西在布

---

① 参见第 5 章第 7 节末的实例。

② 参见 Elton (1961): “State planning in early Tudor England”, *Economic History Review*, Vol. 13 (3), pp.433-439 的简要精彩论点。

③ 伊丽莎白时期有两次重要的对荷禁运（1564、1569），都是起因于英荷外交关系恶化。详见第 7 章第 4 节“英荷关系”。

里斯托港签约，允许两国的属地自由通商。谈判过程中枢密院扮演监督指导的角色，因为这是贸易问题也是外交问题，更牵涉庞大的商界利益。

伊丽莎白时期枢密院介入贸易的另一种形式，表现在拓展波罗的海、俄罗斯、地中海域的贸易路线。这些船只需要女王的武装舰队保护，也需要先进行外交协商。在重商主义萌芽时期，枢密院的许可与建议就更显得关键。这些作为为日后的重商主义，以及随后带动的产业革命，奠下重要的政策基础。

在探索新的贸易路线中，有一项计划是勘测与中国贸易的可能路线，此例可说明枢密院对外贸的影响力。1576—1578（明朝万历四年至万历六年），英国航海家马丁·弗罗比舍（1535 或 1539—1594）航向西北，希望能开拓中国与印度新市场。[①]他在航程中发现传说中的巴芬岛（Baffin Island）[②]，所以先回航英国。1569 年他认真规划要航往中国，向伦敦的海外商会申请许可但久久没有下文。[③]他转向安布罗斯·达德利（第三任华威伯爵，逝于 1589 年）求援。这位有权势的贵族通过枢密院，写信给拥有这条航线特许权的公司（俄罗斯公司）[④]，要他们开发中国航线，若不做的话就开放让别人试试看。

俄罗斯公司回答说：这项提案看不出具体的可行性，连它这么规模庞大的公司，已经投入巨额经费，都还没能够开发西北航线的一半，另一半航线不知何时才能执行。弗罗比舍单枪匹马要航向中国，

---

① 详见 (1)George Best (1578): *The Three Voyages of Martin Frobisher in Search of a Passage to Cathaia and India by the North-West, A.D. 1576-1578* (2005 Elibron Classics replica edition); (2)George Born Manhart (1924): *The English Search for a Northwest Passage in the Time of Queen Elizabeth*; (3)James McDermott (2001): *Martin Frobisher: Elizabethan Privateer*; (4)The long "Preface" (a 57-page essay by W. Noel Sainsbury, 1862)to *Calendar of State Papers*, Colonial, East Indies, China and Japan, 1513-1634。

② 巴芬岛，加拿大最大的岛，世界第五大岛。

③ 因为那是一条特许航线，非许可不准私自出航贸易。

④ 正式名称是 Muscovy Company 或 Muscovy Trading Company，1555 年获得王室特许权，是第一家大型的股份有限公司。王室特许权的文件，详见 Tawney and Power (1924)eds.: *Tudor Economic Documents*, Vol. 3: *Pamphlets, Memoranda and Literary Extracts*, pp.37-42。

成功的可能性实在不高。枢密院碰了这个软钉子，认为这家公司在打太极拳，就写一封强硬的信，命令立刻展开探索中国的西北航线，或把机会让给别人。在枢密院的命令下，俄罗斯公司只好发执照给弗罗比舍和他的合伙人，允许航行探险。弗罗比舍得到执照后，没有依照原计划航向中国与印度，反而向北航到北美三次。[①]此处的重点，不是中英贸易为何在 16 世纪没能出现，而是要显示枢密院这么高的决策层级，也会插手管这类的事情。

都铎王朝的海外贸易路线，处处可见枢密院的身影，例如 1561 年往西非的贸易，以及约翰·霍金斯爵士（航海家、建造船队、海军统帅、奴隶买卖）著名的西印度与几内亚之行，都有丰富史料佐证枢密院介入。原因很简单：女王对这类的海外探险贸易兴趣很高，好几次投资入股获利甚丰，因此枢密院特别关注海外贸易与新航线的开拓。[②]

枢密院也做一些引人诟病的事，试举一例。1585 年之后贸易商人开始从事一项赚钱的行业—和职业海盗（例如弗朗西斯·德雷克爵士）结盟，抢劫载运高价值的外国商船，这比辛苦卖羊毛布匹好赚多了。用抢来的钱投资做贸易，每年进账远高过奉公守法的商业买卖，引发国际反感的是王室还发给海盗执照。在各级官员的默许下，政府让海盗合法化并参与分红，连女王也投资入股，这是重商主义兴起阶段不光彩的一面。再举一例：首辅伯利勋爵（威廉·塞西尔）的次子罗伯特·塞西尔爵士，日后接替父亲职位任王室高官，曾和阿德米拉尔勋爵合伙经营高利润的海盗事业。更奇怪的是，他们把经营海上抢劫的成本支出让财政部付款，还用王室的钱来建造海盗船。[③]我们有理由相信女王持有股份。

---

① Ponko (1968): *The Privy Council and the Spirit of Elizabethan Economic Management, 1558-1603*, p.39.

② 详见 Scott (1910-1912): *The Constitution and Finance of English, Scottish and Irish Joint Stock Companies to 1720*, Vol. 3, pp.501-504。

③ Ponko (1968): *The Privy Council and the Spirit of Elizabethan Economic Management, 1558-1603*, p.44, note 138.

5 财政收支与弥补措施

本章的主旨是析述都铎王朝君主在面临财政窘境时，采取哪些弥补亏空的措施，解说为何这些政策成效有限。相关的统计数据并不齐全，甚至可以说简陋，但足以彰显财政收支和国库亏空的基本问题与特质。学界对这方面的研究可分为专书与论文两大类：论文的数量并不多，且止于20世纪90年代；专书的数量更少，主要有19世纪的两本，20世纪的两本。[①]为什么学界对英国16世纪的财政史，在这么长时间内没有翻新的作品？主因是当时留下的官方文件与手稿，到20世纪60年代就已大致充分运用；现代学者较易提出新解说，较难发掘新数据。在这种限制下，本章是回顾性的综述与评断，把焦点集中在四个议题上：王室（国库）的收入、支出、亏空、弥补。

本质上来说，都铎王室的财政管理与运作方式，和中世纪的庄园领主相当类似，尤其在买卖土地园林、封建收入、包税制时更可看出这种特质。[②]现代经济学的数据，例如国民所得这类的资料当时并不存在。因此不能以今日的概念和标准，去要求16世纪的统计数据。理解与诠释本章引用的数字时，不能太拘泥或要求精确。以数字的完

---

① 参见 (1)Dowell (1884): *A History of Taxation and Taxes in England*, Vol. 1: *From the Earliest Times to the Civil War*; (2)Sinclair (1803-1804): *The History of the Public Revenue of the British Empire*, Vol. 1, 3rd edition; (3)Scott (1910-1912): *The Constitution and Finance of English, Scottish and Irish Joint Stock Companies to 1720*, Vols. 1 & 3. (4)Dietz (1964): *English Public Finance, 1485-1641*, 2 Vols., 2nd edition。

② 由各地人士包办税收，向王室缴付定额年金。若当年的税收额未达预定额，包税者可向皇室要求少缴，参见 Scott (1902-1910)，Vol. 3, pp.487-488.

整性来说，16 世纪末的伊丽莎白时期，统计数字就比都铎王朝前期丰富明确。

为何要以谨慎的态度来检视都铎王朝的数据？主因是 16 世纪时尚无明确的统计概念。现在看到的数字，是学者从杂乱的档案与文件中整理的，不够系统又缺乏连贯性，残缺和遗漏更是常态。例如在连年征战讨伐时，上下乱成一团，战事不顺利时更是鸡飞狗跳。战争的真正耗费，和日后的统计数字一定有差距，所以只能以大略性的级距来理解。目前掌握的文献档案，只有 1560—1561、1571—1572、1575—1576、1588—1589、1598—1603 年间有较明确的数字可引用。但就算这几年的数字，记载的格式与项目的内容也不一致，对比时常造成困扰。

5.1 综观概述

先看表 5-1 这项跨越七个世纪的宏观数字，此表取自《大英帝国公共财政史》(1803—1804) 卷 1 的导论[①]，上起 1066 年（征服者威廉一世），下讫 1800 年（汉诺威王室的乔治三世）。首栏是历任君主，次栏是登基年，末栏是当年国库收入的大略数字。表内的数字是当年的币值，无法反映物价变动或货币的实质购买力。

表 5-1 历代王室收入概观，1066—1800（英镑）

国王	登基年	岁入额
威廉一世（征服者）	1066	400 000
威廉二世（鲁弗斯）	1087	350 000
亨利一世	1100	300 000
斯蒂芬	1135	250 000
亨利二世	1154	200 000

① Sir John Sinclair (1803-1804): *The History of the Public Revenue of the British Empire*, Vol. 1, pp. xiii-xiv.

（续表）

国王	登基年	岁入额
约翰	1199	100 000
亨利三世	1216	80 000
爱德华一世	1272	150 000
爱德华二世	1307	100 000
爱德华三世	1327	154 139
理查德二世	1377	130 000
亨利四世	1399	100 000
亨利五世	1413	76 643
亨利六世	1422	64 976
爱德华四世	1461	100 000
爱德华五世	1483	100 000
理查德三世	1483	100 000
亨利七世	1485	400 000
亨利八世	1509	800 000
爱德华六世	1547	400 000
玛丽一世	1553	450 000
伊丽莎白一世	1558	500 000
詹姆斯一世	1603	600 000
查理一世	1625	895 819
共和国时期	1648	1 517 247
查理二世	1660	1 800 000
詹姆斯二世	1685	2 001 855
威廉三世	1689	3 895 205
安妮女王	1702	5 691 803
乔治一世	1714	6 762 643
乔治二世	1727	8 522 540
乔治三世	1760	15 572 971 （A.D. 1788）
乔治三世	1760	3 6728 000 （A.D. 1800）

资料来源： Sir John Sinclair (1803-1804): *The History of the Public Revenue of the British Empire*, Vol. 1, pp. xiii-xiv.

以都铎王朝为例（表 5–1 的 1485—1603），王室的岁入约 40—80 万英镑，主要来源有三项：关税、农业税（土地税）、动产税。由于交通不便、管理不够效率，实际税收通常远低于应收到的数额。例如布匹出口在都铎王朝时期（尤其在 16 世纪下半叶）剧增，但海关收入并未成比例地增加（参见表 4–5），主因是逃税、走私、贿赂关员、高价低报的风气。以 1560—1563 年间的关税为例，总税额竟然比 1558—1560 年间还少 40%。这期间的关税大幅减少，迫使王室把关税权收回，转给愿意支付更高承包金者经营。16 世纪六七十年代，海关税收权开放外包好几次，后来由首辅伯利勋爵把税收权买回，由王室直接控管。①

明知海关逃漏税的问题重重，为何王室不严格监管？因为顾忌两件事：（1）英国是环海岛国，海岸线绵延，若严格控管就会提高监督成本，控管太紧走私就更严重；（2）王室缺钱时必须向商人周转，若海关太严商人会反弹抵制。同样的道理也反映在其他税收上：若对拥有大量农地的地主清丈田亩严格课税，贵族与乡绅在政治上就会掣肘。动产税也一样，主因是不易评估价值、不易征税。

这三项主要税源都有不可严格课征的顾忌，若遇到荒年或物价上涨，王室岁入必然大幅缩水。更恶性循环的是，以伊丽莎白时期为例，由于国库岁入不足（表 5–1，只有约 50 万英镑），无法全额付薪给朝臣、中央官员和地方政府，就无法要求确实纳税。王室明白“水清无鱼”的道理，被迫向现实妥协。以下第 2—6 节依五位君主的顺序，解说大略的财政收支状况；第 7 节与第 8 节说明弥补国库亏空的四种措施为何效果有限。

5.2 亨利七世（1485—1509）

亨利七世即位时王室的最大宗收入来自关税，以羊毛、皮革、布匹、酒最为重要。1485—1495 年间，关税年收入约 3.3 万英镑，10

① Clarkson (1971): *The Pre-Industrial Economy in England, 1500-1750*, p.185.

年后增至4万英镑。其实还可以收到更多，但走私问题始终无法根除。为了增加关税收入，亨利七世在位时曾修正（调升）过两次《海关税率簿》。

都铎王朝初期的财政，国王比较像大封建领主——拥有大量土地，分封给领主，国王与领主的关系，和领主与农民的关系相似。但国王有一项监护权（wardship）：如果领主过世，继承者尚未成年，国王就以监护者的名义管理那块土地，并取得那块地的收益。国王有时会利用这项特权，在灰色地带侵犯领主权益。这项监护权的收益1487年时只有350英镑，在朝臣的积极协助下1507年激增至6 000英镑，这个例子足以说明亨利七世的精明和经营。

国王也有权征收各项费用与罚款，以1497年康沃尔地区的叛乱为例，领导者处死，随从者只需罚款不必受惩罚，主要的目的是借机收钱。臣民犯罪常以罚款替代刑责，例如诺森伯兰伯爵因行为不当，付了1万英镑的罚金。再如威廉爵士因叛乱罪被剥夺财产和公民权，亨利七世赦免他的条件是罚款9 000英镑，之后逐年罚1 000英镑。国会为了配合国王“向钱看”，通过51项适用“剥夺财产”的条款。以上的税源称为经常性（ordinary）收入。

还有非经常性（extraordinary）收入，例如国会的特别款（grant）、向民间或外国的借款、恩税、宗教税、封建费（feudal obligation），通常是有特殊事件或原因时才会发生。国会特别款是国会允许国王向人民课征额外的税金，但容易引发反弹。亨利七世明白这个道理，在位期间只动用过三次：1487年要求国会允许用特别款来支援斯托克战役（Battle of Stoke，玫瑰战争的最后一场）；1489年用收到的3万英镑支付对法战争；1496年用来应付沃贝克的叛乱。这种国会核准的特别款，通常只对动产课税。简言之，亨利七世时期的税收结构还算简单，但课税的效率也不高。

教会也要贡献给国王：1489年对法战争时上缴过2.5万英镑。16世纪的宗教改革（English Reformation）之前，亨利七世虽然出售教会的职位来筹钱，但他和教会的关系良好，也深知如何在重要的宗教职位空缺时，利用时机从竞争者手中赚一笔，这种收入每年约有6 000英镑。

如前所述，国王在15—16世纪时本质上是封建领主的头头，有许多名目可以从政治隶属关系上捞钱。手法之一是强迫年收入 40 英镑以上的人成为骑士（knight），之后就要效忠国王缴税。1504 年亨利七世封爵位给亚瑟王子时就借机收钱，其实亚瑟王子 15 年前就已封爵，而且在 1502 年就已去世。亨利七世把女儿玛格丽特嫁给苏格兰国王时，也收得 3 万英镑。再举一例：1492 年时法国与亨利七世签署《埃塔普尔（Etaples）条约》，其中有一条约定要求英军撤离法国领土，代价是付给亨利七世 15.9 万英镑，之后每年再付 5 000 英镑。

亨利七世还有两项收入来源，一是契约（bond），二是保证金（recognisance）。契约是文字签署的契约，用以牵制某些人的行为或执行某些工作，违约者罚款，主要目的是保证关税的征收要付给国王，包税者若迟延支付关税就要面临罚款。契约也用来对死刑犯收钱当作免死金牌，或对富者收费以免除牢狱之灾。1485—1495 年间，亨利七世收到 191 笔契约钱，1505 年时契约为亨利七世赚了 3.5 万英镑。[①]

保证金的目的不同，是对王室责任的正式承诺。例如 1485 年的博斯沃思战役（Battle of Bosworth）之后，[②]亨利七世要求诺森伯兰伯爵和波威克的博蒙特子爵，分别支付 1 万英镑当作效忠的保证金，若日后法庭判决他们不忠就没收这 1 万英镑。亨利七世用契约和保证金来约束他人（尤其是贵族）的行为，在他统治期间（23 年 8 个月），62 个贵族中有 46 个深受其害：其中有 7 位被剥夺财产与公民权，36 位被契约和保证金约束过，其余 3 个被其他手段修理过。以上这些手法有双重目的：财富上的贪婪与政治上牵制。亨利七世即位初期政局不稳，某些贵族对他不服，因而有这套一石两鸟的手法。[③]

亨利七世购入相当大批的珠宝与金银器来保值，在 1491—1509 年间至少花费 112.8 万英镑在珠宝上。他也大手笔地借钱收息：以菲利普大公和他儿子查理为例，他们向亨利七世借了 26 万英镑。他还要手段向国会恐吓取财：登基初期国际政治情势不稳，亨利七世利用

---

① 另见 Dietz (1964): *English Public Finance, 1485-1641*, pp.33, 43。

② 在此战役中，代表兰开斯特家族的亨利七世，打败约克家族的理查德三世，结束金雀花王朝，开始都铎王朝。

③ 亨利七世、亨利八世时期的税制研究，详见 Schofield (2004): *Taxation under the Early Tudors, 1485-1547*。

战争的谣言，向国会要求特别费来护卫国家。如果战争没发生，这笔款项也不肯退回给国会。这种手段施用好几次，大大充盈亨利七世的腰包。他甚至还亲笔记载各项支出的细目，亲自兼任财政会计。①

亨利七世晚年看出海外贸易的重要性，主动借钱给英国与意大利商人，1505—1509 年间共达 8.7 万英镑。他不收取利息，但要求借款者每年进口足够数量的外国商品，依规定支付关税。他提供宽松的贸易与信用条件来增加关税收入，1507 年还修订了《海关税率簿》。这些措施使他在登基十年后，关税收入大增至每年约 3.3 万英镑，之后高到 4 万多英镑，关税收益远超过土地收入。②

现在来看亨利七世的整体财政收支。限于史料残缺，表 5–2 的日期并不相互对应：记载收入的期间只有 1487—1505，支出的时间只有 1495—1509，能对比收支的只有三年：1502—1503（盈余 6 171 英镑）、1503—1504（盈余 7 565 英镑）、1504—1505（亏空 37 862 英镑，赤字的主因是偿还欠西班牙王子的 13.8 万英镑借款）。亨利七世的最后五年间，王室收入每年约 14.2 万英镑，支出约 13.8 万英镑（支出额中有许多是借款与收购珠宝）。简言之，以亨利七世对金钱的精明与坚持，不会轻易让收支失衡，驾崩时财富约有 180 万的金银，所累积的财富高过其他基督教王国的统治者。③

表 5–2　亨利七世时期的财政收支，1487—1509（英镑）

日期	收入	日期	支出
1487 年 7 月 4 日—1487 年 9 月 1 日	10 491		
1487 年 9 月 1 日—1488 年 9 月 26 日	10 811		

① Dietz (1964): *English Public Finance, 1485-1641*, p. 53.

② Dietz (1964): *English Public Finance, 1485-1641*, pp. 24-25. 日后王室土地收入（登基初期每年只有 1.36 万英镑），逐渐成为最主要的收入来源，到 1509 年时关税的重要性已降到第三位。

③ Dietz (1964): *English Public Finance, 1485-1641*, pp. 86-87.

（续表）

日期	收入	日期	支出
1488 年 9 月 26 日—1489 年圣米迦勒节	15 288		
1489 年圣米迦勒节—1490 年圣米迦勒节	12 942		
1490 年圣米迦勒节 — 1491 年圣米迦勒节	8 146		
1491 年圣米迦勒节—1492 年 8 月 25 日	14 693		
1492 年 8 月 25 日—1493 年 10 月 10 日	14 716		
1493 年 10 月—1494 年圣米迦勒节	31 270		
1494 年圣米迦勒节—1495 年圣米迦勒节	38 320		
1495 年 圣米迦勒节— 1497 年圣米迦勒节	107 973	1495 年圣米迦勒节—1496 年圣米迦勒节	25 707
1502 年圣米迦勒节— 1503 年圣米迦勒节	96 498	1496 年圣米迦勒节—1497 年圣米迦勒节	73 366（苏格兰战争）
1503 年圣米迦勒节— 1504 年圣米迦勒节	86 973	1497 年圣米迦勒节—1498 年圣米迦勒节	42 302
1504 年圣米迦勒节— 1505 年圣米迦勒节	131 141	1498 年圣米迦勒节—1499 年圣米迦勒节	32 836
		1499 年圣米迦勒节—1500 年圣米迦勒节	46 183
		1500 年圣米迦勒节—1501 年圣米迦勒节	52 934
		1501 年圣米迦勒节—1502 年圣米迦勒节	81 252
		1502 年圣米迦勒节—1503 年圣米迦勒节	90 327
		1503 年圣米迦勒节—1504 年圣米迦勒节	79 408
		1504 年圣米迦勒节—1505 年圣米迦勒节	169 003

（续表）

日期	收入	日期	支出
		1505 年圣米迦勒节—1506 年圣米迦勒节	124 358
		1506 年圣米迦勒节—1507 年圣米迦勒节	66 046
		1507 年圣米迦勒节—1508 年圣米迦勒节	54 657
		1508 年圣米迦勒节—1509 年圣米迦勒节	132 643

资料来源： Dietz (1964): *English Public Finance, 1485-1641*, Vol. 1, pp.81-85. 另见页 80—81 记载 1505—1506 年间的收支细项；页 82—83 记载 1504—1505 年间的收支细项。

5.3 亨利八世（1509—1547）

亨利七世时期王室每年的开销，很少超过国会核准的 1.3 万英镑。亨利八世即位后，立刻要求国会调升到 1.94 万英镑，之后逐年续增，1538—1539 年调为 2.5 万英镑，1545—1546 时高达 4.57 万英镑。但另一方面海关收入逐渐减少，其他收入在 1516 年后也稍微减少：以土地收入为例，1515 年比 1508 年减少 2.47 万英镑。目前的史料与研究，尚无法建立像表 5–2 一样的收支盈亏表。表 5–3 是根据片断的数据，显示亨利八世即位后十年间的支出状况。

表 5–3　亨利八世最初十年间王室财政支出概况，1509—1520（英镑）

	总支出	支付官军、海员、购买船只、补给、火炮的费用	支付外国政府与亲王的援助
1509	65 097	1 231	
1510	26 725	1 775	
1511	64 157	1 509	
1512	269 564	181 468	
1513	699 714	632 322 + 10 040 克朗	14 000 借给皇帝

（续表）

	总支出	支付官军、海员、购买船只、补给、火炮的费用	支付外国政府与亲王的援助
1514	155 757	92 000	
1515	74 006	10 000	
1516	106 429	16 538	38 500 补贴给皇帝
1517	72 359	60	13 333 贷款给查理五世
1518	50 614	200	
1519	52 428		
1520	86 030		

资料来源：Dietz (1964): *English Public Finance, 1485-1641*, Vol. I, p.90.

表 5–3 显示亨利八世的前十年开销庞大，主因是他急望在欧陆政治舞台有一席之地。例如单是对法国国王的支援与津贴，1512 年就花了 3.2 万弗罗林金币，翌年又耗费 1.4 万英镑，1514—1518 年间每年平均开销 4 万英镑。这么大笔费用从哪里支付？主要是从亨利七世留下的财富，很快就被亨利八世挥霍耗尽了。亨利八世被迫借钱来支付仆役薪资，1522 年 6 月甚至向伦敦市政府借 2 万英镑周转。

财政这么拮据，当时的首辅沃尔西枢机主教和财政部长约翰·赫伦，必须设计新税制来供应。紧急状况税捐是众多新税制中的一种，依纳税人的真实财产价值，每年从每英镑所得课税 1 先令。这套新税制很快就给国库带来 30 万英镑，供国外征战之用。沃尔西还设计其他税制，例如恩税，同时强迫贵族捐献，这些手法在 1522 年筹到 20 万英镑。

就算在和平时期，岁入还是不敷支出。16 世纪 20 年代的财政逐渐恶化，第一次对法战争后就显露出窘境，第二次对法战争后问题更严重。到了 1529 年，沃尔西失势，被褫夺所有职位、财产与豪宅。此时的王室财政虽然时有困窘，尚不需全盘翻新。沃尔西之后的首辅是克伦威尔，他对亨利八世的离婚官司和宗教改革很有贡献，也承诺会让亨利八世成为英国有史以来最富有的国王。

1529 年之后，亨利八世的主要开支是建筑新宫殿与收购庄园。财务的压力之大，让克伦威尔在 1534 年时写道："国王在同一时期在这么多地方盖这么多宫殿，如果能宽容一年的话，其实对他会有很大好处。" 1535 年夏季，克伦威尔抱怨亨利八世变得很贪婪，想收括全国的钱，不顾子民的伤害。其实亨利八世更担心法国可能会入侵，这会加重财政压力。

面对财政的窘困，克伦威尔从亨利七世的手法得到灵感：用各种手段压榨贵族（譬如罚款、没收土地）。克伦威尔把矛头转向亨利七世没下过手的另一头肥羊：教会。1531 年 2 月，教会在克伦威尔的威胁下，承认亨利八世是英国教会的领袖。经过几次无效的抗拒，教会同意以 5 年为期支付 10 万英镑。有许多教会人士犯了蔑视王权罪，例如都柏林地区的主教就被罚款 1 466 英镑 13 先令 4 便士。再如巴斯地区的主教，因为辖区内有 7 名囚犯越狱而被罚 700 英镑。1534 年，诺里奇地区的主教被控蔑视王权，被捕后亨利八世赦免他，条件是以 1 万英镑的"礼物"回报国王，据闻他是因财富而获罪。[①]

亨利八世和他的臣子对教会得寸进尺，1532 年左右计划把教会的资产转归王室，克伦威尔是这项计划的首谋。1533 年 3 月，没收教会财产的谣言从亨利八世口中得到证实。国王计划取得每个主教教会所得的一半，以及副主教辖区教堂所得的 1/3，这项新收入每年约计 3 万英镑。[②]1535 年初，克伦威尔对财政上的成就甚以为豪，他和亨利八世向外国炫耀王室的新财富与权威。

从负面的角度来看，亨利八世的政府强化恐怖行动，以罪犯之名处决两位重要人士：费舍尔大主教和以《乌托邦》（*Utopia*, 1516）闻名于世的人道主义者托马斯·莫尔爵士（1478—1535）。[③]威尼斯商人和其他外国商人感受到气氛诡谲，纷纷离开英国，克伦威尔诱以更宽惠的关税减免也无效。更糟的是英国商人担心会有战争，钱财开始外

① Dietz (1964): *English Public Finance, 1485-1641*, pp. 111-112.

② Dietz (1964): *English Public Finance, 1485-1641*, pp. 113-115.

③ 李若庸（2010）:《忠君或虔信：亨利八世朝知识菁英的困境与抉择》,《成大历史学报》, 38:53—88。

流，克伦威尔被迫把从教会夺来的财富转用到公共事务上。

1535 年 7 月处决托马斯·莫尔几天后，克伦威尔以王室的名义探访各地修道院，开始一连串的压迫行动：所有教会的房舍，年收入在 200 英镑以下者一律禁止活动，收入全归王室。亨利八世辩称没有任何压迫行为，都是修道院在王室的参访期间自愿签约。1535 年英格兰有 372 个、威尔士有 7 个修道院和小的女修道院被王室没入。这一系列对修道院、女修道院、神殿的压迫行动到 1539 年时完成，除了政治和宗教因素，主因当然是财政性的。

从 1536 年起至 1547 年亨利八世驾崩，每年从宗教界获取的收入约 13 万英镑。在克伦威尔的指挥下，王室的经常性收入是过去的两倍。1538 年起王室的开支又大幅增长，从 1538—1539 年间的 2.5 万英镑，增至 1545—1546 年间的 4.57 万英镑。此时政府的总开销至少比收入多 6 万英镑，必须靠多项来源支撑才能收支相抵。[①]

最大的花费是军费支出。1542—1547 年间和法国、苏格兰的战争，耗掉 213.47 万英镑。亨利八世计划在 1544 年夏征召 4.2 万大军攻打法国，预计耗资 25 万英镑，事实上这场仗总共耗了 65 万英镑。1544 年 9 月—1545 年 9 月的对苏格兰之战，又耗掉 56 万英镑。[②]经常性收入无法支付这么大笔的开销，王室因而被迫卖土地，数量远比过去庞大；还指派筹款特使斯蒂芬·沃恩去低地国（参见第 2 章第 3 节），向日耳曼的富格尔家族与意大利商人借款 12.9 万荷兰镑。

亨利八世晚年的财政压力更大，一般的税收已无法负荷，必须靠其他来源（如直接税、借款、贬值）来应付战费的无底洞。以直接税为例，在第一次对法战争期间就征收 25.3 万英镑，第二次对法战争以同样手法征收 15 万英镑。此外还以其他名目，在 1540—1547 年间征收 65 万英镑。1542 年他以借款的名义取得 11.2 万英镑，1545 年的恩税赚进大约 12 万英镑。

---

① Dietz (1964): *English Public Finance, 1485-1641*, pp. 140-142.

② 另有一项统计说明 1542—1552 年间的军费，支出总额高达 3 491 471 英镑 19 先令 5 便士，其中有 2 134 784 英镑 12 便士是亨利八世花用的，其余 1 356 687 英镑 18 先令 5 便士是爱德华六世用的（Burgon, 1839, Vol. 1, p.461, appendix IV）。

由于统计数字有限，无法系统陈列各项收入的数字。相对地，比较容易从表5–3看出亨利八世前10年的支出状态。从上述的零散陈述可以看出一个基本特征：亨利八世在位38年间，不但耗尽亨利七世累积的财富，还对宗教界做出难以想象的压榨。主因是亨利八世在欧洲政治舞台上强出头，他好战、挥霍、贪婪、无顾忌。亨利八世留下的烂摊子，由他的10岁幼儿爱德华六世概括承受，女儿玛丽也无法清偿，要到女儿伊丽莎白一世时，经过长期的坚忍奋斗，才走出亨利八世留下的巨大财政阴影。

5.4 爱德华六世（1547—1553）

亨利八世对法国与苏格兰的战争，严重耗损英国的可用资源。填补亏空最简单直接的办法，就是出售王室的土地与园林，但会对国库收入造成长久性的伤害，因为这是典型的饮鸩止渴。另一条管道是货币贬值，但必然的后果是物价上涨，王室的支出也会跟着大增，这是典型的寅吃卯粮、嫁祸于民。亨利八世在欧陆有不少还没偿还的债款；在法国布伦的占领地每年开支庞大；在加莱、伯威克和其他地方的军事工程耗费惊人。这些沉重的担子在驾崩之后，转移到不到10岁的儿子爱德华六世身上，可他登基不到6年就去世了。

爱德华六世即位的第一年（1547—1548），王室的地租收入只有5.1万多英镑。岁入不足以支付朝臣与官员的薪资，只好把愈来愈少的王地分割赠予他们，作为薪资不足的补偿。以这种方式割送出去的土地总量，原本每年大约能为王室收入2.7万英镑。不断分割赠予朝臣官员后，爱德华六世过世时土地收入只剩即位时的一半。另一项类似的支出，是以年金（annuities）、退抚费（pension）供养王室宠臣，这些都是亨利八世留下的常规，这笔开销每年超过3.2万英镑。

财政体系虽然有严重问题，但尚未到崩溃的程度。国务会议也努力重整，时常要求财务大臣提出账目报告，指派委员会调查国库收入状况。政府能付的薪资太少，造成贪污公开盛行，官员监守自盗自肥的案件屡见不鲜。例如布里斯托地区的铸币厂长威廉·萨灵顿就承认，他偷走了价值 4 700 英镑以上的财物。更严重的案件还有不少，但还没到拖垮国库的程度。

最严重的财政灾难，是和苏格兰与法国的战事再起与之后的善后。这些战事需要大笔经费，而且要马上筹到。爱德华六世在位的前 5 年，政府官员为了备战，必须筹措 138 万英镑来支付在苏格兰与法国的舰队、军队费用，还有在国内、在法国加莱与布伦地区的戍卫部队，以及兴建新的防御工事。战费的开支实在过于庞大，1548 年必须再提出拨款请求。国会批准对绵羊、羊毛课间接税，再加上各种办法总共才筹到 29.9 万英镑，对战事助益有限，但也显示课税资源已被搜括殆尽。

表 5–4　爱德华六世末期的债务，1553 年 8 月

	英镑	先令	便士
爱尔兰，1553 年 7 月 31 日为止的积欠额	36 094	18	5
苏格兰边境贝里克的驻军，1553 年 5 月 31 日为止积欠的多项薪资额	16 639	18	7
法国加莱，1553 年 4 月 13 日为止的积欠额	21 184	10	2½
海峡群岛，1559 年 5 月 30 日为止的积欠额	1 023	13	0
锡利群岛，1559 年 4 月 1 日为止的积欠额	371	5	10
海军费用，1553 年圣母玛利亚日为止的积欠额	3 923	4	5
火炮费用，1553 年 9 月为止的积欠额	3 143	7	10
防御工事	3 200	0	0
王室开销	22 025	10	11½
1553 年 6 月 30 日为止积欠议院的数额	17 968	0	10
通过格雷欣去低地国筹借的外债	61 064	0	0
总额	186 634	10	1

资料来源： William Scott (1910-1912): *The Constitution and Finance of English, Scottish and Irish Joint Stock Companies to 1720*, Vol. 3, p.510.

表 5–4 显示了 1553 年 8 月爱德华六世驾崩时的债务状况，整体而言债务总额约 18.66 万英镑，其中 6.1 万英镑（32.72%）是外债，

主要是通过格雷欣去低地国筹借的。国内的资源耗尽后只好向外国借钱（外债），主要的借款来源是派人去低地国的安特卫普港，向富格尔、塔克、雪资等大家族借巨款。外债通常是短期（半年）、高利（14% 左右）。时常是以债养债，借下笔债来还前一笔，或是用非常不利的条件来延展债期——王室被迫用高价购买债主的珠宝，或其他并不值得的东西。这些外债的金额相当庞大，通常要战争结束后很多年才能清偿。

5.5 玛丽一世（1553—1558）

有人认为爱德华六世的姐姐玛丽即位后，财政好转的原因是：（1）女性较不好战，避免不必要的战争，因而省却庞大的军费；（2）女性较节俭，不像亨利八世一样挥霍无度，勤俭治国的特性充分显现在玛丽和她妹妹伊丽莎白身上。

玛丽的具体措施有好几项，试举两例。（1）删减驻在爱尔兰和法国的军队数目。以爱尔兰地区为例，爱德华六世时每年要耗掉 4.2 万英镑，玛丽即位 3 年后缩为每年 1.78 万英镑。（2）大幅删减朝臣与官员的年金和退抚费，从爱德华六世时的每年 2 万英镑，到 1557—1558 年间每年只有 5 978 英镑（约少了 70%）。

但这并不表示王室的经济问题迎刃而解，玛丽还要面临物价、工资和王室费用皆上涨的问题。解决的方法只有一个：增加王室收入。其中最重要的一项，是找专家来管理海关税收。原本打算让专家也管理王地和园林的收租，但最后并未实行。在玛丽与伊丽莎白的治理下，王地收入稳定增加。爱德华六世最后一年时（1552—1553），王地的年收益只有 2.68 万多英镑，4 年后增至 4.77 万多英镑，1558 年伊丽莎白即位时增至 6.96 万多英镑。

再以关税为例，1550—1551 年只有 2.59 万英镑，玛丽在位的第 4 年（1558）微增到 2.93 万多英镑，伊丽莎白 1558 年即位时大增为 8.28 万英镑，甚至比王地的收益还高。前几节说过，亨利八世为了筹措战费大量出售王地园林，玛丽从未卖过地，也不再铸造贬值的劣币。政府开支主要靠税收和借款来维持。1554 年 3 月—1557 年 7 月，协助王室处理外债的格雷欣，偿付了 49 张借债合约，尚未偿还的总额约 31.3 万英镑。格雷欣另外安排一些新借款，或把到期的债务延期，合计约 23.4 万多英镑。单是延期偿还这些外债所支付的利息和费用，就高达 3.1 万多英镑。

玛丽在位只有 5 年 4 个月，但财政上已有明显进展。她和伊丽莎白为了解决财政困难的问题而付出的努力，甚至到了连臣民都看不下去的程度。最明显的例子，是只肯支付微薄的薪资给朝臣官员，有时甚至放下身段伸手向人借 10 英镑。

5.6 伊丽莎白一世（1558—1603）

玛丽统治期间的财政状况逐渐好转，但伊丽莎白 1558 年登基时所面临的财政窘境是：债务 22.7 万英镑，其中 10 万英镑的债主是安特卫普的金融商人，利率高达 14%。伊丽莎白一开始就明白担子的沉重，每笔支出都考虑过，对王室开支尤其严谨。让她最困扰也最不情愿的，是无法避免与欧洲大陆的政治纠缠，对英国而言这是庞大的军费与开支。伊丽莎白在财政上最大的贡献，是 1603 年她去世时的国债只剩下约 35 万英镑，只比 1558 年即位时多 12.3 万英镑。这若把 12.3 万英镑分摊给她在位的 44 年，平均每年的债务只增加 3 000 英镑，以当时的政治军事环境来说算是很不容易。

即位 16 年后（1574），伊丽莎白宣称债务已经清偿。两年后（1576），财政部长沃尔特·迈尔德梅爵士向国会演说时表示，女王登基时国家穷困、债台高筑，又面临战争的威胁。她谨慎面对这三项困难，解除财务方面的重担，更让王室的债信在国内外都比欧洲其他国家好。伊丽莎白深深了解，如果外债没依约偿付，在欧洲的债信会受损，后果是借款不易和高利息，所以她尽可能从国内借钱。一方面她在国内比较有掌控力；二方面借钱的事可以不必让太多人（尤其是外国人）知道；三方面她向国内金主借钱时有个好借口：这是为了国家的利益，不借给王室等于不爱国。

虽然国库入不敷出，但伊丽莎白不愿增税，主要是怕失去民心。如果战事真的无法避免，例如1585年与西班牙之战，女王就被迫增税或借钱。在这种情况下国会就核准特别款，地方人士也会筹款协助，但筹到的数目与送给女王的数目总会有落差。富人也会解囊相助，但总是与他们的财富不成比例。筹款困难的部分因素，是行政体系效率不够，原因之一是官员的薪资太低。

16世纪90年代英格兰和威尔士遭遇几次农作歉收，经济大受影响，女王只好向国内的大金主周转，例如霍雷肖·帕拉维西诺爵士（1540—1600）。[①]1600年时，王室的国内外开销总额约46万英镑，其中一大部分（约32万英镑）花费在对爱尔兰的战事上。有了上述简要的背景，接下来看伊丽莎白时期的收支结构、财政支出、战费。

5.6.1 收支结构

先看两个综述性的统计表。表5–5是从Scott（1910-1912）: *The Constitution and Finance of English, Scottish and Irish Joint Stock Companies to 1720*, Vol. 3, pp. 512-525综合整理出来的。Scott的史料来源，是大英图书馆内的Lansdowne与Cotton档案。Scott的表格数量庞杂，为求简洁，我从每年统计数字的最下一行，挑出总额制作成表5–5的收入、支出、盈亏。对统计数字有兴趣了解的读者，仍请查阅Scott（1910-1912）的原表。

解读表5–5时注意一个要点。从之前的简述，我们得到的印象是：伊丽莎白时期的财政账目基本上是亏损（负债），为何表5–5的最末一栏反而以盈余为主？那是因为从做账的技术角度来说，他们把“借款”和“债务”的部分，都当作“收入”处理（其实也真的是另一种收入）。若要详看1559和1565年间的王室债务，另见表5–7与表5–8的细项解说。

---

① 参见Stone (1956): *An Elizabethan: Sir Horatio Palavicino*。

表 5–5　伊丽莎白一世的收入、支出、盈亏，1560—1601（英镑）

时间	收入	支出	盈亏
1560—1561	276 282	251 965	24 317
1561—1562	246 282	244 009	2 273
1562—1563	299 784	194 705	105 079
1563—1564	239 530		
1564—1565	186 129		
1571—1572	209 912	131 376	78 536
1575—1576	221 949	148 873	73 076
1580—1581	188 822		
1581—1582	276 300		
1582—1583	245 103		
1583—1584	219 198	137 064	82 134
1584—1585		151 043	
1585—1586	280 701	202 807	77 894
1586—1587		307 748	
1587—1588	267 785		
1589—1590	351 602		
1588—1589	420 577	423 530	—2 953
1590—1591	357 552		
1591—1592	313 539		
1592—1593	339 362	291 826	47 536
1593—1594		250 545	
1594—1595		360 364	
1595—1596		365 210	
1596—1597		308 333	
1597—1598		476 653	
1598—1599	440 853	281 646	159 207
1599—1600	611 241	546 717	64 524
1600—1601	495 653	484 330	11 323

资料来源：整理自 Scott (1910-1912): *The Constitution and Finance of English, Scottish and Irish Joint Stock Companies to 1720*, Vol. 3, pp.512-525.

表 5–6 详述伊丽莎白时期各项收入的结构，表下的说明解释各栏位之间的计算关系。这些事项都相当简明易懂，在此要强调的是第（8）与第（9）栏：为了和爱尔兰之间的战事与交涉，总共耗费约 169 万英镑，平均占英国总收入的 8%（7.95%）。若以最高的 1579—1583 年间来看，竟然高达 20.9%。其实最严重的年份是 1599—1600 年（表 5–6 中未显示），在征服阿尔斯特的战役中，这项比例高达 30%。

表 5–6　伊丽莎白一世的财政收入与对爱尔兰的支出，1559—1603（英镑）

时间	（1）财政总收入	（2）售地所得	（3）俗世税收入（非宗教界）	（4）神职津贴收入	（5）神职恩税收入
1559—1563	162 7333	374 104	285 228	32 822	
1564—1568	985 129	43 272	221 990	23 938	
1569—1573	996 439	9 293	210 412	33 695	
1574—1578	993 301	8 021	170 363	16 208	
1579—1583	1 082 559	685	165 816	29 171	
1584—1588	1 299 431	3 691	232 130	37 128	5 305
1589—1593	1 850 821	127 941	381 141	49 180	9 749
1594—1598	2 136 558	3 799	470 533	76 703	
1599—1603	2 464 428	367 701	341 551	71 597	
合计	13 435 999	938 507	2 479 164	370 442	15 054

时间	（6）非经常性收入	（7）经常性收入	（8）支付给爱尔兰的经费	（9）（8）占总收入的比例（%）	（10）（8）占非经常性收入的比例（%）
1559—1563	692 154	935 180	54 038	3.3	7.8
1564—1568	254 822	730 307	129 872	13.2	51.0
1569—1573	253 400	742 039	104 903	10.5	41.4
1574—1578	194 592	738 709	115 815	12.4	59.5
1579—1583	195 672	886 887	226 583	20.9	115.8
1584—1588	278 254	1 021 186	198 840	15.3	71.5
1589—1593	568 011	1 282 811	106 248	5.7	18.7
1594—1598	551 035	1 585 523	304 771	14.3	55.3

（续表）

时间	（6） 非经常性收入	（7） 经常性收入	（8） 支付给爱尔兰的经费	（9） （8）占总收入的比例（%）	（10） （8）占非经常性收入的比例（%）
1599—1603	780 849	1 683 579	448 816	18.2	57.5
合计	3 768 789	9 606 221	1 689 886	7.95	44.8

资料来源： Hoyle (1997): "Place and public finance", *Transactions of the Royal Historical Society*, Vol. 7, p.204.

说明：本表的计算方式如下。第（1）栏是总收入。第（2）栏的售地收入，加上第（3）栏的俗世税收，加上第（4）栏的神职津贴收入，加上第（5）栏的神职恩税收入，称为"非经常性收入"［第（6）栏］。也就是说，（6）=（2）+（3）+（4）+（5）。第（1）栏的总收入，减去第（6）栏的非经常性收入，就是第（7）栏的经常性收入。

整体而言，英国与爱尔兰之间的纠葛，对财政的严重影响程度，可用几个数字来表达。（1）大约有 8 年期间，财政总收入的 20% 消耗在这件事上。（2）对爱尔兰的耗费，几乎是王室卖地总收入的两倍，若无此负担王室就不必卖地。（3）对爱尔兰的支出，大约耗掉俗世税总收入的 3/4。（4）卖地总收入加上俗世税总收入，加上教会税总收入的 45%，都被爱尔兰的战事耗掉了。①

伊丽莎白时期的亏空无法迅速弥补，其中有一项原因，是 16 世纪下半叶物价明显上涨。由于担心商人的反弹，所以从 1558 年修正《海关税率簿》后，就没再调整过关税。也就是说，国库收入的增长率跟不上物价的上涨。阻力最小的方法就是出售王地与园林，如表 5–6 第（2）栏所示，伊丽莎白卖了将近 94 万英镑的地，但缺点也很明显：卖了这些地，这部分的长期收入就消失了，卖地是逼不得已的事。②

卖了这些祖产还是无法弥补亏空，伊丽莎白过世时的国债只剩 10 万英镑左右，约是国库年收入的 1/3。有人说她逝世时国库亏欠 40 万

① Hoyle (1997): "Place and public finance", p.203.

② 伊丽莎白时期土地的年收入约 8.6 万英镑，占王室经常收入总额的 30%。女王晚期时土地收入增至 11.1 万英镑，占王室经常收入总额的 34%。土地收入微增 4%，但仍跟不上物价的上涨。

英镑，但因两年前（1601）国会已补贴 30 万英镑，所以只剩 10 万英镑[①]（本节首段提到的数额是 35 万英镑）。这样的财政经营成果已经很不错，但还是远远比不上她祖父亨利七世的傲人财富。伊丽莎白这么辛苦，主要是因为她父亲亨利八世实在太挥霍，对军事行动过度执着。

伊丽莎白是尽责的女王，深以国库为念，常为了支付国外债务的利息忧烦：不敢延迟偿还外债以免破坏债信，只好拖延支付国内金主（如帕拉维西诺）的利息。就在她临终前不久的 1603 年 3 月，朝臣告诉她府库已空，但又急需支付远在爱尔兰的军饷，伊丽莎白因而"超级暴怒"（to have raged exceedingly）[②]，可见财政给女王的压力多么沉重，伊丽莎白时期政策的关键词就是"拼经济"。

现在换个观点来看整体经济局势。从困扰面来说，她即位后有过短暂的社会动荡和政治不稳，以及 1577 年和 1583 年两次地方性的瘟疫，但都安然度过。从乐观面来说，1575—1587 的 12 年间是重要繁荣期，甚至可称得上非常兴盛：1575 年大丰收，犯罪率下降，财政部长向国会报告说，虽然国外债务尚未能清偿，但以伦敦市政府作为担保者的债务已经清偿。[③]

以外债来说，女王的策略是正确的：准时支付利息，偿还部分本金，维持良好债信，方便随时筹借。这对欧洲诸国的金主来说，已是公认的好君主。相对地，西班牙的菲利普二世因债信不良，有时被迫支付 12%—18% 的利息才借得到钱，未能偿还的利息又滚入债务，像雪球愈滚愈大。[④]

女王在资金稍宽松时，还能以年息 8% 借钱给皇家矿冶公司（The Mines Royal），所以此时付给国外的利率有可能不会高于此数。

---

① Scott (1910-1912): *The Constitution and Finance of English, Scottish and Irish Joint Stock Companies to 1720*, Vol. 3, p.509.

② Scott (1910-1912): *The Constitution and Finance of English, Scottish and Irish Joint Stock Companies to 1720*, Vol. 3, p.508.

③ Scott (1910-1912): *The Constitution and Finance of English, Scottish and Irish Joint Stock Companies to 1720*, Vol. 1, p.64.

④ Scott (1910-1912): *The Constitution and Finance of English, Scottish and Irish Joint Stock Companies to 1720*, Vol. 1, p.65.

要不然就是她以高利从国外借入后，转以低利协助国内矿业的发展。有件事可以说明女王的财务状况，在平常时期并非随时紧绷：1576年时女王在欧陆的特使报告说，汉堡有商人愿意贷款10万盾，借期两年，年利8%或9%。当时这是很好的条件，但女王并不觉得有必要，可能有两个原因：（1）目前的债务已多，即使资金廉价也不宜多借；（2）目前不缺钱用，再便宜的资金也不必借入。

在爱尔兰战事爆发前，王室资金宽松的因素有几项。（1）1568年11月，西班牙运往低地国价值8.5万英镑的军费船，因避暴风雨而躲入英国海港。英国见机没收这155箱的大财富不肯归还，因而造成英西的紧张局势（详见第11章第1节）。（2）女王投资弗朗西斯·德雷克（海盗、贩奴、航海家）的海外探险，据说德雷克带回价值超过60万英镑的财富，女王因而分得26.38万英镑厚利。此事有官方文件记载，这笔投资帮助女王减轻债务压力，同年（1581）就封爵位给德雷克，而封爵在伊丽莎白时期是罕见的大事。[①]其实王室的财政在两年前（1579）就已好转，首辅伯利宣称国库已逐渐富裕，甚至计划在1579年筹设国家的银行，但并未成功。

另一项重要的新收入，是女王在1582—1583年间对早期殖民公司的投资。女王的账簿显示她可分得1万英镑利润，但只收到8 000英镑现金，另2 000英镑以大炮和珠宝支付。1587年女王在德雷克的海外贸易上投资了3.32万英镑，分到2.85万英镑，利润高达87%。但1586年的景气衰退对王室财政是一项打击，1588年又遇到最困窘的局面：与西班牙开战，幸好打败无敌舰队，举国士气大振，两年内（1588—1589）偿付了20万英镑的债务。[②]

5.6.2 财政支出

伊丽莎白时期的王室支出资料并不齐全，目前只找到1559—

① Scott (1910-1912): *The Constitution and Finance of English, Scottish and Irish Joint Stock Companies to 1720*, Vol. 1,pp.82, 83-84, 90.

② Scott (1910-1912): *The Constitution and Finance of English, Scottish and Irish Joint Stock Companies to 1720*, Vol. 1,pp. 86-87, 89, 92.

1572 年间不连续的统计，其中只有两年的内容完整：（1）表 5–7 是 1559 年（即位次年）的债务内容与总额；（2）表 5–8 是 1565 年（即位第 8 年）的债务内容和总额。

表 5–7　1559 年（伊丽莎白一世即位次年）的开销与外债

	英镑	先令	便士
爱尔兰	8 000	0	0
苏格兰边境贝里克的驻军费用（其中有 £15 000 于 1559 年 7 月 15 日到期）	22 000	0	0
海军	7 000	0	0
大炮（海军）	281	19	8
大炮（海军）	2 000	0	0
炮兵（军粮）	9 000	0	0
要塞工事	1 662	13	0
工程	3 500	0	0
伦敦塔官员薪资	977	1	4
服装费	4 800	0	0
议会	3 500	0	0
宫廷（欠付款）	15 000	0	0
宫廷	25 000	0	0
士绅退抚	1 400	0	0
卫队	1 460	0	0
司马官	800	0	0
军械库	1 000	0	0
餐宴	400	0	0
猎鹰者	480	0	0
枢密会议费用	13 000	0	0
国外欠款到期日 1559 年 11 月 30 日	106 649	5	8
总额（档案手稿的合计额为 226 910 英镑，相差 1 000 英镑，应是计算错误。）	227 910	19	8

资料来源： William Scott (1910-1912): *The Constitution and Finance of English, Scottish and Irish Joint Stock Companies to 1720*, Vol. 3, p.510.

表 5–7 告诉我们一件简明的事：伊丽莎白即位次年的总支出是 22.79 万英镑，其中有 10.66 万英镑（46.79%）是欠国外的款项，这笔外债可能是透过格雷欣筹措的。表 5–8 是 1565 年的状况，项目和表 5–7 大体相同，但内容不完全一致：总开支约 8.5 万英镑，其中外债只有 1.7 万英镑（占 19.97%），也是透过格雷欣安排的。

表 5–8　1565 年（伊丽莎白一世即位第 8 年）的开销与外债

1565 年 5 月 20 日到期	英镑	先令	便士
爱尔兰	20 000	0	0
苏格兰边境贝里克的军费用	15 000	0	0
海军	3 000	0	0
大炮	9 000	0	0
工程	1 200	0	0
宫廷（欠付款）	5 000	0	0
服装费	5 000	0	0
军械库	500	0	0
餐宴	444	0	0
办公费	2 000	0	0
格雷欣经手的外债	17 000	0	0
其他债务	7 000	0	0
合计	85 144	0	0
以上债务的付款来源：			
地租收入£4 000			
售地收入£4 000			
酒税收入£4 000			
农收税与什一税收入£600			
其他机构积欠费用£45 000			
以上合计£58 100		0	0
不足额	27 044	0	0

资料来源： William Scott (1910-1912): *The Constitution and Finance of English, Scottish and Irish Joint Stock Companies to 1720*, Vol. 3, p.511.

5.6.3 战费

从亨利八世起战费一直是国库亏空的主因，这种情形在爱德华六世、玛丽一世到伊丽莎白时，虽然已尽量节制避免，但还是财政上的一大负担。伊丽莎白即位 5 年内（1558—1563），单是军事支出就超过 75 万英镑。[①]表 5–9 综述伊丽莎白时期已知的军费开支。

表 5–9　伊丽莎白时期已知的军费开支（英镑）

年份	内容	小计	合计
1559	苏格兰		178 820
1562	征讨纽海芬		246 380
截至 1573	诺福克叛乱		92 932
截至 1579	奥尼尔在爱尔兰叛乱		230 440
1585—1587	德斯蒙德在爱尔兰叛乱		254 961
1587—1590	出兵低地国，1558/8/2 — 1587/2/1（财政官 R. 赫德尔斯顿）	154 620	
	出兵低地国，1585/2/2 —1590/10/16（财政官托马斯·雪利爵士）	509 230	
1588	西班牙无敌舰队£137 829		
	西班牙无敌舰队（驻扎在蒂尔伯里）£23 356		
		161 185	
			825 035
1589—1597	王室资助海外探险活动：		
	葡萄牙之航，1596；£61 019		
	加的斯之航，1596；£51 633		
		112 652	
	巴芬岛之航，1597	69 607	
			182 260
1590—1597	出兵低地国，1590/10/16 —1597/3/31（财政官托马斯·雪利爵士）	438 570	

① Dietz (1964): *English Public Finance, 1485-1641*, Vol. 2, p.16.

（续表）

年份	内容	小计	合计
	出兵低地国，1597/3/31 — 1597/5/9（财政官 T. 弗勒德爵士）	3 326	
1597—1603	出兵低地国，1597/5/9 — 1603（财政官 W. 梅雷迪思爵士）	313 851	
			755 746
1591—1593	出兵法国，1591/8/2 — 1593/11/16（财政官 T. 托马斯·雪利爵士）	57 928	
	出兵法国,1593/11/16 —（财政官 T. 弗勒德爵士）	6 000	
	出兵法国，驻扎在布列塔尼，—1594/2（财政官 T. 托马斯·雪利爵士）	284 420	
	出兵法国，驻扎在皮卡第，—1597/4/10（财政官 T. 弗勒德爵士）	12 787	
	出兵法国，驻扎在皮卡第， —1597/5/9（财政官 T. 弗勒德爵士）	4 345	
	出兵法国，驻扎在皮卡第，1597/5/9—（财政官巴锡与史密斯）	12 000	
			377 480
1593 以后	爱尔兰		1 924 000
		总计	5 068 054
	以上开支由下列来源支应：		
	宗教界 18 次奉献合计£440 000		
	20 次国会津贴与 39 次对非宗教征收的 1/15 税合计£3 079 464		
	售地收入£817 359		
	合计£4 336 823	不足额：	731 231

资料来源：State Papers, Domestic, Elizabeth, CCLXXXVII 59, 60. 本表取自 William Scott (1910-1912): *The Constitution and Finance of English, Scottish and Irish Joint Stock Companies to 1720*, Vol. 3, p.527。

说明：从以下资料可以找到与表 5–9 相关的其他统计，限于篇幅不拟详述。Dietz (1964): *English Public Finance, 1485-1641*, Vol. 2, pp.429-436: "The English expenditure in Ireland", Vol. 2, pp.449-459: "Chapter XX: The subsidies to the States General (the Netherlands)and the King of France", including a section on 'The English forces in the Low Countries 1585-1616'.

表 5–9 只是大略的方向与摘要，在伊丽莎白的 44 年治理期间，还有许多零星的战役、叛乱、出兵，表 5–9 无法详细显示。这种情况在伊丽莎白晚年尤其严重，试举数例。（1）有一项 1598 年 1 月 12 日的文献显示，单是在法国就耗掉大约 38.2 万英镑。（2）之前不久在 1594 年借一大笔钱给法国国王，加上为法国所付出的各项花费，合计超过 40 万英镑。（3）在低地国的军费开支合计不低于 120 万英镑，这在当时已是天文数字。（4）为了平息爱尔兰问题，伊丽莎白不但没有从爱尔兰得到任何好处，甚至从 1588 年起，就在那里花掉 340 万英镑以上。全国上下对爱尔兰的战争已相当厌烦，对大笔军费的开销尤感不耐。

在这么庞大的战费压力下，伊丽莎白还能撑下来实在不容易。她接下玛丽的王位时，国债不到 23 万英镑，其中有内债 11 万以及外债 6.5 万，整体而言状况还不太严重。玛丽信奉天主教，因而把亨利八世从教会没收的资产归还原主。伊丽莎白信奉新教（Protestant），即位后在首辅威廉 · 塞西尔（日后的伯利勋爵）的协助下，积极把这笔财富从教会要回来，每年替王室多赚进 2.5 万英镑。在这种努力下，只要是和平时期，例如 1560—1570 年间，国库的状况就相当良好；1565—1569 这 5 年间甚至还有盈余，也有余力借钱给别人。

在首辅伯利（威廉 · 塞西尔的爵位名称）的苦心经营下，1572—1585 年间尚能收支平衡，还能保留一笔紧急动用的储存金：1578 年的盈余超过 24.78 万英镑，1584 年的盈余约 29.9 万英镑，这是伊丽莎白时期财政的顶峰。但是遇到战事与叛乱，财政状况立即恶化。从 1579 年起，与西班牙关系紧张之后的 6 年间，又把这些储蓄耗尽了。[①] 与无敌舰队开战的前一年（1587 年 9 月）国库逐渐干涸，年底只剩 15.4 万英镑，1590 年底就全用光了，只好向伦敦市借 3 万英镑。

1590 年之后一连串的大笔战费（表 5–9），几乎把英国的财政拖垮，应急之道是：（1）通过王室商人（例如格雷欣）向安特卫普的欧陆金主，以高利率借大笔款项周转；（2）对内通过各种管道，如增加税收、卖官爵位、出售特许权、出售王地园林，来填补亏空，这是接下来所要分析的题材。

① Dietz (1964): *English Public Finance, 1485-1641*, Vol. 2, pp.47-48.

5.7 弥补亏空的措施

都铎王朝的财政状况，除了亨利七世时有大笔盈余，大部分时期都处于亏空状态，主因是平定爱尔兰、苏格兰、国内叛乱的费用很大。再加上与法国、西班牙、低地国之间的纠纷，更是财政上的无底洞，历届君主各出奇招来弥补亏空。以下从铸币获利、出售王地园林、卖爵位、特许权四个子题，举例说明这些筹钱措施的方式与效果。但也必须先说明，前两项议题的数字虽然零散，但还能拼凑出基本面貌，后两项只能描述性地解说。

5.7.1 铸币获利

（a）平时的铸币收入

铸币权掌握在国王手中，所以王室是铸币的主要受益者，其实分布在各地的铸币厂厂长，才是更大的获利者。英国的铸币厂约 13 世纪时开始运作，由于技术水平不足，当时的厂长大多从外国敦聘，主要来自意大利的热内亚和佛罗伦萨。到了 15 世纪，伦敦的某些著名金匠被聘为厂长。都铎王室的某些宠臣和亲近人士，以出价标购的方式当铸币厂官员或成为负责人。

铸币厂的薪资 14 世纪时是固定的：厂长每天 2 先令 6 便士，监察官每年 26 英镑 13 先令，职员每天 9 便士，工人每天 3 便士。14—15 世纪时，雕刻师每年 2 英镑。但这些人的实际收入应该更高，因为在 1462—1544 年间，铸币厂不必向王室报告真实的成本结构，王室也无从查核。以厂长为例，公开的年薪约 30—40 英镑，副手的收入很可能超过百英镑。①

相对地，从表 5-10 可以看出，王室从铸币厂赚取的就少多了：1503—1504 年间，亨利七世只收到 116 英镑（27 + 24 + 36 + 29）。迪茨（Dietz，1964，Vol. 1, p.80）说 1505—1506 年间，王室的铸币收入才 142 英镑，在亨利七世期间从来没超过 200 英镑，16 世纪初

① Challis (1992)ed.: *A New History of the Royal Mint*, pp. 183, 208-209.

期的铸币收入对国库而言重要性不高。

表 5–10　亨利七世时期铸币厂缴交给王室的收入，1503—1505

时间	英镑	先令	便士
1503 年圣诞节—1504 年复活节	27	0	0
1504 年复活节—1504 年仲夏	24	13	4
1504 年仲夏—1504 年 9 月圣米迦勒节	36	0	0
1504 年 9 月圣米迦勒节—1504 年圣诞节	29	0	0
1504 年圣诞节—1505 年复活节	26	6	8
1505 年复活节—1505 年仲夏	82	11	0½
合计	225	11	0½

资料来源：Challis (1992)ed.: *A New History of the Royal Mint*, p. 215.

（b）大贬值时期（1544—1551）的铸币收入

英国史上最恶名昭彰的大贬值（1544 年 5 月—1552 年 7 月），就是减低钱币的重量、降低金银的含量（中文的术语是“成色”）。这么做的目的很简单：从大贬值中赚取大笔铸币利润填补国库亏空。此事牵涉到两位国王：亨利八世的晚期与爱德华六世的短暂治理期间。

事件始于 1542 年 5 月 16 日，金币与银币的纯度（成色）初次微降，还不算严重，但已引起民间注意。1544—1551 年间金币成色连续调降 3 次，从 23 克拉降为 20 克拉（纯金为 24 克拉），之后回升到 22 克拉。银币成色调降 5 次，从 9 盎司降到 6 盎司、4 盎司，调回 8 盎司之后又降到 6 盎司，到爱德华六世时只剩 3 盎司。①

1544—1551 年间总共铸了 4.4 万磅重的金币，价值超过 132.32

① 参见 Gould (1970): *The Great Debasement: Currency and the Economy in Mid-Tudor England*，p.11, table 1，内有 1526—1560 年间的详细资料，解说银币的成色、铸币利润、铸币厂收购白银的价格。Gould（1970）, p.12, table 2，说明 1526—1560 年间的金币状况。1526—1551 年间的金银兑换比例（即黄金与白银的价格比），参见 Gould （1970）, p.31, table 4。Dietz (1964): *English Public Finance, 1485-1641*, Vol. 1, pp.76–177 也提供大贬值期间金银币的成色变动情形。

万英镑；铸造 109.1 磅重的银币，价值超过 310.5 万英镑。若加上杜伦地区铸造的 8 万英镑钱币，则在 1544—1551 大贬值期间总共铸造价值 441.9 万英镑的钱币，这在当时是天文数字。

表 5–11　大贬值期间的铸币重量、币值、利润，1544—1551
（亨利八世与爱德华六世期间）

	重量（磅）	总重量的（%）	币值（面额）	面额的利润（%）
金	43 219	4.19	1 298 593	32.58
银	822 780	79.75	2 206 149	55.35
先令	165 744	16.06	480 852	12.07
合计	1 031 743	100.00	3 985.594	100.00

	利润（£）	利润（%）	每磅的利润	利润占面值的百分数（%）
金	85 903	7.17	1.99	6.62
银	1 020 666	85.19	1.24	46.26
先令	91 588	7.64	0.55	19.05
合计	1 198 157	100.00		

资料来源：Challis (1992)ed.: *A New History of the Royal Mint*, p. 239.

说明：还有另一项估计，参见 Challis (1967):“The debasement of the coinage, 1542-1551”, *Economic History Review*, Vol. 20 (3), pp.452-453 (reproduced in Challis (1992)ed.: *A New History of the Royal Mint*, p.240, table 20)。Challis 在此处的估计，认为 1544—1551 年间铸造金银币的净利约 127 万英镑，比表 5–11 的 119.8 万英镑多 8 万英镑左右。

迪茨估计，亨利八世从 1544 年 5 月至 1547 年驾崩为止，从大贬值获得的利润约有 36.3 万英镑。迪茨估计，爱德华六世在 1547 年登基到 1551 年 1 月 1 日，从大贬值所得的利润约有 53.7 万英镑。[①]

表 5–10 和表 5–11 可以看出明显的对比：亨利七世时铸币利润微不足道（1503—1504 年间只有 116 英镑），但 40 年后到亨利八世时，

① 参见 Challis (1992)ed.: *A New History of the Royal Mint*，pp.232-233，或 Challis and Harrison (1973): “A contemporary estimate of the production of silver and gold coinage in England, 1542-1556”, pp.833-835。Dietz (1964): *English Public Finance, 1485-1641*, Vol. 1, pp.177, 186.

1544—1551（7 年间）的铸币利润高达 119—127 万英镑。表 5–10 和表 5–11 是根据都铎王朝货币专家查利斯（Challis）的估计，大体上合理可信。现在来看另两种不同的估算。[①]（1）Dietz（1964）认为王室的铸币利润约 101.45 万英镑，其中的 36.3 万英镑是在亨利八世时，另有 53.7 万是 1551 年 1 月时记载的收入，剩下的 11.45 万是 1552 年 7 月的收入。[②]（2）Feavearyear（1931）认为 1542—1547 年间，王室铸币利润超过 22.73 万英镑，但 1547 年之后则无法取得精确数字。[③]

为什么上述几种估算有这么明显的落差？原因之一是对大贬值的起始日期判断不一，有人认为是 1542 年 5 月，有人认为是 1544 年 5 月，相差两年。另一个原因是较技术性的成色问题：这两年的落差期间，不同面额的钱币，金属含量有过不同的调整，因而对利润的估算产生差异。查利斯认为[④]，费维耶（Feavearyear）的估算有相当的误导性，因为他所根据的文献不够完整。至于迪茨的估算，则有两种可能的错误原因。（1）误信埃德蒙·佩卡姆爵士的计算，已包括所有从大贬值所得到的利润。（2）迪茨自己的估算有误，无法解释为何会有 20 万英镑的落差。查利斯根据档案文件编制出 13 个详细表格，得到的证据看起来较合理可信，我因而采用表 5–11 的各项数字。

大贬值对都铎王朝的财政官员来说，确实解决国库干涸的燃眉之急，但副作用也很明显。（1）国内物价急剧上升。（2）英镑的海外兑换率（汇率）因而贬值，这有两项影响：（a）英镑贬值表示购买外国产品的成本提高；（b）英镑贬值后，英国产品对外国而言就相对地便宜，有助于出口。虽然有利有弊，但整体而言，这么大幅度的急贬还是伤害很大。大贬值持续到 1551 年，才由诺森伯兰公爵这位重量级大臣出面中止。英国的币值要到 1560—1561 年间（伊丽莎白即位两年后），才由首辅威廉·塞西尔积极挽回，重新铸造成色与重量较佳

---

① Challis (1967): “The debasement of the coinage, 1542-1551”, p.441.

② Dietz (1964): *English Public Finance, 1485-1558*, Vol. 1, p.177, 195.

③ Feavearyear (1931): *The Pound Sterling*, pp.58, 60.

④ Challis (1967): “The debasement of the coinage, 1542-1551”, pp.453–454.

的货币[①]（参见第 10 章第 2 节）。

（c）1560—1561 年伊丽莎白重新铸币的利润

首先摘述两项估算的结果。（1）Oman（1895）认为，伊丽莎白的重铸利润约有 1.5 万英镑。[②]（2）Read（1936）的估计值高很多，约有 4.5 万英镑（差 3 万）。[③]以下说明重新铸币的缘由与各项论点。

1560 年 11 月 8 日，伊丽莎白宣布重铸银币，恢复到大贬值之前的成色。在最重要的银币方面，每磅重的白银要铸成价值 3 英镑的钱币。总共有 319 108 磅重的旧银币送进造币厂，日耳曼的技术公司将这些旧银币熔解成 121 619 磅重的纯银。这 12.16 万磅重的银子，在 1560—1561 年间铸造出价值 364 859 万英镑的钱币。旧银币的回收成本总共 325 938 英镑，所以此次铸币的毛利是 38 920 英镑，扣除各项费用后纯利 20 183 英镑 8 先令 8 又 1/4 便士。

以上是爱尔兰铸币厂的情形，还要加上伦敦塔铸币厂的利润。依据 Lansdowne 的档案来计算，伦敦塔厂的铸币利润约 2.5 万英镑。这个数字和爱尔兰厂的 2 万英镑相加，共得 4.5 万英镑利润，和上述 Read（1936）的估算相近，所以伊丽莎白在 1560—1561 年间的重新铸币总利润，应该以 4.5 万英镑为合理数目。

都铎王朝的铸币利润中，规模较大的是表 5–11 的 119.8 万英镑（大贬值期间），加上伊丽莎白时期的 4.5 万英镑，此外还有平常时期每年的铸币收入。我们无法提供明确的铸币利润总数额，但可以确定地说：这些收入远远无法弥补亨利八世以来，由于介入各项战争所衍生的军费无底洞，还需要以下的几项筹款方式弥补赤字。[④]

① Ramsey (1968): *Tudor Economic Problems*, p.169.

② Oman (1895): “The Tudors and the currency, 1526-1560”, pp.167-188.

③ Read (1936): “Profits on the recoinage of 1560-1561”, pp.186-193.

④ 王室透过贬值来弥补亏空是历史上常见的事，若能对比不同国家在不同时期的做法与效果，必然是件有意思的研究。参见（1）Nathan Sussman (1993): “Debasement, royal revenue, and inflation in France during the Hundred Years’War, 1415-1422”, pp.44-70; (2)Rolnick, Velde and Weber (1996): “The debasement puzzle: an essay on medieval monetary history”, pp.789-808。

5.7.2 出售王地与园林

表 5–6 第（2）栏记载 1559—1603 年间（伊丽莎白任内），出售王地的历年收入与总额（93.85 万英镑）。此处所说的王地与园林，一般称为君主财产（monarchic property），较中性的说法是王室产业（crown estate），较精确的说法是王地（crown land），这三种说法可以交互使用。1561—1640 年间全国约有 2 500 个以上的庄园，王室与教会拥有的土地，在这段时期内大幅缩减。王室的持有率从 9.5% 减到 2.0%，主因是物价上涨与军费大增，王室入不敷出被迫出售祖产。另一方面，王室对产业的管理不佳，收入低于应得的部分；被迫卖地后地租收入减少，这样的恶性循环更压缩王室的岁入额。

王室土地流到哪些人手中？主要是贵族和乡绅，规模较大者甚至拥有 1—2 万亩地。这个阶层拥有的可耕地，在 15—18 世纪期间从全国的 15% 增至 20% 或 25%。家族有兴衰，但土地还是在这群人之间换手。[①]1540 年之后出售的王地，有些是不久前才从教会巧取豪夺来的。王地流入律师、商人、士绅手中，同时也汰换了旧式的地主。

这些土地的售价还算公平，所以新地主的总财富并未因而大增。英国的耕地在 16—17 世纪间换手率增快许多，以下简述土地重分配的状况。我们对亨利七世、亨利八世、爱德华六世、玛丽一世的状况所知较少，所以把重点放在伊丽莎白时期。

（a）伊丽莎白之前的状况

亨利七世的正常性收入，包括王地租金、关税、封建费、司法费。他对王庄园林的收入特别注重，虽然没有具体数字，但有理由相信这部分占王室收入的比重相当高。王室从前常把土地赏给功臣或贵族，1485 年亨利七世即位后，把约克家族、兰开斯特家族、威尔士、里士满、英苏边境、华威等地区的贵族土地移转到王室，一方面为自己增加产业，另一方面削弱贵族的经济实力。

为了满足对土地的贪嗜，亨利七世做出特殊规定：凡死后无继承人者，土地要移转给国王。被剥夺公民权与财产权者，名下的土地也

① Clarkson (1971): *The Pre-Industrial Economy in England, 1500-1750*, p.63.

要转移给国王。即位次年（1486）亨利七世要求国会通过土地恢复法（Act of Resumption），授予王室收回 1455 年之后赠予出去的土地的权力。在这种积极到难以形容的手法下，亨利七世每年从土地得到的收益，很快就从即位（1485）时的 2.9 万英镑，增加到 1509 年的 4.2 万英镑。

这些财富在亨利八世即位时（1509）全盘接收过来。如前所述，亨利八世卷入欧陆政治与多项军事行动，加上生活挥霍，被迫出售王室 2/3 的土地，1536—1546 年间亨利八世售地的总收入高达 79.9 万多英镑。[①]

亨利八世的儿子爱德华六世登基（1547）后一年，英法战争的威胁再度出现。爱德华六世为了筹措军费，授权出售地租年收入 5 000 英镑以上的教会土地。土地的总价值通常是租金的 20—30 倍，即 10—15 万英镑。1548 年 9 月底时卖地的收入已超过 11 万英镑，有这笔钱就可以暂时支撑对法战争。英法和平时期爱德华六世就停止出售王地，但 1552 年必须再次参战时，就被迫再出售大量王地，规模比过去还大。爱德华六世指派埃德蒙·佩卡姆爵士负责这项工作，1552 年 9 月至翌年 9 月间售地所得超过 15.34 万英镑。[②]

爱德华六世在位 6 年 5 个月后过世，接替王位的是他的姐姐玛丽一世，在位 5 年 4 个月。她是勤俭避战的天主教徒，在短暂的治理期间没有被迫出售过一笔王地与园林。

（b）伊丽莎白时期的卖地收入

伊丽莎白时期的历年售地收入，在表 5-6 第（2）栏已有整体性的数字，在此要补充的是背景说明。伊丽莎白在位的 44 年间售地次数很多，在此挑选一项较具代表性的例子，说明为何被迫卖地。1560 年 4 月 15 日伊丽莎白即位不到两年，英国在安特卫普积欠的外债高达 27.95 万多英镑。一方面这是财政上的危险讯号，另一方面为了支

① 具体的历年售地所得，在 Dietz (1964): *English Public Finance, 1485-1558*, Vol. 1, p.49, note 20 有详细统计数字。参见表 6 第（2）栏，伊丽莎白在 1559—1603 年间的售地所得超过 93.8 万英镑。

② Dietz (1964): *English Public Finance, 1485-1558*, Vol. 1,pp.183, 198.

付这笔债务的利息和各项费用，每年几乎要耗掉国库经常性收入剩余的一大半。伊丽莎白觉得与其向国会求援，不如出售王地来减缓问题，1561 年的售地所得约有 17.18 多万英镑。女王在 1589—1590 年间也卖过一次地，得到 12.63 万英镑用来弥补另一项赤字。[①]

5.7.3 出售爵位

王室拿爵位公开贩售是件丑闻，但也是迫不得已，主因有三：（1）从供给面来看，王室的财政窘迫；（2）从需求面来看，富人想买个“面具”来炫耀；（3）政治圈散漫放纵，买卖双方不以为耻，社会也见怪不怪。

伊丽莎白登基后行政体系的核心问题之一，是王室支付不起足够的薪资给朝臣和高官，必须仰靠贵族、有才干的人、富裕者替政府提供廉价或免费的劳务。为了让政府平顺运作，王室能回报的是：（1）授予官位，让他们在政治上、权势上、财务上得到好处；（2）分封爵位，让富有但出身不够高贵的人报效王室；（3）发放贸易、工业、商业的特许权，一方面让他们赚钱，另一方面王室能得到金钱回报。王室的目标很简单：如何把不需成本的爵位，换到最大的效忠、劳务、金钱。

1588 年之后由于一系列战争的威胁，王室的财务压力很沉重。但另一方面，伊丽莎白是个“寡恩”的女王，对金钱非常计较，连无成本的爵位也控制得很紧——在 1573—1603 年间只颁授过一个爵位。[②]到 1600 年时（伊丽莎白逝前 3 年），一方面财政压力很大，女王不愿花钱；另一方面又不肯颁爵位来换取服务，政治体系运作得很干涩，要靠贿赂或给各种好处才能办事。状况愈来愈糟，直到 1603 女王崩逝那年，在很不得已的情况下才肯建立出售爵位的管道，可惜女王没有得到多少好处就崩逝了。

① Scott (1910-1912): *The Constitution and Finance of English, Scottish and Irish Joint Stock Companies to 1720*, Vol. 3,pp.496-497, 503.

② Stone (1958): “The Inflation of Honours 1558-1641”, pp.55-56.

这条管道在1603年建立后，接下来的斯图亚特王朝就像卖公司股票一样，毫不遮掩地卖起爵位：1603—1641年间卖了3 281个爵位，其中只有少部分卖给了英国人。收益有多高呢？据Stone（1958）的统计[①]，1603—1629年间的卖爵所得共62万英镑，真是一大笔无本的税收。英国的著名经济史学者罗伯特·托尼（1880—1962），对出售爵位提出一条法则："社会的财富愈多，分配也更平均时，爵位和头衔就变得更空泛无意义。但若爵位愈给愈多，而且有更多人追寻爵位时，就表示士绅阶级已经兴起。"[②]

5.7.4 颁授特许权

王室拥有贸易与工商专利的特许权，内容包罗万象，从食盐、玻璃、钢铁、扑克牌、酸醋，几乎无所不包。16世纪颁授特许权并不是用来管理工商界，目的和颁授爵位相似：（1）用以酬谢朝臣与功臣，让他们有更多的收入，或作为他们的退休金来源；（2）财政收益的项目；（3）政界与工商界为了争取特许权，必须效忠王室，也要在财务上回馈。有人形容特许权的颁授是"吸血"行为。

特许权的颁授形式大约有几种：（1）免费酬庸朝臣；（2）出卖一段年限（例如30年）的经营权；（3）与王室签约，明定年限、出资额、分红比例。和出售王地园林不同的是，目前没有颁授特许的数字，可以说明这件事对国库的帮助程度。学界的研究显示，特许权对都铎王朝的财政贡献有限，主因是在伊丽莎白之前此事的重要性不高，在伊丽莎白时期，正如以下的例子显示，特许权带来的收入并不稳定。某件特许权可能在某年的盈收不错，但整体而言绝非王室的固定重要财务来源。相对地，在伊丽莎白之后的查理一世时期，由于工商业的整体发达，收入就变得明显可观。例如1626年的酒类特许就替王室赚了3万英镑，烟草特许赚了1.3万英镑，肥皂也赚了3万多

---

① Stone (1958): "The Inflation of Honours 1558-1641", Vol. 14, p.66, note 49.

② Stone (1958): "The Inflation of Honours 1558-1641", Vol. 14, 65; Mayes (1957): "The sale of peerages in early Stuart England" ,pp.21-37.

英镑。

学界对都铎王朝专利特许的研究还很有限，目前最多人引述的还是 Price（1906）这本百多年前的著作。[①]以下从这本著作中选取几个例子来说明都铎王朝时期的部分状况。Price（1906）的附录 B（pp.142-144）显示，1565—1596 的 32 年间总共颁授出 32 项专利，每项专利只有两三行解说，其中有个例子可以说明特许权的收入。

伊丽莎白特许皇家矿冶公司，向日耳曼金主富格尔家族借款 500 克朗，中间保证人是格雷欣，此款用来聘请 20 位日耳曼技师到英国工作。1600 年时，此公司的财务分析有下列几项要点：（1）过去 37 年间的总成本为 104 709 英镑；（2）出售白银、铅、铜所得共 68 103 英镑；（3）付给女王的权利金 4 500 英镑；（4）公司亏损合计 27 000 英镑。这家公司的知名度与重要性不言而喻，但经营不善，女王的权利金在 37 年间共得 2.7 万英镑，平均每年收入约 730 英镑。[②]其余特许公司对王室的财政意义，应该也不会太可观。

简言之，都铎王朝的工商业尚未发达，王室的特许权，不论是国内工业或海外贸易，收益不稳有限，也是意料中之事。到了 17 世纪斯图亚特王朝，此事的重要性就改观了。

5.8 弥补亏空的效果

第 2—6 节综述都铎王朝国库的收入、支出、赤字状况，第 7 节析述 4 项弥补亏空的措施。现在要回答的问题是：弥补的效果如何，缺口还有多大。答案让人失望：不知道。原因何在？

（1）我们对都铎王朝的岁入统计所知太少，对伊丽莎白时期知道的较多，但数字也不够连续，各年的岁入项目不完全一致，无法回答用现代观点所提出的问题。这种统计的不完整性，在亨利七世至玛丽

① Price (1906): *The English Patents of Monopoly*. 另见 Donald (1961): *Elizabethan Monopolies: the History of the Company of Mineral and Battery Works from 1565 to 1604*。

② Price (1906): *The English Patents of Monopoly*, pp.50-51.

一世之间更严重，学者只能从残缺档案做出有限的重构。

（2）既然有许多都铎王朝的文献与手稿存留，为何这么重要的岁入数字也找不齐全？原因很简单，今日习见的国民所得账或会计账，对16世纪的英国财政官员来说，是根本还不存在的概念。不要忘了：16世纪离中世纪还不远，王室的地位与心态也离封建领主的状态不远。伊丽莎白的年代和明朝张居正大约同期，以行政体系的成熟度来说，都铎王朝远远不及明朝。以《万历会计录》（1582）来说，虽然内容丰富（43卷约2 746页），但数字也只是预算性的，千万不能视为真实状况。[①]相对地，本章表5-1至表5-11的数字，大都是真实状况而非大略的预算额。只可惜16世纪英国的会计制度还很原始，离流水账的性质不远，无法精确回答诸多问题与疑惑。

（3）同样的问题也发生在其他数字上：没有长时期的序列统计，来显示都铎王朝的岁出额数，只能用零散数字来传达军费的严重程度。同样地也不知道出售爵位和特许独占经营权，一共给王室带来多少收入。基于这么简单又令人失望的理由，无法知道国库亏空的真正状况，以及是否能有效弥补。但从零星的数字和整体的感受，答案应该是负面的：除了亨利七世，都铎王朝的每个君主都留下大笔待偿的内债和外债。以勤俭到甚至有刻薄形象的伊丽莎白为例，她和张居正一样，国库的亏空问题到临终前，都还是挥之不去的噩梦。

会计方法的不够精确、行政不效率与贪腐的普遍，是伊丽莎白与张居正必须面对的实况，以他们的精明强悍也只能应付燃眉之急。我们现在提出的问题（岁入额、岁出额、亏空额的具体数字），恐怕连财政大臣也只能说个大约数字。我相信他们真的不知道，这也不是他们真正关心的议题。他们真正知道而且关心的，是有哪笔费用要急着拨付，如何东调西补。至于16世纪的国家会计结构为何，对伊丽莎白和张居正而言，是后代历史学者想要“用数目字来管理”的奢求。

都铎王朝的财政经济问题错综复杂，每个子题都需要一本专书深入探讨。在众多主题中，本书所选择的聚焦点，是分析格雷欣家族如

① 详见赖建诚：《边镇粮饷：明代中后期的边防经费与国家财政危机，1531—1602》，台北：联经（“中央研究院”丛书），2008；杭州：浙江大学出版社，2010。

何替王室筹措与偿还外债。其中最重要的阶段，是为伊丽莎白服务的托马斯·格雷欣，这条主轴会在第8—11章详细分析。

进入第8章之前，我们须先跳脱出英国本岛，从较宏观的角度来理解16世纪欧洲的金融市场结构，以及各国之间的贸易依存关系。都铎王朝时期英国的金融市场尚未成形，大多数的资金（尤其是外债）必须从欧陆筹措。接下来的第6章解说低地国、日耳曼、法国、意大利诸国的金融集团，各自在哪些地盘活动，如何与各国君主进行大笔资金的融通。低地国的安特卫普港是英国最重要的通商与融资窗口，第7章解说此港的兴衰过程，分析它与英国在金融、贸易、外交、宗教等多方面的长期纠葛。

III 欧陆的金融与商业市场

6 外债的需求与供给

本书的主题是都铎王朝如何在安特卫普筹措与偿付外债。从欧陆金融市场的角度来看，英国的借贷数额并不大，无法和西班牙这些超级大客户相提并论。本章的主旨是解说：（1）欧洲金融市场的结构，各地的金融集团如何运作；（2）在诸多金融家族中，介绍与英国有密切借贷关系的四家。首先以西班牙国库1575年那次破产为例，说明战费需求是欧洲金融市场蓬勃发展的主因，用以彰显王室与金主既共生又暗斗的关系。

6.1 菲利普二世的四次国库破产

菲利普二世（1527—1598，1556—1598执政，图6–1）时期，是西班牙历史上最强盛的时代，统辖的范围包括西班牙、低地国、西西里、那不勒斯、米兰、美洲与非洲的殖民地。他最为后人津津乐道的事迹，是1558年西班牙的无敌舰队出征英国失利。[①]20世纪50年

① 无敌舰队（古西班牙语：la Felicissima Armada，最幸运的舰队；现代西班牙语：la Armada Invencible，不可击败的舰队），1588年远征英格兰失败。在格拉弗林之战中，无敌舰队拥有150艘以上的大战舰，被英国弗朗西斯·德雷克（1540—1596）领导的海军冲散。被英军击散时本想南退，却因刮起强大南风，残存的舰队只好随风北上，绕过大不列颠岛与爱尔兰岛西岸，回国时仅存43艘。损失百艘以上的大战舰，14 000多名士兵丧命，国势鼎盛的西班牙受挫。

代之后，菲利普二世再度引起学界注意的原因之一，是法国年鉴学派第二代的布罗代尔，出版史学名著《地中海与菲利普二世时期的地中海世界》(1949，1966 修订版)。菲利普的另一个身份，是哈布斯堡王朝的继承人，在欧洲各地拥有强大的海陆军队，时常卷入欧洲事务。其中最耗费心神、屡次出兵平乱、花费无数军饷的地区，就是当时的低地国（约略是今日的荷兰、比利时、卢森堡三小国，参见地图 3）。

低地国的安特卫普港，是 16 世纪欧洲最重要的贸易中心，是西班牙的金鸡母，也是国际性的经济、金融、外交重要据点。居民信奉新教，从16世纪60年代起就和西班牙的统治者屡有课税与宗教纠纷，西班牙多次派兵镇压。英国的伊丽莎白女王信仰新教，公开援助低地国，引发西、英、荷之间一连串的长期战争。

以下把重点聚在由于西班牙对外的长期征伐，导致四次国库破产（1557、1560、1575、1596）。分三个子题：（1）西班牙国库的收支结构；（2）菲利普二世如何筹措外债弥补亏空，主要的金主是谁，历年来借了多少钱，利息多高；（3）以 1575 年那次破产为例，说明菲利普二世无法偿债的原因，以及如何被迫筹款解决金融集团的催债。

图 6-1　西班牙菲利普二世
（1527—1598，1556—1598 执政）

6.1.1 国库收支结构

西班牙王室的收入主要有四大类：（1）经常性收入，如货物税、关税、王室特许费、畜牧税；（2）非经常性收入，例如从教会取得的收益、政府机构发放执照的更新费用；（3）从美洲殖民地取得的收入，以白银为主；（4）"非经常的权宜性收入"，例如出售官位和王庄园林所得。前两项的收入较稳定且逐年增加，后两项的收入整体而言也逐年增加，但起伏度较大，稳定性低。在意大利、葡萄牙、低地国的西属子民，虽然也向西班牙政府缴税，但远不足以支付当地的行政、司法与军事开支。王室必须靠国内与美洲殖民地的收入，才有余力支付国外战费。简言之，若西班牙不与奥图曼帝国的回教徒互战，如果低地国的新教徒也不动乱，国库的收入应有盈余，无须向外国借款。

Conklin（1998）以曲线图显示1555—1600年间西班牙王室的总收入与总支出趋势。[①]整体而言，这显示了三项明确的讯息。（1）除了少数几年（1555、1561、1576、1583）略有盈余，国库常年处于赤字，以1560、1570—1575、1585—1594、1596—1598年间最严重。（2）就岁出的结构来说，最大宗的开支是海外军事与战费，其次是偿还外债。（3）以岁入的结构来说，经常性的税收最稳定，殖民地的收益变动甚大。国王与财政大臣很难掌握可用的预算额度，国库随时需要向国际金融集团调头寸，其中最主要的金主是热内亚的金融集团。[②]

6.1.2 外债的种类、额度与条件

外债主要有两种：一是短期性的周转金称为asientos，以现金（金银币或金银块）交易为主，通常以商品或金银具保，利息较高；二是多年性的长期贷款称为juros，以债券的形式发行，需提供经常

---

① Conklin (1998): "The theory of sovereign debt and Spain under Philip II", pp.487-488.

② 热内亚金融集团的组织与运作方式，参见Pezzolo, Luciano and Giuseppe Tattara (2008): "'Una fiera senza luogo': Was Bisenzone an international capital market in sixteenth-century Italy?", pp.1098-1122。

性税收或关税作为担保。国债的金额较大利息较低，这种债券可以在国际性的交易所转让流通，类似今日的国债。[①]

短期债务主要是以签合同（contract）的形式，金主提供两大类服务：（1）运送军饷与军粮到王室指定的地点，例如低地国的军队司令部、土耳其战区的指挥部；（2）从事商业性的外汇交易，运送金银回国或汇款给国外的特定商人。1540—1600年间的外债，平时在300—400万杜卡特金币之间，约是国库岁入的1/2。战时或有特殊事件时，短期债务会大于岁入，有时还高达岁入的两倍，起伏甚大。

外债的运作有好几种形式，试举一例。如果王室要汇出一笔海外军饷，就先和热内亚的金融商签约，要求支付30万弗罗林金币（当时国际普遍接受的强势货币），给西班牙驻在低地国的军事指挥官。半年或一年后，王室再用西班牙银币在马德里付款（本金加利息）。签约时双方同意，这笔钱日后由美洲运回的白银支付。若王室到期无法依约偿付，通常有两种做法。（1）延期偿还，但要付出更高的利息当作罚金。（2）把欠款滚入（rolling over）总债务内，结果愈欠愈多，以债养债。这种短期债务对金主的风险较高，年息通常约12%，有时会高到22%。

如果金主判断国库已无法偿债，就会采取“断头”手段：逼迫王室偿还旧债，否则不再提供金援，或斩断外汇交易与国际汇款的服务。1540—1600年间由于海外战事繁多，王室财政负担沉重时常无法如期偿还。若金主不肯通融强硬要求偿债，王室就被逼得宣告破产（decreto）。用今日的观念来说就是“跳票”、周转不灵，并不是全国性的财政一蹶不振。王室宣告破产后，金主就有权拍卖抵押品，可以从国库的收入和关税扣取债款。王室的对策，通常是被迫提高民间的课税率或增收关税，因而引发更深的民怨。

现在从金主的角度，来看贷款给王室的成本和利润。借钱给王室是风险很高的生意，因为国王有权有枪，若硬赖账不还商人也很难逼债。热内亚商人有两项自保的方法：（1）要求足够的抵押品，例如

---

① Conklin (1998): “The theory of sovereign debt and Spain under Philip II”, pp.489-491.

珠宝、土地、关税收入；（2）和金融同业结盟，联合贷款给各国王室，透过同业结盟的卡特尔组织，掌控外汇交易与汇款的网络。若某国的王室跳票赖账，金融卡特尔就联合起来，斩断银根或拒绝代转海外军饷。王室若要继续打仗，通常被迫屈服乖乖偿还。若一时周转不过来，只好以债养债，接受更不合理的条件，支付高利或买下不等值的珠宝。

西班牙有当时世界最强大的舰队，为何不自己运军饷给海外的驻军？（1）走海路风险大，气候不佳时有翻船的危险。（2）海盗横行，英、法、荷的海贼经验丰富武力坚强，军饷时常被劫。（3）若运送的目的地在内陆，王室就无管道可运作。在这三个因素的威胁下，王室的海外汇款大都操纵在热内亚金融卡特尔手中。[①]

热内亚的金融集团，要冒这么大的风险借这么多钱给王室，必须有相当丰厚的利润才合算。贷款给王室的毛利有多高？依据布罗代尔的说法，民间把钱存在热内亚商人处，年息约 1.5%—4%。金融商人转借给王室的利息约 8%—14%，整体而言毛利约 10%。[②]如前所述，每年的贷款额约300—400万杜卡特金币，毛利可高达40万杜卡特。但扣除贿赂金、交际费、行政成本、呆账准备后，真正的纯利数额只有商人才清楚。[③]

6.1.3 以 1575 年的国库破产为例

1560 年左右西班牙同时在两个地方开战：一是在低地国镇压新教徒的动乱；另一个战场是与几个天主教海权国结合，对付地中海东岸的土耳其奥图曼帝国。菲利普二世知道西班牙的实力不足以同时应付这两场战争，所以在 1559—1566 年间对低地国的反抗采取策略性地让步。1567—1568 年间菲利普二世认为土耳其的舰队暂时无法出航，就把驻在意大利北方的军队调往低地国镇压。1570—1571 年间

---

① 参见 Conklin (1998): "The theory of sovereign debt and Spain under Philip II", pp.496–500 对 16 世纪国际金融卡特尔的详细解说。

② Braudel (1984): *Civilization & Capitalism: 15th-18th Century*,Vol. 3, p.167.

③ Ehrenberg (1928): *Capital and Finance in the Age of the Renaissance*，pp.85–88, 94–96, 101–103, 111, 121–123, 128–129, 139, 150 记载几个大金融集团的资产负债表，显示贷款给王室的收益，可以很大也很可能惨赔或甚至因而破产。

平息动乱，因而稍微松一口气。但 1569—1571 年间西班牙南方的格拉纳达有摩尔人叛乱，同一时间土耳其人又发动新攻击，西班牙必须动用庞大资源来对付这些紧急事件。

1571 年时国库约有 600 万杜卡特，被迫拨出 140 万来支付天主教国联盟（Holy League）的舰队费用，幸好同年 10 月 7 日在希腊的勒班陀海港附近，大败土耳其舰队，这就是史上闻名的勒班陀战役，这笔大支出并未白费。土耳其的威胁虽然减缓但并未因而消除，菲利普二世继续大手笔支持天主教国联盟挺进：1572 年支付 195 万，1573 年 178 万，1574 年 216 万。简言之，单是对付奥图曼帝国，在 1571—1574 年间就耗费 729 万杜卡特金币，这是天文数字。

原本西班牙打算轮流应付低地国与土耳其的战事，但从 1572 年起，法国和低地国的新教徒联合反抗西班牙。菲利普二世被迫挥军北上，同时又深陷地中海域的战事无法脱身。西班牙在低地国的军事耗费，1572—1574 年间高达 770 万杜卡特：1572 年 184 万、1573 年 189 万、1574 年 397 万。南北同时开战造成军饷迟延支付，也无法支付船舰的各项费用，向意大利金融集团借的钱（外债）因而无法如期偿付。到了 1575 年 9 月，积欠的外债已高达国库岁入的 3 倍。

现在从热内亚金融商人（债主）的角度，来看西班牙的外债问题。债主看出早晚要出问题，就要求菲利普二世提供更多抵押品，否则到 1575 年初就切断一切金援。西班牙的回应，是把这些短期的外债转成长期型的国债，以国内各地区的税收作抵押。持有国债券者可以像股票买卖一样，在交易市场转让给国内外的买主，国库在这些债券到期时须支付本金与高额利息。若王室无法如期偿债，常用的手法就是再发行国债券抵付（以债养债）。

到了 1575 年 9 月王室无法如期偿还短期融资，被迫以长期国债券来支付，金融商取得这些国债券后在国际交易市场上转售。另一种方式，是王室被迫提供珠宝这类的抵押品，当作支付利息的保证，或要求金主加码贷款。从 16 世纪 70 年代开始王室周转不灵，金主一再提高利率。当时有官员估计，1575 年国库破产之前 5 年，每年的国债额约 48 万杜卡特。

1575 年秋季时，国库已无法支付到期的国债券，金主也不愿提供新贷款给枯竭的王室。菲利普二世对这些在雨天收伞的金主大表不满，下令停止偿付国债，因而引发西班牙、热内亚、安特卫普等地金融市场的恐慌：欧洲最大最富最强的王室要破产了！菲利普二世下令调查自 1560 年以来，这些外国金主是否运用不合法的手段赚钱。金主联合起来对抗，宣称王室总共积欠 1 800 万杜卡特。为了迫使王室屈服，国际金融集团联手阻挡西班牙把军饷运给低地国的军队。当时的国际金融网络操在热内亚金融集团手中，一旦集体禁运，西班牙的海外军队立刻断饷，导致军情有过好几次严重的逆转。在禁运的威胁下王室被迫退让，只好从国内与殖民更深入榨取来偿付外债。

拖了一年多之后，王室承认的外债总额大约有 15 185 万杜卡特。王室被迫宣告国库破产，重新和债主协商分期偿还条件，主要的来源不外两项：国内税收与美洲殖民地的白银。类似的状况在 1560 年、1575 年、1596 年出现 3 次，都是透过债务重整才渡过难关。

1588 年无敌舰队远征英国失利，史家视为西班牙帝国的转折点，这是军事方面的观点。从财政的角度来看，1557 年、1560 年、1575 年、1596 年的四次国库破产，其实早就显现出衰败的征兆。①

---

① 探讨菲利普二世时期国库破产的文献相当多，较具代表性的有：

(1)Drelichman and Voth (2010): "The sustainable debts of Philip II: A reconstruction of Castile's fiscal position, 1566-1596", *Journal of Economic History*, Vol. 70 (4), pp.813-842; Drelichman and Voth (2010): "Serial defaults, serial profits: Returns to sovereign lending in Habsburg Spain, 1566-1600", *Explorations in Economic History*, Vol. 48 (1), pp.1-19; Drelichman and Voth (2011): "Lending to the borrower from hell: debt and default in the age of Philip II", *Economic Journal*, Vol. 121 (557), pp.1205-1227. Drelichman and Voth (2014): *Lending to the Borrower from Hell: Debt, Taxes, and Default in the Age of Philip II*.

(2)Álvarez-Nogal and Chamley (2014): "Debt policy under constraints: Philip II, the Cortes, and Genoese bankers", *Economic History Review*, Vol. 67 (1), pp.192-213.

(3)Lovett (1972): "Juan de Ovando and the Council of Finance, 1573-1575", *Historical Journal*, Vol. 15,pp.1-21; Lovett (1980): "The Castilian bankruptcy of 157", *Historical Journal*, Vol. 23,pp.899-911; Lovett (1982): "The general settlement of 1557: an aspect of Spanish finance in the early modern period", *Historical Journal*, Vol. 25,pp.1-22.

(4)Ehrenberg (1928): *Capital and Finance in the Age of the Renaissance: A Study of the Fuggers and their Connections*, pp.125-128, 130, 334-337.

(5)Hauser (1930): "The European financial crisis of 1559", *Journal of Economic and Business History*, Vol. 2, pp.241-255.

6.2 金融市场的结构与运作模式

以上用西班牙1575年的破产为例，简略说明战费对国债的影响，现在回过头来解说金融市场的结构与运作模式。[①]

6.2.1 北方的安特卫普与南方的里昂

欧洲的另一个金融中心在法国南部的里昂，与低地国的安特卫普形成“北安南里”双龙抢珠的形势。安特卫普的国际金融市场，位处北欧交通贸易往来的十字路口，贸易兴盛之后发展出金融业，取代较南方的中世纪商业古城布鲁日。到了17—18世纪，安特卫普才被较北方的阿姆斯特丹取代。

相对地，里昂的金融中心是法国政府（查理七世）在1419—1420年、1443—1444年期间规划的，主要目的是取代当时的日内瓦（外汇结清市场），并在法国与意大利之间建立政治的联结网，同时把瑞士涵盖进来，形成三国的工商业金融中心。[②]里昂每年有四次市集（1月、4月、8月、11月，每次两星期），从1463年开始运作。市集交易仿照佛罗伦萨的方式，用汇票付款，可以转换流通，因而出现交易所，称为la Place de Change（或简称为la Change，即英文的Bourse）。当时的利率很低，以1535年为例，年息约1.75%—2%。[③]

大约从1467年起，法王路易十一开始在里昂借钱，目的都类似——支应战费支出。开始时数额不大，但利息很高，每季（即此次市集与下次市集之间）的利率14%。到了好战的弗朗西斯一世（1494—1547，1515—1547在位），他在里昂向佛罗伦商人借了30万埃居（Ecu，原是法国金币的一种，后来成为计价的单位），1529年借了60万杜卡特金币。简言之，南方的里昂和北方的安特卫普，成

---

① 参见Kindleberger (1998): “Economic and financial crises and transformations in sixteenth-century Europe”的详细解说。

② Kindleberger (1998): “Economic and financial crises and transformations in sixteenth-century Europe”, pp. 15–17.

③ Ehrenberg (1928): *Capital and Finance in the Age of the Renaissance*, pp.167-228.

为国际争战筹措战费的两大据点。

虽然“北安南里”在外债的筹措上有这些重要性，但这两个城市也有明显的差异性。（1）里昂是政府安排的人造中心，位处内陆，有大河但无海港，不是国际商旅的必经，也不是货品的吞吐口。（2）政府的管制与干预明显，自由的风气较淡。（3）国际人士较少，以拉丁民族（法、意、西、葡）为主。（4）海外产品（如香料）较少，奇风异俗少见。相较之下，安特卫普的开放性、多元性、自由性、国际性、趣味性都远远超过里昂。有一种较传神的对比：里昂一年有 4 次市集，安特卫普则是“年头到年尾都是市集”。

接下来简要说明交易所如何处理各国王室的巨额借款。中世纪尚无今日的银行，也没有所谓的金融体系，资金的借贷或是贸易账款的结清都集中在交易所。交易所原本就是长程贸易买卖商品、结算货款的地方，自然成为各国商人聚集和资金流通借还的场所。16 世纪好战的欧洲王室若要筹措巨额战费，通常会派代理人和各国的金主协商比价谈条件，交易所是最理想的场所。

双方协议签约后，王室的借据有两种方式。（1）公开借的钱称为 Court Bonds 或 King’s Bonds，类似今日的国债券，载明何年何月凭券偿还，利息多少，这些国债券可以流通转让。以西班牙的债券为例，1557 年国库快破产时，先听到风声的人就打 85 折廉价出让，事情更明确时折扣就更大（认赔杀出）。（2）王室的财务代理人，依所需的金额大小，找几位金融商（联合）贷款。西班牙查理五世竞选神圣罗马帝国皇帝时，各国的选侯一共需索 85 万弗罗林金币，需要重量级的金主联贷才能应付。英国王室的需求较小，亨利八世与伊丽莎白一世出兵法国与爱尔兰所缺的经费，只需找几位周转即可。但若一时无法如期偿付，就需要商议延期另付罚金，或另找金融商借新款还旧债。利率的高低取决于三个条件：市场资金的宽裕度、债务人的信誉、抵押品的变现度。

6.2.2 国际征战导致外债高筑

16 世纪时欧洲的跨国贸易已有数百年基础，其中最有名的北欧国际性市场，是低地国的布鲁日（位于今比利时西北）。国际汇兑业务伴随着长程贸易兴起，这些引人入胜的故事，在布罗代尔《15至18世纪的物质文明、经济与资本主义》第2册第2章已有详述。我认为他讨论欧洲金融发展史时，忽略一个很重要的因素：16世纪欧洲金融市场的兴起，有一个和商业金融同样重要的原因，是列强（神圣罗马帝国、奥图曼帝国、西班牙、法国、英国）之间的长期争战。当国内财力不足以负担庞大的军费，就必须靠国际金融集团（例如日耳曼的富格尔家族、意大利的热内亚人），在国际上调度大笔资金贷给王室。

有几项代表性的格言，可以说明金融对战争的重要性。（1）“Pecunia nervus belli”（Money is the sinews of war，金钱是战争的砥柱）。（2）“It is easier to get soldiers with money than money with soldiers”（有钱就容易募到兵，有兵不一定找得到钱）。（3）打胜仗的三个重要因素是：钱！钱！钱！（4）“A full war chest may be worth an army corps, financial talent on the part of a leader in the field may be worth a good general”（战费充裕和军力强盛一样重要；在战场上，领导人的金融才能和良将一样重要）。[①]

民国初年北洋军阀之间互战时有句名言：“大炮一响，黄金万两”。真正的战争成本很难估算，各时期各地区的差异甚大，试举三例。（1）有人估算说，1532年时打一场6个月的仗，若只计算薪饷，不计粮草、装备、杂项开支，平均要花费56万弗罗林金币。（2）16世纪下半叶，西班牙派遣军队进入意大利南部驻留半年，就耗掉125万杜卡特金币。（3）西班牙为了平定低地国的动乱，每年要支出200—300万克朗金币，这笔数目远远超过贸易最繁荣时期低地国政府的年度收入。[②]

都铎王朝的亨利七世勤俭建国，留下180万英镑丰厚遗产给亨利八世。几十年间就被穷兵黩武的亨利八世耗竭，只好对外大笔借债，对内严逼穷榨，留下不计其数的债务给子孙，直到伊丽莎白一世晚年还不能

---

① Ehrenberg (1928); *Capital and Finance in the Ages of the Renaissance*, pp.22-24.

② Ehrenberg (1928); *Capital and Finance in the Ages of the Renaissance*, pp.28.

清偿旧债，这一切都是因为庞大的战费，远超过当时的财政能力。[①]

国际金融集团明知各国财务吃紧，怎么肯借巨额款项呢？难道他们不明白“不要借钱给比你强的人，否则就把这笔钱当作损失掉了”这句古谚？这些有经验的金融商人，一方面互相竞争各国的贷款，赚取巨额贷款的可观利润，但也要付出大额贿款，疏通权贵大臣才能争取到生意。万一君主不肯依期偿债，金融商人会联合起来 “断头”，斩断金援，切断外汇管道，利润高风险也高。下一节会看到几个重大案例，有些金主就因王室赖账而元气大伤。

金主会要求可靠的收入来源（如关税），或有实力的人担保（如伦敦的商会），或以王地庄园抵押，或是让金主承揽该国某些地区的税收权（包税制）。有些王室在破产的压力下，陷入以债养债的恶性循环里，把祖传的土地变卖抵押，甚至连王后的珠宝都被迫用来抵债。

6.2.3 国际商人集团的兴起

中世纪时只有少数商人从事金钱借贷，主因是教会反对高利贷，认为乘人之危借款取息是极大的罪恶。这种为富不仁的做法，死后要进天堂比骆驼穿过针眼更困难。这种教义到了 15 世纪还不能完全解

① 好战的王室打穷之后，被逼得走向几条不归路。（1）在国内课重税，这是杀鸡取卵的手法，必然激起民怨导致社会动荡。（2）大幅向国内外举债，向富商敲诈，要求捐输报效。再不够，就向犹太商人借钱，还不起时就杀掉他们。若国内可利用的资源已到极限，就向国际金融集团借钱，付出不合理的高利。（3）重新铸币赚取巨额的铸币税：钱愈铸愈小，金银含量愈少。贬值后必然导致格雷欣法则：劣币驱逐良币，国内的金银外流，这是饮鸩止渴的手法。（4）变卖国有财产：王地庄园、卖特许权、卖官位。如果外债到期还无法筹还债款，只好宣布国库破产，债主有权处分抵押品、扣取关税收入。这种情形在 16 世纪的低地国、西班牙、葡萄牙、法国都发生过，英国是咬牙苦撑勤俭建国才逃过此劫。

王室在国库困窘时，通常会向国内的富人或教会强行借款。这些倚靠王室保护的富有阶级，为了换取安宁或经商机会，只好捐款报效，通常是以借款的名义，但不支付利息，甚至不还本金。这种半强迫半自愿的爱国捐，在亨利八世与伊丽莎白一世时期很常见。王室有时会借口国际政治情势紧张，外国军队可能入侵，要求国会拨特别款项备战。国会常在事态不明的半胁迫情况下拨款，但若战事未发生，王室也常不肯还钱，造成议会与王室的关系紧张。

除，大大限制了工商业融资的管道。英国和低地国在16世纪中期已经可以合法收取利息（上限为10%），反对的是收取高利。但上有政策下有对策，民间发展出许多逃避监督的手法：（1）借据写的款额是10万，但实际上只借出8万，2万元当利息；（2）买卖时真正的货款只有8万，但汇票的付款额写10万；（3）借出的是商品（例如香料），但收回的是现金；（4）名义上是存款，实际上是借贷。这类的手法不胜枚举。

最常见的金主是当地的士绅地主，11—16世纪期间金融市场不发达，地区性的资金融通须仰赖地主与商人。金主要求以土地或珠宝抵押，若借款人无力偿还，债主就借此管道兼并土地致富。16世纪英国最有名的士绅金主，是霍雷肖·帕斯维西诺爵士（参见第13章第1节）。[①]

另一类金融商人是犹太人。[②]中世纪初期犹太人是最早从事借贷业的族群，在日耳曼南方有重要地位，十字军东征时期掌控金融圈，这种高利贷行为引起教会的强力反对与阻挠。因打仗或其他原因缺钱用的王室与贵族，不得不倚赖犹太人周转，如果还不出钱，就发动宗教性的与金融性的反犹运动，扑杀驱逐没收财产。没有国家保护的犹太人，通常以提供贷款给统治者来换取生存空间，但又担心贷款的风险过高，必须收取高利，导致王室与民间反感而惹来杀身之祸，这是恶性循环的老故事。[③]

第二类专业的金融商人，是13世纪兴起的意大利人。教皇若要亲自向辖区内的教会收取规费（Peter's Penny 或 Peter-pence），一方面缺乏专业人员，另一方面距离遥远不便，就委托意大利籍的商人代收。这些原先居住在意大利北方和法国南部的商人，是天主教地区首次出现的金钱借贷业者。随着借贷业务的发展，他们逐渐将当地犹

① 详见 Lawrence Stone (1956): *An Elizabethan: Sir Horatio Palavicino* 的精彩分析。

② 详见 Yoram Barzel (1992): "Confiscation by the ruler: the rise and fall of Jewish lending in the Middle Ages", *Journal of Law and Economics*,Vol. 35 (1), pp.1-13. John Veitch (1986): "Repudiations and confiscations by the medieval state", *Journal of Economic History*, Vol. 46 (1), pp.31-36 的分析。

③ 另一种说法是，犹太人不受基督教会反对利息的限制，因而有利于从事金融借贷活动。

太人驱赶出阿尔卑斯山外。这项金融业务在13世纪期间被托斯尼人控制，之后被波隆那人和比萨人取代，后来由佛罗伦萨人取代。到了13世纪末期，在英、法、荷地区的金融圈内，犹太的势力已完全被排除。到了中世纪末期，日耳曼南方与西班牙不容许犹太人从事金融活动，在日耳曼北方也无生存的空间，只能做低阶的当铺和中介性的借贷。

大规模的借贷在中世纪末时，已完全掌握在天主教徒手中。其中最重要的，是14世纪起就居领导地位的佛罗伦萨商人，但他们要等到1421年才能掌握利沃纳（Livorno，意大利西北方），这个属于佛罗伦萨的港口。他们的第一波业务高峰期，是14世纪上半叶。佛罗伦萨金融商人在英法的商界地位无人可比，甚至可以掌控英国与佛罗伦萨的汇兑，但也引起普遍的反感。爱德华三世在1339年时，因为还不出债款，就没收佛罗伦萨金融商的资产，导致借贷业的整体衰落。

佛罗伦萨商人的第二波高峰，是史上闻名的美第奇（Medici）家族。他们从自己的家乡发迹，经过五代的繁荣经营，影响力遍及整个欧洲。其中较重要阶段，是和教皇约翰二十二世的结盟，处理教皇的金钱事务。美第奇家族到乔凡尼时达到新高点，1428年他去世时遗产高达178 221荷兰盾，是欧洲排名第二的富豪。传到乔凡尼的儿子科西莫和洛伦佐手中时，家族财富到达顶峰：洛伦佐在1440年去世时，留下225 136弗罗林金币；科西莫的儿子皮耶罗在1469年留下237 988弗罗林金币。这个家族在15世纪中叶时大概掌握50万荷兰盾的财富，在欧洲的影响力超过同一时期的法国路易十一、英国的爱德华四世。①

6.3 主要的金融集团

16世纪是国际局势激烈起伏变化多端的时代，金融集团之间也激烈竞争。以下简要介绍四个和都铎王朝有密切资金借贷的金融家

① Ehrenberg (1928): *Capital and Finance in the Age of the Renaissance*, pp.48-54.

族，前三家是日耳曼籍，第四家是低地国籍。这几个金融（家族）集团同时给神圣罗马帝国皇帝（查理五世）、英国的亨利八世及其子女、西班牙的菲利普二世、葡萄牙和法国的国王提供跨国性的巨额资金。

日耳曼籍的商人怎么会成为举足轻重的金融家？他们发迹于南德的奥格斯堡，因为邻近的蒂罗尔地区（奥地利西部）有丰富的银矿，从 15 世纪中叶开采后，吸引南德商人放弃与威尼斯的纺织贸易，转换跑道来开采银矿与铜矿，运送到邻近国家从事金融业。开矿与金融是一体的两面，也使南德的经济繁荣起来。

南德金融业者的主要客户是匈牙利、奥地利、低地国、神圣罗马帝国这些有地缘关系的国家。南德的主要竞争对手是意大利（佛罗伦萨商人、热内亚集团、托斯卡尼商人）和法国（里昂金融商人）。这是 16 世纪的三股主要金融势力，本节重点放在南德（与低地国）金融商人，意大利和法国籍的金融业与都铎王朝无密切借贷关系。

6.3.1 日耳曼的富格尔家族

开创这个欧洲最大金融世家的汉斯 · 富格尔，1367 年迁到日耳曼南方的重镇奥格斯堡。他原本从事纺织业，延伸到买卖贸易，遗留下 3 000 弗罗林金币。汉斯的儿子雅各布是纺织公会的会长，从事香料、丝绸和羊毛买卖，主要贸易伙伴是意大利的威尼斯。其间经过几番起伏，家族的多角化业务，包含获利可观的矿业。到了雅各布的儿子二世（图 6–2），家族事业迅速起飞，主因是雅各布二世是商业奇才，累积可观财富之后订下一项重要策略——永不分家分产。在雄厚的资本下，家族事业的国际网络迅速扩展。[①]

富格尔家族事业上最重要的投资，是开采蒂罗尔地区的银矿。1487 年雅各布二世和意大利热内亚商人安东尼奥 · 德 · 卡瓦利联手，

① 参见 Kindleberger (1998): “Economic and financial crises and transformations in sixteenth-century Europe”, pp.13–15 的解说。

图 6–2 奥格斯堡的富人雅各布·富格尔（1459—1525）

贷 23 627 弗罗林金币给蒂罗尔的大公。抵押品是施瓦茨地区（日耳曼东北）最好的银矿，条件是：如果这笔钱未能如期偿还银矿就易手。翌年（1488），富格尔家族再借给大公 15 万金币，条件是债务还清之前，富格尔家族可以用很低的价格，取得矿区的所有银产。几次借贷之后这些银矿就转入富格尔家族手中，成为拥有大笔现银可供国际借贷的欧洲最大金主。

1495 年富格尔家族介入匈牙利地区的银矿业，通过和奥地利图尔索家族通婚，形成强大的卡特尔，掌控威尼斯的铜市场。同样重要的是 1494 年，他们把触角延伸到安特卫普港，把匈牙利的铜从但泽港（Danzig，今位于波兰）运入低地国，以此为基地提供西欧王室所需的大笔资金。

富格尔在 1490 年和神圣罗马帝国[①]的皇帝马西米连一世（1459—1519）搭上线。[②]皇帝因经营能力有限，时常把辖内的城市与

① 日耳曼人自称奉天承继罗马帝国，称为神圣罗马帝国。全称为德意志民族神圣罗马帝国，或日耳曼民族神圣罗马帝国（德语：Heiliges Römisches Reich deutscher Nation，拉丁语：Sacrum Romanorum Imperium nationis Germanicae）。这是 962—1806 年间，在西欧和中欧的封建帝国。早期为统一的国家，中世纪后演变为承认皇帝最高权威的宗教贵族领地政治联合体。德国人论述其帝国历史时，将神圣罗马帝国定义为第一帝国；后来的德意志帝国（1871—1918）称为第二帝国；希特勒执政时期（1933—1945）称为第三帝国。

② Ehrenberg (1928): *Capital and Finance in the Age of the Renaissance*, pp.60-61, 67.

城堡作为抵押品，来应付财政上的压力。到了 1494 年，皇帝已积欠富格尔家族 4 万弗罗林。1496 年皇帝要出征意大利，因为缺钱就把蒂罗尔地区的铜矿抵押给富格尔，换取贷款 121 600 金币。

好战的皇帝 1499 年又要出征瑞士，只好把更多的铜矿典押出去，结果是神圣罗马帝国境内的许多铜银矿，陆续转到富格尔家族手中，富格尔家族也逐渐把经营重心转到矿业和金融业。到了 1507 年皇帝已没有资产可抵押，情急之下用大片土地向富格尔借到 5 万金币。到期后皇帝无钱赎回，富格尔就赚到相当广阔的领地，此事引起强烈的反商情结。接下来的几年间，富格尔继续帮皇帝调钱周转，从中赚取佣金与汇差获利甚丰。久而久之，富格尔深深介入神圣罗马帝国的国库和财务运作。

现在换个场景看这个家族在低地国的另一条事业路线。开始时富格尔只是建造仓库，用来买卖胡椒与银铜，也投资日耳曼和意大利商人在东印度的贸易（1508）。此外在葡萄牙设立代理人，运送大批胡椒到安特卫普转卖到欧陆各地。低地国的政府从 1516 年起开始向富格尔家族借钱，以安特卫普港作为抵押品借 2.7 万荷兰镑，利率 11%（3 000 英镑），另付 100 英镑佣金给代理人。到期后低地国政府还不出钱，展延到 1518 年底。1518 年又借了 3 万英镑，借期 3 个月，由低地国诸省的领导人作保，结果是 13 个月后才还清，利息合计 4 000 英镑，利率不到 10%。这是富格尔在低地国事业的开展期。

富格尔往罗马发展另一条路线，1500 年设立代办处（有人称之为富格尔银行），主要的业务是借钱给教皇，包揽教皇的铸币业务。1507 年教皇尤利乌斯二世（1443—1513），在富格尔银行存放 10 万杜卡特金币。此时的富格尔声誉攀上高峰，居中世纪商人阶级的首位，充分掌握欧洲的政治、宗教、商业、金融。

富格尔家族金融事业中最重要的事件，是以雄厚的资金协助哈布斯堡王朝的查理五世（1500—1558），竞选神圣罗马帝国的皇帝（1519—1556 在位）。查理五世是马西米连一世的孙子，出生于低地国的根特城，刚开始时只是低地国的统治者。富格尔在低地国的代理人沃尔夫·哈勒看中年轻的查理五世，等他接掌西班牙的王位（1516）后，说服富格尔拿出 9.4 万弗罗林金币，打通拥有选举权的贵族（选帝侯），积极推出查理竞选神圣罗马帝国的皇帝。然而事情没那么简单：这些选帝侯要求 45 万金币，同时怂恿法国国王竞选皇帝，以便向查理要求更高的贿选金。经过多次协商斡旋，1519 年 3 月底达成协议：查理向富格尔与其他金主商借 85 万金币，分给选帝侯之后才当选皇帝。这 85 万的超级大贷款中，富格尔出资 54.3 万，韦尔泽家族出资 14.3 万，热内亚与佛罗伦萨商人出资 16.5 万。

查理五世和这些大金融家族的借贷是个政治错误：一方面花大钱当上有名无实的皇帝，还拖垮西班牙（哈布斯堡王朝）的财政；另一方面和法国、意大利结下不解之仇，种下长期争战的恶因，甚至到他儿子菲利普二世时，还在为这件事承担沉重的代价。此事背后的重要推手，就是以贷款给王室追求厚利的富格尔家族。查理五世事后无力偿还 85 万，只好以债养债，愈欠愈深。富格尔中断查理的金援后，西班牙被迫转向意大利的热内亚商人借钱。

富格尔操控欧洲政治的手法自然看在各国君主眼里，也引起其他金融业者的嫉妒，明暗中引发国内外的强烈敌意。1525 年时富格尔家族如日中天，在全欧的政治、宗教、经济三大领域都有得意的成就。好景不长，同年 6 月敌手联名控诉富格尔运送劣质金属给皇家铸币厂，日耳曼国王下令封锁富格尔家族的矿业、商店、财产，捕捉相关人员下狱。经过艰苦的抗辩，付出 20 万金盾后才免于被没收财产。他们终于明白这股怨恨、嫉妒、误解的反扑力量有多强大。富格尔在各地的名称不同，正确的拼法是 Fugger，也写作 Fucker、Fokker、Fucar，当时这些名字都是大独占者的代名词。

1526 年 1 月 30 日雅各布 · 富格尔这位掌门人过世时，遗留下的档案中有一份 1511 年的资产负债表：过去 17 年间的总利润额 1 824 411 弗罗林金币，平均每年的纯利润是 54.5%。[①] 雅各布死后无子，由两位侄子（雷蒙德与安东）共同继承，其实他们从 1510 年起就已合伙经营。安东掌权时才 32 岁，翌年（1527）的家族总资产超过 300 万金盾，在欧洲各地有 18 个分支机构。

---

① Ehrenberg (1928): *Capital and Finance in the Age of the Renaissance*, p.85.

记取1525年的教训，安东的经营手法低调保守谨慎，1536年的资产负债表显示，富格尔的营业资本约180万弗罗林，1534—1536年间的利润约12万，平均年度利润只有2.2%，和雅各布时期的顶峰状态（54.5%）无法相提并论。利润大跌的主因，是各国君王无力清偿庞大债款。例如查理五世竞选皇帝时的54.3万金币借款，到1530年还有11.22万尚未偿还，匈牙利的旧账有25.84万，西班牙的欠款更庞大。低地国的欠债额1539年有20.2万荷兰镑，葡萄牙国王欠2.21万荷兰镑。

这段时期查理五世在各地征战，时常胁迫富格尔家族放款，让安东穷于应付，情绪低落健康不佳，屡次想放弃事业。但富格尔在各地的资产仍持续累积，1546年扣除负债后的总资产高达511万多弗罗林金币，利润约有263万多金币。最赚钱的地方是西班牙与匈牙利，两地的利润占总额的90%以上。

若以欠款额来说，最庞大的当然是查理五世，其次是安特卫普的支店（1546年12月31日的账）。这是我们关心的重点，因为其中有45%是亨利八世的欠款。

（1）安特卫普城欠款	21 746（荷兰镑）
（2）低地国财政债券	44 517
（3）英国亨利八世	83 900（注意此项）
（4）低地国玛丽女王	30 739
（5）葡萄牙国王	6 252

以上合计超过18.7万荷兰镑或79万弗罗林。西班牙与安特卫普的积欠额，合计超过275万荷兰镑（1546），而1539年时只有150万英镑。富格尔的金融业利润来源，主要是“借低贷高”。以安特卫普的支店为例，民众把钱存入的每季利率约1.75%—2.5%，半年的利率约4.5%—5%，年利率约9%。贷款给王室君主的年利约12%—13%。[①]

传到第三代时家族声势已有下降趋势，经营能力明显不如先人，

① Ehrenberg (1928): *Capital and Finance in the Age of the Renaissance*, pp.101-104.

还有同业的虎视眈眈，已不如从前顺利。加上查理五世好战不善理财，不愿或无力偿还巨款，1546 年时家族的应收账款已超过 110 万弗罗林。真正的大打击是 1557 年：（1）春季时，安特卫普的金融市场过热到危险的程度，城内的积欠拖着不还，加上政治与宗教动乱，震撼欧洲的贸易与金融业，富格尔在低地国的生意不顺利；（2）更严重的是最大客户西班牙，1557 年无法偿付到期的债务，菲利普二世宣告国库破产重整。菲利普二世停止支付在西班牙与低地国的一切债务，没收富格尔两艘满载白银要驶往低地国的价值 57 万杜卡特金币的船只。安东怒不可遏，开除低地国的财务代理人，但于事无补：菲利普二世已宣告破产不肯还钱。

这类的坏账愈积愈多，1560 年高达 300 万杜卡特，情急之下只能打折清偿了事。安东受此打击于 1560 年 7 月 11 日去世，事业传给四个侄子。从他的遗嘱可以清楚看出，他对家族事业的前途充满焦虑，其中最关键的是和神圣罗马帝国皇帝关系决裂。有个故事说，安东曾经当着查理五世的面烧掉皇帝圣谕。此事有不同的版本，但也显示安东已忍无可忍。①

安东逝后由长侄和长子主掌事业，但经营能力不足，外在环境恶化，生意大幅下跌，资金短缺，屡屡出现亏损，开始变卖祖产。1569 年左右家族开始分裂，在诸子继承下事业愈分愈小，凝聚力愈来愈差，逐渐走向衰败。另一个不祥的征兆，是 1572 年菲利普二世想借 100 万杜卡特，但富格尔只肯贷 30 万，西班牙施压无效后，转向意大利热内亚的金融商人。富格尔在欧洲金融界的地位，从此就被意大利商人接手。②

---

① Ehrenberg (1928): *Capital and Finance in the Age of the Renaissance*, pp.114-116, 118-119.

② 参见 Mark Häberlein (2012): *The Fuggers of Augsburg: Pursuing Wealth and Honor in Renaissance Germany*, University of Virginia Press。Burgon (1839): *The Life and Times of Sir Thomas Gresham*, Vol. 2, pp.60–63 有富格尔家族的简要解说。富格尔家族留下非常丰富的历史档案，从维基百科内查索“富格尔”，可链接到许多重要网址查阅此家族的多角性活动。

6.3.2 韦尔泽家族

这是富格尔家族之后排名第二的南德金融业者，可惜没和富格尔一样留下丰富的档案，后人对他们的认识不多，对韦尔泽与都铎王朝的借贷关系所知有限。韦尔泽是南德奥格斯堡城的老家族，祖先是市政管理官员，后来从事白银贸易。他们很早就在葡萄牙开设支店，也投资许多海外探险。单就海外贸易来说，1505 年他们的股金高达 2 万弗罗林金币，同时期富格尔的股金只有 4 000，热内亚人和佛罗伦萨人合计 2.9 万。海外探险每年给韦尔泽带来的利润率约 175%，主要是从事投机性较高的香料买卖，从葡萄牙人手中买下东印度群岛来的香料，运到安特卫普港再转卖到北欧与中欧各地。

他们的经营手法和富格尔不同：富格尔的事业操控在几位家人手中，都是父子伯叔子侄的关系。相对地，韦尔泽开放外人和远亲参与经营，在各地广开分店分享利润；缺点是组织较复杂，观念差异大。以 1508 年的情况为例，公司的治理者中就有 18 个姓氏。他们在纽伦堡、威尼斯、米兰、罗马、苏黎世、里昂都有分公司，最重要的是 1507 年在安特卫普开的分店：1509 年买下一栋大房子，取名为“金玫瑰”。

一般性的业务包括银、锡、铸币、融资，也积极投入政商活动。其中最重要的事迹，就是资助查理五世竞选神圣罗马帝国皇帝。富格尔家族和查理五世失和后，韦尔泽的重要性大幅提升，成为日耳曼境内金融业的老大。之后通过政治关系取得铜矿的专利，又被封爵位。但不可避免的厄运是，查理五世无法如期偿债，韦尔泽和富格尔的命运相同——向皇帝讨债导致政治与宗教关系恶化。

到了 1557 年，韦尔泽的经营权转到第三代，业务状况不佳，有三笔大额呆账合计 182 199 弗罗林金币：

（1）法国朝廷积欠款	39 215
（2）低地国财政官的债券	20 523
（3）西班牙的贷款	122 461

西班牙这笔大呆账完全没有希望，因为菲利普二世同年宣布国库破产。此事对韦尔泽的打击沉重。到了 1587 年营运的体质已相当虚

弱，1614年正式宣布破产。整体而言，相对于富格尔家族对国际政治舞台的影响力，韦尔泽家族在这方面几乎没有，基本上只是追求利润的金融商人。

6.3.3 塔克家族

前面的两个家族都出身日耳曼南部的奥格斯堡，塔克家族出身日耳曼中部偏南的纽伦堡，这是第二次世界大战后盟军审判战犯的著名地点。纽伦堡的某些金融商人，曾经贷款给神圣罗马帝的皇帝马西米连一世，这些人的经商地点较广泛，延伸到里昂和安特卫普，取得法国和低地国的国籍。家族的创始人安东·塔克（1457—1524），是纽伦堡的堡主，在当地的政治地位崇高，后来传位给儿子林哈德·塔克（1524—1568）。儿子与侄子洛伦茨联手把家族企业大幅扩充，其中最重要的是在里昂与安特卫普设立支店，经营贸易与金融借贷。他们的原则是不借钱给超级权势的王室，因为利润高风险也太大，这让他们在1557—1562年间的金融大风暴中健全存活下来。

和英国王室有借贷关系的是拉撒路·塔克，他是塔克家族的远亲，作风正好相反，勇于贷巨款给王室。拉撒路以安特卫普为根据地，原先经营香料生意，成为南德商人在安特卫普的投资代理人，积极从事和低地国政府相关的生意。其中最重要的事情，是在他当霍赫施泰特（Hochstetter）家族[①]代理人时，因为经营不当导致该家族败落。他乘人

① 这是南德金融商人中排名第三的家族，16世纪初在奥格斯堡城内的重要性仅次于富格尔与韦尔泽。此家族的灵魂人物是安布罗修斯·霍赫施泰特，他和两位兄弟与其他合伙人，1486年就在安特卫普开设分店，买下一大块地盖了大房子，至今还有一条街以他们的家族命名。1505年他们投资4 000弗罗林，参加南德与意大利商人的东印度贸易，之后在葡萄牙与安特卫普之间做大笔香料买卖，在这个行业的独占行为最引人妒恨。他们的经营手法是先吸收小额民间存款，用这笔钱控制市场中的某些商品。他们从王公贵族到贩夫走卒手中集资，宣称每年的利息要付出100万荷兰盾金币，其实是吹嘘的成分居多。常用的伎俩是看上某种有商品后，趁着低价大举收购，等市场缺货价格攀升卖出赚取厚利。这种手法时常招引不满与争吵，他们也常做假账欺骗生意伙伴。运气好时利润可高达五六倍，但也时常做超过能力的投机买卖。其中最有名的事件，是投入20万弗罗林收购水银，想掌控整个市场。后来在西班牙和匈牙利开采出大量水银，导致价格下跌1/3，投机失败。1526—1528年间，他们和英国格雷欣家族有较密集的借贷关系。

之危接下霍赫施泰特家族的大量香料生意，以及在安特卫普的大笔土地。

他是会要手段的生意人，同时也当中介、买方、卖方，商誉不佳。1528年他开始从事金融业，成为低地国政府最重要的财务代理。1529—1541年担任布鲁塞尔朝廷的主要代理。在1552年之前他和政府保持着密切的生意关系，主要的手法是把南德的充裕资金中介贷给低地国政府，同时也借钱给皇帝，从事巨额高风险的金融交易。他和葡萄牙政府也有金钱往来。他和都铎王室的借贷关系，已在第2章第4节简述。

6.3.4 雪资家族

1513年7月20日加斯帕·雪资生于安特卫普，1580年11月9日逝于现今比利时的蒙斯。父亲伊拉斯谟（图6–3）是生意人，也是知识分子（诗人），还是各国钱币的专家。1550年伊拉斯谟逝后，加斯帕依长子继承法继任Grobbendonck地区的爵位。查理五世和加斯帕的父亲熟识，要求他担任金融代理人，职称是“皇帝的财务代理与顾问”。[①]主要任务是在皇帝需要时，快速从金融商人处取得资金，不必等国内议会的冗长审查与干预。

图6–3 伊拉斯谟·雪资（1480—1550）

① 参见Armand Louant (1930): “Gaspard Schetz, seigneur de Grobbendonck, facteur du roi d’Espagne à Anvers (1555-1561)”, pp.315-328，Louant的主要史料来自比利时境内图书馆的雪资通信文件。

这是个较高层级的任务，不是一般的借贷中介。1555 年 11 月 25 日正式任命，任务还包括采购军火、处理外交事务，项目繁多，几乎涵盖领事和大使的工作。就金融借贷而言，皇帝支付年薪 3 000 弗罗林，外加 0.5% 的佣金；处理其他事项时另付 0.25% 佣金，业务费用另计；此外每天有 60 巴打币（Patard）的差旅费。1556 年菲利普二世即位后继续聘用他，年薪 300 弗罗林金币外加佣金：新筹款抽佣 0.5%，旧债延期酬劳 0.25%。雪资成为西班牙与低地国之间的重要财经家族，这几乎是当时金融圈内最高的成就与地位。雪资还借钱给葡萄牙国王，又投资做香料贸易，是炙手可热的豪商巨贾。①

朝廷派遣格雷欣赴安特卫普筹措外债时，雪资家族是最主要的合作对象。格雷欣有一段长时间寄居雪资家中，通过这个家族和各大金主往来，从事外交、购买军火等半明半暗的各种活动。②

---

① Ehrenberg (1928): *Capital and Finance in the Age of the Renaissance*, p.252；Burgon (1839): *The Life and Times of Sir Thomas Gresham*, Vol. 2, pp.78-79.

② 参见 de Roover (1949): *Gresham on Foreign Exchange*, p.27, note 49 的精湛说明。

7 低地国安特卫普港的兴衰

对16世纪的英国经济来说，海峡对岸的安特卫普港是最重要的海外关系点，主因有二。（1）最主要的出口物羊毛和布匹都是先运到安特卫普，然后由各国商人转运到北欧、日耳曼、意大利、西班牙、葡萄牙和欧洲其他地区。同样地，从欧陆进口的各类工商业产品，大都通过安特卫普这个转接口。（2）16世纪的安特卫普位于欧洲经济的十字路口，是各地商品的集散地，更是提供各国君主筹措战费、融通资金的重要管道。从亨利八世至伊丽莎白一世，国内外的战费开支过大导致国库亏空，但国内的资本市场尚未成形，安特卫普就成为舒缓都铎王朝财务压力、弥补资金缺口的重要管道，甚至是向外举债的唯一窗口。

7.1 工商业优势

安特卫普位于现今比利时西北方，这个大港城市位于须尔德河（Scheldt）右岸。它不是海岸型的海港，而是位于深入内陆的河海港，类似中国的天津；是靠海的大城，有内河和海港相通。这种港口的主要优势在于既是天然优良海港，又与内陆各大城市之间构成交通运输网。

从地理结构的角度来看，低地国汇集了几条大河：（1）从日耳曼方向来的莱茵河；（2）从比利时方向来的莫斯河（la Meuse, Maas）；

（3）从法国北方来的须尔德河。低地国是这几条大河和其他较小河流涵盖的冲积地。12—15 世纪之间，低地国以布鲁日[①]这个工商城市最为发达，15 世纪起被拥有更佳港口条件又相当内陆的安特卫普取代；到了 17 世纪，安特卫普[②]又被较北方的阿姆斯特丹[③]取代，直至今日。

以下简要解说安特卫普的历史与重要的变迁[④]。16 世纪时西欧的西北部归属西班牙，主要的统治者是查理五世和他儿子菲利普二世。这块地区约是现今的荷兰、比利时、卢森堡三国，面积大概是中国台湾地区的三倍，欧洲各国对此地区的称呼不同，主要有两种：尼德兰和低地国。这个地区无山，大都是肥沃的平原，在现今的荷兰地区还有不少地方低于海平面。16 世纪时此地区分为 17 个小省，其中最富庶的是佛兰德斯（Flanders），所以也常以佛兰德斯称呼此地区。

为了简洁也为了避免混淆，我跟随历史学界的说法，称此地区为低地国，称呼住在此地区的人为 Dutch（中文说是荷兰人，其实荷兰只是低地国的一个省份）。16 世纪的英国文献对低地国通称为佛兰德斯，英国羊毛与布匹在欧陆的主要贸易港其实只有安特卫普，但也有人通称为安特卫普为佛兰德斯。这是名称上容易引发混淆的地方，在此我统称此地区为低地国，港口是安特卫普，住在此地区的称为荷兰人，使用的货币称为荷兰镑，钱币的单位和英国一样（英镑、先令、便士），英镑的购买力通常大于荷兰镑。

安特卫普的兴起，主要有四个原因。

（1）英国从 1421 年起大量出口布匹到低地国。英国的海外贸易商人（Merchant Adventurers），1407 年得到亨利四世的许可，在低地

---

① 参见 Braudel (1982): *Civilization & Capitalism: 15th-18th Century*，Vol. 3, pp. 98–101 解说布鲁日的商业重要性与兴衰过程。

② Braudel (1982): *Civilization & Capitalism: 15th-18th Century*, pp.143–153 解说安特卫普的历史背景与商业的重要性。

③ Braudel (1982): *Civilization & Capitalism: 15th-18th Century*, pp.175–276 解说阿姆斯特丹的兴起与扮演的国际金融商业角色。

④ Van Houtte (1977): *An Economic History of the Low Countries, 800–1800*, pp.vii, 319–320 提供简要的低地国政治演变史。参见张淑勤（2010）:《低地国（荷比卢）史：新欧洲的核心》。

国建立几个重要地区贸易。[①]1421 年已在安特卫普建立工商团体，业务范围北至波罗的海，向东深入莱茵河流域及中欧地区，业务相当发达。[②]

（2）15 世纪末时葡萄牙商人运香料来安特卫普，逐渐成为北欧与中欧的香料转售点。葡萄牙的香料业务，原本是在低地国西南方的布鲁日城，1494—1498 年间转移到安特卫普。葡萄牙的探险航海家瓦斯科·达·伽马（1460—1524）1498 年抵达印度，发现这里较喜欢用白银而非黄金交易。他就从东方进口香料，在安特卫普取得丰富的日耳曼白银，航回印度买香料，从白银和香料赚取大量财富，逐渐取代原本从地中海域进口的香料管道。[③]

在 1500 年之前安特卫普的香料贸易只是地方性的，1500 年葡萄牙人找到通往印度的新航路之后，香料市场才大幅增长。1501 年第一艘满载胡椒与肉桂的船从里斯本驶进安特卫普，欧洲的香料贸易就改观了：1504 年卖掉 20 万磅胡椒，1508—1510 年增至 30 万磅，随后激增为 80 万磅，但也导致价格逐渐下滑。葡萄牙香料大量涌入，严重打击原本由意大利人主宰的市场。

（3）葡萄牙人做印度的香料生意，需要日耳曼出产的白银去购买，所以南德的韦尔泽家族、英霍夫家族、富格尔家族就和西班牙、葡萄牙两国合作，把资金大量引入安特卫普合伙香料生意。1510—1515 年间香料市场达到顶峰，价格跌到谷底，地中海域的商人在安特卫普失去地位。[④]

日耳曼南方的商人在 15 世纪 30 年代把白银运来安特卫普，给这个地区注入交易的新血，也带来铜矿产品与棉麻织品。1488—1522

---

① 参见 Sutton and Visser-Fuchs (2009): *The Book of Privileges of the Merchant Adventurers of England, 1296-1483*。

② 参见 Gelderblom (2013): *Cities of Commerce: The Institutional Foundations of International Trade in the Low Countries, 1250-1650*；以及 Bolton and Bruscoli (2008): "When did Antwerp replace Bruges as the commercial and financial centre of north-western Europe?", p.363。

③ 参见 Van der Wee (1963): *The Growth of the Antwerp Market and the European Economy*, pp.127–130, 153–156 讨论葡萄牙的胡椒独占生意。

④ Goris (1925): *Etude sur les colonies marchandes Méridionales (Portugais, Espagnols, Italiens) à Anvers de 1488 à 1567: Contribution à l'histoire des débuts du capitalisme moderne.*

年间，英霍夫家族在安特卫普的资本平均每年增加 8.75%，韦尔泽家族增加 9%，富格尔家族 54.5%（1511—1527）。他们的主要业务是开采铜矿、白银、水银，赚取巨额利润后再滚入资本内，加上从事长程贸易的厚利，短时间内获得惊人的成功。①

（4）明矾是清除羊毛油脂与杂质的必需品，也是布料染整时固定色泽的媒染剂，用途既多又广。16 世纪初期欧洲的明矾生产几乎掌握在教皇手中，由于非教皇区生产的明矾质量不佳，明矾贸易成为梵蒂冈的重要收入来源。安特卫普邻近地区的染整业，在英国布料与教皇明矾的带动下有重要成长。对低地国而言，取得教皇明矾在安特卫普地区的代理权，有助于经济与染整业的成长，同时也是一项重要税源。②

简而言之，各国商人来安特卫普的主要目的，是采购英国的布匹、葡萄牙的香料、日耳曼的银铜、由教皇控制的明矾。各国带来此港的主要商品，有意大利的丝织品、法国与西班牙的酒、波罗的海的谷物。③安特卫普的工商业有一项特色：基本上是外国人在运作，英、德、葡、西、意人把各自的特色产品带来交易、加工、转运，本地人居于“坐视、坐享”的角色。这和 17 世纪之后发迹的阿姆斯特丹很不同：完全由荷兰人主导。④安特卫普在 16 世纪成为“世界贸易的中心”，除了港口优良与地理的优势，主政者也明白“海纳百川”，对商业交易与外国人士的进出居住，采取宽容的行政与法律措施。⑤

---

① Van der Wee (1963): *The Growth of the Antwerp Market and the European Economy*, pp.130-131.

② Ramsay (1975): *The City of London in International Politics at the Accession of Elizabeth Tudor*, pp.3, 125, 134-136, 166, 168, 264. Ramsay (1986): *The Queen's Merchants and the Revolt of the Netherlands*,pp.77-79, 136.Ehrenberg (1928): *Capital and Finance in the Age of the Renaissance*,pp.196, 217, 221-224, 229.Stone (1956): *An Elizabethan: Sir Horatio Palavicino*, chapter 2 解说明矾的重要性，以及安特卫普明矾市场的崩溃过程。

③ Ramsey (1968): *Tudor Economic Problems*, pp.55-56.

④ Bindoff (1990): “The Greatness of Antwerp”, pp.58-60.

⑤ Bolton and Bruscoli (2008): “When did Antwerp replace Bruges as the commercial and financial centre of north-western Europe?”, pp.364-366.

16世纪40年代安特卫普只有50个西班牙商人，20年后增为100人，另有100人左右的西裔仆役和代理人。葡萄牙籍的人数约是西班牙的一半；英国有50—60个人或家庭；意大利人也大约此数；法国的人数较多，但无具体数字；德籍人数不知。整体而言，1550年左右的外籍商人总共有400—500人，以及相同数目的家属。安特卫普对外国人的态度开放，但很少外人因而能更改国籍为本地人。1533—1582年这半世纪间，大约只有23位英国人归化为本地人，通常是有成就有影响力者较有机会，例如日耳曼的伊拉斯谟·雪资家族，就是铜业与香料业的领导人，以及糖业大王吉利斯·霍夫曼。[①]

单是从安特卫普进出的货品，就占整个低地国外贸的70%—80%。以1543—1545年为例，此港的出口总值90万英镑，大约是伦敦出口值的3倍，或是全英国外销总值的一半。安特卫普的贸易顺差（出口值远大于进口值）很大，主要利润来自进口原料与半成品，加工为成品赚取巨额的附加价值。用今日的术语来说，安特卫普是加工转口港，又能给欧洲各地来的货品和商人提供仓储设备与场所，在交易所买卖商品、借贷金钱、交换货币，同时从事间谍、外交、宗教、艺术活动。

现在从人口增长变化来看安特卫普的成长轨迹。1374年约有1.8万人，100年后增加1万人，1500年开始起飞时人口不到5万。1567年开始衰退时人口略超过10万，其中9万是定居者，1万多是流动人口（外国商人和军队）。16世纪50年代10万人口的都市，在欧洲大概排第10名。16世纪后期造成人口锐减的主因，是60—70年代天主教与新教徒的冲突，西班牙派军镇压后外国商人却步（英国人最明显）、居民外移。1584年下降到8.4万人，1586年5月围城后剩下6万，同年10月降到5万，回到16世纪前10年刚起飞时的数目，正好是个完整的兴衰循环。

1531年落成的交易所，是各国商人聚集买卖的主要场所，为了显示此处的国际性，交易所在墙上刻一行拉丁文：来自各国用各种

---

① Bindoff (1990): “The Greatness of Antwerp”, pp.60-61.

语言交易。[①]安特卫普成为“世界的中心”、“全世界的贸易中心”、“世界的花都之一”。在群聚磁吸的效应下，各地的奇人异士、王公贵族、外交家、艺术家、诗人、旅者、商人，在这座“世界商业都会之王”留下引人注目的遗迹。有人比喻说，安特卫普是伦敦（大都会）与曼彻斯特（工业城）的综合体。各国工商业人士涌向安特卫普时，其中相当积极、势力庞大、获利甚丰的，就是英国出口羊毛与布匹的商人团体。

虽然阿姆斯特丹也逐渐兴起，但它的贸易功能在16世纪上半叶仍是配角。大致的分工状况是：安特卫普接纳英国与南方各国的工商业产品；阿姆斯特丹接纳波罗的海与大西洋海岸的大宗农林渔牧产品，如谷物、木材、渔获。这两个低地国最重要的港口也相互交换商品。外籍商人的居留与业务还是以安特卫普为主，阿姆斯特丹的业务以本地商人为主。16世纪的安特卫普是国际市场中心，从世界各地接纳各式各样的货品，转运到其他基督教与天主教地区。[②]

16世纪60年代安特卫普出现衰退景象，有位意大利人圭恰迪尼做一项统计：每年进口到安特卫普的商品总值约1 600万克朗金币，其中英国布匹占500万（约1/3）；其次是意大利制品（以精美服装为主），约值300万；波罗的海的小麦约值175万，日耳曼酒150万，法国酒和葡萄牙的香料各值100万。

受到外来的刺激，本地的工商业也水涨船高。主要的业务是1496年起从英国进口胚布，染整加工后转卖到中西欧各地赚取可观利润，纺织业在1516年时成为低地国的第三大产业。随着商业与人口的快速成长，房屋建筑也跟着兴起，吸引大量资金投入，经济与工资水平在低地国排名第一。同样重要的原因，是从波罗的海进口大量

---

① In usum negotiatorum cujuscunque nationis ac linguæ。参见 Ehrenberg (1928): *Capital and Finance in the Age of the Renaissance*, p.238。Wilson (1572): *A Discourse upon Usury*, p.62 说安特卫普是“Ad usum mercatorum cujusque gentis ac linguae”。另见 Goris (1925): *Etude sur les colonies marchandes Méridionales (Portugais, Espagnols, Italiens) à Anvers de 1488 à 1567*, pp.108–109 有交易所的图片。

② 参见 Van der Wee (1963): *The Growth of the Antwerp Market and the European Economy*, pp.250–282 对安特卫普货币与金融市场的解说，以及安特卫普的兴衰。

低廉谷物，让低地国的基本生活丰裕。安特卫普迅速成长，也把邻近的城镇带动起来，甚至日耳曼西部的科伦和法国东北部的洛林，都感受到安特卫普的影响力。1496—1520年间人口大增，但接受救济的贫困家庭却明显减少：1510年有114家，1520年减至84家。

试举一例说明安特卫普的对外依存度过高。1521年西班牙与法国开战，政治与军事危机严重影响低地国的经济。主因是这两大强国对大西洋与北海航路的封锁，导致1522—1523年间没有葡、西、意籍的船只驶入，关税收入锐减，税务署甚至放弃关税的承包权。每当北海的海盗活跃，波罗的海的谷物进口中断，英国的布匹出口停滞，安特卫普就陷入黑暗期。

整体而言，在1500—1560年这段黄金时期，安特卫普的发展大略可分成三个阶段：（1）1520年之前是开放快速密集成长期；（2）16世纪30年代有过一次衰退，之后有12—15年间的稳定期，也是爬升到顶端的阶段；（3）从16世纪40年代末期起有10多年的激烈起伏，伴随着宗教上的冲突以及西班牙的镇压，景气跌到谷底。[①]

7.2 国际金融中心

15世纪时安特卫普只有春秋两次市集，到了16世纪40年代多了夏冬两次：（1）2月10日的圣诞节市集[②]（也称为Koudemarkt）；（2）5月10日的复活节市集；（3）8月10日的圣灵降临周（Whitsuntide）

---

① 以下是几项重要的延伸阅读。de Roover (1953): “Anvers comme marché monétaire au XVI siècle”, *Revue belge de philologie et d’histoire*, Vol. 31,pp.1003-1047.de Vries and Van der Woude (1997): *The First Modern Economy: Success, Failure, and Perseverance of the Dutch Economy, 1500-1815*.Ramsay (1957): *English Overseas Trade during the Centuries of Emergence*.Van Houtte (1961): “Anvers aux XVe et XVI siècles: expansion et apogée”, *Annales: Economies, Sociétés, Civilisations*, Vol. 16 (2), pp.248-278. Van Houtte (1966): “The rise and decline of the market of Bruges”, *Economic History Review*, Vol. 19 (1), pp.29-47.Van Houtte (1977): *An Economic History of the Low Countries, 800-1800*.

② 1752年之前，英国采用儒略历（旧制），1月1日称为New Year Festival；但3月25日才是法定的“新年”（civil or legal year）。

市集；（4）11 月 10 日的 Bamismarkt 市集[①]。对英国的布匹贸易商来说，重要的是春（5 月）与秋（11 月）市集。[②]运布的船队到达后会展示货品，称为 show days。英国布商几乎只去安特卫普，很少参加其他市集。[③]大宗商品逐渐标准化后，买卖双方只要依样品或货号，就可签约购买下次抵达的商品。

原本在露天买卖的市集，转为在“交易所”内交易。英国商人每天上午去专为英国设立的小交易所，透过操各种语言的掮客和各国商人交易。掮客的人数很多，买卖的商品种类繁杂。中午之后则去 1531 年新成立的大交易所，主要业务是汇票交换、结算、借贷、周转。[④]

这是第一个具有现代意义的交易所，来自五湖四海的商人操各种言语，着奇装异服，是国际贸易与金融交易的缩影。这个独特的交易所，让安特卫普成为相当独特的城市，充满各国的奢侈品与新花样，吸引艺术家与文人雅士，也发展出各式新行业。[⑤]各国金融商人跟着贸易的潮流来到安特卫普：例如日耳曼南部的富格尔、韦尔泽、霍赫施泰特，以及意大利的阿费塔蒂（Affaitadi）金融家族，1510 年之前就在此设立支店，各国君主的外债与商人的借贷也在此交易。[⑥]

---

① 只有夏天和秋季的市集是在安特卫普，春冬两个市集是在安特卫普的邻近城市贝亨奥普佐姆。Bisson (1993): *The Merchant Adventurers of England: The Company and the Crown, 1474-1564*, p.27 对英国布匹的年度 4 次市集有不同解说。参见 Van der Wee and Blanchard (1992): “The Habsburgs and the Antwerp money market: the exchange crises of 1521 and 1522-1523”, p.30, note 2 对年度 4 次市集的解说。又见 Van der Wee (2010): *Economic History Review*, Vol. 63 (2), p.550 对年度 4 次市集的解说：Bamismarkt、Koudemarkt、Paasmarkt、Sinxenmarkt。

② 参见 Ehrenberg (1928): *Capital and Finance in the Age of the Renaissance*,pp.236-239。

③ 参见 Braudel (1984): *Civilization & Capitalism: 15th-18th Century*, Vol. 2, pp.90–95 对市集历史的精彩解说。

④ 参见 Ehrenberg (1928): *Capital and Finance in the Age of the Renaissance*,pp.238-239 的解说。

⑤ Van Houtte (1977): *An Economic History of the Low Countries, 800-1800*, pp.219-223.

⑥ 参见 Ramsey (1968): *Tudor Economic Problems*, p.56。安特卫普原本以工商业为主，1511 年对法战争时，低地国政府才利用此地筹措国债，应付特殊状况的需求。依目前所知的数字，低地国政府 1516 年在此筹借 5 万英镑荷兰币，主要是透过一小群外籍金主。其中较著名的有日耳曼的富格尔、韦尔泽、霍赫施泰特，以及意大利的阿费塔蒂，这些家族原本就和各国君主有借贷关系。

安特卫普金融市场的真正开展，要感谢美洲白银流入后所形成的哈布斯堡金融网络。在这个体系内，安特卫普、里昂、卡西提尔、热内亚的货币体系相互串联，尤其是热内亚金融商人，促成南方的资金供给和北方的金融需求结合，把安特卫普培育成北欧的重要金融交易点。低地国政府明了，安特卫普的优势在于地理位置与运输便利，本身并无重要产业也无资金，一旦外资中断工商业就跟着下跌。安特卫普之所以发达，就像是坐拥黄金地段的店主，没有资金也没有经营能力，但很会招呼四面八方的商旅客人，然而一旦发生战争或外资中断优势立刻消失。

16 世纪 40 年代的安特卫普有两大股资金供给者：（1）南德的银矿家族如富格尔；（2）意大利的热内亚金融商人。安特卫普的金融体系发达后，很快就成为低地国政府、神圣罗马帝国皇帝、葡萄牙国王、英国王室、欧洲各地王公贵族的资金交易中心，同时也是私人理财、商业结算、外汇买卖的聚点。逐渐地就出现专业金融商人，引入更新的金融交易方法与工具（例如汇票与债券）。这也诱发出新式的金融手法：投机买卖、赌博性的彩券、承揽航海保险单以及各式各样的赌博。这些五花八门的金钱交易方式，带出金融业的新局面，进一步和国际贸易与工商业结合后，把安特卫普带到前所未见的荣景。

为什么会成为各国君主筹措外债的中心？查理五世 1516 年继承西班牙王位，1519 年总辖神圣罗马帝国，掀起一系列耗费不赀的战事。这些军费从哪里来？欧洲各国的金融家族在安特卫普提供丰富资金周转营利。以最有名的富格尔家族为例，1527 年在低地国投入的资金高达 11.1 万弗罗林金币；1546 年增至 112.2 万；1560 年更惊人——216 万。借钱给国君有几项优缺点：金额大、利息高、高风险。在厚利的吸引下，西班牙、意大利（尤其是热内亚）的金融商人，把安特卫普变成国际资金调度的重镇。以意大利的邦维奇（Bonvisi）和阿费塔蒂这两家为例，1570 年西班牙王室向他们借了大约 72.7 万弗罗林金币。

低地国也有本地的金融商，例如彼得 · 范德斯特拉唐，原本只是掮客后来成为主要的金融商；居次位的雪资家族靠香料和矿业发迹。1515—1550 年间，查理五世在安特卫普的负债从 1 万弗罗林金币增至 50 万，1556 年高达 700 万。安特卫普只是西班牙帝国的一部分，他还可以从其他地区举债或割售部分辖地来筹款。

葡萄牙国王也透过代理人来筹款，抵押品是预售的香料（尚未到货但已预期进港），1542 年时的债务高达 400 万弗罗林金币，10 年后增至 600 万。英国亨利八世晚年（1554）财政紧迫，在国内筹不到所需的钱，从 1544 年起就在安特卫普举债。亨利八世的女儿玛丽一世 1558 年逝世时，在安特卫普欠了 40 万弗罗林。英国王室在安特卫普一直都有筹款代理人，其中最闻名的是格雷欣爵士，他从 1551 年起替英国筹款还债，直到 1568 年英西两国爆发冲突。

这种国债市场是较特殊形态的资金融通管道，客户群相当小，需求量不稳定又不定期；但金额很大，风险高，利率远高于一般的工商借贷。以低地国的政府为例，单在 1516 年的借款年息就从 1%—31% 不等，1520—1521 年间的利率也在 15.5%—27.5% 之间。到了 16 世纪 30 年代，由于供需条件的变化，年利降到 12%—15%。[①]

1542—1557 这 15 年间，安特卫普的金融业务大幅增长，主因是欧洲各国的争战频繁，军费需求远超过国库的能力。再以低地国政府为例，单在 1543 年就举债 25 万英镑荷兰币，这是 1516 年国债的 5 倍。亨利八世治理的最后 4 年，从安特卫普借到将近百万英镑（约 150 万英镑荷兰币），用来应付各项军费开销。第三名是葡萄牙国王，运送大批香料到安特卫普，筹借 50 万英镑荷兰币。这些国王支付的年利约 12%—15%。

这种大型融资是王室欠外国金融商的债务，双方的权利义务通常以契约的形式，载明借还期限，也配合市集时间——从此市集到下次市集。契约到期后可以展延，随当时的利率调整，须支付延期偿还的成本（补偿金）：债主会借机强迫债务国，以高价购买劣质珠宝或其他滞销品。由于金额庞大，欠债国的偿债能力通常不佳，这是经常遇到的问题。但借款者又是各国君主，如果硬是赖账不还债主又能怎样？

国际金融商人有良好政商网络，洞悉各国实力与国库虚实，加上家族的历代经验，知晓许多自保的手段。（1）要求国君颁授特许权，

① Bindoff (1990): “The Greatness of Antwerp”, pp.64-65.

经营某项厚利的独占产业（如开矿或制造），或承包某地区的税收权或关税权。（2）要求该国有经济实力者担保，例如要求伦敦商会联保，有连带履行债务的责任。伦敦的商会碍于王室的威胁与潜在的利益，被迫接下外债担保者的责任。（3）由国王的外债筹款代理人具保。这类的联保形式各国不同，目的是防范君主不认账。如果担保者信誉良好，利率就有调降空间，可以低到年利 12%，否则会高达 30%。

巨额的金融交易在 16 世纪 50 年代初期遭到严重打击，主因是债台高筑的国王无力偿债。西班牙和法国在 1557 年相继宣告破产，1560 年葡萄牙跟进，这对安特卫普金融家族的冲击可想而知。更严重的是低地国政府也无力偿债，影响工商业的小额借贷，对整个欧洲产生广泛的涟漪效果。这几个大国破产时，安特卫普的贸易危机尚未发生，但已引发各项冲击，骨牌效应随之而起。（1）各国的币值（汇率）因而不稳；（2）货币发行量不再增加；（3）被倒账的金主周转困难；（4）市场的可流通资金大减；（5）商业交易的信心受影响；（6）受牵连较严重者跟随倒闭。[①]

安特卫普的金融业到 16 世纪 50 年代进入尾声，主因有二：（1）1550 年起利率又开始高升，妨碍金融交易的活络；（2）日耳曼和低地国在 1551 年开战，低地国政府缺钱只好课重税，影响短期资金的来源。1552 年 5 月时热内亚的利率高达 30%，同年 11 月安特卫普组船队赴西班牙的塞维尔港，运白银回来供市场所需，这项金融窘困到了 1553 年仍无法完全舒解。

更沉重的打击是西班牙国库 1557 年破产。南德的金融商例如富格尔家族，是哈布斯堡王朝的重要金主，西班牙破产后拖垮南德的金融界。而南德金融家族也是安特卫普的主要金主，西班牙属地的低地国跟着破产，这对安特卫普的资金市场是致命打击。1557 年之后各国王室与政府的融资业务，就逐渐从安特卫普移转到北意大利地区。

① 参见 Van Houtte (1977): *An Economic History of the Low Countries, 800-1800*, pp.219–221 的补充解说。Van der Wee (1963): *The Growth of the Antwerp Market and the European Economy (fourteenth-sixteenth centuries)*, pp.140–142，199–207，263–267，280–282 提供安特卫普金融市场兴起的补充解说。

7.3 对英国的重要性

现在来看英国最重要的出口物——布匹。15—16 世纪羊毛与布匹业蓬勃发展，但出口的都是胚布，要运到安特卫普邻近的乡镇染整加工才有较高附加价值，也因而给低地国带来荣景。为何英国只出口粗毛料和胚布，不输出更高价值的衣物成品？因为双方的纺织业水平落差悬殊：英国出产劣质的低价半成品，过程马虎没有认证，而低地国的产品有严格控管。意大利人说：连小孩都可以放心买荷制产品，只有内行的商人才敢碰英国制品。[①]

英国布匹的海外竞争优势，得力于 1464—1465 年间爱德华四世的货币贬值；安特卫普从 15 世纪 60 年代末期起明显感受进口英国布匹的好处。同时期的另一项助力，是日耳曼南方的白银涌向安特卫普，帮助英国以低地国为基地向各地扩散业务。[②]

亨利七世 1485—1491 年间，英国的布匹出口量为每年平均 50 878 匹，1501—1507 年间增至 81 835 匹，低地国受益最大的是布拉邦地区（现今比利时北半部）的市集。之后有几项因素对布匹出口很有帮助：（1）1526 年间的贬值让英国布的国际价格下跌；（2）低地国在 1526—1527 年的升值增加英国布商的利润，因为同样的价格可以换回更多英镑[③]；（3）荷兰与日耳曼北方汉萨同盟的商业大城吕贝克在 16 世纪 30 年代发生冲突，给英国商人有机会进入波罗的海域贸易；（4）亨利八世看到这个好机会，允许外国商人在 7 年内只需支付和本国商人相同的关税和费用，大大帮助英国的贸易发展；（5）1544—1551 年间的大幅贬值，造成英国布匹的国际价格大跌出口量攀升，最高纪录是 1554 年单从伦敦就运出 135 595 匹。

廉价的英国布匹，对低地国的贸易与染整业带来好几年强劲增

---

① 随着国际市场的竞争压力愈来愈大，16 世纪下半叶英国对纺织品的要求逐渐提高，羊毛要精挑细选，织法讲究精细。

② Bolton and Bruscoli (2008): “When did Antwerp replace Bruges as the commercial and financial centre of north-western Europe?”, pp.364-365.

③ 参见 Van der Wee (1963): *The Growth of the Antwerp Market and the European Economy*, graph 33。

长，对周边的行业与就业发挥惊人效果。1564 年时安特卫普的布料业工会有 1 600 位会员，每年从英国进口 70 万荷兰镑的布，其中的 40 万加工后外销欧洲各国。安特卫普得到哪些附加价值？简单地说，加工外销的批发价格中约有 1/3 付给染整加工业，每年至少赚 10 万荷兰镑。进口英国布匹占安特卫普贸易总额的 1/3，是重要的共生互利。①

1550 年英国与安特卫普的贸易鼎盛时，大约有 600 位英籍商人每年来参加定期的大型商品市集，居各国商人之冠。其中一部分英国商人在安特卫普有居所，大多数只来参加短期市集交易。英籍商船大都直航安特卫普，也有部分航向其他港口。例如在 1538—1541 年间，每年约有 84 艘英国商船在阿讷默伊登（位于泽兰德省的小港）下锚，1564—1568 年间增至每年 129 艘。这些商船大都从伦敦、赫尔、伊普斯威奇这几个大港出航，其他则从各地的 50 个港口出发，有些甚至航自大远方的爱尔兰港口。

英国以出口未加工的布匹为主，伦敦港为主要出口港，1500 年左右每年约出口 5 万匹，占全国布匹出口总额的 2/3。1525 年全国总出口量约增加 50%，1554 年将近 13.5 万匹。低地国的关税数据显示，安特卫普在 1549—1550 年间从英国进口 12.2 万匹粗布。低地国也从英国进口煤、铅、锡、皮毛、奶酪、啤酒；商船回航时载运低地国的高质布料、轻羊毛、麻布。1530 年与 1570 年的记录显示，英国从低地国的进口品价值约 10 万荷兰镑。

现在来看英制布匹的价格。1512 年规定半成品布胚的出口价格，每匹不得超过 4 马克（2 英镑 13 先令 4 便士）。两年后（1514）提高为 5 马克（3 英镑 6 先令 8 便士），1542 年的上限为 4 英镑（白布）、3 英镑（杂色布）。16 世纪前 10 年，每年从伦敦运 5 万匹布到安特卫普，16 世纪 40 年代增至 10 万匹。1544—1551 年间英镑大贬值时数量急速成长，16 世纪 50 年代达到顶峰——单从伦敦港运出的就超过 13 万匹。

顶峰之后碰到几项障碍。（1）1500—1550 年间的大量出口，使

① Van der Wee (1963): *The Growth of the Antwerp Market and the European Economy*, pp.183–186 解说英国布匹出口的荣景。

得安特卫普及邻近的市场逐渐饱和。16世纪中期布匹生产过剩，市场上供过于求。（2）日耳曼与欧陆地区在16世纪40—50年代景气退烧，英国的布匹出口因而减缓，对国内蓬勃的纺织业造成危险性的衰退。其实英国的布料业早就会衰退，幸好大贬值（1526，1544—1551）提供大幅出口机会，才把危机往后拖延。（3）1544—1551年间的大贬值造成英镑汇率不稳定，1551年每英镑在安特卫普只能兑换13先令，对英国商人是一大打击。（4）1550年的宗教镇压和1551年的瘟疫，对安特卫普更是非经济性的挫退。在这种情况下，对英国商人最重要的事，就是找寻新市场来分散外贸风险。①

在安特卫普遭遇这些困难，英国就更积极要确保日耳曼市场，因为英国产品有相当部分透过日耳曼转售到意大利。解套的办法是从1564年起，把原本运到安特卫普的货品，转运到西北方的埃姆登港（位于现今荷兰与德国最北方的交界，在埃姆斯河畔）。但效果不如预期，主要是当地的商业体系不够健全，无法有效吸纳英国货品。英商被迫在1565年转回安特卫普，但双方在几年前的争议仍未有效解决。在禁止英货进口期间，低地国的布匹业趁机兴起，发动贸易保护主义帮助本国的发展。②

7.4 英荷关系③

英国和低地国的正式贸易关系，奠基于1495年签订的大交往协议（The Great Intercourse），1520年、1546年两度重新缔约，此约的性质是规范双方经济与贸易的权利义务。除了一年四次的季节性市

① Ramsey (1968): *Tudor Economic Problems*, p.67-68.

② 1470—1570年间的英荷贸易问题，最新的研究是Ian Blanchard (2009): *The International Economy in the'Age of the Discoveries', 1470-1570: Antwerp and the English Merchants' World*。

③ 这个议题最重要的两项史料是：(1)Kervyn de Lettenhove and Gilliodts-Van Severen (1882-1900): *Relations politiques des Pay-Bas et de l'Angleterre sous le règne de Philippe II (1555-1579)*, 11 Vols.; (2)Fénélon (1838): *Recueil des dépêches, rapports, instructions et mémoires des Ambassadeurs de France en Angleterre et en Ecosse pendant le XVIe siècle*, 7 Vols.

集，双方可以全年相互往来，商人自由买卖，必须遵守金融与法律规定，政府只做最低程度的干预。

英国船只从伦敦的泰晤士河（Thames），直接驶入低地国的须尔德河，停靠在专属的码头（English Quay），不必和其他国家抢用码头。英国运来的货物包括铅、锡、皮毛，以及最重要的羊毛布料。英国商人的地位比其他国家商人更受尊敬，因为安特卫普周围有许多城镇与工匠，完全依靠英国的羊毛与布料维生。

在安特卫普的英国商人隶属海外贸易商会，拥有出口货物的独占权（羊毛除外）。商会每半年（5月与11月）运送布匹与其他产品到安特卫普，会员独立经营自负盈亏，商会的主要功能是管理与协助。商会有个总部称为The English House，是向安特卫普市政议会承租的，也是会长的居所与办公处，内含秘书与会计出纳人员，还有个小教堂。有些英商在商会总部的对街盖了自用仓库，剩余的空间租给商会或其他商人使用。

安特卫普市场吸引英国人的原因很明显：（1）这是欧陆最好最大的转运站；（2）商品价格比国内高[①]，产品可以卖到较好的价格；（3）政府的管制少自由度高；（4）各国商人汇集，南来北往互通有无；（5）金融市场发达活络，资金调度周转方便。

大部分的商人只是随船来卖货，约停留一两星期，拿到可以在伦敦兑的汇票后就回国。有些人在出货后稍作停留，购买丝绸、香料和其他物品带回英国。在每季一次的市集，每天早上都有商品交易，下午在交易所做外汇买卖、资金周转或清算贷款。以最单纯的布匹买卖来说，也会有复杂的状况与琐事：该到的货未准时运达；买方来看样品；官员来抽检、课税、为商品保险，等等。

英国外贸商会运到低地国的商品价值，每年的额度变动不一。保守估计约有70或80万英镑，有人估计每年外销的布匹价值高达92万英镑。加上出口的羊毛，总价值至少150万英镑，可想见贸易对英荷的重要性。

---

① 有位商人写信要家人寄一双新鞋来，因为安特卫普的鞋价是伦敦的二倍。

图 7-1　神圣罗马帝国皇帝查理五世（1500—1558）

但英荷在政治上与经济上屡有争执，1548 年和 1550 年甚至还决裂，神圣罗马帝国的皇帝查理五世（图 7-1），1554 年下令逮捕在须尔德河航行的英国船只。双方和好时，例如西班牙国王菲利普二世与英国玛丽一世结婚期间（1554—1558），两人是英荷的共同统治者。商人积极拥护这段联姻的目的是保障贸易不会中断，但 1558 年 11 月 17 日玛丽去世后英荷又互起猜疑。

信仰天主教的玛丽逝后，菲利普二世向她的妹妹（王位继任者）伊丽莎白求婚被拒，英荷关系逐渐冷淡。较严重的问题是：低地国的统治者菲利普二世信奉天主教，而英国的新女王信奉新教，求婚失利后关系开始变质。1563 年 12 月，低地国借口防止英国船只散布传染病，禁止布匹羊毛在 1564 年 2 月 25 日之前卸货，双方关系至此中断。接下来又把禁令延到复活节，这等于是阻断英国的贸易生命线。经过这次事件，英国明白这么重要的贸易命脉，不能只靠安特卫普作为对欧陆贸易的窗口，就积极往北找到埃姆登这个替代性的小港：埃姆登位于埃姆斯河在波罗的海的出口，约是现今荷德两国交界处。

几年前（1560）北方的苏格兰动乱，外籍佣兵和军火就是通过埃姆登运到英国的。这是日耳曼最靠近伦敦的海港，长期以来非常愿意让英国以此港作为对德的贸易中心，希望这个小港能繁荣起来，但英国的反应冷淡。没想到几年后（1564）英荷关系恶化，不得不通过埃姆登港把布匹和货物运销到日耳曼。但埃姆登的港口条件不佳，航行危险，码头不够宽广，仓储空间不足，居民粗鲁。埃姆登港的条件只适合运转渔获和农产品，短时间内不易提升为国际贸易港口。但因 1564 年 3 月 17 日的英荷会谈破裂，重返安特卫普无望，商人不得不把货物运到埃姆登。[①]英国在埃姆登港遇到两股反对力量：一是妨碍低地国政府在那里的经商利益；二是汉萨同盟的商人，借机报复 1552 年英国政府禁止他们的经商权，以及 1560 年驱逐他们的羞辱。

英国想把库存赶快销售出去。1564 年 5 月 3 日有 40 多艘船满载布匹航向埃姆登，货物价值 25 万英镑，在女王的几艘武装船护卫下 20 天后安全抵达。但埃姆登的各项条件相当原始，远不能和安特卫普相比：空气恶臭、街道脏乱，航道阻塞。两个月后（1564 年 7 月）埃姆登的市场就饱和了。低地国政府一再下令禁止埃姆登和英国贸易，更让这条路走不下去。

另一方面低地国的议会也感受到，英国人离开后安特卫普的生意明显受到影响，就更要求政府不准埃姆登和英国往来。在多国各股反对势力的夹击下，英国与埃姆登的贸易完全被阻绝。英国人被迫把货物更往内陆运送到法兰克福、科隆、莱比锡的市集，希望摆脱低地国政府的压迫。

但这是条很辛苦的选择：路程遥远、风险高、利润差，又有种种不便。为何不再试着和低地国政府谈判，看有无重返安特卫普的机会？其实在 1564 年底就有不少英国货冒险从法国偷运进低地国，英国各地的港口也有小规模的走私羊毛、皮革、布匹到荷兰，然后运回帆布和渔获。也就是说，虽然官方禁运但民间往来不曾消失，毕竟几十年的密切商业关系，不会因政治与宗教上的争执而断绝。解决之道很明显：重新开放安特卫普。

苦撑到 1564 年夏季，两国的纺织业、染整业、金融业都已陷入

① 当时也考虑过附近的汉堡港，但易北河（Elbe）的水流太湍急，不易逆航运货，居民一样粗鲁难缠。有一种较正面的见解，说埃姆登的港口条件不错，危险性低，比伦敦的泰晤士河宽，可航行 500 吨的大船，只要 2 天就可到伦敦。几经商议，英方决定把埃姆登开发为第二个安特卫普。

困境。其中以羊毛业处境最艰困，几乎要引发动乱，政府再也不能坐视。1564 年 5 月，低地国正式撤销英国羊毛输入的禁令，开放布鲁日港供羊毛业者卸货。但是英国政府并不满意：为何只开放布鲁日而封闭安特卫普？在海峡的另一边，安特卫普的布匹业者陷入危机，波及的周边人口不计其数，已有结伙抢劫和各种动乱。

几经协调才赫然发现，重启英荷贸易的阻挠者不是荷方政府，而是英国女王伊丽莎白。她在 1564 年 3 月 23 日的文告上说，从低地国运入英国任何港口的货品都要没收，荷方的反应自然是报复性的——任何向西航行的船只都必须先取得许可。到了 1564 年夏季，英国在西班牙大使的催促下仍无意与荷方谈判贸易问题。原因很简单：和北方的埃姆登港刚开始贸易不久，女王希望再观察一阵子，不愿立刻返回安特卫普。[①]此外，过去的怨怒心结还没消除。

到了 1564 年秋季，女王开始感受到没有安特卫普的不便：（1）英荷贸易中断后关税锐减，与埃姆登的贸易完全无法弥补这项损失；（2）如果与安特卫普的贸易不恢复，英国的布匹产业必然陷入困境，引发社会动乱，1564 年 8 月首辅塞西尔开始思考重启对荷贸易的可能性。朝廷的判断是：英荷贸易中断基本上是政治问题而非经济问题。经过多方努力奔走，1565 年 1 月英国的海外贸易商会重返安特卫普的会馆。原因很简单：英国的产业已经撑不下去，国库收入受到威胁。

现在换个角度，来看西班牙如何治理低地国这个属地。查理五世 1500 年生于低地国的根特（Ghent）城，母语是法语，1516 年接任西班牙国王、西西里国王、那不勒斯国王，1519 年当选神圣罗马帝国皇帝。当上皇帝后他把低地国的治理权交给奥地利的玛格丽特（她是查理在奥地利哈布斯堡王朝父系的姐妹），直到 1530 年她过世为止。接下来到 1555 年为止，低地国的治理者是查理的另一个姐妹玛丽，她是匈牙利的前女王。玛丽逝后的接任者，是 1521 年查理在根特城时和当地女仆的私生女，是菲利普二世的同父异母姐妹，被封为玛格

① 参见 Burgon (1839): *The Life and Times of Sir Thomas Gresham*, Vol. 2, pp.317–331 对这件事有相当详细的解说。

丽特女公爵，从 1559 年 8 月底起治理低地国 8 年。

英国的玛丽一世 1558 年 11 月过世后，新女王明白在法国的威胁下有必要和西班牙结盟。她更明白和安特卫普贸易的重要性，因为布匹出口的税收是重要国库进账。从政商两个角度来看，都铎王朝与哈布斯堡的结盟绝对必要。但如前所述，英西两国君主的宗教无法兼容，坏了这件好事，也给英荷贸易带来难以收拾的困扰。

英荷初次决裂后，英国商人于 1564 下半年重返安特卫普。但一年多之后，低地国居民在政治与宗教上闹过多次严重事件，外商惶惶。原本活跃的交易所逐渐沉静，外商悄悄把家人、货品、资本移往国外，这是暴风雨来临的前兆。英商对低地国的政治没兴趣，他们只想把布匹、货物卖掉拿钱走人。到了 1566 年仲夏，凝聚已久的乌云开始发威。6 月底开始有异教徒公开讲道，聚众的影响力惊动低地国的治理者与西班牙国王，政府提出严厉警告但无效。7 月 7 日聚集 1.2 万听道的群众，情势紧张，暴动引发在即，谣言军队将入城镇压，从此安特卫普进入戒严。

接下来人群聚集得更严重，从 1.2 万急增至 3 万人，百姓居民也加入，终于爆发有计划的毁灭行动：侵入天主教堂任意破坏拆毁，夜间至少有 1 万支火把到处晃动，捣毁公共建筑。有人估计，单是圣母院被毁损的价值，就超过 13.3 万英镑。公墓、纪念碑、艺术品被肆意破坏。

1566 年的暴动，源自西班牙与低地国之间积压已久的宗教对立。最繁荣富庶的安特卫普为引爆地点，有一项经济原因。1542—1557 年间的经济繁荣，让居民有 15 年的好日子，但英荷在 1563—1564 年间由于政教因素导致贸易中断，安特卫普受到严重冲击。原本依赖英国布匹加工染整的产业与纺织工突然失去生活来源，波及甚广，引发全面的怨怒。火上浇油的是，原本从波罗的海进口的粮食被丹麦国王下令切断。其实丹麦的目标是瑞典，低地国却因而受到无妄之灾。结果谷物价格在 1565 年的前 5 个月内上涨 200%，政府紧急从西班牙进口，到了 5 月底才恢复原来价格。雪上加霜的是 1566 年秋季农作歉收，粮食不足立刻造成新的困扰，更糟的是接下来的冬季大寒，泰晤士河和须尔德河冻结，中断了伦敦与安特卫普的贸易。

1566 年 7—8 月的暴动事件深深惊吓国际商人，生意停顿城镇活动失调，交易所已看不到现金交易，贸易中止。安特卫普商人签发的汇票，在其他地方没人敢收。政府紧急镇压，纪律与秩序逐渐恢复，到了1566年9月工商行政体系才恢复运作。但半年后（1567年3月），安特卫普又陷入困境，能离开的人都不愿留下。之前被毁损的教堂依然触目惊心，暴动的惨状还历历在目，安特卫普的人口明显减少。低地国政府为了防止民变再起，大举宽赦暴民。菲利普二世反对此事，大怒之下派遣阿尔瓦公爵率军，1567 年夏从西班牙出兵镇压。

在这段动乱时期，英国与安特卫普的商界保持距离，只有少数几艘货船来过。低地国的动乱对英国布商影响很大，对王室收入打击更重。女王对安特卫普的交易所失去信心，因为已无法从低地国借钱来填补资金缺口。更恼人的是女王有一笔 3.2 万荷兰镑的外债到期，需要再借一笔同数额的钱周转。为了应付爱尔兰的问题，需另外筹措 2 万英镑。英国不但借不到钱，债主还每天向王室的财务代理人催讨。安特卫普城内明明还有钱，但金主在这个混乱时刻不愿意把钱借出去。

1565—1568 这 4 年是英荷贸易关系的最后阶段，低地国仍是英国最大的出口地。在 1563 年中至 1565 年 1 月间，英荷贸易中断 18 个月。1565 年 1 月重启贸易后，安特卫普的商业一度蓬勃发展，单是从伦敦运来的商品就占两国贸易的 3/4 或 80% 以上。1565 年 1—3 月间，在安特卫普卸货的总值约 170 万杜卡特金币（或 50 万英镑）。1565 是英荷贸易的纪录年，主因是要补回中断期（1563—1564）的缺货。但 1566 年夏的暴动对英荷贸易是一大打击，商业完全停摆，过了好几个月才恢复。女王的关税收入从 1565 年的 2.79 万英镑来年跌到 2.33 万英镑，1567 年的状况好转，秋季时羊毛与布匹从伦敦出口的税收高达 3.26 万英镑。

低地国的政经状况不稳时英国开始修正贸易政策：（1）不应把鸡蛋放在同一个篮子（安特卫普）；（2）积极试探埃姆登与汉堡成为替代港口的可能性，可惜不成功，只好转头回去安特卫普；（3）除了向斯堪的那维亚、波罗的海、俄罗斯试探新机会[①]，也往南向法国、西班牙、葡萄牙、地中海域找寻新出路。商人积极地把货物卖到意大利与土耳其，从波斯买回丝绸与香料。简言之，16 世纪下半叶与低地国贸易的危机，给英国带来重要的契机与转机，这个新视野为将来的日不落国奠下重要基础。

现在来看另一件重要事件：英荷贸易在 1569 年 1 月再次破裂，远比 1563 年那次更严重，双方完全撕破脸，连基本礼节都免了。主因是西班牙阿尔瓦公爵和他驻在低地国的军队，需要一大笔军饷维持开销。菲利普二世向热内亚商人周转，满载白银的船队朝低地国驶去，但途中碰到海盗与大风，躲到英国南方的港口普利茅斯避难（1568 年 11 月）。没想到伊丽莎白扣留船队不放，西班牙立刻展开报复没收船只货物，逮捕商界重要人士，英荷贸易因而中断（参见第 11 章第 1 节的详细解说）。对英国商人来说，这代表失去低地国与西班牙这两大市场。伦敦商人大表不满，认为女王不该扣留阿尔瓦的船和银子，但女王不为所动。朝廷会议认为和安特卫普的贸易已没有希望，更不可能和阿尔瓦和谈，再加上低地国的政治宗教状况太乱，不如开辟新的贸易管道。

几年前曾经试探过的埃姆登港现在已被阿尔瓦占领，阻断运货的可行性，英国转往汉堡试探贸易机会。汉堡的反应友善，1567 年 7 月 19 日英德签约，内含 57 条详述各类问题与处理原则。有了汉堡这个新港口，英国就可以把货物运入日耳曼与中欧，不必像过去一样过度倚靠安特卫普。1569 年 5 月英国的布匹运抵汉堡，但开始时商人并无多大信心，因为销量不大且利润微薄。幸好不久之后布匹全都卖掉，事实证明改走汉堡是正确的决定。在 1569—1574 这 5 年间汉堡完全取代安特卫普，成为英国唯一的海外贸易城镇。

英国撤离后对安特卫普是一大打击，市政府敦请法国友人写信给女王要求恢复英荷贸易。但英国商会明白表示：我们在安特卫普卖东西很不方便，也没什么商品可以买回英国，况且现今政治纷乱社会冲

① 参见 Ramsay (1957): *English Overseas Trade during the Centuries of Emergence*。

突这么严重。到了 1582 年 10 月中旬，英国在安特卫普的商会完全停顿，半世纪间的英荷繁荣贸易画下句号。[①]

7.5 动荡与衰退

安特卫普有过三波大景气：首先是 16 世纪初期葡萄牙带来的香料市场热；其次是从西班牙流入的美洲白银，直到 1557 年西班牙王室破产；第三是英国在 1515—1559 年间，大量出口布匹到安特卫普繁荣纺织染整加工业。这几波景气也带动起生活水平和物价。

1548 年葡萄牙人在安特卫普的香料生意接近尾声，显示过去几十年间屹立不摇的热带产品贸易已经结束。但整体而言低地国的工商业还在持续成长，对安特卫普的国际贸易并没有太大的打击。真正的转折点从 1560 年开始，首先是和英国的贸易开始萎缩。1544—1551 年间英国货币大贬值，英国商品在欧陆变得便宜许多，因而大幅刺激出口。1558 年伊丽莎白即位后，重新铸币极力挽回英镑汇率。英镑升值后提高商品的国际价格，但也减弱市场竞争力，出口量因而减缩。在生存的威胁下，贸易团体开始限制外国（尤其是低地国）商人在英国的活动。低地国最直接的反应就是报复，限制英商在低地国的业务。报复的结果是相互禁运，原本互生互利的贸易从 1560 年起陷入困境。

安特卫普的黄金顶峰期约有 30 年（1520—1550），这么短暂是因为有结构上的隐忧。原本是靠地理位置的优势与港口的集散便利，但如果英国的布匹找到新市场，或葡萄牙的香料来源出了问题，或是日耳曼的金融商的资金不足，或是天主教与新教徒有纷争，或是西班牙的殖民政策有变动，都会妨碍安特卫普的经济运转。试举几次重要的威胁为例：（1）英国的布匹业在 1551 年发生危机，对安特卫普有明

① Ramsay 的两本著作 (*The End of the Antwerp Mart*, Vols. 1 & 2)，详述 16 世纪英荷的贸易与外交事件，至今仍是这个领域的权威。(1)*The City of London in International Politics at the Accession of Elizabeth Tudor* (1975); (2)*The Queen's Merchants and the Revolt of the Netherlands* (1986).

显冲击；（2）西班牙1576年的军事镇压摧毁不少建设，影响商业交易；（3）低地国北方的叛乱，1585年封锁须尔德河，阻挡安特卫普与海口之间的通道。

1566年8月爆发的宗教改革纷争，在安特卫普和低地国各地引起动乱。当时的摄政者是帕尔玛的女公爵玛格丽特，她无法控制场面而被菲利普二世罢黜，1567年夏季改派阿尔瓦公爵率军驻进低地国，进行军事镇压统治暂时控制局势。大约9年后动乱又起，1576年11月4日西班牙部队侵入安特卫普，屠杀6 000人，烧毁800户住宅，损失超过200万英镑。

1568年11月阿尔瓦的军饷被英国劫走后，提出新的征税方式，外商更不容易在低地国做生意。除了内在的政治军事动乱，1568年之后还有一项严重的外在干扰。经济景气下跌后，不易谋生的低地国的海员、渔民、宗教难民、海上流民，在航线上兴风作浪，这些劫掠的海贼让贸易船只对安特卫普敬而远之。海盗变本加厉，1572年4月攻占布里尔城和符利辛根港，控制通往安特卫普港的航道。接下来几个月新教徒和海贼结合在各地叛乱，甚至有两个省成立叛乱政府，不顾西班牙统治者的禁令和敌对国家（如英国）恢复贸易。

汉堡是英国出售呢布料到日耳曼然后转运到意大利的好港口，但低地国仍是英国出口布料到欧陆的方便出路，英国商人在这个情境下于1573年返回安特卫普。然而西班牙的政治与军事控制力强大，对英国的贸易造成很大不便。另一项困扰是西班牙国库逐渐无法支付军饷，军队因而向外搜括财富。1574年安特卫普被迫付给军方一大笔保护费才免于被包围，工商业因而一蹶不振。各国商人离开后，取而代之的是犹太人，1580年起在安特卫普活动，1582左右君士坦丁堡的土耳其商人也来了。原本与英国人贸易的低地国商人，仿效英国贸易商团的模式1580年进入英国经商。他们3年后转入西班牙与葡萄牙做生意，甚至远征地中海域，和英国竞争地中海与北海之间的贸易。

从1577年起西班牙政府一直要光复叛乱省份，原本支持安特卫普原料与人力的腹地，逐渐被政府控制而切断这条脐带。1584年帕尔玛王子的军队包围安特卫普，撑到翌年8月17日开城投降，黄金时代终于落幕。[①]1585 年安特卫普被围城，驱逐新教徒离境，许多人逃到英国，安特卫普原有的金融体系，在这段空档时期被意大利热内亚商人掌控。安特卫普至此完全失去工商优势，只剩港口的重要性，阿姆斯特丹借机取而代之，成为新的金融贸易中心。

① 详见 Van Houtte (1977): *An Economic History of the Low Countries, 800-1800*, pp.119–121, 187–190 的解说。

IV 外债 · 内债 · 协商

8 赴欧陆筹措与偿还外债

本章第 1—3 节依爱德华六世、玛丽一世、伊丽莎白一世三个阶段，说明格雷欣做了哪些外债工作。16 世纪 60 年代中期英荷关系紧张后，安特卫普的资金市场逐渐萎缩，日耳曼成为筹款的另一项来源，第 4 节说明为何在日耳曼筹款的成果不佳。第 5 节用 4 个表格整理格雷欣的工作成果，说明外债的总额与复杂性。第 6 节综观格雷欣在 15 年（1552—1567）的代理人期间碰到哪些困难与阻碍。

进入主题之前先回答一个共同背景的问题，是否有可能：（1）找出这些金主的名字；（2）知道和他们交易的日期、金额和各项条件。答案是：可能性很小，除非有这些金主的历史账簿可查索。

第 6 章第 3 节简要介绍过安特卫普的 4 个主要金融集团（家族）：富格尔、韦尔泽、塔克、雪资。本章表 8–1 中也可以看到，同时期和英国王室有借贷关系的，还有意大利的奥塔维奥 · 洛梅利诺、低地国的安东尼奥 · 斯皮诺拉与费代里戈 · 因佩里亚利、西班牙的胡安 · 洛佩斯 · 德 · 加略和胡安 · 德 · 曼塔兹。第 2 章和第 3 章说过，王室代理人的任期不长，人事时常更换。每个代理人各显神通，找寻急用、短期、高利的贷款，必然要和规模大小不一的金主来往，才能应付各种突发状况，或相互比价谈条件。

以下列出已知的名单与资料来源，供有兴趣做个别金主的研究者进一步查索资料。须注意的一点是：这些人名来自意、西、荷、德诸国，与英国人习用的拼法不尽相同。德·鲁维尔[①]列出与格雷欣往来较频繁的金主名单：克里斯托弗尔·普鲁伊内、吉勒斯·沃夫特曼[②]、保罗·范·戴尔、雪资兄弟（加斯帕、梅尔基奥尔、巴尔萨泽）、安东·富格尔、保卢斯·布罗克多夫、莫里茨·兰曹、塞巴斯蒂安·弗莱克哈默、拉撒路·塔克、路德维希·利古扎尔茨。和格雷欣往来的西班牙金主有：胡安·洛佩斯·德·加略、胡安·德·曼塔兹；意大利金主有：安东尼奥·邦维奇、奥塔维奥·洛梅利诺、安东尼奥·斯皮诺拉、弗代里戈·因佩里亚利、尼科洛·德奥达蒂。埃伦伯格（Ehrenberg）[③]列出几位上面未提到的金主：弗朗茨·冯霍尔（应是德籍）、阿费泰塔蒂（意大利）。伯根[④]还提到几个名字：雷林格、吕克塞尔。[⑤]斯科特（Scott）也提到几位金主[⑥]：格勒诺·拉德梅克、埃利亚斯·沃伊斯、丹尼尔·阿尔贝托·斯卡德、查尔斯·恩格尔贝特、查尔斯·韦斯。迪茨也提到几位金主：弗勒塔莫尔、施潘根贝格尔。[⑦]表 8–2 还有一些名单，不一一列举。

8.1 爱德华六世时期（1552 年 1 月—1553 年 7 月）

第 2 章第 4 节说过，1551 年底当塞尔被撤职后由格雷欣接任。在为爱德华六世服务的一年半期间，他从安特卫普寄给朝廷的信件，和朝廷寄给他的简要指令，至少有 40 封以上。这些通讯中最早的

---

① de Roover (1949): *Gresham on Foreign Exchange*, p.26，另见同页注 45 的拼法说明。

② Ramsay (1986): *The Queen's Merchants and the Revolt of the Netherlands*, pp.49–50 说这两位是王室的最大金主，时常来逼债。

③ Ehrenberg (1928): *Capital and Finance in the Age of the Renaissance*, pp.190, 226, 229.

④ Burgon (1839): *The Life and Times of Sir Thomas Gnesham*, Vol. 2, pp.158, 162.

⑤ 参见 (1)Blanchard (2004): "Sir Thomas Gresham (c.1518-1579)", p.769; (2)Dietz (1964): *English Public Finance, 1485-1641*, Vol. 1, p.196, note 42; (3)Outhwaite (1966): "The trials of foreign borrowing: the English crown and the Antwerp money market in the mid-sixteenth century", pp.293-294 也有一些名单，与已列出的相同。

⑥ Scott (1910-1912): *The Constitution and Finance of English, Scottish and Irish Joint Stock Companies to 1720*, Vol. 3, pp.511.

⑦ Dietz (1964): *English Public Finance, 1485-1641*,Vol. 2, p.17.

是1552年1月，派格雷欣去偿付富格尔家族的债款。朝廷另派菲利普·霍比爵士（1505—1558）同行，他后来担任驻神圣罗马帝国与驻低地国的大使。1552年初时霍比的职位是军械署长（Master of the Ordnance），朝廷派他协助与欧陆金主协商贷款。

格雷欣的第一笔贷款指令，是1552年2月24日朝廷核准他向塔克家族借1万英镑，半年期，年利率14%。指令内容大要：这是格雷欣的首笔贷款，希望他执行以下的内容。上回由当塞尔商借的白银已无法取得，所以由雪资取得的出口执照已无效。现在要借的款项是1万英镑，半年期的利率是7%。这1万英镑在1552年初时约等于1.4万荷兰镑，朝廷要用其中的4 000荷兰镑，偿付2月底到期的一笔旧债，把剩下的1万荷兰镑运回英国。第二件事要格雷欣去协商延展5月15日到期的4.5万英镑债务。这封2月24日的信由5位阁员联署（诺森伯兰公寓、J. 贝德福德、E. 克林顿、T. 达西、威廉·塞西尔），可见对格雷欣首次任务的看重。①

1552年3月富格尔家族收到爱德华六世的部分欠款，合计6.35万英镑，4月底又收到1.4万英镑。这两笔款项合计7.75万英镑，在1552年的3—4月支付完毕，可以想见朝廷要如期偿付的压力有多大。到了5月初，朝廷写信给富格尔说还有4.5万英镑没还，目前国王只能先付5 000英镑，请富格尔依过去的年利率14%，展延剩余的4万英镑。这件事后来用其他方法解决，重点是由此可看出王室必须偿付的外债几乎没有间断过。

从格雷欣1552年8月的通信，可以看到在3月1日—7月27日之间，他替王室支付给金主的总额，高达106 301英镑4先令4便士。这期间他往返英荷8次的旅费，以及与朝廷的多次邮件费，合计102英镑10先令。加上1552年7月28日宴请低地国金融圈的餐费26英镑，还有请画师绘的“宴客图”5英镑。②这显示另一个重点：筹措外债的中间费用并不低，若再计入职员工的薪资与各项业务行政费，交易成本很高。

---

① Burgon (1839): *The Life and Times of Sir Thomas Gresham*,Vol. 1,pp. 80-82.

② Burgon (1839): *The Life and Times of Sir Thomas Gresham*,Vol. 1,pp. 83-85.

花大钱做公关有双重目的：一方面显示王室的偿债实力，另一方面请各位金主日后高抬贵手，债务到期时勿相逼太甚。8 月下旬，王室欠富格尔与雪资的 5.6 万荷兰镑到期[①]，派格雷欣去安特卫普请求延期半年。取得借方有条件的同意后，格雷欣亲赴朝廷解说，但朝廷不肯接，只愿用原来的利率支付延期的款项。格雷欣被迫再赴安特卫普协商，请金主体谅。

朝廷给他处理这件事的指令大要如下。（1）王室欠富格尔 4.4 万荷兰镑 8 月 15 日到期；欠雪资家族 1.2 万英镑 8 月 20 日到期，格雷欣应设法展延，但尚未完成任务。（2）格雷欣应再赴安特卫普向金主表达国王的处境与心意，寻求解决方案争取最优条件。（3）请金主不要忘记，他们已从英国赚取不少好处，过去也都如期偿还。此次请金主宽缓时间，必会依期偿付。（4）国王已派遣驻罗马帝国的大使去和富格尔协商，金主应会同意。

格雷欣难为地夹在中间，对朝廷的处理方式不满。1552 年 8 月 20 日抵达安特卫普，翌日写一封长信向枢密院主席诺森伯兰公爵（此人是格雷欣在朝廷的靠山）宣泄感受。（1）他抵达后找不到这两位金主，原来他们在布鲁塞尔。（2）会依国王的指行事，希望上天保佑他完成使命。（3）抱怨这件事全落在他肩上，请公爵体谅他的感受。（4）他在接受此职时已誓言全力以赴，必然会报答公爵的提拔与照顾。

格雷欣接着解说这项任务的困扰。

（1）王室应在 8 月 20 日还清 5.6 万英镑，加上之前国王已积欠一年的部分，提议一年后以现金付还 5.2 万英镑，展延期间的利率为 12%。为了补偿金主，国王另外购买价值 8 000 英镑的 Manuel Ryssis 珠宝，以及一个价值 1 000 英镑的钻石。朝廷派来低地国开会的诸公都说这些珠宝根本不值钱，质量不佳也不是来自东方。[②]

（2）另外向富格尔提议展延 2.5 万英镑欠款，条件是买下价值

① Dietz (1964): *English Public Finance, 1485-1641*, Vol. 1, p.196.

② 这表示金主在桌面上收了 12% 的利息，还强迫国王以高价买下劣质珠宝，这是国际金融集团惯用的伎俩。参见 MacFarlane (1845): *The Life of Sir Thomas Gresham*, pp.54–55 的解说。

5 000 英镑的毛织物（fustian），但被他们拒绝。富格尔和雪资同意延期一年，不必以高价另购珠宝或商品。亨利八世的代理人斯蒂芬·沃恩（参见第 2 章第 3 节），在类似的情况下曾被迫以高价买下各种物品，包括珠宝、铜、火药、毛织品。我通过朋友的协助贷到 2 万英镑，而不必另购珠宝或商品，这件事公爵阁下您最清楚不过了（格雷欣在表功）。

（3）和金主谈判时姿态不要太强硬，勉强的话不但无效反而有害，对国王也不利。如果努力之后仍无法办妥此事，"我就应该辞去代理人的职务，否则我会引以为疚并失去信誉。"目前王室的债务信誉比罗马帝国皇帝好多了，因为皇帝付 16% 的利息还借不到钱。如果朝廷听取建言，相信国王的债务两年内应可清偿，希望上天能给我时间达成任务。接下来格雷欣提议，由王室出资让他在外汇市场操作英镑汇率，减轻筹借与付外债成本。这件事相当技术性，内容复杂，留待第 9 章详述。

此时是 1552 年 8 月，离爱德华六世驾崩（1553 年 7 月）还有 11 个月。[①]奇怪的是：不论是格雷欣的传记或财政史的记载，[②]都没有这 11 个月期间与格雷欣相关的外债记录。现在能找到爱德华六世最后一条外债的记录，是 1552 年 7 月时伦敦市政府的市长和议员，愿意为王室在安特卫普的贷款担保。

这笔贷款到期时，羊毛与布业出口公会愿意先出钱还债，数额如下。1552 年 12 月王室应偿还 4.8 万英镑，公会借 4 万英镑给王室，王室于 1553 年 3 月时归还。这笔钱的来源，是由出口的布匹每匹征收 20 先令，预计会有 4 万匹布出口。1552 年 11 月羊毛出口公会同意，代垫 1553 年 2 月 15 日应付还富格尔的 2.1 万英镑（2 月 15 日之前先付 1 万英镑，余额延付，利息另计）。1553 年春，羊毛与布业出口公会另外承担应付的 43 771 英镑，还给富格尔、雪资、雷林格、弗朗

① 这封 1552 年 8 月 21 日的信很长，用密密麻麻的小字体印满满 3 大页，见 Burgon (1839): *The Life and Times of Sir Thomas Gresham*, Vol. 1, pp.463-465, appendix Ⅶ。

② 参见 Burgon (1839): *The Life and Times of Sir Thomas Gresham*, Vol. 1; Dietz (1964): *English Public Finance, 1485-1641*, Vol. 1。

西斯·冯·霍尔这几位金主，日后王室从出售王庄与王田的钱还给出口公会。[①]

埃伦伯格告诉我们下列的借款记载（爱德华六世末期 1552—1553 年间），[②]但都只是表面性的数字，没有相关信函可验证内容或说明过程。

（1）在 1552 年复活节市集时，富格尔通过加斯珀·雪资借给王室 25.5 万荷兰盾，利率 12%。

（2）格雷欣在 1552 年 2 月付还拉撒路·塔克 1.4 万荷兰镑（相当于 8.4 万荷兰盾），利率 14%，此事上面已提过。

（3）格雷欣在 1552 年 4 月付还富格尔 7.75 万荷兰镑（相当于 46.5 万荷兰盾），格雷欣应该是从其他金主，借钱来还这笔巨额债款。

（4）从 3 月 1 日—7 月 27 日之间，总共付还富格尔 10.63 万英镑（相当于 63.78 万荷兰盾）。这些钱不是从英国带来，应该都是在安特卫普筹来的。

（5）圣灵降临节（Whitsun）的 8 月市集时，应付还 5.6 万荷兰镑（相当于 33.6 万荷兰盾）：雪资家族 1.2 万英镑、富格尔家族 4.4 万英镑。此事先前已解说过。

我认为上述 5 项就是格雷欣在爱德华六世时期，在 1552 年 1—8 月之间的借贷数额。1552 年 8 月—1553 年 7 月国王驾崩之间，与格雷欣相关的借贷，目前无相关史料或信函可提供进一步的资料。[③]

8.2 玛丽一世时期（1553 年 11 月—1558 年 11 月）

第 3 章第 3 节提过，玛丽一世即位后格雷欣被“若有似无”地冷冻着，代理人的职务由当齐接手 4 个月（1553 年 7—11 月）。格雷欣

---

① Dietz (1964): *English Public Finance, 1485-1641*, Vol. 1,p.197, note 42.

② Ehrenberg (1928): *Capital and Finance in the Age of the Renaissance*, pp.272-275。

③ 格雷欣在 1552 年 8 月写一封半页的信给国王，析述 1552 年 1—8 月与借贷相关的金主名称和数额，详见 Burgon (1839): *The Life and Times of sir Thomas Gresham*,Vol. 1, p.461, appendix V。

回任后到1558年女王驾崩的5年间，格雷欣说他只替女王工作两年，国家档案保留他写给女王的4封信。这些事在第3章第4节谈过了，现在的重点是玛丽女王期间的外债内容与成果。

8.2.1 奉派安特卫普筹款

1553年11月当齐在安特卫普筹款，因办事无效率与造成损失，朝廷对他失望紧急向格雷欣求助。女王在11月13日发出派遣令，指示格雷欣一年内的工作方向与内容（详见第3章第3节末的解说）。11月17日晚8时格雷欣抵达安特卫普，翌日和金主拉撒路·塔克商谈借款20万荷兰盾，一年期的利率13%。其实这件事当齐已和塔克谈得差不多，但因当齐离职，这笔钱只剩下11个月的时间可用，利率也提高到14%。这件事在市面传言已广，格雷欣不敢下决定，11月18日写信请示。女王的指令说要借5万英镑，利率11%—12%，格雷欣表示会试着争取这个条件。[①]

一个星期后（11月26日）格雷欣报告此事的后续：金主塔克到交易所来找我，希望静候20天后回报消息。同一封信内格雷欣举发一件事：朝廷原本直接和富格尔洽借10万弗罗林金币，之后当齐来找富格尔说要再借10万。他希望能以10%的利率借到手，然后以13%转借给女王，赚取3%的利润。如果这笔私下交易成功，以后朝廷借款的行情就不会低于13%。

向塔克借20万荷兰盾的事结果如何并没有信函可引述，但此事应已成功，因为1个月后（1553年12月26日）格雷欣写封信说要运钱回国。那时全欧洲银根很紧，低地国禁止运钱出国，只能走私冒险。格雷欣奉命要分散风险，每艘船只能载运1 000英镑。安特卫普的海关搜索严格，格雷欣运出的是西班牙银币里亚尔。

格雷欣提议三种手法。（1）买大批胡椒，每袋内挟带钱币（价值200英镑）。（2）用外交邮包（可豁免海关检查），格雷欣希望朝廷同意，由驻布鲁塞尔的大使约翰·梅森爵士用这种方式带2 000或

① Burgon (1839): *The Life and Times of Sir Thomas Gresham*, Vol. 1, pp.132-135.

3 000 英镑回国。朝廷同意这么做但并未执行，因为格雷欣建议改用另一种方式。（3）不要买胡椒，改买 1 000 套半全速马具（demi-lances harness），挟带运钱。格雷欣详述如何包装运钱回国，估计一年内用各种手法可运回 10 万马克。[①]

这些钱（5 万英镑）应该安全运回，因为一方面没看到损失的记载，另一方面有详细记载格雷欣如何贿赂海关、新年送礼、请客喝酒，这些过程中他还是相当忐忑。[②]女王对格雷欣成功运回 5 万英镑表示赞赏,1554 年 3 月 15 日接见时盛赞"可靠的挚爱忠仆托马斯·格雷欣阁下"。女王交代审查人员和格雷欣好好对账，支付他应得的费用以感谢完成这项艰巨任务。这些账目的内容复杂、查对耗时，在账目结算清楚之前，格雷欣受命赴安特卫普去筹另一笔外债：300 750 杜卡特金币。[③]

8.2.2 赴西班牙运款

1554 年 5 月中旬，格雷欣从安特卫普的几位金主筹到 300 750 杜卡特金币，但不是现金而是汇票。[④]这些钱无法立刻领到，而是要在西班牙 Villalon 和其他地方的下次市集才能兑现。这笔钱是透过国际金融网络凑出来的，要做好几项事情才能运到英国。（1）先委托格雷欣在西班牙的代理人（即第 3 章最后 1 节提过的爱德华·霍根），拿这些汇票在各地的市集把钱兑换出来。（2）要西班牙国王核准才能把这笔巨款合法运出。当时英西两个天主教国家正要联姻，应该不会有

---

① Burgon (1839): *The Life and Times of Sir Thomas Gresham*, Vol. 1, pp.139-142.

② 详见 MacFarlane (1845): *The Life of Sir Thomas Gresham*, p.85，另见格雷欣 1553 年 12 月 6 日的信函。

③ 我认为格雷欣在玛丽女王任内最重要的 2 笔外债，是 1554 年 1 月在安特卫普筹借的 5 万英镑，和 1554 年下半年从西班牙兑领的 30 万杜卡特。

④ Blanchard (2004): "Sir Thomas Gresham (c.1518-1579)", p.769 说 300 750 杜卡特 = 97 878 英镑 15 先令。这是错误的，因为这个数字来自于 Burgon (1839)：*The Life and Times of Sir Thomas Gresham*, p.156，这笔钱是格雷欣在西班牙兑现的数目。英国在一年后支付的本息应该是 96 250 荷兰镑，详见 de Roover (1949): *Gresham on Foreign Exchange*, p.28。

政治阻力。[①]（3）中间的过程与细节很多，格雷欣要亲赴西班牙坐镇处理，但要先从朝廷取得许可与安排船只，他对此事要负全责。

格雷欣收到的指令是：这30多万杜卡特要换成白银，还要在西班牙另借20万，合计50万杜卡特运回英国。这是一项沉重的任务。1554年5月22日他离开安特卫普，先去布鲁塞尔（那是西班牙治理低地国的朝廷所在），探询神圣罗马帝国的皇帝和低地国的女王，是否要他去西班牙时，代办什么事。同时也拜访阿拉斯地区的主教，告诉他此行赴西的任务（先铺好政教关系）。也向低地国的朝廷申请赴西的护照，同时告诉女王说要从西班牙运50万金币去英国。女王答应会转告皇帝，但要格雷欣先住下四五天，等皇帝的西班牙文秘书德埃拉索从安特卫普回来才处理这件事。[②]

几天后皇帝给他护照与运钱回英国的许可，顺利完成最重要的文件作业。之后他回英国向朝廷报告，6月航向西班牙，随身携带玛丽女王发的重要文件："Gresham's instructions on being sent into Spain"。[③]英国派一艘船跟他去西班牙运钱，在天气与风向许可的情况下尽速返回达特茅斯港或普利茅斯港。

西班牙的菲利普国王准备7月底在伦敦和玛丽女王结婚，就指派海军将领埃芬厄姆勋爵霍华德的舰队，日后要护送格雷欣的钱回英国。看起来天时、地利、人和俱备，英西双方都希望格雷欣在菲利普出国之前抵达。但或许是天候关系，菲利普在7月19日出发时格雷欣尚未到西班牙，而6天后就是婚礼了。

格雷欣出使西班牙期间与朝廷有几封信件往来，可惜现在只剩一封，这件运钱的大事有些重要过程因而无法得知。另有一封是朝廷写给他的（1554年8月10日），用前所未见的严厉语气，回复格雷欣7月10日的信：一方面指责他太少写信；二方面指责他处理事情动作

---

① State Papers, Spain，May 4th, 1554, Vol. 12, pp.232–233.

② State Papers, Spain, June 7th, 1554, Vol. 12, p.269。

③ 这项英西外交经济史上的重要文件，全文收录在Burgon (1839): *The Life and Times of Sir Thomas Gresham*, Vol. 1, pp.472-475；重印在Tawney and Power (1924) eds., Vol. 2, pp.144-146。文件的内容复杂，主要是向西班牙政府解说这笔钱的来源（列举金主姓名与金额，详见表8–1），说明充分授权格雷欣执行这件事。

太慢；三方面不同意格雷欣让手下把钱先运到加的斯（西班牙西南方大港城），然后经由陆路运回，因为这是奇怪的做法。朝廷下令：这么重要的事必须亲自处理，不可让手下代劳。

1554年7月下旬抵达西班牙后，格雷欣花3个多月处理各项事务，之后在11月23日抵达西班牙最大港口塞尔维亚。一星期后写信向朝廷解说各项困难，以及西班人的各种阻挠。最主要的原因，是当地政府与商界不希望国内有限的资金，一下子就被英国运走50万杜卡特。

格雷欣抵达之前，他的代理人霍根已经筹到10万杜卡特。但要在短时间内从塞尔维亚运走这笔巨款，当地人的反应比想象中激烈，格雷欣甚至还被群众围困，因为这会造成塞尔维亚的资金短缺。[①]当地有家历史悠久的银行，甚至不愿付款兑现格雷欣的汇票，担心银行会因而破产。格雷欣建议朝廷让他先回英国，把汇票的事交给霍根慢慢兑现。再等一阵子就会有船运回美洲的银子，塞尔维亚的银根就不会那么紧。

1554年11月30日下午5时格雷欣和两位手下装好50箱钱，每箱装2 000杜卡特（共10万）。之后就无信件可说明他的行踪，直到翌年（1555）2月他回到安特卫普。和格雷欣共同处理这件事的朝廷主要联络者，是玛丽女王的机要秘书博克索尔。他和格雷欣的交情友善，会提醒或建议该注意哪些事。他曾建议格雷欣找机会接近西班牙国王，听取他的指示。格雷欣在西英联姻后，常向女王报告菲利普的消息与健康状况，因为他知道女王对国王的感情很深。只要提到在低地国觐见国王的事，女王就会特别关心，格雷欣时常提供这些细节吸引女王注意。[②]

格雷欣觐见菲利普（1558年5月16日、18日、19日三天）的目的，是希望准许他再运30万克朗到英国。国王允许分3次运出，每次10万，希望他低调秘密行事。[③]一个月后（6月20日），格雷欣写信给

① Unwin (1927): “The Merchant Adventurers’ Company in the reign of Elizabeth”, p.44, note 1.

② Burgon (1839): *The Life and Times of Sir Thomas Gresham*, Vol. 1, pp.158-159.

③ 这封给女王的信日期是1558年5月23日，见 Burgon (1839): *The Life and Times of Sir Thomas Gresham*, Vol. 1, p.159。

女王报告西班牙的军事实力：在布鲁塞尔的驻军至少有 1 万骑兵、3 万步兵，菲利普国王身体健康，外债的事进展顺利。[①]

解说整件事的大要与过程后，现在进一步看具体细节。为什么王室和格雷欣愿意用这么大的精神，在低地国、西班牙、英国绕这么大圈子筹这笔钱？原因很简单：数额较大、利息较低、偿还期限较长。

话说 1553 年 1 月，意大利热内亚的金融商人（参见第 6 章第 1 节解说），一方面知道英国王室有资金周转的压力，另一方面想在安特卫普抢一席之地，愿意提供 30 万杜卡特的贷款。条件如下。（1）借款期间 12 个月，每杜卡特的汇率是（等值于）11 个西班牙里亚尔币。（2）付款地与时间是西班牙的卡斯提亚市集期。（3）一年后在安特卫普还钱，每杜卡特的利息是 15 荷兰先令 5 便士。用英国人习惯的方式来表达：王室收到 30 万杜卡特，一年后还 96 250 荷兰镑。（4）这 30 万杜卡特以银块的形式从西班牙运到英国，风险与出口签证由王室承担。

这 30 万杜卡特是由哪几家金主联合凑出来的？表 8–1 是简洁的答案。

表 8–1　各国金主联贷 30 万杜卡特金币给英国，1554 年 5 月

（1）日耳曼南方的富格尔家族（安东 · 富格尔）	112 750
（2）安特卫普的雪资家族（加斯帕 · 雪资 & 兄弟）	100 000
（3）意大利的奥塔维奥 · 洛梅利诺	32 000
（4）低地国的安东尼奥 · 斯皮诺拉与费代里戈 · 因佩里亚利	17 000
（5）西班牙的胡安 · 洛佩斯 · 德 · 加略	24 000
（6）西班牙的胡安 · 德 · 曼塔兹	15 000
合计（杜卡特金币）	300 750

资料来源：“Gresham’s instructions on being sent into Spain”（June 1554），全文收录在 Burgon（1839）, Vol. 1, pp.472–475，重印在 Tawney and Power(1924)eds., Vol. 1, pp.144–146。另见 de Roover（1949）, pp.28–29; Blanchard（2004）, p.769 的解说。

① 另详见 MacFarlane (1845): *The Life of Sir Thomas Gresham*, pp.87–90 的析述。

格雷欣知道英西即将联姻，许可证和船运安全都不是大问题，就积极怂恿王室接受。他本来想把这笔钱装在菲利普赴英娶女王的船上，一方面更安全，另一方面可以让女王有人财两得的喜悦。可惜他太晚抵达西班牙，国王已经出发了。前面说过，英国在短时间内运走这么大笔的钱，害得巴利亚多利德的一家银行倒闭，所以只能运回 50 箱（10 万杜卡特），其余的由霍根接续完成。

再回来说运钱的许可证问题。以富格尔家族为例（参见第 6 章第 3 节），他们和神圣罗马帝国的生意往来这么久，金额这么大，还是很难从查理五世和菲利普二世父子手中，取得运钱离开西班牙的许可证。原因很简单，如同第 6 章第 1 节所说的，西班牙的国库破产过 4 次（1557、1560、1575、1596）。

16—17 世纪欧洲重商主义的特征之一，就是国际贸易与金融的概念是“零和式的”（zero-sum game）：我得的就是你的失，你失的就是我得的。格雷欣能从西班牙得到运钱出国许可，原因是西英即将联姻，算是西班牙送给英国的聘礼之一。为何无法一次运走 50 万杜卡特？因为 1554 年末离第一次国库破产 3 年不到，境内的钱早已不够用，银根紧张，单是运走 10 万就承受不住了。如果把 50 万一次全搬走，西班牙如何应付 1555 年的西法战争？

换个角度来说，为什么表 8–1 内的 30 万利息相对较低、时间较长（12 个月）？这笔钱只能在西班牙市集时才收得到，又不容易申请运出许可证，正好英西要联姻，西班牙无敌舰队可护送巨款到英国。这两项条件在国际金融集团中无人办得到，格雷欣才有机会取得这笔条件佳的高额贷款，麻烦的是要去西班牙收款装运回英国。[①]

再说几件细节。（1）1554 年 5 月，格雷欣在安特卫普取得这 300 750 杜卡特的汇票，来自好几个金融家族（表 8–1）。他先托霍根去收取，其中有两位重要的付款人，是塞尔维亚港的梅迪纳 · 德 · 里奥塞科与梅迪纳 · 德尔坎波。（2）装成 50 箱运 10 万回英国时，因为和海

---

① 详见 Ehrenberg (1928): *Capital and Finance in the Age of the Renaissance*, pp.111-112, 277-278。

关有争执，打破箱子损失 231 杜卡特。[①]（3）应该要运回 50 万杜卡特（30 万是在安特卫普筹的，20 万是在西班牙借的[②]），但目前的文件只知道格雷欣运回 27.5 万，还有 22.5 万未运到。[③]（4）运回英国的西班牙银子，其中 5 864 磅于 1555 年 3 月铸成英国钱币。（5）这已不是第一次将国外借回的钱熔成白银，之后改铸为英国钱币。[④]这次从西班牙运回的钱，铸成的货币价值超过 73 626 英镑。[⑤]其余的银子用途不明，可能用去发军饷或买军需。[⑥]

1555 年春季出使西班牙的任务完成后，格雷欣暂时无新任务。下次出国筹款的任务是 1558 年 3 月：有一位商人叫作舍马尼，愿意借女王 10 万英镑，为期一年，利率不高过 14%。女王指派格雷欣去洽谈此事，日薪 20 先令，可聘 4 个员工，每人每日薪资 16 便士。办公费、旅费、租金可以报公账，若因操作外汇与金融业务而导致亏损，可免负责任，附带的任务是用这笔钱购买军火和军需品。[⑦]半年多之后（1558 年 10 月 23 日），格雷欣写信给女王报告进展。但玛丽在 3 个星期后（11 月 17 日）去世，格雷欣的职务因而中止，此事日后的进展不得而知，也不知道格雷欣借到多少钱、期限多长、利率多高。[⑧]我判断此事或许到此就无疾而终。[⑨]

---

① Dietz (1964): *English Public Finance, 1485-1641*, Vol. 1, p.210.

② 现有的文献并没有提及，这 20 万杜卡特是向谁借的以及借款条件，也不清楚格雷欣在西班牙是否借到这笔钱，所以在下面的表 8–5 我就没提到这笔 20 万杜卡特的借款。

③ 现有的文献并没有提及，这 20 万杜卡特是向谁借的以及借款条件，也不清楚格雷欣在西班牙是否借到这笔钱，所以在下面的表 8–5 我就没提到这笔 20 万杜卡特的借款。

④ 参见 de Roover (1949): *Gresham on Foreign Exchange*, pp.60-61：1554 年 10 月 2 日有 97 箱钱币运到伦敦。

⑤ Challis (1975): “Spanish bullion and monetary inflation in England in the later sixteenth century”, p.383.

⑥ 格雷欣在 1554 年初至 1555 年初，洽谈这笔西班牙贷款的许多细节与过程，记载于 State Papers, Spain, 1554-1555, Vols. 12–13。从外债的角度来看这件事，可以简述为本节的内容，也可以加入许多细节，扩大改写为政治外交史观点的完整论文。

⑦ Burgon (1839): *The Life and Times of Sir Thomas Gresham*, Vol. 1, p.194, note m，列举采购军火的详细清单。

⑧ 详见 Burgon (1839): *The Life and Times of Sir Thomas Gresham*, Vol. 1,pp.191–201 的解说。

⑨ 参见 Salter (1925): *Sir Thomas Gresham, 1518–1579*, pp.65–68 对整件事情经过的解说。

8.3 伊丽莎白一世时期（1558 年 11 月—1567 年 3 月）

第 3 章第 5 节解说过格雷欣如何受到伊丽莎白的重用，以及打算如何大展身手。1558 年 12 月刚上任时，他写封长信给女王提出 5 项建议。但女王刚登基，政权转移和宗教转换（天主教政权转为新教政权）耗掉她太多精力。

在“节约”与“避战”的方针下王室对外债并不积极，女王首次的筹款指令，是登基一年后的 1559 年 12 月下旬：在一年内筹 20 万英镑购买军械与火药，找机会运回。①若有必要贿赂海关，可赠送值 500 克朗以内的礼物（交际费）。两个多月后（1560 年 2 月 25 日）他回到伦敦，写信告诉女王：筹钱的事已在进行，也有管道把钱运回来。同一天他写信给首辅塞西尔说欧陆的银根紧，希望女王能从羊毛出口公会周转 1.5 或 2 万英镑。②

这件筹款 20 万英镑的事之后就无下文。格雷欣从 1560 年 4 月—1561 年 3 月，在安特卫普连续住了将近一年。这段时间的函件很少提及外债问题，大都在报告低地国的政治、宗教、财政、时局，说明社会的对立与不安，以及西荷可能爆发的冲突（参见第 7 章第 4 节）。

女王即位后一年半内的主要关怀是防止西班牙入侵英国，格雷欣的主要工作是赴欧陆积极采购军火，这是另一个重要主题，第 11 章第 3 节专谈此事。1560 年春到 1561 年夏没有重要的外债进展，但有一段重要插曲：向日耳曼的金主商借 7.5 万英镑。这件事牵涉较广，延伸的时间较长，下一节详述。

1561 年 8 月 7 日格雷欣写信给首辅塞西尔报告外债状况，摘述重点如下。③（1）朝廷的国库署长（Lord Treasurer）要求我，今年 8 月 24 日在安特卫普支付债款 44 784 英镑 6 先令，其中 3 万英镑由布业出口公会垫付。（2）女王指示我把一笔 5 万英镑的债务展延到

---

① Scott (1910-1912): *The Constitution and Finance of English, Scottish and Irish Joint Stock Companies to 1720,* Vol. 1, pp. 27-28.

② Burgon (1839): *The Life and Times of Sir Thomas Gresham*, Vol. 1, pp.286-288.

③ 原文以小字印刷将近 2 页，收录在 Burgon(1839): *The Life and Times of Sir Thomas Gresham*, Vol. 1, pp.489-490, appendix XXVI。

1562年2月，国库署长会在1562年8月清偿这笔债。结算后，1562年8月和11月之间积欠的债务总额约10万英镑。（3）女王的其他债务同样会展延，1562年6月时要支付14 094英镑19先令4便士；1562年11月时要再付出相同的数字；12月时再付一次相同的数目。[①]

格雷欣还有一份报告说明借还的数目。（1）玛丽女王去世前1个多月（1558年10月1日），王室借到310 485英镑14先令。（2）1558年12月21日偿还319 968英镑3先令7便士，透支9 509英镑9先令5便士。（3）还要加上各项开销：18个月来的薪资、邮件费、军械与军火的运送仓储，合计约6 000或7 000英镑。这是1560年4月的账目状况。

另一笔账是3个月前（1560年1月）向女王报告的：1558年12月21日起的收入是337 958英镑14先令，支出339 996英镑13先令4便士，透支2 037英镑19先令4便士。1560年1月格雷欣报告说，他在安特卫普的支付总额是105 195英镑4便士，收入总额87 005英镑16先令8便士，透支18 189英镑4便士。（计算有误）[②]

1560年3月18日时，女王在安特卫普的债务总额94 659英镑16先令8便士。格雷欣还有一张账单，记载女王1560年4月15日在安特卫普的债务：5月有1笔93 659英镑16先令8便士到期；6月有1笔10 706英镑到期；7月11 514英镑；8月138 586英镑6先令8便士；1561年2月4 393英镑6先令8便士。以上合计：279 565英镑10先令。这笔将近28万英镑的债务，65 069英镑17先令4便士是玛丽女王欠的。还有1笔账，日期是1558年11月17日—1562年4月30日：格雷欣的借入总额是487 505英镑7先令，支付总额378 289英镑16先令，积欠额109 213英镑6先令（荷兰镑）。[③]

以上都是概算性的流水账：没有收支细目，没有个别项目的数额与日期。更让人头疼的，是这些账的日期有时相重叠，无法一目了然

① Ramsay (1975): *The City of London in International Politics at the Accession of Elizabeth Tudor*,pp.129-130，记载1562年间格雷欣在安特卫普的贷款成果。

② Burgon (1839): *The Life and Times of Sir Thomas Gresham*, Vol. 1, p. 490, appendix XXVI.

③ Burgon (1839): *The Life and Times of Sir Thomas Gresham*, Vol. 1, p. 490, appendix XXVI.

看出条理。整体而言，从这些数字可以看出，1558 年 11 月伊丽莎白即位到 1562 年 4 月这 3 年半，王室在安特卫普的外债收支大略。[①]

1562 年 4 月到 7 月下旬因无重要公事，格雷欣住在英国，7 月 27 日塞西尔亲笔给他一项指令，大要如下。[②]（1）王室积欠国外商人（即金主）的数额中，下个月（8 月）应还付 64 523 荷兰镑 18 先令 2 便士，尽速处理。（2）朝廷的态度是部分用现金，部分用实物支付，剩余部分延期 6 个月，利率同前，可能的话尽量少付。（3）在定案之前多和几位金主接洽，多借一些来还债。（4）8 月 10 日或 15 日时，朝廷就会知道是否有钱偿付 8 月到期的债务。这份简短的亲笔指示，是首辅指示 1 个月内的债务处理方针，属于“纵切面”的片断数据，无法据以提出较完整的注释。

1558 年 11 月玛丽驾崩后，她的西班牙丈夫菲利普二世（天主教），想娶她的妹妹伊丽莎白（新教）。此事破局后格雷欣的筹款日渐困难，主因有三：（1）西荷贸易关系逐渐僵硬（参见第 7 章第 4 节），英荷在 1548 年、1550 年、1554 年曾经决裂，英西联姻期间一切好说，现在双方开始敌对；（2）在这种关系下，就算格雷欣借得到钱，低地国政府也不愿发给出口许可；（3）低地国发生宗教冲突，西班牙的态度强硬，社会逐渐不安，金主不愿轻易借钱，怕出事时血本无归。在这种环境下银根较紧，格雷欣 1562 年 8 月 29 日写给塞西尔表示：“我借的 2.4 万英镑，现在连一分钱也没拿到。……银根的紧张与贫乏情况，现在要取得 2.4 万英镑比过去要借 30 万更困难。……基本上是有行无市。”情况到年底都没改变。[③]

格雷欣大约是 1562 年 8 月底离开安特卫普，朝廷记录 9 月 6 日他出现在伦敦的格林威治（Greenwich）。朝廷有一份王室在低地国的债务记录：1562 年 8 月 20 日的欠款额是 64 523 英镑 17 先令 2 便士。9

---

① 和 1560 年 3 月 18 日的总债务 94 659 英镑 16 先令 8 便士相比，似乎在短短一年内（截至 1561 年 2 月），英国的对外债务暴增 18 万。

② 全文收录在 Burgon (1839): *The Life and Times of Sir Thomas Gresham*, Vol. 1, pp.490-491, appendix XXVII。

③ Burgon (1839): *The Life and Times of Sir Thomas Gresham*, Vol. 2, p.16.

月16日朝廷指派格雷欣去筹3万荷兰镑，他另外借到10万法国克朗。这10万中的7万（2.1万英镑），10月20日可在斯特拉斯堡取得；其余的3万（9 000英镑），1个月后可在法兰克福或斯特拉斯堡取得。①

另一项是格雷欣账内的余额（大概是借入与支付之间的暂时剩余）：（1）西班牙的里亚尔、克朗、安吉尔币，共值3 000英镑。（2）索维林币，价值2 000英镑。（3）英国币共值12 968英镑12先令9便士。②这是1562年12月4日格雷欣账内的数目，无法显示外债的借还状况。

如第7章第4节所述，1563年之后英荷的贸易关系变质，双方在政治、宗教上的对立逐渐尖锐，外债工作因而碰到许多困难。③1563年初起到1567年春，就没有信函或朝廷文件可用来解说在低地国筹借的外债。其间发生一件事：1566年8月时由于各种动乱，已无法在安特卫普借到钱，但女王要求格雷欣再借3.2万荷兰镑支付已到期的债务。女王还要他再借2万荷兰镑，来处理爱尔兰事件。格雷欣大感困难，因为时局不佳，金主已一再催讨旧债，哪有可能借到新钱。④1567年3月17日，格雷欣从安特卫普写信说明这次行程的经过与观感。3月29日他写封长信说明此城的动乱状况，特别提到富人都已离境，连市长也走了，城市荒废。⑤之后格雷欣就不再回去过，这个曾经让他大展身手的贸易与金融中心。⑥

下个问题是：1567年3月时，安特卫普的所有经贸活动因动乱而停顿，王室积欠金主的债务是否已经清偿？答案是：没有。因为大约2个月后（1567年5月6日），格雷欣在伦敦自宅写信给塞西尔，说8月女王还有债款需要支付。本月（5月）20日也有1笔8 500英镑的债要付。女王原本答应每周要给格雷欣1 000英镑支付这笔账，

① Burgon (1839): *The Life and Times of Sir Thomas Gresham*, pp.16-17, note h.
② Burgon(1839): *The Life and Times of Sir Thomas Gresham*, p.19, note k.
③ 详见第10章第1节对这个问题的详细解说。
④ 详见 Ramsay (1986): *The Queen's Merchants and the Revolt of the Netherlands*, pp.49-50的解说。
⑤ 详见 Ramsay (1986): *The Queen's Merchants and the Revolt of the Netherlands*, pp.50-51 的解说。
⑥ Burgon (1839): *The Life and Times of Sir Thomas Gresham*, Vol. 2, pp.205, 208-209.

但此事下文已无可考。[①]

格雷欣在 1558 年 11 月（女王登基），到 1567 年 3 月 29 日（最后一次离开安特卫普），一共借了几次钱？还过几次钱？谁是金主？我无法提供简明清晰的回答，只有以上零散不连续的片断讯息。以下的表 8–2 更让人困惑，这是 1571 年 11 月底格雷欣积欠外国金主的数额表。这个表的内容明确、可信度高，但也传达几件让我尴尬的讯息：（1）这些金主的名字，有许多位并不在本章开始的名单内；（2）本节的上述内容，几乎没提到表 8–2 内的借贷关系与数额；（3）1567 年 3 月底之后，格雷欣就没踏上安特卫普，不知道表 8–2 的债日后用什么方式清偿，或已变成呆账。

表 8–2 的完整内容，是综述 1571 年 11 月底时，女王通过格雷欣在国内外的各项借款额（合计 59 584 英镑）。因篇幅所限，我只列举安特卫普的部分（30 894 英镑）。表 8–2 告诉我们：格雷欣帮女王在安特卫普筹借的款数（30 894 英镑），比帮女王在伦敦商界借的（28 689 英镑），大约多了 2 205 英镑。

表 8–2　格雷欣管理的王室未还债务，1571 年 11 月 31 日[②]

在安特卫普的欠款（荷兰镑）	英镑	先令	便士
欠韦泽及公司	14 327	10	0
欠格勒诺 · 拉德梅克	3 664	0	0
欠埃利亚斯 · 沃伊斯	1 525	13	4
欠丹尼尔 · 阿尔贝托 · 斯卡德	13 336	16	8
欠查尔斯 · 恩格尔贝特	2 362	0	0
欠查尔斯 · 韦斯	3 402	13	4
总额（荷兰镑）	38 618	13	4
换算成英镑	30 894	18	8

资料来源：State Papers, Domestic, Elizabeth, LXXXVI, 56. 引自 Scott (1910-1912): *The Constitution and Finance of English, Scottish and Irish Joint Stock Companies to 1720*, Vol. 3, p.511。

① Burgon (1839): *The Life and Times of Sir Thomas Gresham*, Vol. 2, p.212；Ramsay (1975): *The City of London in International Politics at the Accession of Elizabeth Tudor*, pp.192-194，析述女王因无法还债而被迫卖地，以及格雷欣如何解决这些问题。

② 1752 年之前英国采用儒略历，11 月有 31 日。

8.4 与日耳曼金主协商借款

1560年春季时，格雷欣已为伊丽莎白女王筹措一年多的外债，有三个原因让他试着往其他地区找寻资金：（1）安特卫普的金主太过老练，姿态过高，条件太硬，向他们借钱既贵又不舒服；（2）各国君主在安特卫普竞争资金，借贷市场既拥挤又要看金主的大小眼；（3）日耳曼和其他地方有些贵族相当有钱，但因缺乏金融专业，无法与国际集团竞争。在这三个考虑下，格雷欣想“下乡”借便宜压力小的资金，用来偿还已到期的债务。

日耳曼有一位崇高的贵族曼斯菲尔德伯爵，住在萨克森地区①，兼领现今的卢森堡，拥有高蕴藏量的银矿与铜矿。这位伯爵聘一位代理人（中介）汉斯·凯克来洽谈贷款，格雷欣斟酌后写信要自己的代理人理查德·克拉夫（详见第4章第7节），陪同凯克共赴朝廷解说。凯克所携带的文件，以及曼斯菲尔德伯爵的亲笔函，都保存在State Papers内，首辅塞西尔在这些文件上还有注记与眉批。②

塞西尔回信要格雷欣派几个像克拉夫这么能干的人，迅速去日耳曼办理。克拉夫得令后迅速返回安特卫普，但凯克却在英国逗留迟不现身，让格雷欣困扰不已。格雷欣得到塞西尔的指示后，写一封拉丁文亲笔信（1560年5月16日），由克拉夫带去拜见伯爵。克拉夫途经梅赫伦、马斯特里赫特、科伦，从日耳曼南方进入抵达萨克森。这段时期格雷欣有点焦虑，因为一直等不到克拉夫的消息。到了7月2日克拉夫才返抵安特卫普，说是因为去参观伯爵的银矿和铜矿，路途遥远又无邮车可送信。

伯爵的中介凯克比克拉夫早出发半天，回去通知这件事。伯爵热忱招待克拉夫：先派6个人到8英里外迎接他，抵达后全家在矿场别墅的大门口欢迎，给他住在大房间2天，展示他们很重要的银铜矿。第3天带客人去伯爵的宅邸，参观市镇与城堡，会见许多公爵和贵族。伯爵有150匹的马队，招待克拉夫宴饮2天，也问了好几个问题，

① 现今德国东部，东接波兰，南接捷克，详见维基百科的解说。

② Burgon (1839): *The Life and Times of Sir Thomas Gresham*, Vol. 2, p.338.

其中最重要的是：借伯爵的钱是要用来养兵打仗？克拉夫的位阶不足以回答这个大问题。伯爵的银子很丰富，王公贵族都有许多银子，丰盛奢华地款待客人。

伯爵贷款的金额是 7.5 万英镑，条件是年利 10%，8 月 15 日之前在安特卫普交款。伯爵的司库还送礼给克拉夫：价值 20 英镑的站立银杯，伯爵夫人托女仆送一件镶金带银的羽毛衣，价值 10 英镑。最后还感谢克拉夫长途跋涉，之后道别返回。克拉夫对这次出差的印象深刻，日后在遗嘱中还提到这些礼物要子孙当传家宝，不准随便携出。①

克拉夫带回伯爵的德文信给格雷欣，有好几件事伯爵不愿形诸文字，托克拉夫转述。简言之，伯爵愿意提供 30 万元的贷款，每元价值 5 先令，总共 7.5 万英镑，8 月 15 日前送到，年利 10%（比安特卫普便宜 2%）。抵押品是女王和伦敦市政府的借据（本票），这是当时常见的做法。如果女王愿意拿钢铁厂股东的本票作为额外抵押品，伯爵愿意再借 40 万元。格雷欣回绝了这一点，以免安特卫普的金主日后也这么要求。

伯爵的条件公平合理，态度诚恳低调，但这件事还是破了局。因为从 7 月 2 日起，过了几星期钱没送到，过了约定的 8 月 15 日仍无消息。王室急需要钱，格雷欣明显不悦，因为他一直在期盼这笔钱来偿付已到期的 2.5 万英镑债务，以及 8 月 20 日即将到期的 15 万英镑。他原本以为可以放心等这笔钱来偿债与备战，没想到伯爵食言。为什么热忱的伯爵失约了？稍后详述。

1560 年夏季时，西、法、葡的君主都缺钱，全欧洲金融市场银根甚紧。格雷欣原本想从伯爵的 7.5 万英镑中，先付还 2.5 万英镑给几位债主，一方面减轻债务，二方面减少日后的利息负担，三方面可维持英国的信用。剩下的 5 万英镑可用汇票或金银块，运回英国供其

---

① Burgon (1839): *The Life and Times of Sir Thomas Gresham*, Vol. 2, pp.340-343. 克拉夫这次出差的费用，详列在页 487—488 的附录 XXIV。

他用途。[①]这个如意算盘竟然失落了。格雷欣不死心，继续和伯爵联系，但终究无效，这条线无疾而终。[②]

现在换角度，解说为何格雷欣要尝试从日耳曼贷款。简单地说，1554 年 7 月西英联姻是件重要的事。亨利八世时脱离罗马教皇，玛丽一世恢复为天主教国家。英西的宗教结盟是明显的互利：（1）双方化敌为友，英国商人在西属的低地国贸易更有保障；（2）英西结盟可对抗法国这个世仇；（3）英国的军备费用可降减，西班牙可用美洲的银子，协助英国的国库亏空问题。

没想到玛丽女王 4 年后（1558 年 11 月）就驾崩，菲利普想娶她妹妹伊丽莎白来持续结盟，但新女王回绝了。菲利普的回应也很正常：让英国与低地国的贸易出现困难与障碍、阻挠英国在安特卫普筹钱。英西关系因而敌对化，30 年后（1588）英国打败西班牙无敌舰队。

1558 年 11 月伊丽莎白即位后英西关系紧张化，格雷欣开始打探去日耳曼贷款的可能。他听说科伦有人可贷 10 万元，立即促请首辅塞西尔进行此事但并无成果；他听说汉堡有机会但也没成功；他听说莱茵河流域的几个城市有人可借钱，又没成功。前述的曼斯菲尔德伯爵是这系列的败举之一。[③]格雷欣对日耳曼的兴趣持续到 1570 年 10 月，都还没死心。[④]

现在来谈曼斯菲尔德伯爵为何未能信守 7.5 万英镑贷款的承诺，拉姆齐（Ramsay）有一种说法。[⑤]这笔钱牵涉到好几位日耳曼金主，他们不愿出面具名，便派最富的曼斯菲尔德伯爵和沃尔拉德伯爵出面，还牵涉到安特卫普的另一位重要金主韦尔泽家族。这 10% 的利

---

① 大约是 1560 年 5 月，格雷欣兴奋地写信向女王说明这笔钱可以如何运用，见 Burgon (1839): *The Life and Times of Sir Thomas Gresham*, Vol. 2, p.334。

② Burgon (1839): *The Life and Times of Sir Thomas Gresham*, Vol. 2, pp.343-347；另见 MacFarlane (1845): *The Life of Sir Thomas Gresham*, p.113。

③ Dietz (1964): *English Public Finance, 1485-1641*, Vol. 2, pp.26-27 列举好几个这些不成功的试探。

④ Scott (1910-1912): *The Constitution and Finance of English, Scottish and Irish Joint Stock Companies to 1720*, Vol. 1, p.53.

⑤ Ramsay (1975): *The City of London in International Politics at the Accession of Elizabeth Tudor*, pp.222-223.

息，有一半可用来雇沃尔拉德手下的佣兵。

对英国政府来说这些条件非常好：（1）数额大；（2）利率比行情便宜2%；（3）利息钱的一半可用来雇佣兵。问题出在：（1）日耳曼金主对英国的情况不熟悉；（2）虽然安特卫普的金融市场可以接受伦敦市政府担保，但日耳曼金主觉得不满意；（3）日耳曼金主希望汉撒同盟的商人能居中担保，但英国与汉撒同盟的商业关系紧张，不愿接受这个条件；（4）曼斯菲尔德希望贷出的钱有部分以白银和黄铜支付，日后英国可以用铅偿还，理由是在冶炼过程中需要加入铅把铜和银分离，因此铅对于日耳曼的矿业相当重要；（5）金主中有人认为当时的行情是12%，不应该便宜2%借给英国。

以上5点在股东间有争议。到了9月伯爵说有股东要退出，原本答应的7.5万英镑必须降减，因而导致前述的破局。女王和格雷欣都表示可惜，但从日耳曼金主的立场来看，把钱借给西班牙是更好的选择：利息高又有美洲的白银源源不断，风险也较小。英德之间的“钱缘”就此断线，但缺钱的压力并未减缓。早在1559年，英国曾经找丹麦国王借10万英镑（以白银支付）。当时在荷尔斯泰因（日耳曼最北方与丹麦接连处）的利率只要5%或6%，女王知道这件事后愿意付8%，但这个价钱只能借到小额贷款，金主也不愿冒险借巨款给英国，此事又无疾而终。[①]

日耳曼的银子丰富利息又低，女王和格雷欣都没放弃这条线，15年后（1575—1576）机会又来了。1575年夏有一位住在科伦的罗兰·福克斯，向王室推销一笔低利巨款。基于前述的失败经验王室态度谨慎，派英籍商人爱德华·卡斯特林去科伦了解状况。回报的消息很正面：福克斯在金融圈的关系很好，可以筹到4万英镑，利率5%或6%。他也探听到，以当时的利率5%在荷尔斯泰因可以借到20万元。

科伦有一位寡妇希尔顿愿意以5%的利率，把下次在法兰克福市集收回的款项借给女王。希尔顿只要求伦敦市政府具保，这项好消息振奋朝廷。伦敦市议员罗兰·海沃德还拟一个计划，要以市政府的借

① Ramsay (1975): *The City of London in International Politics at the Accession of Elizabeth Tudor*, pp. 222-223.

据用 5% 利息借 10 万英镑，之后以高利贷出赚取差价。因为诱惑太强，动这个脑筋的人还不少，连铸币厂也有兴趣插手。

此时离格雷欣过世（1579）只有 3 年，有人请他出面协商，他以年老多病（腿瘸眼弱）为由婉拒，以书面提供几项建议供贷款谈判参考。王室很有兴趣，首辅沃尔辛厄姆说朝廷的态度已由怀疑转为热切，指示福克斯向寡妇希尔顿与其他金主募集资金。目标不超过 20 万英镑，期限 10 年，利率 6%。

协商时的主要困难是佣金太少，担保品不足。经过复杂的过程与起伏，这件事还是破了局。其实天下没有这么便宜的事，否则早就被欧陆的金融集团捷足先登了。这件事也反映王室对金融市场的判断不够精明，容易被中介的条件诱惑。日耳曼金主之事 10 多年后（1589）又发生一次，这次王室就警觉多了，先派出口商会的副会长威廉·迈尔德沃德暗中访察，看是否能用 10% 以下的利率借到 10 万英镑。答案是否定的。简言之，英德之间的贷款协商，从 1560—1589 这 30 年间没有一次成功。①

8.5 外债的总额与复杂性

本节以综合表格的形式，呈现筹措与偿还外债的整体状况。虽然真正筹措的地点以安特卫普交易所为主，但资金来自德、法、西诸国（表 8–1），金主人数众多（参见本章首的长串名单），可算是国际性的债款。为了简化这件复杂的事，我以四位君主的顺序，各用 1 个表格呈现外债的具体内容，有鸟瞰的功能又方便比较，但以下诸表有几项缺点与限制。

（1）以伊丽莎白时期为例，本章第 3 节虽然已汇集零碎的外债数字，但竟然出现表 8–2 这个没预想到的资料。这是个重要的提醒：本节的表 8–3 至表 8–6，恐怕不是外债数字的全貌，必定有漏网的，数

① Outhwaite (1971): “Royal borrowing in the reign of Elizabeth I: the aftermath of Antwerp”, pp.255-258.

量多少或比例多大暂时无从猜测。

（2）本书以格雷欣为主角，但把亨利八世时期的数量也纳进来讨论（表 8–3），目的是提供较完整的面貌。读者只需知道格雷欣的代理人任期，是在 1552 年初到 1567 年 3 月，就可判断他对外债的贡献度。

（3）很难用英镑给表 8–3 到表 8–6 提出一个总数额，原因如前所述：这是跨国性的资金调度，有些金主提供克朗币，有些是荷兰盾，有些是杜卡特币、也有里亚尔币，还有荷兰镑。这些货币的汇率高低起伏，只要资料许可，我尽量用英镑或荷兰镑表达。有时金主宣称现金不足，必须搭配 20% 的小麦和 10% 的香料，急需周转的王室被迫接受，这些数字很难用英镑表达。

（4）表 8–3 到表 8–6 内虽然有利率的数字，但应该把这些视为“名目利率”，而非“实质利率”。利率的困扰有下面几项。（a）利率有时只是“签约”用的，金主的目的是不要让同业眼红或破坏行情。金主会以“强迫推销珠宝”，或“实际贷款额低于签约额”，或“贷出荷兰镑，要求还纯银”，或五花八门的手法来改变实质利率。（b）表格内有许多笔贷款并无利率数额。（c）这些利率并非贷款总成本，还要加上格雷欣的佣金、国际金主的代理人佣金（0.5%—1%）、运钱回国的（走私）费用、运钱出国偿债的费用、各项业务费、行政费、车马费、租金。简言之，表内的利率大约要加倍，才能反映真正的贷款总成本。

（5）贷款期限通常是半年，大多数会再延期半年。这种情况应该算 1 笔或 2 笔？延期的记录并不完全，利息的变化和金主要求的罚款额，这类的成本就很难表达。

（6）这些表格的主要来源有 3 处：（a）格雷欣的通信函件，例如本章前 3 节内的流水账；（b）王室给格雷欣的债款指令；[①]（c）朝

---

① 例如：（1）1553 年 11 月 13 日，玛丽女王发派的 Gresham's Instructions on being sent into Flanders〔收录在 Burgon（1893）：*The Life and Times of Sir Thomas Gresham*, Vol. 2, pp.471–472, appendix X〕。（2）1554 年 6 月 12 日，玛丽女王发派的 Gresham's Instructions on being sent into Spain（同上，pp.472–475, appendix XI）。（3）1554 年 11 月，格雷欣寄给玛丽女王的账目说明：Finance during the Reign of Queen Mary（同上，p.476, appendix XIII）。（4）1558 年 11 月底或 12 月初，格雷欣呈给初登基的伊丽莎白 Sir Thomas Gresham to Queen Elizabeth, on Finance（同上，pp.483–486, appendix XXI）。

廷的档案记录（例如表 8–2），可惜这些数据太少（例如表 5–4 和表 5–8），只有总账而无细目。Scott（1910–1912）第 3 册页 510—527 是这类国家档案统计数字的重要来源。

（7）表 8–3 至表 8–6 的内容之外，我还有 3 整页的外债数字笔记，但都是流水账的记载，不易呈现结构性的表格，也整理不出有意义的论点。若想追索这些细节，可参考以下的书目与页码。Burgon(1839): *The Life and Times of Sir Thomas Gresham* 第 1 册页 80—100、182—184。Blanchard（2004）: “Sir Thomas Gresham（c.1518-1579）” 页 768—976。Dietz（1964）: *English Public Finance, 1485-1641* 第 1 册页 170、172、195—196、209；第 2 册页 11—12（与注解 11）、14—15、17（与注解 25）、26（与注解 38）、27、38。Ehrenberg（1928）: *Capital and Finance in the Age of the Renaissance* 页 103、116—117、269、272—279、301—302。Scott（1910-1912）: *The Constitution and Finance of English, Scottish and Irish Joint Stock Companies to 1720* 第 1 册页 33、52、54—55。

表 8–3　亨利八世的外债，1544 年—1547 年 1 月

	日期	金额	利率	资料来源	说明
1	1544 年 7 月 2 日收到	10 万克朗（1 克朗 = 5 先令）	10.5%	第 2 章第 2 节、第 3 节；Outhwaite（1966）, p.289	沃恩向韦尔泽家族借债，9 个月后偿还 122 788 克朗
2	1544 年底	21 万克朗		第 2 章第 3 节	沃恩从困难重重的金融市场借到
3	1544 年—1545 年间	总共借到 56 万英镑		第 2 章第 3 节；Outhwaite（1966）, p.290	
4	1544 年—1547 年间	总共将近 100 万英镑		第 2 章第 3 节；Outhwaite（1966）, p.290	1547 年亨利八世驾崩时，还积欠 7.5 万英镑

资料来源：表 8–3 至表 8–6 由作者整理。

表 8–4　爱德华六世的外债，1547 年 1 月—1553 年 7 月

	日期	金额	利率	资料来源	说明
1	1547 年—1549 年	24 万英镑	从 12% 降到 9%，平均不超过 11%	第 2 章第 4 节	当塞尔任职前 3 年的借款总额
2	1549 年 9 月	5.4 万英镑	为期 1 年，又展延 1 年，利率 12%	第 2 章第 4 节	当塞尔在安特卫普筹的钱
3	1550 年—1551 年间	32.5 万英镑		第 2 章第 4 节	英国积欠的外债总额
4	1552 年 2 月 24 日	1 万英镑	半年，7%	第 8 章 第 1 节，Burgon (1839), Vol. 1, pp.80-81	朝廷核准向塔克家族借债
5	1552 年 3 月 1 日—7 月 27 日	总共偿还富格尔 106 301 英镑 4 先令 4 便士（63.78 万荷兰盾）		第 8 章第 1 节	格雷欣替王室支付给金主的总额，这些钱都是在安特卫普筹来的
6	1552 年 3—4 月	7.75 万英镑		第 8 章第 1 节	富格尔家族收到爱德华六世的全部欠款
7	1552 年 4 月	偿还富格尔 7.75 万荷兰镑（46.5 万荷兰盾）		第 8 章第 1 节	格雷欣从其他金主借钱来还这笔债款
8	1552 年 8 月	5.6 万荷兰镑		第 8 章第 1 节	欠富格尔与雪资家族的钱到期，王室派格雷欣延期半年
9	1552 年复活节市集	25.5 万荷兰盾	12%	第 8 章第 1 节	富格尔家族通过雪资借给王室
10	1553 年 8 月	61 064 英镑		表 5–4	通过格雷欣去低地国筹借的外债总额

表 8–5　玛丽一世的外债，1553 年 7 月—1558 年 11 月

	日期	金额	利率	资料来源	说明
1	1553 年 8 月	148 526 英镑 5 先令 8 便士		Burgon(1839), Vol. 1, p. 182	另见 Burgon（1839），Vol. 1, pp.182-184 的细节数字
2	1553 年 11 月	20 万荷兰盾（5 万英镑）	1 年期，13%	第 8 章第 2 节	向塔克借款
3	1553 年—1558 年	740 000 英镑		Burgon(1839), Vol. 2, p.159	玛丽一世的外债总额
4	1554 年 5 月	3 000 750 杜卡特金币（每杜卡特 = 11 西班牙里亚尔币）	12 个月，每杜卡特的利息 15 荷兰先令 5 便士	第 8 章第 2 节	详见表 8–1，1 年后在安特卫普还 96 250 荷兰镑
5	1558 年 10 月 1 日	310 485 英镑 14 先令		第 8 章第 3 节	玛丽女王逝前 1 个多月借到

表 8–6　伊丽莎白一世的外债，1558 年 11 月—1571 年 11 月

	日期	金额	利率	资料来源	说明
1	1558 年 11 月	1 年内筹 20 万英镑		第 8 章第 3 节	用来买军械火药
2	1558 年 11 月 17 日 —1562 年 4 月 30 日	格雷欣的借入总额 487 505 英镑 7 先令，支付总额 378 289 英镑 16 先令，积欠额 109 213 英镑 6 先令（荷兰镑）		第 8 章第 3 节	
3	1558 年 12 月 21 日	偿还 319 968 英镑 3 先令 7 便士		第 8 章第 3 节	透支 9 509 英镑 9 先令 5 便士
4	1558 年—1566 年 6 月	110 万英镑		Burgon（1839），Vol. 2, p.159	伊丽莎白一世的外债总额
5	1558 年—1574 年间	将近 50 万英镑		第 2 章 第 3 节；Scott（1910-1912），Vol. 3, pp.494—495	
6	1559 年 11 月 30 日到期	106 649 英镑 5 先令 8 便士		表 5–7	

（续表）

	日期	金额	利率	资料来源	说明
7	1560 年 3 月 18 日	94 659 英镑 16 先令 8 便士		第 8 章第 3 节	女王在安特卫普的债务总额
8	1560 年 4 月 15 日	5 月有 93 659 英镑 16 先令 8 便士到期；6 月有 10 706 英镑到期；7 月 11 514 英镑；8 月 138 586 英镑 6 先令 8 便士；1561 年 2 月 4 393 英镑 6 先令 8 便士。以上合计：279 565 英镑 10 先令		第 8 章第 3 节；Outhwaite（1966），p.290. Scott（1910–1912），Vol. 3, p.496	这笔在安特卫普将近 28 万英镑的债，其中有 65 069 英镑 17 先令 4 便士是玛丽女王欠的
9	1561 年 8 月 7 日	44 784 英镑 6 先令（其中 3 万英镑由布业出口公会垫付）		第 8 章第 3 节	国库署长要求 8 月 24 日在安特卫普支付债款
10	1562 年 2 月	5 万英镑		第 8 章第 3 节	女王指示展延债务，1562 年 8 月，国库署长会清偿这笔债
11	1562 年 4 月—7 月下旬	8 月应还付 64 523 荷兰镑 18 先令 2 便士		第 8 章第 3 节	国务卿塞西尔亲笔指令
12	1562 年 8 月 20 日	欠款额 64 523 英镑 17 先令 2 便士		第 8 章第 3 节	王室在低地国的债务记录
13	1562 年 9 月	借到 10 万法国克朗		第 8 章第 3 节	其中 7 万（2.1 万英镑），10 月 20 日可在斯特拉斯堡取得；3 万（9 000 英镑）1 个月后可在法兰克福或斯特拉斯堡取得
14	1562 年 9 月 16 日	筹 3 万荷兰镑		第 8 章第 3 节	朝廷派格雷欣筹款
15	1563 年—1574 年	98 484 英镑		de Roover（1949），p.21	1563—1574 年间格雷欣在国外的借款总额；Outhwaite（1966），p.304 说是 95 000 英镑
16	1565 年 5 月 20 日到期	17 000 英镑		表 5–8	格雷欣经手的外债

（续表）

	日期	金额	利率	资料来源	说明
17	1566 年 2 月	192 500 英镑（在安特卫普的欠款）		Scott (1910-1912), Vol. 3, p.497	*Calendar of State Papers, Foreign*, 1566—1568, p. 21
18	1571 年 11 月底	30 894 英镑		第 8 章第 3 节	在安特卫普的欠款（详见表 8-2）
19	1575 年—1603 年	461 000 英镑（内债为主，外债为辅）	85 000 英镑是有息贷款	Outhwaite（1966），p.305	其余是无息贷款

8.6 阻碍与困难

8.6.1 人事困扰

要担任王室代理人，在国内外商界有地位是必要条件，在朝廷内有人脉是充分条件，格雷欣的例子充分佐证这个道理。第 3 章第 1 节说过，爱德华六世在 1551 年底或 1552 年初，任命他接斯蒂芬 · 沃恩的职位，主要是因为诺森伯兰公爵（约翰 · 达德利）的推荐。第 3 章第 2 节说过，玛丽 1553 年 7 月登基后，天主教派的财政大臣威廉 · 保利特爵士（1484—1572）排挤格雷欣，代理人的职位因而转由当齐接手 4 个月（1553 年 7—11 月）。但因当齐不够专业让朝廷蒙受损失，只好把格雷欣找回来。伊丽莎白 1558 年 11 月登基后，格雷欣和首辅塞西尔的交情与积极表现，才能抵挡四朝元老级的财政大臣保利特对他的多次谗言诽谤。以下举例说明保利特如何多次与他作对，以及格雷欣如何抗辩自保。

保利特多次排挤不成更憎恨他的原因如下。（1）宗教上的：天主与新教不相容。（2）同业上的：财政大臣与格雷欣都明白对方的手段与目的。（3）政治上的：格雷欣家族在朝廷内经营人脉，在贵族间勾结交换利益。（4）人际上的：格雷欣与首辅塞西尔和托马斯 · 帕里爵士（1515—1560，伊丽莎白女王的审计官）交好，外债的公务都不向保利特报告。

以 1560 年 6 月的事为例，保利特对格雷欣的中伤手法，是检举他在筹借外债时不忘谋取私利，还暗扣 4 万英镑。格雷欣对此控诉深感不安，从国外写信答辩说身边只保留不到 300 英镑，这件事塞西尔可以作证（但此刻塞西尔因公赴爱尔兰）。格雷欣说明，不向财政大臣报告是为了保守业务机密，还说保利特在爱德华六世、玛丽女王时期都检举过他这件事。格雷欣把话转过来说不但没欠王室金钱，反倒是王室还欠他一笔债。这件纠纷持续很久，种种谣传让格雷欣烦躁，希望帕里能帮他辟谣。①

从商界人士的角度来看，他们有两项重大理由不喜欢格雷欣：（1）和王室走得太近，他父亲和叔父曾借钱给亨利八世，父叔都靠朝廷关系担任过伦敦警长和市长，惯用政治人脉谋取名利与资产；（2）格雷欣为了替王室节省外债成本，强迫出口公会配合操纵外汇，牺牲同业利益（详见第 9 章第 2 节）。②格雷欣在低地国采购军火，时常要走私运回国内，商界大都知道这件事，曾有人告密检举害他出事，幸好没有严重失误（详见第 11 章第 3 节）。

8.6.2 金主逼债

对格雷欣来说，更大的压力来自金主。借不到钱是头痛的事，若王室无法如期偿付，他必须厚颜请金主展期，或挖肉补疮借东还西，否则金主会扣押英国的货物、船只、货款。这是代理人最伤脑筋的事：借不到钱、王室跳票、金主逼债、进退两难。以下试举 5 例。

（1）英荷的贸易与外交关系在 1562 年 8 月已呈紧张局面，8 月 16 日格雷欣写信给塞西尔说："这些金主不愿再和女王有借贷关系，

---

① Burgon (1839): *The Life and Times of Sir Thomas Gresham*, Vol. 1, pp.324-329.

② 商界人士对格雷欣的观感不佳，可从这句话看出："I know that Mr. Gresham ys not best belovyd amonges the merchants, for the servise a cloth to the prince"，见 Burgon (1839): *The Life and Times of Sir Thomas Gresham*, Vol. 1, p.324。

原因是他们对局势的纷扰深感疑惑。此外，此地（安特卫普）对英国的实力与女王的债信大表疑虑，大家都想摆脱英国的债务。" 8 月 29 日格雷欣写信说市面银根甚紧，借贷双方都缺钱。[①]

（2）1563 年 10 月 3 日格雷欣写信给塞西尔说，已和几位金主谈妥债款延期，但兰佐夫（莫里茨·兰曹）和布罗克特罗普（保卢斯·布罗克多夫）还没同意。这两位金主的代理人说，他们得到的指令只有两项：还钱或逮捕，并进入司法程序。格雷欣费尽口舌，请这两位代理人劝说金主同意展延，愿意支付往返旅费，再送一条金项链当报酬。他们终于同意，但要求女王在 11 月 20 日之前把 2 万英镑的债款准备好，以黄金运到安特卫普，要用来铸成金币，他们说用这种方式付款比用汇票合算。这件债务纠纷到 11 月 10 日结束，格雷欣亲自带钱去安特卫普还这两位金主的债，还写报告存留在国家档案内。[②]

（3）首辅塞西尔不知下过多次指令要格雷欣去推延付款期[③]，这种和金主协商推延的事到 1566 年 8 月就很困难，原因是低地国社会动乱，富人和外国人已逐渐离境，原本繁华的交易所逐渐停顿。在这样混乱的局势下，格雷欣竟然能为女王推延 3.2 万英镑的旧债（8 月 20 日到期），又借到 2 万英镑，实在不容易。3 年后（1566）格雷欣又赴安特卫普，把 2 月的债推延到 8 月。[④]

（4）格雷欣时常担心若不如期偿债会影响信誉，增加借钱的困难度，有时他会僭越地明示朝廷说何处还有钱可用。例如他到晚年时（1569—1570），向塞西尔说伦敦塔内还 2.5 英镑或 3 万英镑闲置，可用来周转[⑤]，被逼急了还会掏腰包代垫债款。这也是王室找富商当代理人的原因，但也因而时常公私款相混[⑥]，导致账目上和王室产生纠纷。

（5）1566 年 8 月由于政局与社会不安，安特卫普的金融市场即

---

① Burgon (1839)：*The Life and Times of Sir Thomas Gresham*, Vol. 2, pp.12-13, 16.

② Burgon (1839): *The Life and Times of Sir Thomas Gresham*, Vol. 2, pp. 29-30, 43.

③ Burgon 1839: *The Life and Times of Sir Thomas Gresham*,Vol. 2, p.28, footnote o（1563 年 8 月 26 日）和 p.44, footnote z（1564 年 1 月 1 日）是典型的例子。

④ Burgon (1839)：*The Life and Times of Sir Thomas Gresham*, Vol. 2, pp.150-155, 191-192.

⑤ Dietz (1964): *English Public Finance, 1485-1641*, Vol. 2, p.27.

⑥ Ehrengberg (1928): *Capital and Finance in the Age of the Renaissance*, p.254.

将结束，外债工作即将进入尾声。他以女王名义邀宴金主感谢过去的协助，对好几笔账未能如期支付表达歉意，也邀宴低地国的官员感谢过去的照顾。[①]他大略估算，在爱德华与玛丽时期，王室在安特卫普的借债总额大约 74 万英镑。但伊丽莎白即位 10 年不到已借了 110 万英镑，格雷欣说这是 10 年间他第 31 次往返英荷。[②]他还宴请安特卫普市长倾谈时局与困难，也抱怨各国袖手旁观，悲感交集大醉而归。[③]

8.6.3 繁杂的行政程序

以债务单据的销账手续为例，格雷欣在低地国偿付一笔债款后，要拿回原来的借据到朝廷报销。到了付款日，国库署有个“处理委员会”（Council of Ways and Means at the Treasury），把已付讫的借据涂销，或延期无法如期支付的借据，或签发新借据。国库署仔细核对后，把新借据的副本寄送给承保者伦敦市长。格雷欣最感麻烦的，是每每要耐心等候这些拖拉费时的繁杂手续。[④]

现代的借贷透过银行汇款即可，格雷欣时期借还金钱的麻烦可举一例。1562 年 12 月他从安特卫普借到 2 万英镑，由于汇率的变动，实际借到的数额是 19 999 英镑 9 先令 2 便士。但这不是完整干净的一笔，而是由下列方式凑出来的：（1）其中的 3 301 英镑 2 先令 8 便士是西班牙的里亚尔币，与英镑的汇率是每个里亚尔值 6.5 便士；（2）有 1 195 英镑 3 先令是法国的克朗币，汇率是 6 先令；（3）有 607 英镑 10 先令是皮斯托尔币，汇率是 5 先令 10 便士；（4）有 44 英镑 5 先令是玫瑰金币，汇率是 15 先令；（5）有 10 英镑是两杜卡特，汇率是 13 先令 4 便士；（6）有 11 英镑是英制里亚尔，汇率是 11 先令；（7）

---

① Burgon (1839)：*The Life and Times of Sir Thomas Gresham*, Vol. 2, pp.158-159, 164-165.

② 见 1566 年 9 月 8 日的信，Burgon (1839)：*The Life and Times of Sir Thomas Gresham*, Vol. 2, pp.159-160。另见 MacFarlane (1845): *The Life of Sir Thomas Gresham*, pp.144-146 的解说。

③ 参见 MacFarlane (1845): *The Life of Sir Thomas Gresham*, p.52 的补充说明，以及 Burgon (1839)：*The Life and Times of Sir Thomas Gresham*, Vol. 2, p.166。

④ Hall (1902): *Society in the Elizabethan Age*, p.64.

有 14 830 英镑 8 先令 6 便士，是英国的安吉尔币和索维林币。

此外，还有更复杂的。（1）这 2 万英镑中有 18 087 英镑 13 先令 6 便士，取钱的地方是伦敦市，还钱的地方是安特卫普。这笔钱要分几次还，每次的汇率不同，每英镑（20 先令）的汇率，从等于荷兰镑的 23 先令，到 22 先令 4.5 便士不等，平均约 22 先令 7 便士。还清时大约要支付 20 370 英镑 2 先令 1 便士。（2）这 2 万英镑中有 1912 英镑 6 先令 8 便士是在安特卫普借的，汇率 21 先令 10 便士，还钱时共要支付 2 087 英镑 8 先令 1 便士。这笔 19 999 英镑 9 先令 2 便士的外债，总共要支付本息 22 459 英镑 10 先令 2 便士。

不仅如此，还要支付下列的"中间费用"。（1）先把这些银币熔成 1 000 英镑重的银块，再换成等值的黄金方便搬运。每磅白银的处理费 1 便士，共 1 000 便士。（2）要支付格雷欣的日薪 1 英镑，以及每年 25 英镑的交际费宴请金主。（3）加上各式各样可报公账的邮件费、业务费、车马费、搬运费。（4）支付 0.5%—1% 的佣金给格雷欣，以及 1% 给在安特卫普的中介。（5）若低地国政府不肯核发金钱出境许可，就要安排走私偷运，还要贿赂海关人员。（6）若海运翻船或陆运被劫，麻烦更大。

为了要借 2 万英镑，王室真正支付的本金、利息、杂费，恐怕将近 2.4 万，代价非常非常高。[①]对格雷欣来说，这些麻烦的细节和过程都要参与，或督导他的工作团队完成任务，甚至还要肩负成败责任。否则王室为何要支付他 0.5%—1% 的佣金，外加日薪 1 英镑？[②]

---

① Hall (1902): *Society in the Elizabethan Age*, p.65.

② 参见 Outhwaite (1966): "The trials of foreign borrowing: the English crown and the Antwerp money market in the mid-sixteenth century", pp.302–303 的相关解说。

9 英镑的汇率与操纵的可能性

第1节以图形和表格呈现英镑汇率的变化趋势，第2节要争论一件事：担任王室代理人期间，格雷欣几度要求朝廷支持，让他放手在安特卫普的交易所操纵英镑汇率，借以减轻借款与还债的成本。都铎王朝史学者大都误把格雷欣的计划，视为已实现的业绩。从他的财务实力和基本的外汇学理判断，我提出相反的解释，认为这只是如意算盘而非史实。

9.1 都铎王朝的英镑汇率

以下分5点简要解说图9–1。荷兰和英国的币制一样：1英镑等于20先令，1先令等于12便士。以下的汇率数据可解读为1英镑＝（20英国先令）＝？荷兰先令。汇率越高（英镑的价值越高），表示20英国先令可换得较多的荷兰先令，越低的汇率表示英镑价值越贬。

（1）这可能是都铎王朝时期已知的最完整汇率数据。解读图9–1时有个小要点：汇率高过纵轴上的20，表示英镑的币值高过荷兰镑，低于20表示英镑的币值低于荷兰镑。

（2）1英镑（20先令）在1526年时，可换到33荷兰先令，表示亨利八世即位17年后，英镑的国际币值相当高。随着亨利八世的征伐与各种开支（详见第5章第3节），1537年3月时20先令只能换到26.58荷兰先令。英镑贬值的趋势在亨利八世晚期急剧严重化，在爱德华六世末期甚至贬到只能换 12.67 荷兰先令（1551 年 7 月）。英镑大贬的主因，是 1544—1551 这 8 年期间的“减重与降低成色”（金银含量大减）。[①]

（3）玛丽女王时勤俭止戈，把英镑汇率拉到亨利八世驾崩时的水平。[②]伊丽莎白即位后励精图治，重新铸币恢复旧值（详见第 10 章第 2 节），整体来说汇率虽有起伏，但长期趋势呈缓和升值。

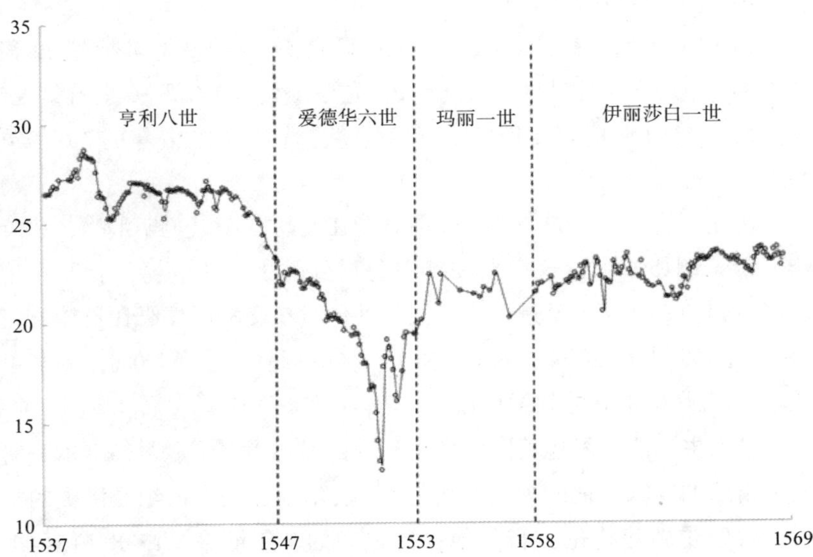

图 9–1　英镑与荷兰镑的汇率（1 英镑 = 20 英国先令 = ? 荷兰先令），1537 年 3 月—1568 年 10 月

感谢李翎帆提供统计数字、柯君洁绘图。

资料来源：

de Roover (1949): *Gresham on Foreign Exchange*,pp. 128-137, “The Rate of Exchange and the Mint Par”.

Gould (1970): *The Great Debasement: Currency and the Economy in Mid-Tudor England*, pp. 89, 201-202, graph A.

Li Lingfan (2012): “Bullion, bills and arbitrage: exchange markets in fourteenth-to

① 详见 de Roover (1949): *Gresham on Foreign Exchange*, pp.53-59。

② 玛丽统治期间虽然没有回收劣质的旧币，但这段时期所发行的新币，在成色上有大幅的改善。

seventeenth century Europe", PhD thesis (appendices to chapter 3).

Lloyd (2000): "Early Elizabethan investigations into exchange and the value of sterling, 1558-1568", pp. 75-78, table 2.

（4）格雷欣的王室代理人任期，就是从1551年底英镑惨跌到谷底时，直到1564年的平稳期。这是变化多端的精彩阶段，也是格雷欣大展身手对朝廷最有贡献的时期，更是英国步入黄金时代之前的翻转时刻（参见图4–1与图4–2）。

（5）英镑贬值有什么坏处？1526年11月时20先令能换到33荷兰先令，1551年7月时只能换到12.67先令（相差2.6倍）。也就是说，英国商人1551年时若要换到1万荷兰镑，就要用1526年的2.6倍英镑来换。

在理想状态下，如果筹借外债时能在交易所操纵短期汇率，让英镑贬值（例如5%），这样在安特卫普借到的1万荷兰镑，就能在伦敦多换到500英镑。反过来说，偿付外债时在交易所操纵让英镑升值5%，就可以少付500荷兰镑，这样一来一回就可省下10%，相当可观。[①]这就是格雷欣的如意算盘。

进入主题前，简述英国汇率史研究的基本背景。德·鲁维尔是研究格雷欣的专家，他的夫人弗洛伦丝·埃尔德也是中世纪经济史的学者，曾经重新建构伦敦与其他地区之间的7年汇率（1538—1544）。著名的荷兰经济史学者尼古拉斯·普修默（1880—1960），1943年发表1624—1914年间阿姆斯特丹的各种汇率报价表。[②]德·鲁维尔曾深入安特卫普的档案，告诉读者说："格雷欣担任王室代理人的过程与内容，值得做更深入的探讨。因为这件事牵涉到许多技术性细节，

① Ponko (1968): *The Privy Council and the Spirit of Elizabethan Economic Management, 1558-1603*, p.45 说："On a £30 000 loan, the government would save about £4500 by the difference between the value of sterling in Flanders and in London at the times of borrowing and repayment"。详见 Outhwaite (1966): "The trials of foreign borrowing: the English crown and the Antwerp money market in the mid-sixteenth century", p.297 分析汇率的高低变化以及对英国的正负面影响。

② 详见 de Roover (1949): *Gresham on Foreign Exchange*, p.132，以及维基百科对普修默的介绍。

需要技巧的处理，目前历史学界尚未能接受这项挑战。”①

我认为还有个问题需要深入。如图 9–1 所示，我们对都铎王朝的汇率细节所知有限，有不少空白与间断需要填补。我很同意理查德森的话：“在安特卫普的档案馆里，有非常多与格雷欣、沃恩相关的手稿资料。据我所知，这些资料还没有人系统地运用过。如果这些资料没有充分运用，那么都铎王朝与欧陆的金融关系史就还不能称得上已有定论。”②德·鲁维尔和理查德森这两位中世史前辈，娴熟运用英文与荷文档案，他们对格雷欣与沃恩有深入的研究。他们知道这批档案存在，也明白它的重要性，不知为何当时没有充分运用。③

9.2 格雷欣有能力操纵汇率吗?

英镑的长期汇率取决于两个条件。(1）金银的含量（成色）：亨利八世采取大贬值政策时（详见第 4 章第 2 节），汇率自然大贬（见图 9–1）；伊丽莎白即位后恢复原有的成色，汇率自然回升。(2）透过贸易顺差，赚进来的外汇存底愈高，汇率自然上升，反之则下跌。表 4–3 到表 4–5 告诉我们，都铎王朝对荷兰的贸易顺差整体而言很不错，但商人辛苦缓慢累积的外汇，完全跟不上亨利八世的耗竭速度，所以汇率大幅下跌。④

格雷欣从 1551 年底到 1563 年春担任外债代理人，正逢玛丽与伊丽莎白勤俭治国的黄金时期，英镑的走势虽有起伏，但长期而言是上

---

① de Roover (1949): *Gresham on Foreign Exchange*, p.18.

② Richardson (1953): *Stephen Vaughan, Financial Agent of Henry VIII*, p.viii.

③ 我是经济学界出身，无法阅读中古英文与荷文的档案手稿；我侧重宏观经济史的面向，而非微观的档案运用。期盼这两位前辈的愿望日后可以实现，题目可试拟为：“An inquiry into the causes and consequences of Tudor exchange rate fluctuations”。详见李翎帆最近的研究 Li (2012): “Bullion, bills and arbitrage: exchange markets in fourteenth-to seventeenth century Europe”, LSE PhD thesis.

④ 在今日的经济体系下，贸易顺差确实经常伴随着强势的货币。但在 16 世纪的欧洲，贸易顺差和汇率的走势不一定有明显关系。因为（1）金银的流向可以填补贸易进出口的差额，(2）其他市场因素，例如财政或货币政策，以及非市场因素，例如战争。

升的。所以格雷欣才认为有机会操纵短期汇率，来美化外债的业绩；反过来说，若英镑长期疲软就不会有操纵的空间。另一个重点是16世纪中叶的外汇市场规模还小，只要有几笔大进出就会影响汇率。

1552年初，格雷欣被爱德华六世任命为代理人，积极表现报效国家。初上任的半年间他看到王室被金主逼迫，购买劣质珠宝或承担过高的利率来推延还款期限，内心感到相当自责。1552年8月21日的信中他提到自觉有愧职责，应提早辞职以免日后蒙羞或失去信誉。[①]另一方面，他也感叹欧陆的银根紧到付出16%的利率也借不到钱。接下来他提出一个策略，若王室同意的话两年内应可完全清偿外债。

具体的做法是请国王和朝廷同意，每星期秘密给格雷欣1 200或1 300英镑，让他放手在安特卫普的交易所内，每天买进200或300英镑。这么做的目的是让外界看到英镑一直有人买进，汇率就不会下跌。格雷欣要朝廷同意让他用个人的名义买卖，如果能把汇率提升对商人也有好处。[②]

他说用这种"每天小数额"蚂蚁搬家的手法，在交易所收购英镑不会引人怀疑。他也不会用这笔钱来偿债，应该不会引起金融圈的注意。格雷欣的目标是在操纵之后，让每20英国先令贬到13荷兰先令4便士（yt will bringe down the exchange to xiii*s*. iiii*d*., wyche I trust never to see that daye.）。[③]这是奇怪的说法，因为从图9–1可以看到，1552年8月时20先令可换到19.5荷兰先令，为什么格雷欣反而把目标放在13先令4便士？有两个可能：（1）伯根抄错了数字；（2）图9–1的数字有误。看起来（1）和（2）的可能性都不大，我无法解释这项明显的冲突。

暂且不管汇率数字上的困扰，现在来看他的预期成果。如果每天

---

① 详见Burgon (1839): *The Life and Times of Sir Thomas Gresham*, Vol. 1, pp.91-94。

② 其实格雷欣把话讲含糊了：汇率提升对王室外债的偿还确实有益，对英国的进口商也有利，因为进口成本降低了。但英国在16世纪中叶时还以出口为主，英镑升值其实对外销不利，因为外国买主的成本就提高了。

③ Burgon (1839): *The Life and Times of Sir Thomas Gresham*, Vol. 1, p.93.

在交易所买进 200 英镑，一年大约可买到 7.2 万英镑。王室在安特卫普的债务总额，1552 年 8 月时约有 10.8 万英镑（还要外加延期支付的利息费用）。如果计划顺利进行，两年内就可以把债务清偿，朝廷就不必烦扰贸易商、羊毛出口商、外籍商人来协助还债。

格雷欣的盘算可用两个角度来重述。（1）强迫王室每星期凑出 1 200 英镑，累积两年下来（1 200 × 54 × 2 = 12.96 万），足够偿付上述的10.8万债务。（2）如果两年期间操纵（抬高）汇率的效果有5%，那么在偿还外债时就可替王室省下 12.96 万 × 5% = 6 400 英镑，这是一笔大数字。格雷欣估算说可替王室省下 2 万英镑，恐怕是性格上习惯夸大。

我认为格雷欣的重点，应该是（2）而不是（1）。但是严重积欠外债的王室，如何能每星期挤出 1 200 英镑来配合格雷欣的如意算盘？格雷欣的建议，是把外销到欧陆的铅（用来盖屋顶和其他工业用途）全部掌握在国王手中，5 年内禁止出口就可让欧陆的铅价大涨，然后慢慢把铅用高价卖掉，就能有足够收入支持操纵汇率的计划。这种双管齐下的手法，可帮助国王减轻财务压力。

朝廷对格雷欣的如意算盘有何回应？ 1 个月后（1552 年 9 月 22 日），铸币厂的财务官埃德蒙·佩卡姆爵士下令，“支付格雷欣 1 052 英镑 8 先令 4 便士”。格雷欣的盘算是每星期都要这笔数目，但 8 个星期不到，朝廷的记录簿说：“已通知格雷欣说，他每星期要从佩卡姆处收到的 1 200 英镑已经停止了。原因是这项（操作）汇率的计划，对国王并无益。但格雷欣仍可用已收到的数额去买卖外汇。”[①]

为什么朝廷不继续支持？从当时大量的往返函件看来，格雷欣认为朝廷对外汇业务与运作程序是外行的。我认为有另一种可能：格雷欣想用每星期 1 200 英镑的“少量子弹”，去操纵交易所的英镑汇率，恐怕是异想天开。如果用这点钱就能如愿炒作汇率，那就太小看国际金主集团。这些人的实力远大过格雷欣千百倍，手边的周转资金至少好几十万英镑。[②]以国库亏空外债高筑的情况，格雷欣竟然提出螳臂

① Burgon (1839): *The Life and Times of Sir Thomas Gresham*, Vol. 1, pp.95-96.

② 详见 Ehrenberg (1928): *Capital and Finance in the Age of the Renaissance*, chapter 1。

挡车的如意算盘，还责怪朝廷人士不懂外汇。我认为只有不懂外汇的朝廷，才会相信他的天真计划，还汇过六七次钱给他，幸好两个月内朝廷就中止这项计划。

但有一件事是正确的：如图 9–1 所示，英镑的汇率从 1552 年起一路提升。1553 年 4 月 16 日诺森伯兰公爵的信显示，每英镑（20 先令）已可换到 19 荷兰先令 8 便士（图 9–1 的数字是 20.167 先令，差不多）。[①]我认为这不是格雷欣的功劳，主要是玛丽 1553 年 7 月即位后勤俭治国避战的政策，让国际金融圈恢复对英国的信心，加上出口业务持续兴盛，外汇存底跟着累积，英镑的汇率才会一路回升。[②]这对王室是个好消息：借还外债的成本降低，国家的债信好转。但对出口商人来说，英国货就变贵了，海外的竞争力会受损。

上述的如意算盘，是格雷欣在 1552 年 8 月 21 日的信函中提出的。这件事没能成功，但他似乎尚未忘情。大约 6 年半后，1559 年 3 月 1 日（伊丽莎白即位 4 个月不到），他在伦敦写信给首辅塞西尔重提旧事。[③]这封长信的内容复杂，我把与汇率相关的建议分成下列几点。

（1）以现在（1559 年 3 月 1 日）的汇率，20 英国先令 = 23 荷兰先令 4 便士（图 9–1 的数字是 21.883 荷兰先令）来计算，30 000 英镑可换到 34 833 荷兰镑 6 先令 8 便士。如果用 20 英国先令 = 22 荷兰先令（这是伦敦现在的汇率）来算，可以换到 33 000 荷兰镑。这 3.3 万英镑是女王在下两个月（1559 年 3—4 月）应还债款数额的一半。若要在 2 个月后偿付这 6.6 万英镑，女王只能仰靠在荷兰的英国出口商协助，此外别无他法。若能提高英镑的汇率，就能稍微减轻负担。格雷欣确信出口商愿意出力协助，因为女王要施行新关税率，会影响他们的利润，但女王之前欠他们的 2 万英镑还没偿还。格雷欣因而建议以下 5 种方式来为双方解套。

---

① de Roover (1949): *Gresham on Foreign Exchange*, p.219 与 notes117-118 认为，这是诺森伯兰执政上的功劳，与格雷欣的作为无关。

② Brugon (1839):*The Life and Times of Sir Thomas Gresham*, Vol. 1, pp.98-99 有 1553 年 4 月底的汇率数字，和图 9–1 虽然不很吻合，但基本讯息是一致的：英镑的汇率持续提升，1 英镑已可换到 1 荷兰镑以上，这是个显著的讯号。

③ Burgon (1839):*The Life and Times of Sir Thomas Gresham*, Vol. 1, pp.257-262.

（2）英国的出口商至少有 4 000 或 5 000 匹高级布料随时可以出货，但时机上要看女王什么时候能给他们有利的税率。

（3）这件事要保密进行，不要让商人知道朝廷要利用他们。我们要耐心等候，到商人不得不把货物装船的最后一天，确定他们的布匹都已装船，完全进入海关的掌握。此时宣告任何船只不准离境，必须等待女王的同意。

（4）这时候下令海关人员上船，登记所有的布匹、铅、锡，以及各项货物的数量与价值。还要登记货主的姓名，他们个别的出口商品以及总额。这样才能掌握总数额，也知道哪些人才是大户。

（5）登记好之后，把这些资料送给伦敦市长和几位工商界与政界大老（列举 11 位人名），希望共同为女王做一件事：这些货运抵安特卫普收到货款后，全部交出来由格雷欣集中保管。他收到这笔钱后会用女王同意的汇率，在伦敦用英镑付还给出口商。

格雷欣的目的，是要用这笔钱去交易所买入英镑拉抬汇率。他说这么做有三项好处：（a）女王的偿债压力可以减轻；（b）可以增加英国的黄金数量；（c）英国货可以卖到更好的价钱，商人因而能更富裕。我认为（a）是正确的效果，但（b）与（c）是格雷欣（故意）误导首辅。原因很简单：如果能有（b）与（c）的效果，为何从前没人这么做？如果能短期一次有效，这种事能长期多次有效吗？当然不可能。这是格雷欣为了做好自己的“外债业绩”，所想出来的“损人利己贱招”：牺牲出口商的利益来讨好女王。这种违反常理的做法必然招来商界反弹与抗议，主因是女王日后在伦敦还付货款的汇率，必然低于出口商在安特卫普能换到的汇率。

（6）格雷欣认为如果真能做到，汇率会提升到每 20 先令可兑换 22 荷兰先令 6 便士[①]，当时伦敦的汇率是 20 先令可兑换 22 荷兰先令。这表示格雷欣预期这项操纵，大概可以让每 20 先令多换到 6 便士。依照这种如意算盘，在牺牲出口商利益的情况下，女王的 6.6 万英镑债务，就可减轻 39.6 万便士（6.6 万 × 6 便士 = 1 650 英镑）的负担，

① Buckley (1924): “Sir Thomas Gresham and the foreign exchanges”, pp.595-599 有类似的综述。

约是总债务的2.5%，其实效果也不大。

1559年3月1日格雷欣写这封信时[①]，女王登基不到4个月，政局尚不稳定，国内外事乱如麻。格雷欣急于表现，想牺牲商界利益来操纵汇率。朝廷对这项建议的响应很迅速，但也泼了一盆冷水。5天后（1559年3月5日），朝廷给格雷欣一项指令，要他去安特卫普做两件事：（1）把女王的债务延期半年，表示格雷欣想用操纵汇率，来减轻还债负担的事就不必说了；（2）请求西班牙国王菲利普（他在玛丽女王驾崩后，在低地国停留一段时间），发给运回英国200桶火药的出口许可证。经过一些小波折后，格雷欣于4月10日完成这两项任务返国。以上是格雷欣第二次提出操作汇率的建议，还是无疾而终。[②]

1年2个月后（1560年5月14日），格雷欣写信给塞西尔说："我把汇率从16先令拉抬到23先令4便士。这样的话，外国商品和我们的商品就变得宜许多了。我们也因而能把基督教国家（即回教地区之外）的上好黄金与白银抢过来。把汇率提高后，让它维持在高汇率水平上，就能把上好的黄金与白银永久留在我们国内。"[③]我对这段话有三项严肃的评论。

（1）依图9–1的内容来看，格雷欣在1552年初上任时汇率约17先令，格雷欣在前引文内说16先令，也可以接受。1560年5月14写这封信时，他说汇率是23先令4便士，图9–1的数字是23.208先令，这也是对的。我的争论不在于数字的正确性，而在于他把英镑升值的功劳全部揽在身上。[④]这种汇率大幅变动的事，哪里是一个人能办到的？请问他用了什么好方法？女王即位后重新铸币恢复货币的成色（提高金银含量），才是基本的原因。这也是英国工商业积极拼外

① Outhwaite (1966): "The trials of foreign borrowing: the English crown and the Antwerp money market in the mid-sixteenth century", pp.298-299，对此事有另一种角度的综述，在p.299, note 2内有重要辩驳，但我不尽同意他的见解。

② MacFarlane (1845): *The Life of Sir Thomas Gresham*, pp.56-59对上述这两件事有类似的摘述，但他误以为操纵汇率的事已成功。

③ Burgon (1839): *The life and Times of Sir Thomas Gresham*, Vol. 1, p. 335.

④ I dyd raise the Exchange from xvi*s.* to xxiij*s.* iiij*d.*，见Burgon (1839):*The Life and Times of Sir Thomas Gresham*, Vol. 1 p.335。

销，累积外汇存底共同努力的成果。

（2）英镑汇率提升后，因为购买力变强，外国货品就相对地便宜。但反过来说，英国的出口品对国外买者而言就变贵了，对英国货的国际竞争力不利。我不明白为什么格雷欣可以说，这样能把外国的金银（外汇存底）抢过来。其实，正好相反。出口因升值而减少，外汇存底怎么会增加？外国的金银怎么会因而长期留在英国？我无法判断格雷欣的这些说法，是他不明白外汇与贸易的道理，或是他在糊弄欺瞒朝廷决策人士。

（3）格雷欣的“外汇长期提升论”是错误的。他在信中说：“我对这件事要下个结论。第一，朝廷要把汇率提升，让女王和英国能长远地更富裕。”首先，如前所述，汇率提升能减轻女王的还债成本，但对贸易出口有害，所以长期提升汇率未必对国家有利。21 世纪初期的日本与中国，中央银行一直在压低日币与人民币的汇率，不要让升值影响产业的国际竞争力。

其次，格雷欣这类的商人是重商主义代表人物，一心追求富与强。但如后来大卫·休谟（1711—1776）所揭示的：积极累积外汇的结果，会让国内的货币供给过多，物价高升，汇率上涨，反而失去国际竞争力。这是休谟有名的“物价—现金流动机制”（Price Specie-Flow Mechanism），是 18 世纪中叶重商主义末期才提出的重要原理。我们当然不宜用这个原理，来责怪 16 世纪中叶的格雷欣。如果格雷欣积极提升汇率的心态，目的是要减轻外债成本、提升英镑的国际地位，那只能称许他的短期爱国心，强过长期的经济理性。

就史实而论，我对格雷欣拉抬汇率的说法非常怀疑，原因有三。（1）他手上有多少“子弹”可以用来操盘？王室积欠的外债还不出，时常要求延期支付，还被迫买金主的劣质珠宝，哪有余钱去玩这种昂贵的游戏？如果玩输了格雷欣要认赔吗？他的个人财富根本玩不起这种游戏。（2）真正有能力在汇率市场纵横操作的，是富格尔家族这类的国际大金主。如果得知格雷欣在搞鬼玩手段，以他们的财力和国际人脉，轻易就能反击，甚至可以联手掼压英镑。历史学者未必明白这种对比，才会被格雷欣自吹自擂的说法蒙住。[①]（3）以现代的财经知识来判断，格雷欣那些如意算盘的可行性很低。幸好朝廷没被误导，如果国际金主集团反扑，后果可能不堪设想。

整体而言我倾向于认为，格雷欣并没有在安特卫普的交易所操纵过英镑外汇。历史学者常把他的如意算盘提议，误以为是具体的事实；也把格雷欣的预期成果，误以为是他操作汇率的功绩。图 9–1 中英镑大贬的主因，是亨利八世货币大贬值政策的结果。1552 年之后的回升，主要是两位女王勤俭避战、重铸货币的功劳。[②]我不太相信格雷欣对英镑汇率的升贬，扮演过实质性的角色。

① 这种见解相当多，例如 Bisson (1993): *The Merchant Adventurers of England: The Company and the Crown, 1474-1564*,pp.25-27; Dietz (1964): *English Public Finance, 1485-1641*, Vol. 1, p.210; Ponko (1968): *The Privy Council and the Spirit of Elizabethan Economic Management, 1558-1603* p.45 (notes 12-15), pp.51-52; Ramsay (1975): *The City of London in International Politics at the Accession of Elizabeth Tudor*, pp.51-53。

② Read (1936): "Profits on the recoinage of 1560-1561", p.193 明白表示：伊丽莎白的重铸货币，对英镑的汇率提升非常重要。

10 内债募集·重铸货币·外汇管制

本章析述三个题材：内债筹措、货币重铸、外汇管制。虽然格雷欣只是王室的外债代理人，但也有机会参与这三件事。从国内经济事务的角度来说，他是商界的重量级领袖。16 世纪 60 年代中期起，安特卫普受到社会、宗教、政治动乱的影响，金融市场逐渐萎缩，外债的筹措日渐困难，朝廷把周转资金的来源从海外转向国内，第 1 节析述如何从外债转为内债。内债有个重要金主就是伦敦出口公会，格雷欣家族正好是这个团体的主导。第 2 节的主题是重铸货币：1558 年 11 月伊丽莎白即位后，最重要的措施之一是全面回收旧币重铸新币，力图恢复亨利八世大贬值之前的成色（金银含量）。格雷欣一方面提供重铸货币的建议，另一方面从海外借钱熔成白银后重铸新币。第 3 节的主题，是 16 世纪 60—70 年代中他如何参与皇家外汇委员会，有过哪些贡献。

10.1 内债募集

第 2 章第 3 节说过，1567 年 3 月底格雷欣离开安特卫普后就再也没回去过。这也标示了朝廷资金调度的重要转向：从外债转向内债。[①]难道除了安特卫普就没有其他资金管道吗？（1）法国南方的里

① 参见 Wilson (1572): *A Discourse upon Usury*, p.158 的解说。

昂和意大利的金融集团，和英国有宗教上的隔阂与政治上的不睦，加上西班牙从中阻挠，这条路既远又麻烦。(2) 日耳曼这条路已在第 8 章第 4 节详述过，格雷欣与朝廷积极试探后失败的前因后果。

为何国内资金反而成为可用资源？伊丽莎白即位后经过 10 年的内政改革与货币重铸，加上积极奖励出口，民间的财富已逐渐累增。虽然在国内借钱数额比国际市场少，但有几项好处：(1) 在王室的威权下金主态度较柔顺；(2) 延期偿付时反弹较小；(3) 可用政治笼络与斗争取得所需的资金。[①]

格雷欣在内债问题上扮演过什么角色？进入主题之前，先说明为何王室从 1568 年末后被迫放弃欧陆的资金市场。

(1) 第 11 章第 1 节会详述，1568 年 11 月西班牙的阿尔瓦公爵有 155 箱价值 8.5 万英镑的军饷银要运送到安特卫普。但饷银船碰到暴风与海盗躲入英国南方的海港。女王扣住这笔钱不还，双方断绝贸易相互报复，扣押对方的商人、货物与财产，直到 1574 年 8 月才签约和解。

(2) 第 6 章第 1 节析述位居欧陆霸权的西班牙哈布斯堡王朝，国库曾经破产 4 次（1557、1560、1575、1596），葡萄牙和法国的王室在这段时期也破产过。[②]这些大规模的倒账对金融集团打击很大，对借款给王室赚取厚利的生意已有戒心，导致 16 世纪后半期市面资金紧缩利率上扬。英国是金融集团公认的好主顾，国库从未破产倒账，也能如期偿付，但在这个局势下也不易在欧陆借到所需的外债。

(3) 从第 8 章开头的长串金主名单，以及表 8–1 的联合贷款名单，可以看出格雷欣募集外债的手法，是东拼西凑的“小额多人”型，也是“借东还西”型的手法。这是耗费心神的苦劳，其他代理人恐怕做不来。这种“长串型”的外债有个缺点：就像骨牌一样，只要有一家抽银根或倒闭，格雷欣就要大费周章去“挖肉补疮”。如第 7 章第 2 节所述，16 世纪 60 年代中期安特卫普的金融市场逐渐缩后，朝廷开

① 参见 MacFarlane (1845): *The Life of Sir Thomas Gresham*, pp.162-165 的解说。
② 详见 Ehrenberg (1928): *Capital and Finance in the Age of the Renaissance* 的索引。

始把资金来源转向国内，用软硬兼施的手法大举内债。[1]

表 5–1 到表 5–9，解说 5 位君主的财政收支状况，其中与格雷欣最相关的是伊丽莎白时期：表 5–5 到表 5–9 告诉我们，女王各项财政收支中最主要的压力是战费：1559—1593 年间超过 500 万英镑（5 068 054）。现在把焦点转到本节的主题：女王的内债。这方面的系统性统计相对地稀少，较多的是零碎性记载：哪年哪月向某个团体或个人借多少钱，利率多高，几年内偿付。以下先看表 10–1 的单年资料。

表 10–1　伊丽莎白一世的债务，1571 年 11 月底

	£	s.	d.
伦敦市内的债务			
Wm. 加拉德爵士	1 953	10	0
奥尔德曼 · 拉姆齐	1 953	10	0
罗杰 · 马腾	1 953	10	0
威廉 · 邦德	1 953	10	0
N. 方廷和 P. 德 · 布什格奈尔	1 953	10	0
托马斯 · 雷戈爵士	1 953	10	0
罗兰 · 霍华德爵士	1 953	10	0
奥尔德曼 · 赖纳	1 953	10	0
Wm. 阿林	1 953	10	0
奥尔德曼 · 丹尼尔 · 达克特	2 603	0	0
贝内迪克特 · 斯皮诺拉	2 732	0	0
Jas. 哈维	1 694	0	0
约翰 · 帕克斯顿	1 432	0	0
奥尔德曼 · 巴恩哈姆	1 432	0	0

① Outhwaite (1966): “The trials of foreign borrowing: the English crown and the Antwerp money market in the mid-sixteenth century”, pp.304-305； 以 及 Outhwaite (1971): “Royal borrowing in the reign of Elizabeth I: the aftermath of Antwerp”，对英国由外债转内债的过程，以及共同的诸多问题与困难有具体解说。

（续表）

	£	s.	d.
V. 德拉方廷	1 215	0	0
通过格雷欣在伦敦市内的借款总额	28 689	10	0
在英国与安特卫普的借款总额	59 584	8	8

资料来源： State Papers, Domestic, Elizabeth, LXXXVI, 56. 引自 William Scott（1910-1912）: *The Constitution and Finance of English, Scottish and Irish Joint Stock Companies to 1720*, Vol. 3, p.511。

表 10–1 显示 3 项重要讯息：（1）1571 年底时女王的债务总额是 59 584 英镑，这两项都是通过格雷欣借还。（2）外债的数额（30 895 = 59 584–28 689）比内债（28 689）多。（3）从内债的金主名单与个别的欠款额可以看出，债务数额约从 1 215 到 2 732 英镑，其中有 9 位都是 1 953 英镑（应该是有一笔 17 578 英镑的债额，由 9 人分担）。

有个观点先要厘清：并不是 16 世纪 60 年代中末期安特卫普的资金市场萎缩后，格雷欣才帮王室在国家借钱。其实从 1558 年底女王登基后，就因财务的窘迫远水救不了近火，格雷欣必须同时从国内借钱周转，以下举例说明他的手法。

1560 年 8 月 2 日格雷欣从伦敦写信给托马斯·帕里爵士（王室内务府主管，Comptroller of Household），说有个办法可以让女王从出口商手里弄到一笔钱，偿还 6 万荷兰镑的债务。他说布匹贸易商和羊毛出口商已开始把货品运入海关，准备 8 月 25 日出航。女王可以做一件事：如果 3 个月内可以重铸资币（详见下一节的解说）让英镑升值，而且能让英镑的汇率稳定在 20 英国先令兑换 26 荷兰先令 8 便士，就可以请出口商用他们在低地国收到的货款，先借给女王偿还外债，之后再用英镑在伦敦还这笔货款。

这笔 6 万荷兰镑的债有 3 万在 1560 年 11 月 15 日到期，另 3 万在 1561 年 3 月 15 日到期。布商在 1560 年 8 月有 3.4 万匹布要出口，若每匹布可代偿 1 荷兰镑，11 月即将到期的 3 万债务就可以解决。这是借内债来偿外债，商人若不答应，海关可用各种办法刁难。女王和首辅塞西尔为了这件事，写信给格雷欣与在荷兰的商会总长约翰·菲茨威廉。[①]出口商的货物既然已在海关，女王和首辅也写信请求，加上格雷欣居中说项，出口商只好答应从货款中拨出 3 万荷兰镑替女王偿债。条件是：2 个月后（1561 年 1 月）在伦敦以英镑还给出口商，汇率是每 22 荷兰先令 6 便士兑换 1 英镑。

从图 9–1 可看到，1560 年 8 月的英荷币汇率是 22.50，11 月是 23.00，1561 年 1 月是 20.542。依照现在已知的汇率看来，1560 年 8 月出口商提出的条件是对的：他们要求的汇率是 22 荷兰先令 6 便士 = 20 英国先令，这和上述的市场汇率相同（22.50 荷兰先令 = 1 英镑）。但女王还钱给出口商时（1561 年 1 月），市场汇率变成 20.542 荷兰先令 = 1 英镑（表示英镑贬值了）。

这对出口商是个坏消息，因为如果照 1561 年 1 月的市场汇率，他们用 20.542 荷兰镑就可换到 1 英镑，可惜他们在 1560 年 8 月时已和女王约好，用 22 荷兰先令 6 便士换 1 英镑。依 1561 年 1 月的市价，出口商每借给王室 1 荷兰镑，就损失 2 荷兰先令。但对女王是好消息：（1）出口商代还 3 万荷兰镑债务（1560 年 11 月），又不必付利息；（2）2 个月后（1561 年 1 月）在伦敦还钱时，因为英镑贬值了，女王可以少付给出口商 3 000 荷兰镑（3 万× 2 荷兰先令 = 6万荷兰先令）。格雷欣献上这条妙计，女王在事前事后各赚 1 笔，但商人则在事前事后各亏 1 笔，恨死吃里爬外的格雷欣。[②]

10 年后（1570）因为扣押阿尔瓦公爵的饷银船，英西交恶相互报复，导致贸易中断外债无门，格雷欣建议转向国内寻求资金。他的第一个金主当然是伦敦商界，尤以布匹出口公会为主。1570 年（月日不详）格雷欣写信给首辅塞西尔说，现在要出口到日耳曼汉堡的货品（因为与安特卫普的贸易已中断），价值约 30 万英镑，海关约可收到 1 万英镑的税收，对国库不无小补。格雷欣的意思是：低地国的资

① 这两封信收录在 Burgon (1839): *The Life and Times of Sir Thomas Gresham*, Vol. 1, pp.348-352，以及 Perry Gresham (1995): *The Sign of the Golden Grasshopper*, pp.197-198。

② 这件事的前因后果，详见 Burgon (1839): *The Life and Times of Sir Thomas Gresham*, Vol. 1, pp.347-353。

金既然中断，只好转向国内商人借钱。[①]

伦敦商界还记得1560—1561年被格雷欣陷害吃亏的事，因而群起反对。女王明白旧恨未消不便找公会借钱，她另找个别公司以私人名义借小数额（有时甚至只借60英镑）。这些公司碍于女王情面，通常能周转到这些数额，甚至帮她垫付利息。虽然积少成多，但女王借小钱总是面子上不好看。1570年11月26日格雷欣帮女王借到一笔：从8位伦敦市议会的重要成员与富商那里筹到1.29万英镑给女王，12月1日又从其他6位要人筹到8 200英镑，合计2.11万英镑，年利12%。

11月26日的8位借款人士中有5人各出1 500英镑，另3位分别出2 000磅、2 100磅、1 300磅，合计1.29万英镑，加上利息与佣金[②]合计13 811英镑11先令8便士。12月1日的借款中，有4位各借1 500磅，2位各借1 100磅，合计8 200英镑，加上利息与佣金合计8 780英镑。这2笔借款合计22 591英镑，和图9–1的28 689英镑差不太多，都由格雷欣担保。半年后（1571年5月与6月）这2笔钱应偿还时，双方同意延期半年，利息如前（年利12%）。格雷欣用这种方式逐渐取得商界信任后，女王和商界之间的借贷就依这种模式运作。双方都感激格雷欣居中协助，沟通民间与王室资金的有无。[③]

这种靠小额私人关系的借款，只在阿尔瓦饷船事件期间海外管道断绝时的特殊状况。1574年8月英西复交后格雷欣还是要从海外借款：第8章表8–6的最下面一项显示，1575—1603年间王室一共借了46.1万英镑，但以内债为主，外债为辅；其中的8.5万英镑是有息贷款，其余是无息贷款（应是内债）。

以上是格雷欣对筹措内债的协助，以下转谈内债的性质，以及为何格雷欣的贡献有限。英国内债史的研究，至今仍以Dietz（1964）：

---

① 参见Ramsay (1975): *The City of London in International Politics at the Accession of Elizabeth Tudor*, pp.50-51, 60; Ramsay (1986): *The Queen's Merchants and the Revolt of the Netherlands*, pp.131-132。

② MacFarlane (1845): *The Life of Sir Thomas Gresham*, p.165说格雷欣的中介佣金有1%。

③ Burgon (1839): *The Life and Times of Sir Thomas Gresham*, Vol. 2, pp.339-344.

English Public Finance, 1485-1641 最具代表性。其中史料最丰富的阶段是伊丽莎白女王时期（第 2 册 1—5 章与 15—20 章）。若以内债为主题，参看索引页 471 的 Loans（国内）和页 467 的 Forced loans，可查到许多相关事项。这是从宏观财政史的角度来看，问题是：为何在此书中很少见到格雷欣参与？前面谈过格雷欣协助筹募内债的事，几乎是他所参与的全部。可是内债的规模并不小，为何他只参与一小部分？有以下三个原因。

（1）只有与出口公会和伦敦商界相关时，才借助格雷欣的个人关系。[①]若需要巨额内债，朝廷就要动用政治力。女王若要向王公贵族或工矿业家族借大额款项，格雷欣的功能就不易彰显。（2）1569 年他已 50 岁，腿伤导致行走不易，视力开始衰退。过去多年的海峡两岸奔波，加上高压力的代理人任务，身心耗竭得相当快（详见第 11 章）。（3）在有限的余年里（逝于 1579 年），他的兴趣转向兴建伦敦交易所（参见附录 2），以及自己的豪宅与产业。尤其是发生朝廷的账簿事件后（参见 11 章第 1 节），他对政治圈的兴趣转淡。

10.2 重铸货币（1559—1561）

第 4 章第 2 节讨论过都铎王朝的铸币与贬值，其中与本节相关的问题是：（1）伊丽莎白时期有几种货币在市面上流通；（2）她如何整顿亨利八世以来的劣币问题；（3）她重铸了多少钱（78.3 万英镑）；（4）从铸币中赚了多少利润（1.5—1.8 万英镑）。[②]本节的主题很简单：在重铸的 1559—1561 年间格雷欣扮演什么角色。进入主题前，先综述女王的政策背景与执行铸币过程的大要。

表 4–1 告诉我们，伊丽莎白执政 44 年间共铸了 536 万英镑，但

---

① 参见 Bisson (1993): *The Merchant Adventurers of England: The Company and the Crown, 1474-1564*, p. 24 对格雷欣协助女王向商会借钱的好解说。

② 参见第 5 章第 7 节第 1 小节“铸币获利”的解说。另详见 Oman (1895): “The Tudors and the currency, 1526-1560”, pp.167-188; Read (1936): “Profits on the recoinage of 1560-1561”, pp.186-193 的分析。

在“大贬值”期间，亨利八世和爱德华六世在8年内铸了403万英镑。大贬值的结果当然是物价大幅攀升与英镑汇率大跌，对经济造成严重伤害。

爱德华六世驾崩前1年半（1552年3月）下令重新铸币，重点是减少政府的铸币利润：每磅重的白银铸成3英镑的钱币，政府只抽取1先令的铸币税（1/60 = 1.66%）。这和大贬值时期的“超额利润”相比，[①]可说是“低于正常”，这也表示大贬值的时代结束了。结果当然同样明显：物价下跌（参见表4–2），英镑的汇率大幅回升（参见图9–1）。

货币政策正常后有两个大缺点：（1）政府的铸币收入大减，对亏空的国库帮助有限；（2）英镑升值后对出口贸易不利。1553年7月玛丽女王即位后积极改善英国的劣势，和菲利普二世联姻方便从低地国和西班牙借钱来铸币。第8章第2节已详述，1554年格雷欣在低地国筹到300 750杜卡特金币，远赴西班牙去兑领，运一部分回英国，1555年3月铸出73 626英镑。玛丽在位5年4个月，币制改革的成效不大。

10.2.1 伊丽莎白的币制改革

1558年11月即位后，重铸货币是新政的重要项目，由小规模的委员会秘密筹划。成员包括：埃德蒙·佩卡姆爵士、托马斯·斯坦利爵士、各铸币厂的负责人、威廉·塞西尔爵士[②]、枢密院的部分成员、托马斯·史密斯爵士、首辅。格雷欣当时是伦敦的布业出口商和外债代理人，尚未封授爵位，不够资格参与币改委员会，但受邀咨询提供建议。

女王即位10个月后（1560年9月27日），在塞西尔的协助下诏

---

① 铸币利润的算法复杂，不易在此简易表达，de Roover (1949): *Gresham on Foreign Exchange*, p.54, table 2 详细对比1526—1626年间的铸币利润。

② 塞西尔参与1559—1561币制改革的过程，见Read (1955): *Mr. Secretary Cecil and Queen Elizabeth*, pp.194-197 的解说。

告施行币制改革：废止过去所有的劣质货币，改铸含银量高达37/40（92.5%）的新币，预计11月8日开始铸造，希望这次货币改革能有所成效。①

新币制的具体内容：（1）每磅纯度0.925的白银，铸成3英镑的钱币；（2）新先令的重量是96格令（6.22公克，1格令=0.0648公克），内含88.8格令纯银；（3）铸币厂收购每磅纯银的价格为2英镑18先令6便士；（4）每磅的安吉尔金币价值36英镑，每磅的克朗金币价值33英镑；（5）金银币的价值比大约是11:1。

1561年2月1日女王宣告币改进行顺利：（1）所有的旧钱币从4月9日之后禁用；（2）在4月25日之前可持旧币到铸币厂更换新币，每英镑可多换3便士的奖励金；（3）5月25日之前旧币仍可兑换新币但已无奖励；（4）5月25日之后旧币只用其中的含银量来计算现值。

然而事情没想象的顺利，所以后来又延期为：（1）所有旧币在7月20日之后禁用；（2）8月25日之前仍可兑换，还有奖励金；（3）9月20日之前还可兑换，但已无奖励金；（4）9月20之后旧币一概禁用。简言之，从1560年9月27日公告的1年内，新币已完全取代旧币。以今日的标准来看非常成功，女王相当满意能"战胜钱币背后的恶魔"。

币改的第一波总共铸了多少？1560年12月—1561年10月，运进伦敦塔铸币厂的旧钱重量约631 950磅②，熔铸出重量244 416磅的纯银。若每磅纯度0.925的白银铸成3英镑钱币，总共可铸出面值732 248英镑的钱币。政府回收旧币的成本约638 113英镑16先令6便士，毛利约9.5万英镑，扣除各项成本与耗损后，净利润约4万英镑。③

新币制的含银量虽然比前三朝（亨利八世、爱德华六世、玛丽一

---

① 女王的诏告书全文，见 Tawney and Power (1924)eds.: *Tudor Economic Documents*, Vol. 2, pp.195-199。

② Donald (1961): *Elizabethan Monopolies: the History of the Company of Mineral and Battery Works from 1565 to 1604*, p.26 的数字稍不同（631 945 磅），参见他的相关说明。

③ de Roover (1949): *Gresham on Foreign Exchange*, pp.62-66. 另见 pp.63-64, note 115 说明成本与利润的计算方式。

世）改善许多，但仍比大贬值前约少25%。伊丽莎白的币改，其实只是把之前贬得太过的“烂钱”收回，并没有恢复到1543年大贬值之前旧币高含银量。在大贬值前，每磅纯度0.925的白银，铸成面值2英镑5先令的钱币（45先令）。1560年的币改，每磅纯度0.925的白银，铸成面值3英镑的钱币（60先令），质量还是比不上大贬值之前（60先令 vs.45先令）。但这样已能收到不错的效果：（1）国外商人能明确估算每英镑的含银量；（2）从图9–1可看出，1560年之后英镑的长期汇率相当稳定，还逐年上扬。

但有一项预期落空了：1541—1550大贬值期间物价指数从217涨到315，原本以为新币让英镑大幅升值后，高涨的物价会跟着大幅下跌。但如表4–2所示，食物类的价格从1551—1560年的315，只跌到1561—1570年间的298，10年内（1871—1880）又大涨回341。为何币改之后物价不会下跌？原因很简单：虽然英镑的含银量已明显提高，但白银的国际价格在1544—1561年间也涨了一倍。[①]

币改提高了白银含量但也带来后遗症：最低面值的钱币价值也跟着提高，穷人需要的小额货币反而不见了。[②]朝廷因而在1561年11月15日宣告解决办法：铸币厂暂停铸造先令，改铸小额钱币。

1561年之后的20年间，这套币制运作得尚称平稳。1583年碰到美洲的白银大量流入，铸币的利润因而从每英镑的1先令6便士，提高为1先令10便士。但到了1596—1598年间因为经济不景气，铸币厂几乎停工，英镑又开始外流。铸币厂为了防止英镑外流，1601年把每磅白银的收购价格提高到3英镑2先令。1561年时每磅白银可铸成3英镑，现在把白银的收购价格提高到3英镑2先令，是另一种形式的轻微贬值：每先令的含银量从88.8格令减为86.8格令。这是英镑史上的最后一次贬值。英国的“白银自由铸造”政策（任何人只要付铸币税，都可持白银要求铸币厂铸为英镑），于1798年废止。[③]

---

① 详见 de Roover (1949): *Gresham on Foreign Exchange*, p.54, table 2。

② 这种问题在货币史上时常发生，Sargent and Velde (2002): *The Big Problem of Small Change* 有非常好的分析。

③ 参见 de Roover (1949): *Gresham on Foreign Exchange*, pp.68-69。

10.2.2 格雷欣法则

从个人利益的角度来看，格雷欣积极支持 1560—1561 年的货币重铸政策：英镑汇率稳定，方便在低地国的贸易与外债工作。1544—1551 年间的大贬值，让英镑的汇率长期大幅下跌：原本每英镑（20 先令）在 1544 年间，可换到 26.5 荷兰先令，到了 1551 年 7 月，大贬到只能兑换 12.75 荷兰先令（参见图 9–1）。

在这段大贬值的过程，机灵的商人和银钱业者很快就明白可以大赚一票：（1）付款时尽量用大贬值时期发行的劣质钱币，反正面额都是一样，只是含银量变少；（2）把大贬之前含银量较高的优质钱币留下来；（3）把这些含银量较高的钱币熔成白银，拿去造币厂铸成含银量较低的新钱币；（4）运气好的话可以在外汇市场上赚得暴利。例如 1544 年时每英镑可换 26.5 荷兰先令，1551 年 7 月跌到只能换 12.75 先令。如果银钱业者把大贬值前的优质英镑熔成白银，去低地国换成荷兰镑，再拿回伦敦换成贬值后的英镑，就可赚 100% 以上的利润。

在这种机制下，会导致大贬值前铸造的良币逐渐流向国外，只剩下大贬值后铸造的劣币在国内市场流通。换言之，这是一套“劣币驱逐良币”的过程，后人称之为格雷欣法则。其实波兰的天文物理学者哥白尼（Nicolas Copernicus, 1473—1543），早就了解这个原理，但为何仍称为格雷欣法则？因为有位英国经济学者亨利·麦克劳德（Henry MacLeod），在他的《政治经济学要义》（*Elements of Political Economy*, 1857, p.447）中，把这个原理写为简易上口的“Bad Money drives out good”，还给了一个错误的名字“格雷欣法则”，以讹传讹至今难改。[①]

虽然格雷欣没提出“劣币驱逐良币”这么简洁漂亮的名句，但他确实说过在 1544—1551 年大贬值期间，含银量较高的优质英镑被人运出英国，留在国内的都是含银量较低的劣质钱币。这是历史上有目

---

① 也有“良币驱逐劣币”的反例，参见陈彦良（2008）《江陵凤凰山称钱衡与格雷欣法则：论何以汉文帝放任私人铸币竟能成功》，《人文及社会科学集刊》，20（2）：205—241。

共睹的常识：钱币贬值时好钱会被窖藏起来，或运到外国，或熔成白银，然后换得更多劣质钱币（反正面值都一样）。①

10.2.3 格雷欣的参与

从开始筹划到完成重铸货币（1559—1561），担任外债代理人的格雷欣做了哪些事？先从他的建言说起。

格雷欣早就知道女王有重铸新币的计划，在 1560 年 7 月 8 日的信件，他就预测这样会让每英镑的汇率至少升值到可兑换 26 荷兰先令 8 便士。女王在 1560 年 11 月 4 日写信给格雷欣，要他借外债支持国内所需。②到了 1569 年 8 月 14 日格雷欣写信给塞西尔，建议朝廷准他多借外债来铸更多的货币。③

女王的经济决策当然很受塞西尔影响。塞西尔在大贬值末期时（1551 年 1 月 18 日），已收到伦敦商人威廉·莱恩的建议，促请他向朝廷建议币改。④但那时塞西尔在爱德华六世的政权下影响力有限，玛丽即位后他才有机会敦促女王以此事为优先重大事项。但塞西尔一方面被如麻的国事缠身，另一方面对货币问题不够专业，就请格雷欣在背后出力。

第 3 章第 5 节说过，1558 年 12 月格雷欣受命前往低地国筹款时，写一封长信给新女王解说英镑汇率下跌的严重问题。在结论的第一点有段话与币制改革重要相关："陛下别无他法，必须在时间与机会

① 有几项现代文献对格雷欣法则有很好的解说，例如 Mundel (1998): "Uses and abuses of Gresham's law in the history of money", *Zagreb Journal of Economics*, Vol. 2 (2), pp.3-38; Seglin (1996): "Salvaging Gresham's law: the good, the bad, and the illegal", *Journal of Money, Credit, and Banking*, Vol. 28 (4), pp.637-649；de Roover (1949): *Gresham on Foreign Exchange*, pp.91-94，对格雷欣的解说很值得参阅。

② 详见 Burgon (1839): *The Life and Times of Sir Thomas Gresham*, Vol. 1 pp.354-360。女王写给格雷欣的信（1560 年 11 月 4 日）在第 359 页，女王写给格雷欣的另一封信（1560 年 8 月 28 日），草稿在第 348—350 页。

③ 此事后来的发展不明，见 Burgon (1839): *The Life and Times of Sir Thomas Gresham*, Vol. 2, pp.303-306。

④ 莱恩写信给塞西尔的建言，印在 Tawney and Power (1924)eds.: *Tudor Economic Documents*, Vol. 2. pp.182-186。

许可时，把英国货币提升为每英镑含白银 11 盎司（即提高货币的成色），金币部分也是如此。”[①]这段话的意思就是要重铸货币，要提高钱币的金银含量才能恢复英镑的地位，挽救汇率长期低迷的劣势。

格雷欣在 1559—1561 币改中的角色，是建言性的、外围的、协助性的。有不少人误以为他曾扮演过关键性的角色，这些都没有史实根据，原因很简单：1558 年底新女王即位后，派遣格雷欣赴低地国筹款，这才是他的主要工作。他在低地国的居留时间，超过在伦敦的时间。况且币改是由枢密院决策，不是代理人能参与的层级。[②]

另有一项证据可以佐证格雷欣没有重要的参与。Challis（1978）：*The Tudor Coinage* 这本都铎王朝货币史的权威著作，在页 337 的索引中格雷欣出现 5 次，内容和币改的关系都相当间接，完全看不出他的重要性。相对地，同书的页 330 有许多与塞西尔相关的索引，可看出这位首辅在币改决策上的重要性。此外，页 335 有许多的索引与伊丽莎白女王相关，更可看出女王对币改的重视程度。

女王重铸货币对物价与汇率有改善效果，但并非人人都高兴。反弹最明显的是出口商：如果英镑升值，外人购买英国货的成本就变高。出口商都知道格雷欣在替王室工作，必然支持铸新币（英镑升值），这是“以公害私”的事：为了支持货币改革而伤害同业利益。格雷欣当然明白这个道理，1560 年 3 月 8 日（币改前半年）他写信给塞西尔，说商界担心币改会夺取出口业者的财富与利益[③]。他们知道格雷欣支持币改，因而对他相当不谅解，连亲叔父也不认同这件事，害得他不敢出国，也不敢去交易所，担心有人对他不利。这是“忠孝不能两全”的事。[④]

铸新币时碰到两个问题。（1）要在短时间内铸这么多新钱，铸币厂的生产能力不足，所以分成两个厂全力加工。一在伦敦塔内的地下

① Burgon (1839): *The Life and Times of Sir Thomas Gresham*, Vol. 1, p.486.

② Fetter (1932): “Some neglected aspects of Gresham’s law”, *Quarterly Journal of Economics*, Vol. 46 (3), pp.482, 484–487 有类似的见解与反驳。

③ 但从现有的资料来看，英镑的汇率并没有因为货币改革而有明显变动，改革前一年的平均汇率为 22.75，改革后一年的平均汇率为 22.29。

④ 参见 Chandler (1964): *Four Centuries of Banking*, pp.37-38。

厂，由托马斯·斯坦利负责；另一个厂叫高级铸币厂（后来称为爱尔兰铸币厂），由托马斯·弗利特伍德负责，这两位的官衔是副财政长官（under-treasurer）。（2）英国的铸币技术不够精良，需要日耳曼技师协助。格雷欣为了协助解决问题，1561 年 7 月 2 日写信给内务府财政官托马斯·帕里爵士，说他已邀请日耳曼南部大城奥格斯堡的技师丹尼尔·乌尔斯塔特来协助，两三天内就可抵达。关键是要从各地回收的旧币中，熔解出较高数量的白银，日耳曼技师在这方面明显高超。①

以上是 1559—1561 年间重铸货币的过程，以及格雷欣的协助性角色。这次币改在英国史上相当重要：（1）英国的币值与国力，摆脱亨利八世以来币值大贬、物价高涨的恶劣情境，转而翻腾向上进展；（2）奠定伊丽莎白在 1558—1603 这 44 年间政权稳定的基础。以上的内容以格雷欣为中心，其实币改牵涉的层面很广，提供三个角度的相关书目供进一步查阅。②

① 参见 Donald (1961): *Elizabethan Monopolies*, pp.26-27 的解说。

② (1)Tawney and Power (1924)eds.: *Tudor Economic Documents*, Vol. 2, pp.176-203，提供 14 项相当重要的原始文献，对理解 1526—1600 年间英国币制的变化很有帮助。(2) 在国家公告与诏书的层次上，Youngs (1976): *The Proclamations of the Tudor Queens* 提供许多与币制改革相关的解说，以第 104—110 页对钱币与汇率的解说最重要；索引第 273—274 页也有许多货币相关的条目。(3) 主要的研究性文献如下。

Challis (1967): "The debasement of the coinage, 1542–1551", *Economic History Review*,Vol. 20 (3), pp.441-466. Challis (1972): "Currency and the economy in mid-Tudor England", *Economic History Review*, Vol. 25 (2), pp.313–322. Challis (1975): "Spanish bullion and monetary inflation in England in the later sixteenth century", *Journal of European Economic History*, Vol. 4 (2), pp.381-392. Challis (1978): *The Tudor Coinage*.Challis (1992)ed.: *A New History of the Royal Mint*. Challis and Harrison (1973): "A contemporary estimate of the production of silver and gold coinage in England, 1542-1556", *English Historical Review*, Vol. 88 (349), pp.821-835.

Fetter (1932): "Some neglected aspects of Gresham's law", *Quarterly Journal of Economics*, Vol. 46 (3), pp.480-495.Oman (1895): "The Tudors and the currency, 1526-1560", *Transactions of the Royal Historical Society*,Vol. 9, pp.167-188. Read (1936): "Profits on the recoinage of 1560–1561", *Economic History Review*, Vol. 6 (2), pp.186-193. Ponko (1968): *The Privy Council and the Spirit of Elizabethan Economic Management, 1558-1603*, pp.50-51 与 Salter (1925): *Sir Thomas Gresham, 1518-1579*, pp.85-87 提供简要解说。

10.3 皇家外汇委员会

10.3.1 第 1 次委员会（1564）

出口贸易是都铎王朝的对外经济命脉，英镑汇率与外汇的管理是重要的一环。以 16 世纪的行政效率和管理效果，若把外汇业务交给王室掌控，对贸易部门未必最佳。理由是：（1）英国的金融体系尚不发达；（2）伦敦还没有交易所也没有银行；（3）在国际金融圈的地位，远远比不上欧陆的金融集团（参见第 6 章）；（4）外国的金融业主控英国的外汇业务。在这些还不成熟的环境下，王室与其禁止民间参与外汇业务，不如以管制为上。

1558 年底伊丽莎白即位后，塞西尔建议采用新的管理模式，背后的操刀者很可能就是格雷欣。主因是他在安特卫普所见闻的外汇市场运作机制，比英国式的干预或管制先进许多。新政府所面临的问题，是政权不稳固与国事如麻，又没有对外汇问题内行的主事者，塞西尔更无暇旁及此事。解决之道就是成立委员会，研究与外汇相关的问题，给枢密院提供决策参考。

这件事拖到 1564 年，才正式成立皇家外汇委员会（Royal Commission on the Exchanges），之后在 1576 年、1586 年、1600 年、1621 年改组 4 次。委员会的职责之一是提出业务报告，或当外汇市场运作有弊端时提出弥补性的建议，纠正不恰当的状况。这些政策性的干预，会影响不同团体的利益，时常引发市场骚动，或导致外汇议题的争辩。

为了让女王与朝廷明了外汇市场的运作机制，以及外汇机制如何影响国库收益，格雷欣在 1559 或 1560 年写了一份 18 页的说帖，可以说是第一套简明的“外汇原理解说”。[①]这 18 页说帖的抄本在各阶层广为流传，引发各种讨论与争辩。这份说帖复制在 de Roover

① de Roover (1949): *Gresham on Foreign Exchange*, p.192，认为这份说帖的文笔不佳，应是出自他人之手，但见解是格雷欣的。

(1949): *Gresham on Foreign Exchange* 页 290—309，转译成现代英文加上注解说明。德·鲁维尔对这套史料背景的丰富解说，以及对相关的货币问题、贸易政策有丰富解说，至今仍是备受尊崇的著作，更是理解格雷欣外汇见解的重要窗口。

1564 年的外汇委员会提出详尽报告，解说市场的运作方式，综述当时的现况。这是理解 16 世纪下半叶外汇市场的基本文献，内容相当有趣，但不宜在此摘述。[①]其中与格雷欣相关的有两点：(1) 1564 年初次成立委员会时，虽然格雷欣是主要的倡议者，但不是其中的成员，1576 年成立第二次委员会时他才正式加入；(2) 格雷欣的外汇观点明显影响了 1564 年的委员会报告，其中最明显的论点是认为银行业（其实只能说是银钱业或钱庄业）可以掌控外汇。

这和今日的观点不同。我们现在认为汇率是由市场的供需决定，而外汇委员会则认为银钱业者可以操纵汇率高低。格雷欣一向坚持这个论点，他屡次向朝廷建言，说可以操作安特卫普的短期英镑汇率。其实这是错误的观念，也是不可行的做法，最简单的理由是：安特卫普是欧陆的金融中心，交易量远比伦敦大得多（详见第 9 章）。

换言之，这份 1564 年的外汇委员会报告，反映出较狭隘的贸易商外汇观点，同时期的欧陆金融集团大概很难认同这种观点。另一方面，这和现代的外汇学理也有相当差距，主要的问题是过度强调人为操作，正如同落后国家的股市抄手，会过度强调人为操纵，忽视经济基本面与国际因素的影响。

现在回来谈外汇委员会的基本任务。外汇是国际贸易的一环，所以这个委员会的决策必然包括外贸业务。用现代的方式表达，这个委员会的名称应该是：国际贸易与外汇部。除了前述的外汇报告，它还提出五项与贸易相关的建议：(1) 促进出口减低进口，以增加贸易顺差；(2) 用英国的货币付款给法国人，设法让英国货币能在低地国流通，让它们能和法国的克朗币有相同的地位与功能；(3) 创设类似“银行”的机构或“平准基金”（equalization fund），维持汇率稳定；

① 这份报告的精华重印在 Tawney and Power (1924)eds.: *Tudor Economic Documents*, Vol. 3, pp.346-359。

（4）把英国布匹卖到日耳曼的埃姆登港，或更往东方的市场；（5）采用多项措施改革海关。

提出这项报告后，1564 年的委员会会任务完成，之后的工作由政府选派适任者“彻底执行”。以上五项政策建议中，第（2）、（3）项与汇率相关，其余三项是贸易问题。第（2）、（3）项的目的是防止英镑汇率过度下跌（贬值），而减弱英国的购买力，导致金银流向国外。至于英国货币是否能在低地国通行，就像现在希望人民币或台币能在美国通行，是不合实际的建议。

现在来谈格雷欣的贸易政策观。虽然他不是 1564 年委员会的成员，但他是背后的倡议者，上述的第（1）、（4）、（5）都能看到他的影子与见解。从背景来说，格雷欣的家族事业（参见第 1 章第 6 节），和出口商会（Merchant Adventurers）结合得相当密切。这是一种行会式的封闭团体，要经过 7 年的学徒制以及会员的引荐才能加入（参见附录 3）。这是排他性很强的公会，目的是要控制市场的竞争人数，维持商品的联合垄断。

在这个时代背景下，1564 年的委员会在贸易政策上，自然倾向于排除非会员，倾向管制式、独占式、非自由贸易、非自由竞争的形态，这也正是格雷欣的贸易观。为什么王室赞同这个取向？因为它是最明确的课税对象，也是全英国最富有的同业公会，王室缺钱需要周转时最先就想到它。伦敦市长、警长、海外商会会长、外债代理人，都是从出口公会找殷实的富商担任，这是政、经、权、钱密切结合的范例。

从国家利益的角度来看，贸易顺差、国库丰收最重要。有谁能帮忙达成这个目标？当然是出口公会采行的重商主义：（1）鼓励出口、减低进口；（2）以国家政策为名，追求顺差累积外汇存底；（3）提高英镑的国际行情（升值）。这是经济弱国的典型作为：追求富强。格雷欣的见解与作为，就是重商主义的代表人物。

10.3.2 第 2 次委员会（1576，格雷欣逝前 3 年）

接下来的问题是：1564 年委员会的五项政策建议发挥过实际功能吗？没有，因为如前所述，女王与塞西尔的内忧外患多如牛毛，贸易与汇率问题的急迫性还排不进他们的时程表。这个委员会的报告当然束之高阁，什么也没改变。13 年后（1576），景气与贸易进入衰退期，工商业（尤其是核心的布匹业）更受到打击，失业率攀升，英镑贬值，金银外流。

在这个困难的时刻，朝廷起意成立第二次皇家外汇委员会。同样地，委员会也要提出报告和政策建议，可惜这份 1576 年的报告只有摘要部分保存了下来。[①]执笔者应该是威廉·迈尔德梅，他从 1566 年起担任财政长官（Chancellor of Exchequer），主要建议是维持英镑的汇率。和 1564 年束之高阁的建议不同，政府确实将迈尔德梅的想法落实，但结果并不理想。

就质量而言，1576 年的委员会报告远比不上 1564 年的建议。[②]就整体的眼光而言，1576 年的报告立场较偏颇：基本上是在指责欧陆（尤其是低地国）的银钱业者，抢劫了好几百万的英国财富，使得英国的城镇、都市、乡村都因缺钱、无珠宝、没金银而衰落。过去几百年来的国君用尽办法，也抵挡不住这些恶魔。委员会的建议很明确：把银钱业的经营权从私人手中收回，恢复为过去由公家经营的皇家交易所，这也方便对外汇的交易课税。事后证明这个办法完全行不通，只好恢复私营。

此处的重点是格雷欣在 1576 年委员会的角色与功能。他的主要关怀是要求政府出资 1 万英镑，创设“银行”（或是外汇平准基金）。但委员会推翻他的计划，因为他们想执行一个更具野心但也更不实际的外汇管制计划。这个计划分成三条路线，必须择一施行：（1）透过对外汇市场的操纵来稳定英镑汇率；（2）建立一套制度来管制外汇，使英镑的汇率能钉住某个稳定的水平；（3）直接进入银钱业，创办一个银行（可以独占也可以非独占）。

格雷欣主张采用（1），理由是最直接可行，但委员会通盘考虑后未采纳。第（3）案因为所需的资金庞大，不可能执行。朝廷决定实

① de Roover (1949): *Gresham on Foreign Exchange*, p, 193, note 51.

② 这个委员会有 13 位成员，详细名单见 de Roover (1949): *Gresham on Foreign Exchange*, p.194, note 53。

行第（2）案，从1576年9月17日起全面管制外汇市场。朝廷援引1381年理查德二世颁布的法律，说历史早有先例，除非有王室许可，任何人禁止从事银钱兑换业务。[①]1576年的新做法，是银钱兑换业务的执照，只发给知名商人或需要外汇的人。更重要的是，女王对每英镑的外汇买卖，可课征6便士（税率 = 6/240 = 1/40 = 2.5%）。试行初期的优惠税率，是每英镑收1.5便士（1.5/240 = 0.625%），逃避规范者依规章严处。[②]

1381年理查德二世发布相同的禁令时，引发意大利银钱业者反弹。同样地，伦敦金融圈也抗议朝廷实行的第（2）案。原因很简单：外汇管制几乎影响到所有商人，因为汇率的起伏与各国钱币的买卖，都会影响商人的收益与盈亏。政府一旦限定自由买卖外币，必定干扰进出口贸易商的报价与货款的收支，给英国人买卖外国商品带来诸多不便，也会减少关税收入。

其中反弹最激烈的是在英国经商的意大利人，朝廷因而指派1576年皇家外汇委员会的6位成员[③]，听取意大利商人的抱怨。反弹的理由很具体：英国从法国南方波尔多进口大量葡萄酒，付款方式是先向意大利的银钱业者购买汇票，这些汇票会拿到法国南方的金融中心里昂兑换，之后才把钱付给波尔多的酒商。若朝廷实行外汇管制法，每英镑的买和卖都要付税2.5%。如果一笔资金1年内周转6次，就等于要付15%的税，必然加重买卖负担，造成进口品价格上涨与销售量下降。

银钱业者的论点很直接：英镑的汇率应该由供需（市场力量）决定，政府为了自己的利益干预汇率的高低并课征外汇税（2.5%），这种违反基本原理的做法日后必然自受其害。其中较严重的负面效果是：如果英镑因政府干预而偏离市场的价值，英镑就有可能被运到国外（劣币驱逐良币），反而弄巧成拙。意大利的银钱业者还抗议另一

---

① 英国的外汇管制简史，参见 Wilson (1572): *A Discourse upon Usury*, pp.138-146。

② 王室对此事的诏告书，收录在 Tawney and Power (1924)eds.: *Tudor Economic Documents*, Vol. 3, pp.167-169。

③ 包括格雷欣在内，名单详见 de Roover (1949): *Gresham on Foreign Exchange*, p.212, note 107。

件事：都铎王室竟然援引理查德二世时期的条款来干预外汇业务。早在金雀花王朝时期（Plantagenet, 1154—1399），王室就有介入外汇买卖的打算，但没有成功。朝廷引用这些尚未废弃的旧条文，其实是为了让政府有法令依据，能用叛乱的名义逮捕银钱业者入狱，目的是要吓阻银钱业者的不法交易。

世故的意大利商人知道，最好的方法就是暂时屈从，先避开风头再伺机而动。这一招果然有效，因为朝廷的干预汇率只维持 9 个半月：从 1576 年 9 月 27 日到翌年 7 月 11 日。为什么这么快就失效？朝廷的笨拙干预，当然比不上机灵的银钱业者：既然政府不准银钱业者买卖外汇，又要课征高税，银钱业者就把资金运出，到其他国家做生意。英国的进口货要如何付款给外国呢？出口的货款要如何汇回国内呢？结果只有一个：外汇管制宣告失败，迅速恢复 1576 年 9 月之前的旧制，政府不再干预外汇也不再对外汇交易课税（2.5%）。

朝廷也想过要用执照特许和课税来管制外汇买卖，但 1 年不到就失败。虽然格雷欣是委员会的成员，内心说不定偷偷高兴。这是外行领导的错误决策，因为多年来他一直告诉塞西尔说外汇是国际业务，不可能用行政力量禁止买卖，或强求英镑汇率稳定。如果朝廷一定要介入，只能用操纵市场（买进卖出）的手法：准备一笔平准基金（equalization or stabilization fund）进入市场买卖英镑。这种做法有两个好处。（1）若能维持汇率稳定，进出口商会较有保障（风险较小）。（2）需要向外借债时，若能压低英镑汇率，借来的 10 万荷兰镑就可换到更多的英镑。反之，要偿付外债时，若能提升英镑汇率，10 万英镑就能还付更多的荷兰镑。

运用国家资金来操纵英镑汇率是格雷欣多年来的主张，但如同第 9 章所解说的，他一直没成功过，但也没忘怀过。de Roover（1949）也认为，格雷欣想用操纵市场的手法，来换取短期的利益，这种害人利己的手法，必然引来国际金主与国内商人的报复。长期而言这不是良策，而是杀鸡取卵的捷径，幸亏朝廷没有同意格雷欣的构想。[①]

① de Roover (1949): *Gresham on Foreign Exchange*, p.223.

整体而言，格雷欣参与的1576年外汇委员会，并不比1564年那次的效果好。1586年设立第3次外汇委员会时，格雷欣已过世7年了。[①]

① 参见 Wilson (1572): *A Discourse upon Usury*, pp.145-154, 390 的相关索引。

11 危机协商·情报工作·采购军火

1568 年 11 月英国和西班牙发生饷银船的纷争，此事拖到 1574 年 8 月才落幕。第 1 节解说格雷欣在此事件中，发挥的协调与财务计算功能。第 2 节叙述他在外交、贸易谈判、情报方面的工作。第 3 节综述他购运回多少武器与军需，对国防有哪些贡献。

11.1 军饷船事件的危机协商

第 7 章第 4 节说过，1565—1568 这 4 年是英荷贸易关系的最后阶段，最后一根稻草是军饷船事件。1568 年 11 月初有 4 艘贸易小船和 1 艘大船，从西班牙北方的桑坦德海港沿海岸驶向安特卫普。大船的主要货品是羊毛，小船载各式杂货，真正贵重的是 155 箱西班牙钱币，价值 8.5 万英镑。这批钱大部分属于意大利的热内亚金融商人，西班牙菲利普二世要运给派驻在低地国的军事统帅阿尔瓦公爵，用来支付驻军的粮饷。除了这 155 箱钱币，还有一些钱是挟带走私的，大约价值 4 万英镑。载运这么大笔财富竟然没有护卫船只，或许是故意唱空城计，但终究出事了。[①]

① Scott (1910-1912): *The Constitution and Finance of English, Scottish and Irish Joint Stock Companies to 1720*, Vol. 1, p.49 说这笔钱是菲利普向热内亚商人筹借的。Sinclair (1803-1804): *The History of the Public Revenue of the British Empire*, p.217 说这笔钱共值 40 万克朗。

船队在法西交界的比斯开海湾碰上暴风雨，雪上加霜的是这些天主教船只，被附近的新教徒私掠船盯上。不知是天候不佳或是海盗追逼，船队被打散各自逃入英国南方的几个海港。[①]船队宣称他们是被暴风吹进来的，希望天候好转就可以离开。但英方的说法正好相反，指称是因为逃避海盗打劫，船队寻求庇护，英国才有借口介入不让财物被坏人抢走。

“海盗说”比“天候不佳说”有力，因为这些掠夺者曾向英国（同样是新教）的南安普敦港、普利茅斯港官员行贿，希望让港内的西班牙（天主教徒）船只离开。行贿失败后，这些海盗试着在南安普敦港把船劫走，但被当地海军击退。为了确保安全，英国政府把人与货搬到岸上。这 12.5 万英镑的钱币卸下船后，运往伦敦塔内存放，但王室也为此付出相当高的运费。

进入主题前，先介绍西班牙处理这件事的主角阿尔瓦公爵（1507—1582）。由于低地国的新教徒反对西班牙高压统治，双方长期对峙处于动荡暴乱的局面。阿尔瓦是派驻低地国的镇压军统帅，这大笔银钱就是阿尔瓦的军饷。对西班牙哈布斯堡王朝来说，霸权国的钱被劫走，一方面很没面子；二方面担心军队因缺饷而失控；三方面这笔钱是意大利金主的，虽然中途被劫但日后还是要偿付。

阿尔瓦是西班牙的贵族将军，也是低地国的总督（1567—1573），以强硬残酷的治理手段著名，他的敌人（荷兰新教徒）称他为“铁血公爵”。阿尔瓦是西班牙托莱多地区的第三代公爵，曾在查理五世下担任将军，之后在查理之子菲利普二世手下任职。菲利普对新教徒相当反感，1567 年派阿尔瓦率领 1.2 万官军赴低地国，赋予他“无限制”的权力镇压异教徒。阿尔瓦对付新教徒的手法严苛，引发强烈的反弹，甚至连菲利普都要他“别太极端”：他处死过几千人，荷兰人说 1.8 万人，持平的说法大约 6 000 人。

---

① 进入南安普敦港的船共载有 59 箱钱，进入索尔塔什港的船载 64 箱，进入佛耶港的船载 32 箱，合计 155 箱，每箱内含 2 万里亚尔，共计 310 万，详见 Dietz (1964): *English Public Finance, 1485-1641*, Vol. 2, p.14。1571 年格雷欣向塞西尔的报告，说其中只有 152 箱运入伦敦塔，3 箱留在海港供当地驻兵使用，或退回给船长当开销用。

除了军事上的强势，为了支付庞大的军事开销，他课征 10% 的销售税，弄到连荷兰的天主教徒都起来反对他。被逼迫外逃的新教徒有许多在海上组成海贼，攻占低地国的一些港口。阿尔瓦的大军从 1568 年中起大举镇压异教徒与反叛者，几乎掌控整个低地国，对工商与金融业带来毁灭性的摧残（详见第 7 章第 5 节）。

以下 5 小节的内容环绕三条主轴：（1）军饷船事件的后续发展；（2）此事对英荷关系的重大冲击；（3）格雷欣在事件中扮演的角色。[①]

11.1.1 后续发展

如第 7 章第 4 节所述，英荷的贸易、宗教、政治关系长久以来分合纷扰不断。尤其是 1558 年底，新教的伊丽莎白登基后双方剑拔弩张，若不是看在有深层的贸易工商互存关系，早就翻脸决裂了。军饷船事件其实互让一步就可以落幕，但双方积怨已久，扣船事件正好是个强烈的引爆点。

12 月 3 日首辅塞西尔接到普利茅斯海军寄来的报告，提醒他不久前发生的事：夏季时有英国海军（大概是约翰·霍金斯爵士）带领小船队赴墨西哥，被西班牙人攻击后烧毁，只剩 1 艘逃回英国。现在报复的机会来了，海军希望女王扣下菲利普国王的财富，要这些上帝的敌人赔偿过去的多项损失。

这是海军方面的意见，但要如何处置这批财货各方见解不一。反应最激烈的是西班牙驻英大使唐格劳·德佩斯，他明白这笔军饷对阿尔瓦与西班牙的重要性，但更说明这笔钱属于热内亚商人，应尽速归还否则会引起意大利抗议。这件小事最后竟然演变成英、荷、西、意的国际议题。

朝廷下令把钱与货卸下送到伦敦塔，看样子是不肯还了，原因有

---

① 下列文献对军饷事件有详细解说。(1)Burgon (1839): *The Life and Times of Sir Thomas Gresham*, Vol. 2, pp.277-308. (2)Ramsay (1986): *The Queen's Merchants and the Revolt of the Netherlands*, pp.90-115. (3)Read (1933): "Queen Elizabeth's seizure of the Duke of Alva's pay-ships", pp.443-464. (4)Salter (1925): *Sir Thomas Gresham, 1518-1579*, pp.128-133.

三。(1)报复西班牙在墨西哥的烧船之恨。(2)国库正好缺钱,这12.5万英镑先留用一阵子,要不要还日后再说。(3)有谣言说这笔钱原属于热内亚商人,但被阿尔瓦强劫,现在老天有眼送上门来,当然不能还给宿敌阿尔瓦。事件刚发生时英国承认这笔钱与货是阿尔瓦的,还发出入境证给西班牙驻英大使德佩斯,让他去低地国和阿尔瓦讨论如何处理。另一方面有人说这笔钱放在港口,被法国(和海盗)知道恐怕会来抢,英西协商必定旷日费时,送到伦敦塔内较安全。

亨利·莫里斯爵士(1525—1601)当时是英国的驻法大使(1566—1570),他说法国谣传这笔钱属于热内亚商人,不是西班牙国王的。如果能证实此事,朝廷应可放胆借用一阵子,写借据付利息即可。但在低地国的英国商界有不同看法,1569年1月3日他们写信给塞西尔说:英国商品常被当地政府无故没收,现在天赐良机当然要好好报复。伦敦市长托马斯·罗爵士是格雷欣的姻亲,得知这件事后立刻写信给塞西尔,说阿尔瓦对此事大表不满,已展开报复行动:12月29日下令逮捕居留在安特卫普的英商,关闭英商会馆,扣留货品,擅离者处死。伦敦市长请首辅下令应变,格雷欣对这笔钱的态度是要收下"好好保管"。[①]

在海峡的另一岸,残暴的阿尔瓦对这件事已失去耐性。他急着要支付粮饷,被英国的闪烁态度弄得烦躁不已。他不甘损失又不敢宣称这笔钱是他的,唯一能做的就是在领辖范围内积极报复英国子民,看能否让女王在极端压力下还钱还船。英国确实是乘人之危扣船劫钱,但英西的积恨让女王昧着良心向德佩斯宣称:既然这是热内亚商人的钱,她想先借用一阵子再还。

1568年12月28日阿尔瓦下令逮捕在低地国、西班牙、意大利的英国人,翌日关闭安特卫普的英国商会,派200个士兵监管,搜索货仓贴上封条。30日,所有的英国人都逮捕入狱,扣押船只、船员、货品。伦敦立刻做出相同的报复:逮捕西班牙子民,没收船只与货物,扣押交易场所、账簿、仓库、商品。1569年1月6日朝廷明令禁止与

① Salter (1925): *Sir Thomas Gresham, 1518-1579*, p.130.

西班牙及其属地往来，全面逮捕西班牙子民，监禁驻英大使德佩斯。

大使写下对女王与朝廷的极端不满与不敬，打算寄给阿尔瓦表明心志。但此信被拦截，朝廷召唤德佩斯说明此事。法国驻英大使德·拉莫特·费内伦与德佩斯素有交情，对英国的做法也表达不满。拉莫特估计这批被扣留的财物，总值约 45 万杜卡特金币，他认为女王想用这笔钱来弥补国库亏空、支援欧陆的新教徒、反抗罗马天主教皇。

11.1.2 多次谈判无效

现在把场景拉回英国。这件事的主要决策者是谁？女王还是首辅塞西尔？西法两国都把箭头指向塞西尔，把他描述成全世界最邪恶的异教徒，没有人比他更背离罗马天主教的信仰。他也是西法最想除掉的敌人，因为他是枢密院的主导者，女王非常听从他的意见。西法正在协商连手抵制与英国的贸易，斩断英国商业与国库收入的命脉，让英国重回罗马教宗的怀抱。要达到这些目标就要把力量集中起来，对付代表新教势力核心的塞西尔。幸亏有英吉利海峡的阻隔，这些目标并不容易办到。

无奈之下阿尔瓦只好派代表达索勒维尔来伦敦谈判，希望透过协商让英国归还这批军饷与船货。女王让他在离伦敦 50 公里的罗切斯特住下，向他展现军力与设备，表示可以随时应战。伦敦市长罗指派约翰·格雷欣（格雷欣的堂兄弟）等人接待达索勒维尔，但禁止他和西班牙大使接触。塞西尔密切注意此事，在日记内说：“（1569 年）1 月 22 日阿尔瓦公爵派达索勒维尔来伦敦，目的是把钱要回去。”

特使要求觐见女王，但朝廷只肯让他和枢密院洽谈。他极端不愿但也别无他法，交换条件是能和西班牙大使德佩斯见面。阿尔瓦的使者和菲利普的驻英大使见面，这是西班牙内部的事，朝廷不便介入，就把这件事交付格雷欣。格雷欣安排双方见面后又把他们分开。过了 1 个月，2 月 22 日塞西尔和威廉·迈尔德梅爵士共赴格雷欣家，和达索勒维尔会谈。但多次协商后仍无共识，这位使者 3 月 8 日从多佛港返荷。他只得到女王的口头承诺，说愿意随时归还船货，条件是阿尔瓦必须赔偿在低地国的英国子民因此事而蒙受的所有损失。结果当然不欢而散。

这个外交事件喧闹一时，把英、法、意、荷、西诸国与罗马教皇都牵扯进来。外国人都明白一个要点：真正难搞的是塞西尔，他是死心效忠女王的新教徒，政治班底雄厚，在民间甚有声望，若能把他除掉对天主教国家必有大益。这时有一位叫作罗伯特·里多尔菲的佛罗伦萨人，以经商身份住在英国，他宣称得到教皇的指令，也得到资金上的支持，要和英国的天主教结盟推翻塞西尔在朝廷的核心地位。他们的手法，是用轻佻的态度和琐碎的议题来阻挠枢密院会议，希望造成朝廷不和、孤立首辅的局面；或用不出席会议的手法，让女王找不到足够的阁员开会。接下来更直接指控塞西尔的作为，要他交代过去8年间的各种作为。这些动作让塞西尔震惊，女王因而大怒。

英国的天主教徒从伊丽莎白1558年11月登基后，至今已隐忍10年。这次让他们找到机会反扑，甚至私下派人去和阿尔瓦商谈交还船货的条件，又要求朝廷和法西交涉和解。目的是尽速恢复英荷贸易，否则因出口关税锐减，国库亏空更加严重，商人的存货无法出口牵连到各地方的布匹羊毛业。

他们的理由很充分：为了这笔12.5万英镑的不义之财，弄得全国动弹不得，引起国际的敌视抵制，真是得不偿失。更耸人听闻的是有谣言说西班牙大军，即将与阿尔瓦的部队会合，要给英国严重的教训。和西班牙帝国的雄厚战力（无敌舰队）相较之下，英国应该迅速退还船货自保才是上策。

塞西尔当然明白这些威胁的实在性，更明白贸易中断对国库与民间的严重后果，但还是不肯退让。枢密院成员早想拉他下台，但女王一向倚重塞西尔，只能在中间缓冲，反而造成大臣与女王的紧张与困扰。从国际关系的角度来看，几乎所有的天主教国家在军饷船事件上联合起来反英。苏格兰的罗马天主教派趁机要推翻伊丽莎白，爱尔兰也陷入反叛状态。

为了这12.5万英镑，弄得内忧外患，战争随时会引爆，这样值得吗？塞西尔陷入前所未有的危机：虽然女王支持他，但朝廷内的强大反对力量让他沉重，批评他一意孤行的声浪从未停止，甚至连最配合他的盟友格雷欣，也在不同场合以各种方式请他对这批饷船做出决策。事实证明这次的饷银事件让英荷贸易中断5年，双方损失惨重。饷船事件是牵动国际的重大议题，为何当时的记载并未显得那么重要？原因很简单：相对于同时期面临的几项庞大压力，饷船之争只是一桩小事。

从英国的立场来看：（1）苏格兰的女王玛丽·斯图亚特（1542—1587）图谋反叛；（2）北方的天主教徒谋反女王；（3）罗马教皇把女王逐出教会；（4）罗马天主教图谋刺杀女王，推举苏格兰玛丽女王接任英国女王，史称“里多尔菲阴谋事件”。

从西班牙的立场来看：（1）阿拉瓦在低地国的血腥统治，引发严重的宗教与政治问题，饷船只是其中的插曲；（2）1568年西班牙境内爆发“摩里斯科人起义”，这是改信天主教的回教居民对卡斯蒂利亚王室的叛乱；（3）天主教联军准备对奥图曼帝国的回教徒，发动史上闻名的勒班陀海战。

从法国的主场来看：（1）国内有内战；（2）宗教问题虽有短暂和平，但情势仍不稳；（3）英法虽已结盟，但又发生圣巴塞洛缪日的谋杀事件（1562—1598年间长时期的宗教战争，尤以1572年8月24日—10月3日，天主教徒在法国各地谋杀新教徒的事件最严重，单在巴黎就有2.5万人被害）。

简言之，欧陆各国大多自顾不暇，怎肯为12.5万英镑的饷船事件自找麻烦。所以这件事的历史定位属于英荷贸易争纷中的插曲，是“拾遗不还”的问题。

11.1.3 当事者的立场

从国际的广角镜来看这确实只是小纠纷，但从当事者的立场用显微镜来看，这不是一件小事：（1）对困窘的英国国库12.5万英镑是一大笔意外之财；（2）这件事对往后的英荷贸易关系影响重大，对英国的布匹业、毛纺业、出口业，有严重的“向上与向下连锁效果”。以下分几个角度来剖析这件事的性质。

（1）这明明是落难外国船的财货，为何朝廷硬要占为已有？为何塞西尔面对强大的国内外压力仍不肯妥协，女王也支持他的决定？原因之一是国库空虚女王缺钱。如第 8 章第 3 节所述，安特卫普的金融市场在 1567 年 3 月时已经结束，格雷欣告别了这个曾经让他大展身手的国际舞台。第 8 章第 4 节说过，女王试过几次向日耳曼贷款但都未成功；女王还被逼到要发行彩券筹钱，但因引发民间的强烈不满而作罢。[①]在这么穷困窘迫的时间点上，首辅和女王能对 12.5 万英镑不动心吗？原因之二是，英国的探险家约翰·霍金斯爵士从奴隶买卖赚来的财富，不久前被西班牙在海上劫走，现在报复的机会送上门来了。第三个原因，是菲利普拒绝英国派遣的大使曼博士，理由只因他是新教徒。第四个原因，若阿尔瓦因缺这笔钱而能减少迫害低地国的新教徒，那更是好事一件。第五个原因，塞西尔想借机警告国内天主教徒，不要企盼和阿尔瓦串通来威胁女王。

以上这 5 项因素纠结难解，难以区分重要性与顺序。简言之，塞西尔与女王打定主意不肯还钱，还有个转折性的小插曲。此事发生后约 2—3 星期，女王告诉西班牙大使说这笔钱很安全，只等阿尔瓦的指示就把钱送还。但还不到一星期，12 月 9 日女王就反悔了：有位在伦敦经商的热内亚人本尼迪克特·斯皮诺拉，告诉女王说这笔钱属于热内亚商人。从金主的角度来看，把钱借给阿尔瓦的风险其实大过借给女王，因为英国的债信比西班牙好多了。斯皮诺拉建议女王把这笔钱留下，当作“强制贷款”，日后计息还钱即可。对热内亚金主来说或许这是更好的结果。

女王说要先和西班牙大使商量，没想到大使坏了事。他知道阿尔瓦急需这笔军饷，也明白低地国的暴动对西班牙是严重问题。但这位大使才刚派驻英国 2 个月，尚不熟习朝廷的运作与英国心态。以当时哈布斯堡的强权心态，大使认定这笔钱本来就不属英国，还船还钱天经地义。加上英国天主教徒的怂恿，希望阿尔瓦能因此事来协助推翻女王。简言之，大使的姿态过高，女王又有前述的 5 项考虑，双方立场相左积怨爆发，导致互相逮捕国民，扣押对方财产与商品，贸易中断，剑拔弩张。[②]

---

① Burgon (1839): *The Life and Times of Sir Thomas Gresham*, Vol. 2, pp.338-339.

② Ramsay (1986): *The Queen's Merchants and the Revolt of the Netherlands*, p.116.

（2）换个角度来说，塞西尔竟敢在内忧外患严重的时刻，扣押当时最强大帝国最凶狠猛将阿尔瓦的饷船，还因此事弄得枢密院意见不一；国内天主教徒趁机勾结阿尔瓦，苏格兰女王玛丽·斯图亚特也找机会与法国共同谋反。塞西尔已在位 10 年，他的权力一直在接受考验，此时他尚未受封为伯利勋爵（那是 1571 年 2 月 25 日的事），他必须在国库缺钱与国际压力、朝廷倒阁之间抉择。但他明白女王缺钱孔急，也知道西班牙另有要事缠身，短期内不会对英国动武，就铁了心硬扣下这 12.5 万英镑。其实这是玩火的决定，算错一步必定给国家和个人惹来大祸。法国驻英大使想看能否以和谈方式解决，但塞西尔和女王的态度坚定，暴躁的阿尔瓦又反应过速，这件事很快就从僵局变成破局。

好战的阿尔瓦为何不出兵讨伐英国？他做过简单的评估：（a）被英国扣留的财务价值，远多于英国在低地国被扣的好几倍；（b）为了 12.5 万英镑发动战争得不偿失；（c）若英荷发生战争，英吉利海峡就无法航行，势必引发国际关切。西班牙商人在 1569 年 4 月 28 日提出一项估算：饷船事件西班牙损失超过 350 万杜卡特金币，若英荷继续对峙导致贸易中断，每个月造成的损失约 30 万杜卡特。审慎评估后阿尔瓦决定不打军事战争，改打贸易抵制战，他派去英国协商此事的代表也同意这项决定。[①]

英国方面（应该是塞西尔）也做类似的损益分析：英国被低地国和西班牙扣押的财货，约值 11.521 万英镑（可能高估 2 万英镑以上），若把西班牙被英国扣押的财货，打很大折扣拍卖掉，约可得 10.295 万英镑，英国就算不归还 12.5 万英镑也不会吃亏。1572 年 2 月 18 日西班牙有人提出另一种估算：事件初期被英国扣留的财货约值 80 万克朗金币，后期被扣押的约值 15 万克朗，合计约 95 万。[②]

（3）英荷贸易中断的最大受害者是双方工商业与平民。贸易中止后走私活动兴起，代替之前的贸易活动，几百年历史的两岸贸易不可能完全阻断，只是由明转暗。阿尔瓦从经济观点计算过发动战争并不

---

① Read (1933): "Queen Elizabeth's seizure of the Duke of Alva's pay-ships", p.451, note 24.

② Read (1933): "Queen Elizabeth's seizure of the Duke of Alva's pay-ships", p.451, note 24.

合算，但他仍积极怂恿菲利普国王，报复异教徒（英国）的女王与首辅（塞西尔），现在要做的只是静待时机。阿尔瓦派遣的第一位谈判代表达索勒维尔姿态过高，女王不愿见他，还给他出难题：一方面要解决西英之间的多项积怨，另一方面派格雷欣表达不想为此打仗的讯息。[①]英国扣船又不想打仗的混淆性策略，使西班牙碰了软钉子。

（4）阿尔瓦试过让英国的天主教徒群起反对塞西尔，但天主教徒并不希望西班牙介入国内事务。阿尔瓦也盼望枢密院推翻塞西尔，但在女王的支持下此事未能成功。阿尔瓦只好改变姿态采用第三招：找到热内亚金融商人托马斯·菲耶斯科，因为在被扣留的饷银内他的持份最大。菲耶斯科天真地想贿赂塞西尔，要送他 1 万杜卡特金币，此事当然无效。阿尔瓦只好在 1569 年 10 月派出第三位代表：这次是个军人基亚平·维他利，他随身带来一队官军。塞西尔要他把部队留在多佛港，让他单独住在另一处方便监视。维他利抵达前不久，英国的诺福克叛乱正好平息，朝廷看出这两件事的关联（勾结外力叛乱），就礼貌地请维他利离境。维他利甚至还想过要亲手谋杀女王。

简言之，阿尔瓦的软硬手段完全无效，只好把菲耶斯科请回来试另一种方法。1570 年 1 月菲耶斯科提议，把这批饷银以“诚实合理的利息”借给女王，利率只要 10%。[②]就这样绕了一大圈之后，回到事情发生后不久（1568 年 12 月中下旬）斯皮诺拉已提议过的事：把这笔饷银转为“强制贷款”的形式让女王分期付还。这是较缓和的做法，各方的可接受度最高。既然政治、军事、外交的各种管道都走不通，只好以借贷的方式解决，这时就需要格雷欣协助了。

11.1.4 格雷欣的角色

据法国大使拉莫特事后的记载（1572 年 5 月 19 日），这笔 12.5

---

① Read (1933): “Queen Elizabeth’s seizure of the Duke of Alva’s pay-ships”, p.453, note 29.

② Read (1933): “Queen Elizabeth’s seizure of the Duke of Alva’s pay-ships”, p.456, note 43 显示，商谈这件事的时间是 1570 年 4 月 6 日，而塞西尔在往返函件上签注的日期是 1570 年 2 月 22 日。

万英镑的饷船钱，真正属于热内亚商人的约有 30 万克朗金币。金主愿意无息借给女王 1 年，伦敦市政府必须在 1 年后担保偿还。金主愿意提供 5 万克朗的酬劳，给协助安排此事的人。这笔 30 万克朗日后果真无息偿付。[①]

朝廷较信任用英镑来表达的算法，格雷欣的估算是：这 12.5 万英镑中有 4 万是无主的走私钱，若没有人出面认领就属于女王；剩下的 8.5 万中，真正属于热内亚人的只有 6.5 万英镑。这件事进入“借贷计算”的时间点是 1571 年 8 月 23 日，离 1568 年底的扣船事件已超过 2 年半。这笔饷银的价值不易评定，因为内含多种货币，加上从 1568 年底到 1571 年秋汇率已有很大变化。因为牵涉到日后的偿还数目，以下从较技术性的角度用具体数字解说。

前面说过菲耶斯科是这笔饷银的主要金主，他在 1571 年 8 月 23 日宣称，被扣押的总数额是 3 206 704 里亚尔，其中 2 371 414 是热内亚人的，835 290 是西班牙人的。[②]前面提到，女王想转换为“强制贷款”的只牵涉到热内亚这部分。属于西班牙的部分，则用来抵偿英国在低地国和西班牙被扣押的财产与货物。当时英国海关采用的汇率是每个里亚尔 = 6 便士，换算之后得出：饷船的总扣押额 80 167 英镑 12 先令，其中 59 285 英镑 7 先令属于热内亚人。

但格雷欣的算法不同。他先把里亚尔转换成荷兰币，汇率是每个里亚尔 = 7 荷兰便士，然后以每 25 荷兰先令 = 20 英国先令 = 1 英镑的汇率换算成英镑总额。其实当时市场上汇率是 22 荷兰先令 6 便士兑换 1 英镑。格雷欣的算法是故意让算出来的英镑变少，日后英国偿付时每英镑可少还 2 先令 6 便士，这是典型的格雷欣手法。依这个算法，饷船的总扣押额是 74 823 英镑 2 先令 7 便士，比菲耶斯科的算法约少 5 344 英镑。属于热内亚人的总额是 55 340 英镑，比菲耶斯科的算法约少 3 935 英镑。

格雷欣在玩不光明的手法：（1）绕圈子先换成荷兰镑；（2）故意贬低荷兰镑的汇率，换算成数额较低的英镑。他敢这么做的原因很简

① Read (1933): “Queen Elizabeth’s seizure of the Duke of Alva’s pay-ships”, p.457, note 43.
② 后来英国还从其他西班牙船截到一些珠宝，价值难估。

单：这笔钱在英国人手中，热内亚人能要回就不错了，只能吃闷亏。1571 年 8 月 28 日格雷欣写信给塞西尔，说他的新算法对女王非常有利，希望依他的算法和菲耶斯科协商日后还付的条件。

依照格雷欣算法的汇率（每个里亚尔 =7 荷兰便士），热内亚人的部分应该等于 69 174 荷兰镑 11 先令 6 便士。但格雷欣坚持说，原本被算入西班牙的金额中，有一部分（110 240 里亚尔或 3 215 荷兰镑 6 先令 8 便士）是热内亚人的。3 215 加上前述的 69 174，格雷欣说总共该还给热内亚人 72 390 荷兰镑 11 先令 6 便士（精确额是 72 389 荷兰镑 18 先令 2 便士）。[①]

格雷欣的目的其实很简单，要让王室觉得只要有他在就会占便宜。[②]（1）计算被扣押额时，格雷欣用 1 英镑 = 25 荷兰先令计算（当时的市场汇率是 22 先令 6 便士），让热内亚人的被扣押额大减。（2）还钱时就用 1 英镑 = 22 荷兰先令 6 便士，让热内亚人收到较少的钱。[③]

这样搞来搞去，看起来女王是两头都占便宜。但有两件小事还是不明白。（1）这笔钱都是用荷兰镑来计算与偿还，到底王室总共支付了多少英镑？实在很难计算，因为格雷欣的手法变来变去，我们也不知道他是如何偿付的。从何处取得英镑去市场兑换，或是直接以国库内的荷兰镑支付？（2）依格雷欣计算，日后应该支付给热内亚人 72 390 荷兰镑，但他实际偿付的数额是 73 737 荷兰镑，为何要多支付大约 1 347 荷兰镑？这当然不是利息，因为这样的利率未免太少

---

① 日后格雷欣代替王室偿付时，总共付给热内亚人 73 737 荷兰镑 8 先令 10.5 便士。为什么反而会比上述的 72 390 荷兰镑还多呢？因为格雷欣又在玩让人看不懂的换算手法。先前他用每英镑 = 20 先令 = 25 荷兰先令的汇率，说王室应还给热内亚人 55 340 英镑即可。但要还钱时他又改用 1 英镑 = 22 荷兰镑 6 先令的市场现行汇率，让热内亚人收到的钱变少。

② 但若用每英镑 = 22 荷兰先令 7 便士来换算（而非用每英镑 = 25 荷兰先令），等于是故意让英镑贬值。所以原本应偿付热内亚人的 55 340 英镑，若用 1 英镑 = 22 荷兰先令 7 便士来计算，得出的总额就变多了，成为 65 455 英镑 11 便士。这不是反而对王室不利吗？但因为格雷欣是用荷兰镑偿付，所以热内亚吃了两头大亏。

③ 其实热内亚人收到的钱变多了，收到 73 737 荷兰镑 8 先令 10.5 便士。说热内亚人收到的钱变少，只在比较英镑 = 22 荷兰先令 6 便士和英镑 = 25 荷兰先令时才成立。较低的汇率使得以英镑计价的债款，在偿还时只需付较少的荷兰镑。

（若以 10% 计算，就要 7 000 多英镑），当初的强制借款条件就是 1 年期的无息贷款，这 1 347 英镑又很难解释。但不论如何，格雷欣的算法都比菲耶斯科的算法对女王有利许多。

还有第 3 种算法。女王有好几个铸币厂，其中有个厂长斯坦利以官方的角度估算之后报告说：真正运送到伦敦塔的西班牙币共 3 276 012 里亚尔，扣除搬运费 11 961 之后，实得 3 264 051。这个数字和前面说过的数额不同：（1）菲耶斯科说总共有 3 206 704 里亚尔，比斯坦利说的约少 69 308；（2）格雷欣的计算是根据菲耶斯科的宣称，而非斯坦利实际点收的数目。

这位斯坦利厂长的报告重点，是如何把这笔钱熔成白银后改铸为英国钱币。他说把其中的 2 481 303 里亚尔，铸成价值 66 323 英镑 7 先令 9.5 便士的钱币[①]，剩下那部分还可铸出 21 600 英镑 14 先令 11.5 便士，两者合计 87 924 英镑 2 先令 7 便士。若用正常的汇率计算（1 英镑 =22 荷兰先令 6 便士），得出 80 176 英镑 12 先令。换言之，格雷欣大约少估算了 8 000 英镑，这是他用诡计替女王省下的偿付额。

女王真的赚到这么多吗？还有第 4 种算法。（1）女王支付给商人的货款（赔偿被西班牙扣押的船货）是 19 849 英镑 4 先令。（2）从 1573 年 5 月开始，通过格雷欣分期偿付给热内亚商人的金额，到 1574 年 3 月是 65 455 英镑 11 先令。两者合计共 85 304 英镑 15 先令。斯坦利报告说，饷船银共改铸为 87 924 英镑，所以女王从这次扣船事件的货币利润大约 2 620 英镑。

另一种算法是：斯坦利收到的里亚尔（3 276 012），比菲耶斯科申报的数额（3 206 704），扣除运费（11 961）后，总共多出 57 347 里亚尔，换算成英镑约 2 600，和上述的女王利润 2 620 差不多。若

---

① Challis (1975): "Spanish bullion and monetary inflation in England in the later sixteenth century", *Journal of European Economic History*, Vol. 4 (2), p.384 有类似的说法："In 1568 the seizure of Alva's treasure ships yielded 3 276 012 silver reals, …2 481 303 were quickly turned into English coin worth £66 31 717s 4½d."

以货币利益来看，女王也只不过赚到 2 600 英镑。[1]这 2 000 多磅的代价是英荷关系破裂、贸易中止 5 年、引起国际大风波、朝廷还几乎因而倒阁。[2]

11.1.5 和谈复交与损益评估

以上单从饷银船的角度来计算女王的得失，但英西交恶后相互扣押商人的财产与货品，这部分的得失要如何计算？双方为何要和谈？双方各自蒙受多大损失？

先看阿尔瓦如何处置他所扣押的英国货品。这些英国货本来就是要在低地国出售，已有固定的行情与买主，所以阿尔瓦在 1570 年中（事件发生后 1 年半左右），就以相当好的价钱卖掉，赚了一大笔但总数额不知道。这些货大都卖给意大利商人，他们从中又大赚一笔。[3]相对地，英国扣押的西班牙货品就没那么好处理，原因是这些东西本来就不是要运来英国出售，而是被拦截下来的半路货，所以既没有确定的买主也没有固定的行情。其中有些货品会腐败，只好快速低价脱售，总金额不知道。整体而言，被英国扣押的西班牙商品总值较高，但贱价脱售的所得反而不高。相反地，被西班牙扣押的英国商品总值较低（英胜西输），但在市场出售后的总额，反而比英国的所得高（西胜英输）。

女王与阿尔瓦交恶后英荷贸易中止，这件事拖得愈久对双方愈不利。主因之一是英荷的经济、关税、工商业都受到严重打击，以贸易为命脉的英国也知道不必为这点小事弄得两败俱伤。1572 年 10 月塞西尔提议恢复英荷贸易，但有些西班牙人认为不该轻易让步。阿尔瓦

---

① 以上这些复杂的计算，参见 Read (1933): "Queen Elizabeth's seizure of the Duke of Alva's pay-ships", pp.457-458, note 45。Dietz (1964): *English Public Finance, 1485–1641*, Vol. 2, p.14, note18，对这笔饷银数额有不同的估算。

② 这笔饷银对英国还有另一个用途：女王用来偿还在安特卫普与伦敦的债款。Scott (1910-1912): *The Constitution and Finance of English, Scottish and Irish Joint Stock Companies to 1720*, Vol. 1, p.55 说，女王在 1570—1571 年间大约用这笔钱还掉 20 万英镑的债。这种说法未免高估，因为这笔横财的总值只有 12.5 万英镑。

③ Read (1933): "Queen Elizabeth's seizure of the Duke of Alva's pay-ships", p.460, note 31.

在低地国的统治问题愈来愈严重（参见第 7 章第 5 节），希望赶快恢复工商业，双方因而被迫和谈。[①]

1573 年 5 月 1 日英荷复交重启贸易大门，这是典型的报复性两败俱伤。王室从两方面的收入对低地国的英商做部分补偿：（1）扣押没入的饷船银；（2）拍卖所扣押的西班牙商品所得。西班牙和低地国的商人就没那么幸运：以阿尔瓦的凶暴根本不会赔偿，就算他愿意，空虚的财政也不允许。

1574 年 8 月 21 日在英国西南方大城布里斯托签订和约，同时评定双方的损失状况。西班牙因这次事件的总损失额，是 100 076 英镑 17 先令 11 便士。英国在低地国的损失是 64 000 英镑，在西班牙境内的损失是 21 076 英镑 17 先令 11 便士，合计 85 076 英镑 17 先令 11 便士。西班牙的损失比英国大约多出 15 000 英镑。英国同意另外付给西班牙 7 000 英镑支付各项开销，所以英国一共要付给西班牙 22 000 英镑（15 000 + 7 000）。签约时（8 月 21 日）英国先付 15 600 英镑，余额 6 400 英镑于 12 月 1 日支付。

现在来看各方面的得失状况：（1）前面说过，女王从饷船银得到的利润只有 2600 英镑；（2）阿尔瓦的饷钱被扣押，弄得颜面尽失，薪饷也发不出；（3）英荷商人的财货被扣押、人被逮捕、贸易中断（1567 年 12 月—1574 年 8 月），虽然后来得到象征性的补偿，但远远得不偿失。[②]

格雷欣在这次事件中扮演四个角色：（1）1569 年 2 月阿尔瓦派谈判代表达索勒维尔来伦敦时，住在格雷欣家中和塞西尔以及朝廷代表谈判，但不欢而散[③]；（2）1571 年 9 月，帮朝廷计算扣押的饷船银共值多少英镑，以及日后应偿还的数额；（3）1573 年 5 月—1574 年 3 月间，分批还付热内亚商人被扣押的钱，女王大约总共支付 6.5

---

① 格雷欣在和谈过程中的角色，以协助性的传递双方讯息为主，参见 Burgon (1839): *The Life and Times of Sir Thomas Gresham*, Vol. 2, p.308。

② Salter (1925): *Sir Thomas Gresham, 1518-1579*, pp.132–133 对英国的总损失有另一种估算与解说，他认为英国的损失超过 20 万英镑。

③ Ramsay (1986): *The Queen's Merchants and the Revolt of the Netherlands*, p.108，对格雷欣参与此事的过程有更详细解说。

万英镑，可算是 4 年半期的“无息强制贷款”[①]；（4）1569 年 8 月 14 日格雷欣写信给塞西尔，建议女王用这笔横财铸币，可赚 3 000—4 000 英镑的利润，一方面可增加英国的财富，另一方面可提高货币的成色（含银量）。[②]

英国从饷银船事件看出一件重要事情：拥有无敌舰队的西班牙帝国与哈布斯堡王朝，其实已没那么可怕；相对地，英国的实力已足以和当时的霸权国抗衡。1568 年 12 月—1574 年 8 月的饷银船冲突与和谈，已经预示 14 年后（1588 年 8 月）英国打败无敌舰队的可能。

11.2 外交折冲·贸易谈判·情报工作

11.2.1 外交折冲

格雷欣在安特卫普期间，除了金融贸易圈的密切往来，也和政治外交圈有些接触。这类的小记载相当多，以下挑选几项来看他的角色与功能。

英荷虽互派代表，但还没到大使的层级。1559 年夏季为了增强英荷关系（参见第 7 章第 4 节），朝廷决议派遣一位常驻低地国的大使。担任这项重要职位的是托马斯·查洛纳爵士（1521—1565）。[③]其实查洛纳已代表英国派驻低地国，大家认为他最适合升任大使，因为他在此地的时间很久，与重要人士有相当往来。

派任查洛纳当正式大使之前，格雷欣得到朝廷指示，携带官方文书拜见低地国的摄政女公爵帕马，希望有助于修补英荷关系。换言

① Dietz (1964): *English Public Finance, 1485-1641*, Vol. 2, p.15, note 21, 说格雷欣在 1574 年之前已支付 6 516 荷兰镑给阿切尔博·韦卢特利，以及 67 121 荷兰镑给本尼迪克特·斯皮诺拉。1574—1575 年间，国库偿还 11 000 英镑给“从本尼迪克特·斯皮诺拉借来的钱”。

② Salter (1925): *Sir Thomas Gresham, 1518-1579*, p.131.

③ 政治人物与诗人，1559 年 7 月—1560 年 2 月担任驻荷大使，参见 Ramsay (1975): *The City of London in International Politics at the Accession of Elizabeth Tudor*, pp.85, 87-89 的相关解说。

之，他是在执行代理大使的任务。虽然这是非正式的职位，但总也要有个基本的身份地位。而格雷欣的正式头衔只是王室代理人，职业是伦敦的布业出口商，怎么能拿这个身份去见女公爵？

1559年12月20日朝廷发给的代理大使派令，对格雷欣的称呼是绅士（Esquire）。为了提升格雷欣的级别，同年同月23日女王颁授他爵位。格雷欣家族的爵位至此完整：父亲、叔叔、哥哥（参见第1章）、自己都有这项殊荣。这是他最荣耀的时刻，也是朝廷对代理人强烈赞同的重要象征。格雷欣现在具有三重身份：代理大使、王室的外债代理人、伦敦的布业出口贸易商。[①]同时背负这三种身份相当招摇，因此两个多月后（1560年3月8日）他在写给塞西尔的信中表示感受到危险，觉得在交易所里有西班牙和意大利商人要同谋对付他，他警戒地不敢随意出国。[②]

有个实例可以说明他如何介入国际事务。法国的主教沙蒂永因为同情新教（尤其是路德派）的理念，而不见容于宗教界，甚至被视为叛徒。1568年他感受到生命威胁，从诺曼底海岸渡海逃到英国，此事引起国内外的注意。为了避人耳目，他接受建议住进格雷欣家中。接纳外国主教的事，让格雷欣进入政治、宗教、接待国宾的牵扯里。法国驻英大使甚至登门拜访，迫使格雷欣把主教带到他在奥斯特里的别墅住一星期。但是在1570年，主教被自己的仆人毒杀，享年47岁。[③]

格雷欣在国际市场筹钱的能力广为人知，连外国人都要格雷欣协助。例如在1569年夏季时，法国与西班牙交界的比利牛斯山靠大西洋侧，有个叫作纳瓦拉的小王国（约1万平方公里），它的女王想用自己的珠宝借钱，托人找格雷欣帮忙。这批珠宝大约价值6万英镑，但伊丽莎白不愿借，要他们去找商界。格雷欣是伦敦最重要的富商，

---

① Burgon (1839): *The Life and Times of Sir Thomas Gresham*, Vol. 2, pp.278-279, 286.

② 格雷欣在低地国的外交工作，另见 Ramsay (1975): *The City of London in International Politics at the Accession of Elizabeth Tudor*, pp.124, 141, 199-200。

③ 有一种说法，是女王对沙蒂永主教的态度冷淡。1568—1570年间，政治与宗教方面有许多重要的变化，当格雷欣到伦敦时对这两方面也有不少涉入，但此事已偏离本书主题，参见 Burgon (1839): *The Life and Times of Sir Thomas Gresham*, Vol. 2, pp.270-276, 332。

又是王室代理人，只好答应代筹一半（3 万英镑）。

女王担心会招引法西不满，因为纳瓦拉女王是新教，与天主教的西法不容。格雷欣努力在伦敦筹这 3 万英镑，朝廷站在支持新教国家的立场只能暗中相助，但对外一概否认：因为法国驻英大使已密切关心，所以要避免英法因之而起的不快。格雷欣知道朝廷真正的意向，但是否真的筹到这 3 万英镑已无记录可查。①

11.2.2 贸易谈判

1558 年 11 月玛丽一世去世后，她丈夫西班牙国王菲利普二世向伊丽莎白求婚被拒，英荷关系变质。1563 年 12 月低地国借口防止英国船只散布传染病，禁止英国的布匹羊毛在 1564 年 2 月 25 日之前卸货，接下来又把禁令的时限延长到复活节，这等于是阻断英国的贸易生命线。英国的报复方式很简单：全面禁止低地国的货物进入。

1564 年 5 月 27 日安特卫普的行政官员联名写信给塞西尔，希望动用他对女王的影响力重启英荷贸易，答应说他们会坚守行政立场，不会让西班牙的政权过度干预。6 月 7 日塞西尔回信说，荷方的决定无情在先，现在又提出不合理要求，所以应该由荷方先重启贸易，为何反而要求英国先恢复贸易，允许低地国的货物进入？安特卫普的官员碰了软钉子但仍不死心，6 月 30 日用法文写信给格雷欣提出类似的要求。格雷欣没留下回复的记录，大概他也只能把信转呈朝廷或塞西尔。这件事交涉整个夏天，直到 11 月底英荷才签署同意书，希望能在布鲁日城开协商会议。

英国对此事的态度是：（1）低地国的政治态度不友善，短期内难以改变；（2）低地国的宗教与社会问题日益严重，对贸易发展不利；（3）如第 7 章第 4 节所述，1564 年 5 月时英国已试着把贸易重心转向日耳曼的埃姆登港，但效果不如预期，不得不考虑重返安特卫普。英国的产业因贸易中断早已撑不下去，加上国库的关税收入大减，逼得英荷在 1565 年 1 月重启贸易管道。

---

① 详见 Burgon (1839): *The Life and Times of Sir Thomas Gresham*, Vol. 2, pp.334-336。

以下要说的是，1564 年 12 月协议恢复贸易的过程中，格雷欣扮演的辅助性角色。在前述的布鲁日会议期间（1564 年 12 月），安特卫普官员殷切希望英国贸易商重返故地恢复旧观，通过不同管道托人写信给塞西尔，格雷欣也因他和塞西尔的密切关系收到这类的信。其中有一封是 12 月 29 日的法文信，他也用法文回复，要点如下。[①]

各位先生：我收到过阁下好几封信，最近的一封是 12 月 29 日。基于对安特卫普城的深厚情感，在首辅塞西尔的善意协助下，我已和英国商会主席以及贸易出口商共同讨论。结论是：如果有可能的话，他们愿意依照女王和西班牙国王的协议，把商品运送到安特卫普，也愿意和过去一样居住在那里，所以同意我写这封信回复阁下。首辅塞西尔另有讯息，内容由携送此信函的安德鲁·范欣德松口头传达，他是安特卫普政府派来和格雷欣以及塞西尔沟通的使者。

格雷欣签署此信的日期和地点是：1565 年 1 月 11 日于伦敦。受信者是安特卫普市长埃舍文和市议会。[②]

11.2.3 情报工作

格雷欣在安特卫普期间时常感受人身的危险，其实另有重要原因：他和各地商人广泛接触，知晓国际政治与军事的消息与谣言。他和首辅每周固定的通信，除了报告外债工作，更重要的是汇报各国的军事与动态，例如西班牙哪个港口有几艘军舰进出、载负哪些人员和物品。在政治方面，例如罗马教皇的最新活动、土耳其人的动静、西班牙的消息、北欧诸国（瑞典、丹麦）与日耳曼、法国的各种谣言。

---

① 1564 年 2—12 月间英荷贸易纠纷与协商过程，略见 Burgon (1839): *The Life and Times of Sir Thomas Gresham*, Vol. 2, pp.60-63 的说明。格雷欣的法文信函见第 64—66 页的全文引述。

② 2 年多后（1567 年 2 月 1 日），安特卫普的改革教会用拉丁文写信给塞西尔，同样的内容用法文写给格雷欣。低地国的教会希望英国女王与王公贵族，能出力阻挡西班牙统治者，在宗教上不要过度迫害新教徒。他们知道格雷欣和塞西尔（以及女王）的关系密切，希望格雷欣能私下协助。此事与经济贸易问题无关，有兴趣的读者请参见 Burgon (1839): *The Life and Times of Sir Thomas Gresham*, Vol. 2, pp.185-189 的信件。

格雷欣从哪里得来这些丰富的情报？他如何区辨真假？除了安特卫普这个核心城市的各种消息，如第 3 章第 6 节所述，他在法国、西班牙还有自聘的代理人，同时也是他的眼线和情报供应者，以下举例说明他的情报工作如何对朝廷有用。

1560 年 5 月 12 日与 14 日格雷欣写信告诉塞西尔说，西班牙有 2 万个步兵在兰德省（荷兰东部的省份）扎营。格雷欣立刻派个仆人带 50 个克朗金币去当地了解状况，直到把钱用光才回来，这些军事讯息对朝廷了解西班牙军队的调动很有帮助。格雷欣在法国聘用理查德·佩恩和亨利·加尔布兰德，传回许多港口的动态消息。虽然大都是地区性的情报，没有重大军事意义，但也可看出他的情报网布局。格雷欣在西班牙的托莱多城，有一位仆人约翰·戈布里奇经常传送情报给他，这个人也常帮英国的几个驻外使馆传送邮件回国。格雷欣在阿姆斯特丹聘请一位约翰·韦丁顿定期回报消息，再传回朝廷。这些都是塞西尔同意的事。

格雷欣最宝贵的情报来源，是他的朋友兼金主加斯帕·雪资，格雷欣曾在他家借住过一段时间。雪资的另一个身份，是西班牙国王的财务代理人与咨询对象（参见第 6 章末），是获取低地国与西班牙政局最新讯息的可靠来源。塞西尔知道这条管道的特殊重要性，曾经以女王的名义致赠 600 克朗金币给雪资，感谢他提供某项重要消息，替女王至少省下 2 000 英镑。女王日后又送给雪资价值 500 克朗的金链，还写一封感谢函。

格雷欣的行贿对象还包括低地国朝廷的仆人，用来探听各项消息；贿赂海关人员，协助私运钱币与军火回国。低地国的情报网知道格雷欣在做这些事，时常拦截他的函件，逼得他用密码传递重要讯息，建议女王看过后就烧掉。以上是格雷欣的大略情报网，他也运用身边的商人和熟人，帮忙搜集各种讯息传回给朝廷判断。①

从另一个角度来看，格雷欣在安特卫普的办公室，也成为朝廷与驻外人员的讯息交换中心。例如 1566 年 9 月当埃塞克斯伯爵派赴维

① Burgon (1839): *The Life and Times of Sir Thomas Gresham*, Vol. 2, pp. 283, 360-363, 365-367.

也纳担任大使时，他和朝廷之间的公文，以及他和家里与朋友的通讯都要靠格雷欣转寄。对人生地不熟的官员来说，他能提供迅速安全的通信管道。这类的事相当多，格雷欣主要靠他的助理理查德·克拉夫协助这方面的杂事。朝廷与驻荷商会、侨民、贸易多方面的文件，甚至朝廷要寄给西班牙和意大利的信，都是通过这个管道。[①]

11.3 采购武器与军需

朝廷指示外债的需求数量与借款条件，格雷欣负责筹措、协商、运钱回国。武器和军需也一样，朝廷指示所需的项目与数量，格雷欣负责采购运回。为什么除了筹措外债还要负责军需购买？因为这两项战略物资的供应中心都在安特卫普。困难度也类似：欧陆银根紧张时，低地国政府就不准把钱运出境外。英荷关系良好时，尤其是玛丽与菲利普二世联姻期间，在低地国筹措金银、购买武器、运回英国都没问题。

格雷欣的主要活动时间，是英荷关系时好时坏、菲利普向伊丽莎白求婚不成，双方翻脸的困难时刻。采购武器的主要困难，是要秘密进行与偷运回国，目的是要充实英国武装，应付与苏格兰、爱尔兰、西班牙之间可能的战争。以下这些内容没什么结构性，挑选几个例子说明这件事的本质。

格雷欣第一次接到朝廷采购军火的指令，是 1554 年 3 月 27 日（玛丽女王即位后 9 个月）。枢密院会议时军械署长（理查德·索思韦尔，1502/1503—1564）提出报告，说目前在伦敦塔内的火药存量，只剩下 14 个 last（1 个 last = 24 个 barrels = 2 400 磅）。朝廷认为存量不足以应付可能的事件，授权索思韦尔下指令给格雷欣，迅速购进 4 万磅火药。日后再以相同模式从荷兰采购 20 个 last（4.8 万磅）。如果短时间内买不到 20 个 last，那就先买 4 000 磅，之后再买 6 000 磅，合计 1 万磅。

---

① Burgon (1839): *The Life and Times of Sir Thomas Gresham*, Vol. 2, pp.181-183.

格雷欣还要采购 1 000 个 Harquebush（不知何种武器）。当时并不急需这批军火，所以等了 10 星期格雷欣才从安特卫普回国接受指令。5 月初，他从荷兰驻英大使西蒙·雷纳处取得介绍信，向低地国的朝廷申请军火出口许可证。此时英荷关系良好，这件事的后续不明，但应该进展顺利。

玛丽治理期间（1553 年 7 月—1558 年 11 月），格雷欣时常收到采购军火的指令。菲利普和女王虽是夫妻，但西班牙对英国的敌意并未消除，必须加强军备防范。格雷欣为了分散风险，在 1558 年 3 月、5 月、6 月间，分 4 次运总值 2 600 英镑的军火回国，内容是火药、高顶盔、铠甲。格雷欣的代理人也在日耳曼积极收购军火。①

以 1558 年 6 月 11 日的装运单为例，内容有：3 500 个 Hackequebutt、1 000 只手枪、500 个 Pondera de Macches、10 万个 Pondera Petre Salse、3 000 个甲胄、2 000 个 Mourreyen、3 000 个铁帽、8 000 支长矛。4 个月后（1558 年 10 月 17 日），格雷欣从敦刻尔克（现今法国西北的港口）写信说，他收到一笔钱要采购 3 600 支手枪，每支的单价是 6 先令 6 便士。以上是玛丽女王时期格雷欣采购军火的内容。②

1558 年 11 月伊丽莎白即位后，因为拒绝菲利普二世求婚，加上低地国的局势不稳，英国更积极地在日耳曼和荷兰采购军火，防止西班牙的可能的侵犯。格雷欣在这段时期的信函里，不断出现甲胄、手枪、火药、硫黄这类字句。他在 1560 年 4 月 18 日写给塞西尔的信中，请求准许自己从汉堡采购价值 3 000 英镑的军火，全部装在同艘船内，原因是每年从汉堡航向伦敦的船不超过 10 艘。

他建议女王再采购 4 000 或 6 000 英镑的火药，这样才足够防备西班牙。格雷欣屡次建议增强战备，在 1560 年 5 月的信中建议女王把舰队准备好，禁止海员外流，因为他担心西班牙可能当年内会侵犯英国。他说应该做最坏的打算。格雷欣认为他从海外提供的军火，已

---

① 参见 Martin (1892): *"The Grasshopper" in Lombard Street*, p.12，这位代理人是理查德·坎德勒，详见本书第 3 章第 7 节。

② Burgon (1839): *The Life and Times of Sir Thomas Gresham*, Vol. 1, pp.147-149, 164-165, 194, 200. 另第 477—479 页有 1 页半的窗体与说明，陈列 1558 年 4 月格雷欣军火采购内容的解说。

足够女王武装200艘军舰，随时可以应战。[①]

运送各式各样、数量多寡不一的军火回国的讯息，在1559年10月、1560年6月13日的信函都可看到，[②]其中较值得一提的是1560年6月的事件。格雷欣把价值9 000英镑的火药分3艘船运回英国，其实低地国政府早就盯上这件事。1560年6月14日晚7时，有位荷兰海关的搜查官（此人已被格雷欣收买，多次帮忙他运出军火），来通报说有个英国人去告密，说格雷欣偷运许多各式各样的枪支去伦敦。翌日（15日）一早被派来登船搜索的人，幸好是这位被他收买的官员。这个人和同事争执许久后，决定不登船搜查，因为他们担心若登船又搜不出东西，事情传出去反而不妙。格雷欣说，幸亏他平日对荷兰海关赠送过厚礼，才能免除这次大麻烦。

英国商人为难格雷欣甚至去告密，主因是出口商人不喜欢他过度奉承王室，甚至牺牲商界的利益。如果走私军火被搜查到的事传出去，必定弄得各国皆知，对筹债工作必然不利。同样在1560年6月间，格雷欣运送多批军火回国，价值2 500英镑。后来格雷欣走私军火的事已无法掩人耳目，出口许可证也被撤销。[③]

低地国政府已经知道格雷欣在秘密采购军火，他只好暂停两年。到了1562年8月，由于国际局势变化，格雷欣写信建议女王添购30或40万磅火药应付可能的状况；如果能有5万磅火药就足够一长段时间之用。8月22日塞西尔回答格雷欣8月9日的信说：在低地国已不易购买军火，也无法取得出口许可证。现在要远赴波西米亚（匈牙利）采购，然后从日耳曼的汉堡和不来梅港运回。这段时间格雷欣和塞西尔固定每星期通讯一次，塞西尔的意思是：军火当然重要但取得困难，运送回国时也无英国船可用，相当不便。眼前的急切困难，是低地国的金主不愿贷款，此事目前比采购军火更重要。[④]

格雷欣从伊丽莎白即位（1558年11月），到1560年6月这1年

---

① Burgon (1839): *The Life and Times of Sir Thomas Gresham* , Vol. 1, pp.293-295.

② 参见 Burgon (1839): *The Life and Times of Sir Thomas Gresham*,Vol. 1, pp. 309, 318-320。

③ Burgon (1839): *The Life and Times of Sir Thomas Gresham*, Vol. 1, pp.331-325, 334.

④ Burgon (1839): *The Life and Times of Sir Thomas Gresham*, Vol. 2, pp.11-12.

半间，积极采购大量军火。这件事发挥了功能吗？法国驻英大使拉莫特·弗内伦的公文通讯里说：英法之间不要轻易发动战争，因为英国在这几年间，透过格雷欣采购相当庞大数量的军火，已做好备战工作。这位大使也观察到，伦敦泰晤士河里有 7 艘军舰，随时可以载运海军官兵出战。他认为格雷欣对英国的安全与独立有重大贡献。[①]

格雷欣总共采购多少金额的军火？没有完整的项目与数量，但据迪茨说：从伊丽莎白 1558 年 11 月即位起，到 1562 年 4 月 22 日止，他总共采购价值 13.96 万荷兰镑的军火，甚至把日耳曼境内能买到的全部收购光了。[②]斯科特说单在 1560 年度内，格雷欣采购军火的金额，就高达 108 956 英镑 13 先令 4 便士。[③]

这帮助我们明白一件事：表 8–3 到表 8–6 的外债数额内，可能其中的 14 万荷兰镑是用来采购军火。索尔特说荷兰的金主之所以愿意借钱，其中有一项原因是格雷欣要用这笔钱来买军火。如果金主和军火商联手，或找个代理人帮格雷欣买，这样又可从中再赚一笔。王室知道花大把银子从外国买军火，长期下来不是办法，就开始筹备矿冶公司、发行股票、征求股东，目的是自制大炮与火药，王室从中收取 10% 的权利金。[④]这项自制军火、强化海军的举动引起各国注目，西班牙尤其担心信奉新教的英国崛起，会导致欧洲政权的平衡重新调整。[⑤]

---

① Burgon (1839): *The Life and Times of Sir Thomas Gresham*, Vol. 1, pp. 332-333, 337-338. 另见 La Mothe Fénélon (1838): *Recueil des dépêches, rapports, instructions et mémoires des Ambassadeurs de France en Angleterre et en Ecosse pendant le XVIe siècle*。

② Dietz (1964): *English Public Finance, 1485-1641*, Vol. 1, pp. 10, 16 note 24, 17.

③ Scott (1910-1912): *The Constitution and Finance of English, Scottish and Irish Joint Stock Companies to 1720*，Vol. 3, p.496.

④ Salter (1925): *Sir Thomas Gresham, 1518-1579*, pp.27, 99-103.Salter 说格雷欣在 1543 年 24 岁时，就替亨利八世在低地国采购过军火。

⑤ 还有一些与上述大致类似的记载，说明格雷欣采购军火的另一些小事，请参见 MacFarlane (1845): *The Life of Sir Thomas Gresham, Founder of the Royal Exchange*, pp.87-88, 90, 114, 124, 127；Ramsay (1957): *English Overseas Trade during the Centuries of Emergence*, pp.116-118, 223-234；Scott (1910-1912): *The Constitution and Finance of English, Scottish and Irish Joint Stock Companies to 1720*, Vol. 1, pp.29-30；Stone (1947): "State control in sixteenth-century England", pp.112-113。

V　贡献与评价

12　委曲与荣耀

格雷欣担任王室代理人期间，经手的外债数额庞大（参见第 8 章表 8–3 至表 8–6）。当王室无法如期偿付时，他会以私人资本或各种手法周转。王室也支付他日薪与各项办公费用（参见第 3 章第 6 节）。这些林林总总的大笔金额进出，依规定要向朝廷审计官报账。但时间久了公私搅在一起，审计官对许多笔账的认知不同。第 1 节简短解说格雷欣退休后，因账目不清而引发争执的前因后果。女王重用格雷欣，除了他的国际商业才能，更因为他和首辅塞西尔的长期友谊，第 2 节举例说明双方的交情。第 3 节回顾格雷欣的贡献，以及各界对他的正负面评价。

12.1　与女王结账

朝廷对外债代理人的账目有审核权，格雷欣之前的代理人如沃恩和当塞尔（参见第 2 章第 3、4 节），朝廷都派人审核账簿。1558 年 3 月格雷欣担任玛丽的代理人时（参见第 3 章第 4 节）就依规定接受查账：格雷欣每日有 20 先令的薪资，4 位员工每人每日可申报 16 便士。办公费、邮件费、办公室杂费、仆役费、仓储费都可报公账，若操作外汇与金融业务而导致亏损可免责。王室因财政窘困，这些可报的公账无法如期还付，格雷欣对此常有怨言。1560 年 6 月 22 日他写信给伊丽莎白的内务府司库托马斯·帕里爵士，抱怨王室还欠他钱未还。[①]

1562 年 3 月 27 日格雷欣写信给塞西尔说，他一年前就把近几年的账做好，希望能和朝廷的审核官核对，目的是希望女王能偿还他这些年间所垫付的各项费用（请款）。格雷欣不忘在信中提及，当年他为爱德华六世和玛丽一世当代理人时，王室每年会奖赏他产值 300 英镑的土地，这些土地完全私有也可以转移或继承。这么做的目的是表明他对伊丽莎白的功劳并不会更少，女王应该（但一直没有）赏赐等值的土地。这是私下抱怨，女王不赏赐也没办法。

同封信内的公事是说到，1562 年 4 月 22 日他担任代理人就满 3 年 159 天。这 3 年半的账一直未核对，希望朝廷能还付他下列的代垫款：（1）铁箱（20 英镑）；（2）土耳其马一匹（10 英镑）；（3）差旅与邮件费（1 627 英镑 9 先令）；（4）房屋租金（200 英镑）；（5）餐饮与生活必需品（1 819 英镑 3 先令 5 便士）。以上合计 3 646 英镑 12 先令 5 便士。女王接到信还是没处理，主因是国库缺钱。[②]

1 年半后（1563 年 10 月 3 日）他再度写信给塞西尔抱怨几件事。（1）女王原本答应每天给他 20 先令的薪资，现在竟然要缩减，实在“对我太苛刻”。他希望塞西尔代向女王请求公正地对待他。（2）1558 年 11 月 20 日女王任命他担任代理人时塞西尔也在场，了解女王当时的承诺，女王也让他吻手，表示一诺千金。（3）5 年来（1558—1563）他已替王室借到 83 万英镑，把年利率压到 12%，这些功劳还不够明显吗？（4）这 5 年来在两岸往返 29 次，不知做了多少事，代垫了多少钱，还因公务在低地国摔断腿，这些牺牲难道女王不明白吗？比起之前的两位国王和玛丽女王，现任女王对他实在不够宽厚。（5）女王每天只付他 20 先令（1 英镑），而他每天的开销至少要 4 英镑。大使每天的薪资是 6 英镑，开销也不比我大，为何女王还要减他的日薪？请塞西尔向女王恢复每天 1 英镑的薪资。

---

① 可报账的项目，参见 Burgon (1839): *The Life and Times of Sir Thomas Gresham*, Vol. 1, pp.193-194；写给帕里的抱怨信见第 191 页。

② 参见 Salter (1925): *Sir Thomas Gresham, 1518-1579*, pp.148-151，以及 Burgon (1839): *The Life and Times of Sir Thomas Gresham*, Vol. 1, pp.415-416。

现在的史料无法证实，女王是否恢复每日 1 英镑的薪资。但女王不是针对他个人，因为她连仆人也要扣薪，驻外大使也常抱怨不够用，要自掏腰包或借债或卖地才能执行公务。这是伊丽莎白期间官员普遍薪资过低的问题，大家都在抗议但也无奈。[①]半年后（1564 年 3 月），格雷欣的主要助手理查德·克拉夫在低地国服务 12 年后退休，格雷欣写信给女王请拨一块在威尔士的地，让克拉夫承租 21 年，每年的产值约 27 英镑。[②]3 年后（1570 年 10 月 26 日）又写信给塞西尔，说女王欠他 4 英镑 9 先令 8 便士，说朝廷在财务上一向不守时（也不守信）。1571 年底时，伦敦市民也很不满女王借钱不还。[③]

对账的事拖到 1574 年 5 月 3 日终于要彻底解决了。从格雷欣的立场来说，这笔和王室往来的账目已推延了 11 年没清理：他替朝廷垫付的总额 637 982 荷兰镑 12 先令 8 便士，朝廷已付 648 862 英镑 14 便士，还欠他 11 万荷兰镑。但审计官的算法不同：格雷欣报上来的好几笔账稽核官员不接受，又删掉好几笔，结果是格雷欣欠了朝廷 1 万英镑。

格雷欣闻讯大惊，要求审计官给一份清单副本，他立刻带着去找在莱斯特度假的女王。当时女王心情不错，特准他勾销这笔账款，以“感念他对王室的忠心与辛劳”。审计官回到朝廷后看到女王特许勾销，有说不出的惊讶。但事实不容否认：女王已盖上国玺，首辅塞西尔签了名，外加四位财经官员（莱斯特、沃尔辛厄姆、迈尔德梅、诺尔斯）都签了字。[④]

从这件事可看出：（1）一笔旧账竟可拖延 11 年才结算；（2）格雷欣和稽核员对账目的认知差异甚大；（3）女王的特许有效，表示人治优于制度的运作；（4）朝廷对官员与代理人太苛刻，不但降薪还不认账（如果相信格雷欣的算法）；（5）王室原本欠格雷欣钱，现在反过来

① Burgon (1839): *The Life and Times of Sir Thomas Gresham*, Vol. 2, pp.30-38.

② Burgon (1839): *The Life and Times of Sir Thomas Gresham*, Vol. 2, p.79，女王大概不会同意此事。

③ Burgon (1839): *The Life and Times of Sir Thomas Gresham*, Vol. 2, pp. 420-421. 女王欠钱不还的记载很多，参见 Chandler (1964): *Four Centuries of Banking*, pp.39-40。

④ 详见 Hall (1902): *Society in the Elizabethan Age*, pp.68, 160-162。

竟然变成恩典，否则不但要还 1 万英镑，还犯欺君罪关进伦敦塔。[①]

现在来看一些细节，说明为何会产生认知上的差异。（1）审计官对格雷欣报的账，有些肯接受，有些则否。例如格雷欣买卖 5 000 英镑的外汇时，因汇率起伏不定，导致汇兑损失 304 英镑 12 先令。这部分他不必承担，一概由国库支付。（2）但他申报的办公家具、纸张等费用相当高，安特卫普的房租每年支出 76 英镑 13 先令，这些都是很豪华的开支。（3）如果以 1558—1563 年间为第 1 期，审计官对这段时期的账全部接受，国库要还付格雷欣 3 000 英镑左右。（4）但 1563—1574 这 11 年间的账，审计官认为任期是到 1574 年 5 月 3 日，国库共支付他 677 248 英镑 4 先令 9.5 便士，但格雷欣所提供的单据只有 659 099 荷兰镑 2 先令 1.5 便士，还欠朝廷 18 149 英镑 1 先令 9 便士多。若扣除特殊开销，还欠王室 12 697 荷兰镑。以较符合格雷欣利益的汇率换算后，他欠了王室 1 万英镑。[②]

为什么格雷欣和审计官会有这么严重的认知差距？（1）审计官认为有些账重复申报，有些账目的金额（如房屋租金 200 英镑）实在太高。（2）格雷欣常替女王代垫还债款，又从不同金主处周转。这些大笔金额的利息很难有明确账单，审计官认为格雷欣有从暗盘中取利之嫌。（3）从格雷欣的角度来看，他为国事辛苦奔波 20 多年（1552—1574），竟然还欠了 1 万多英镑（在当时这是天文数字），他怎么肯罢休？最后只好用政治手段解决，女王特赦一笔勾销。[③]

女王对官员、代理人、大使的薪资相当苛刻，付款既不干脆也不守时，主因是国库实在困难。有些大使要举债或卖地才能上任，只有

---

① 参见 de Roover (1949): *Gresham on Foreign Exchange*, pp.22-24 的解说。

② 这些复杂的账目计算，参见 Hall (1902): *Society in the Elizabethan Age*, pp.66-68。另见页 161—163 有详细附录，说明与格雷欣账单相关的档案，以及审计官对格雷欣账簿的签注意见。这项意见的结论是：审计官的计算无误，格雷欣应还付国库 10 883 英镑 15 先令 4 便士。此案是因女王的特赦 (pardon)，而免除格雷欣的责任 (discharged)。参见 Salter (1925): *Sir Thomas Gresham, 1518-1579*, pp.150–153，以及 pp.183–184 的补充说明。

③ 参见 Perry Gresham (1995): *The Sign of the Golden Grasshopper*, pp.198-302 的相关解说。

富商才有能力当王室代理人。[①]女王不但克扣官员薪资，还时常到各地王公贵族的宅邸度假或过圣诞节，目的是减少王室开支，对接待女王的贵族与富商这是一大笔开支。[②]为什么这些贵族和格雷欣一样，都在做吃力不讨好甚至倒贴的事呢？因为女王会特许他们独占某些特定的工商业，颁授爵位给这些宠臣。

12.2 与首辅结盟

格雷欣从 1551 年底或 1552 年初担任爱德华六世的外债代理人，这项机缘主要是靠家族的商界实力以及他在海外经商的人脉。那时他还很年轻（32 岁），但已展露干练与业务成果。可惜爱德华只在位 6 年 5 个月，1553 年 7 月由他的姐姐玛丽一世继位。天主教势力掌权后，格雷欣刚做一年半的职位立刻不保。但接任者的能力不足，女王只好把他找回来。玛丽的在位期更短（5 年 4 个月），1558 年 11 月驾崩后由妹妹伊丽莎白继位，转由新教势力掌权。

格雷欣很明白要如何巩固职位。（1）商场和政界的历练让他更圆熟。（2）新女王即位之初为求政局稳定，不轻易更换团队。（3）格雷欣的宿敌威廉·保利特爵士仍担任财政大臣，他必须和女王倚重的威廉·塞西尔爵士（图 13–1）结盟（参见第 3 章第 5 节）。这两位出身背景完全不同但政经利益密切相关者，从 1558 年到格雷欣过世（1579）期间，一直都有重要的公私往来。格雷欣留下的信函中，最主要的通讯者就是塞西尔。也正因为塞西尔长期担任首辅（1550—1553，1558—1572）和财政大臣（1572—1598），他的公务通讯函保存在国家档案中，后人才能看到格雷欣的许多信函。

① 参见 Ramsay (1975): *The City of London in International Politics at the Accession of Elizabeth Tudor*, p.105 的相关解说。Perry Gresham (1995): *The Sign of the Golden Grasshopper*, pp.212-213, 229, 330 也有相同的例证。

② 见 Ramsay (1975): *The City of London in International Politics at the Accession of Elizabeth Tudor*, p.50 的解说。

12.2.1 生平简历

塞西尔家族源自威尔士地区，祖父大卫在1485的博斯沃思战役中，以长弓兵的职位立功。都铎王朝建立后他进入亨利七世的朝廷担任侍卫，之后快速升迁担任内廷小官，1537年逝世（70岁）。

大卫的长子理查德（另两个儿女名为大卫、琼），1517年就在宫廷担任亨利八世的侍从，这是父亲帮他谋来的职位，也替他铺好内部的基层人脉。理查德的升迁速度相当慢，基本上是在宫廷服务，说不上什么成就。他有个长子威廉，日后以首辅和财政大臣留名青史。威廉苦于自己的出身与学历，送15岁的威廉进剑桥。

威廉的母亲简生三女一子，活到1588年（打败西班牙无敌舰队）。她对独子的教养相当要求。父亲理查德过世时留下足够舒适生活的遗产，最主要的是北安普敦郡地区的Little Burghley，成为日后家族的根据地。1571年女王封威廉为第一任伯利男爵（称为伯利勋爵），就是以此地为爵位名。威廉剑桥毕业后进入伦敦的格雷律师学院（Gray's Inn），那是培养律师（与公务员）的学校。1543年他成为国会议员（23岁），迅速展露行政才华。他能同时掌握复杂的事

图12–1　威廉·塞西尔爵士（伯利勋爵，1520—1598）

情，能长时间专注地工作，有很强的判断力和决策力，非常有耐心，很明白上级的旨意。

1550 年 9 月 5 日（30 岁）升为爱德华六世的首辅，直到 1553 年 7 月国王驾崩。玛丽女王即位后新教徒的塞西尔失势，他一直和同样是新教徒的伊丽莎白公主保持良好关系。1558 年 11 月伊丽莎白即位后，基于对塞西尔的长期信任，任命他为首辅。[①]新女王即位后国事如麻，国库空虚急需向外举债。有谁能担任代理人赴欧陆筹措巨款呢？当然是同为新教徒、曾经担任过 5 年代理人、表现亮眼的伦敦富商格雷欣。

12.2.2 与格雷欣的密切关系

塞西尔掌政后，与金融、外汇、国际贸易、国内商界、财政、货币、经济相关的议题，通常会找格雷欣商议。Burgon（1839）所引述的大量塞西尔与格雷欣互通的函件，是格雷欣在海外与不在伦敦时留下的记录，已经丰富到让历史学界讶异。当格雷欣在伦敦时，双方家庭的密切往来、宴饮、馈赠，这些说不定更重要的内容反而没留下记录。格雷欣虽然只是商界领袖与王室代理人，但他在台面下参与的决策，恐怕比表面看到的更高更深入。

格雷欣也明白塞西尔这条线，不论是政治上或经济上对他都像守护神一样重要。所以他不但随传随到，在外债筹措上力求表现，更重要的是如第 11 章所述，发挥三大面向的额外功能：（1）协商贸易与外交上的危机；（2）布下海外情报网，搜集欧陆的政经军事消息；（3）在欧陆采购军火防西法列强侵入。这也是塞西尔格外欣赏格雷欣的地方，[②]试举两例说明双方的密切关系。

---

① 参见 Burgon (1839): *The Life and Times of Sir Thomas Gresham*, Vol. 1, pp.220-231 对塞西尔性格与才华的析述。

② Burgon (1839): *The Life and Times of Sir Thomas Gresham*, pp.303, 307, 427-429 都明确指出此点。

图 12–2　伯利庄园

（1）塞西尔对兴建豪宅与园艺非常有兴趣，耗资庞大、投入深度心血的伯利庄园（图 12–2），至今仍豪迈屹立供游客参观。兴建过程中格雷欣不知从海外提供多少建筑图、工匠、建材、奇花异草，塞西尔对这些事的热烈在信函中充分表现。[①]

（2）塞西尔与第一位夫人玛丽（生年不详）1541 年结婚，1543 年玛丽早逝，塞西尔才 22 岁就丧妻，他们生个儿子托马斯（1542—？）。托马斯是游手好闲的人，父亲逝后（1598）继承了爵位，成为第二任伯利男爵。[②]塞西尔为了这个儿子的教育伤透脑筋，约 1560 年时找一位家庭教师温德班克带他去巴黎学法文，见识欧陆的贵族、官宦、宫廷。托马斯在巴黎花天酒地不肯学习，塞西尔写了大量信件责骂，指摘种种缺失但全无效果。儿子既不回信也不改变，父亲的唯一办法就是中止汇钱。另一个办法是请格雷欣观察托马斯的语言能力与生活方式。托马斯借着游历欧陆的名义，到安特卫普找格雷欣拿生活费。格雷欣趁机测试他的法文和拉丁文能力，写一份客气的报告给塞西尔称赞一番。塞西尔当然明白儿子是什么料，在 1562 年 4

---

① Burgon (1839): *The Life and Times of Sir Thomas Gresham*, Vol. 1, p.304, Vol. 2, pp.177-178, 407-408.

② 见 Alford (2008): *Burghley: William Cecil at the Court of Elizabeth I*, p.30 与 p.393 的索引。

月 2 日的信中深深感叹："我在伦敦经常处于痛苦和烦恼的状态，但这些都比不上儿子带给我的痛心。我有时在想：有这个放荡不羁的儿子，真让我感到羞耻；我宁可见他光荣地死去，也不愿见他这样活着。"[①]

12.2.3 后续研究：伊丽莎白一世的财经决策与伯利勋爵的运筹帷幄

我写作《边镇粮饷》时[②]明白一件事：万历初期北方边防的主要调度者是首辅张居正。我写作本书时也明白一件事情：伊丽莎白一世时期主要的财经国防调度者是首辅塞西尔。张居正的事不需我多说，因为朱东润和韦庆远已经说得够明白了。[③]

塞西尔（伯利勋爵）的事也一样，几世纪以来史学界不断地有新传记和新的主题研究。他在 16 世纪下半叶的都铎王朝，扮演的角色几乎和 16 世纪中下半叶的万历首辅（明代无宰相）张居正一样。塞西尔当政 40 年以上，张居正从隆庆元年（1567）43 岁入阁，至万历十年（1582）58 岁过世，掌政 15 年。张居正留下 5 册文集，[④]方便后人评估他对政治、军事、经济的贡献（主导清丈田亩、主编《万历会计录》）。塞西尔的通信与文件共 14 册，2009 年春季已全部数字化[⑤]，方便评估他的政治、军事、经济决策。

单就都铎王朝的经济决策来看，格雷欣像是耀眼的棋子在前线征战立功，但真正的下棋者是塞西尔，两人的搭配也很融洽。过去有许多专书对塞西尔的生平、政治、宗教面向做了很好分析，例如 Read

---

① "…the shame that I shall receave to have so unruled a sonne, greveth me more than if I lost him by honest death."，同上注第 2 册第 436—437 页。

② 《边镇粮饷：明代中后期的边防经费与国家财政危机，1531—1602》，台北：联经（"中央研究院"丛书），2008；杭州：浙江大学出版社，2010。

③ 朱东润 (1945)《张居正大传》，台北：开明书店，1968。韦庆远 (1999)《张居正和明代中后期政局》，广东：广东高等教育出版社。

④ 张舜徽 (1987—1994) 主编《张居正集》(4 册)，武汉：荆楚书社、湖北人民出版社。

⑤ *Calendar of the Manuscripts of the Marquis of Salisbury Preserved at Hatfield House, Hertfordshire: The Cecil Manuscripts*, 14 searchable CD-Rom (British History Online；台湾清华大学人社分馆；台大总图)。

（1955，1960）[①]，最新的两本是 Alford（1998, 2008）[②]，但学界对塞西尔的经济决策还很不够了解，对都铎王朝经济史研究者而言，这还是个必登的高山。

为什么这是个重要（甚至是关键）的题材？因为如本书导言所说，16 世纪下半叶伊丽莎白女王时期是英国近代史的转折点：经济开始往上走，打败西班牙无敌舰队，踏入重商主义“资本主义萌芽”时期。这段时期的内政、外交、财政都碰到许多困难。单就货币问题来说，首要之务是解决亨利八世大贬值留下的问题，女王决心在 1560 年重铸货币，此事的背后是由塞西尔擘画。从国内外举债的事来说，本书已提供许多证据（尤其是第 8–10 章），说明塞西尔如何运筹帷幄，指挥格雷欣在低地国、西班牙、日耳曼筹款与还债。

这只是我较熟悉的例子，若能深入塞西尔的 14 册文件，配合日渐丰富的数据库与网络资源，从容深入档案文献，应该能对伊丽莎白时期的财经决策有更深入的理解与贡献。至今尚未见经济史学界深入探讨这个议题，主因是塞西尔的史料太多，通讯函件散布各处，许多手稿尚未数字化。

这些复杂的内容与诠释对经济史学界还都很陌生，我希望有人能对这件事做点工作。（1）全盘掌握这些庞杂的研究文献。（2）通读 14 册塞西尔文件（已有完整的电子文件，也可上网查索）。（3）旁及相关的通讯档案与数据。做好这三项准备工作，解说他的生平、事迹与勋业。这位和张居正同一时期、发挥过类似重要功能的著名首辅，值得进一步深入探讨。[③]

① Read (1955): *Mr. Secretary Cecil and Queen Elizabeth*. Read (1960): *Lord Burghley and Queen Elizabeth*.

② Alford (1998): *The Early Elizabethan Polity: William Cecil and the British Succession Crisis*. Alford (2008): *Burghley: William Cecil at the Court of Elizabeth I*.

③ 若以英文来拟书名有两种方式。(1)*Lord Burghley and Economic Policies of Queen Elizabeth Tudor*. (2)*Economic Policies of Lord Burghley under Queen Elizabeth Tudor*.

12.3 贡献与评价

1579年11月21日格雷欣在伦敦自宅逝世，大概是中风，享年60岁。4年多前（1575年7月5日）他亲笔写下遗嘱。[①]为什么遗嘱印刷后长达71页？因为他可能是当时全国最富有的平民（commoner）。他被安葬在伦敦市的圣海伦主教门教堂。[②]格雷欣的独子理查德在1564年17岁时因瘟疫病亡，也葬在同个教堂。

格雷欣在低地国的布鲁日有私生女安妮（与夫人同名），但在1575年之前早逝，因此在1575年立下的遗嘱中全无子女的名字。[③]据说他和女仆安妮·赫斯特有个私生子，付出生活费并帮女仆找丈夫解决这个问题。[④]他逝后17年夫人过世（1596年12月15日）[⑤]，生前的夫妻关系并不很好。墓碑上本来没有刻铭文，1736年才刻上"Sr. Thomas Gresham Knight buryd December 15th 1579"。这个墓在生前已造好，出殡的行列中有200名穷人送葬，总耗费超过800英镑。同时代有两位贵族的豪华葬礼，也不过耗费406英镑和320英镑。[⑥]

现在来看综观性的正负面评价。

（1）格雷欣家族和都铎王朝有非常紧密的关系，他本人更是四朝元老，为国服务30年。他们家族是政商结合的范例：掌控伦敦布业

① 详见Gresham (1724): An exact copy of *The Last Will and Testament, of Sir Thomas Gresham*。另参见：(1)Ward (1740): *The Lives of the Professors of Gresham College*, appendix 6, pp.16-27的遗嘱资料补充解说。(2)Anonymous (1833): *A Brief Memoir of Sir Thomas Gresham, with an abstract of his will, and of the act of parliament for the foundation and government of Gresham's College.*

② 详见维基百科"圣海伦主教门教堂"条的解说与照片。另参见Ward (1740): *The Lives of the Professors of Gresham College, to which is prefixed the Life of the Founder, Sir Thomas Gresham* 的棺墓图片与格雷欣的雕像图。另参见Doolittle (1994): *The Mercers' Company, 1596-1959*, p.32的棺墓图片。

③ Burgon (1839): *The Life and Times of Sir Thomas Gresham*, Vol. 2, pp.469–470对这位私生女生平与婚姻的描述。Ward (1740): *The Lives of the Professors of Gresham College*, appendix 2, p.3详列格雷欣给这位私生女的嫁妆内容，年产值280英镑15先令。

④ Blanchard (2004): "Sir Thomas Gresham (c.1518-1579)", p.770.

⑤ Ward (1740): *The Lives of the Professors of Gresham College*, appendix 4, pp.8-11详列格雷欣给夫人的遗产内容，年产值2 388英镑10先令6.5便士。

⑥ Burgon (1839): *The Life and Times of Sir Thomas Gresham*, Vol. 2,pp. 472-473.

出口商会（参见附录 4）、父亲和叔父当过伦敦警长与市长，家族有四人授爵位（Sir）。虽然他没当过市长和警长，但在外债与国际外交情报上有更宽广的舞台，财富的累积也明显超越前人。①

（2）通晓多国语言（英、法、荷、拉丁、西、德），人脉宽广。运用伦敦的豪宅与各地的庄园别墅，接待外宾、主教、大使、谈判代表、替女王管束女官、招待女王居留三周、宴会无数。墓碑上称他是殷实富商（flos mercatorum），a merchant-adventurer moste famous in his age for his great adventures bothe by sea and land。②

（3）他的成功除了家世背景，还有个人的特质：能力强、身段柔软，非常有助于协商，尤其是资金的周转。他在政界、商界、外交界的人脉已让王室不容忽视，甚至连宗教界与海内外王公贵族也要请托他解决事情。为什么能成为优秀的协商者？除了圆润的手段，有时还肯牺牲原则或损及同业利益，但这也时常引人诟病。第 3 章第 2 节说过，格雷欣以新教徒身份，能担任天主教性格强烈的玛丽女王的代理人，已令人很惊讶了。

（4）他很知道攀附权贵的好处，例如他对首辅塞西尔几乎是无异议地服从，很能迎合塞西尔的公私需求（参见上一节）。他常从外国买礼物送权贵，女王至少亲笔写过两封信给他，对非贵族而言这是无上的荣誉。格雷欣常从他布置的情报网提供国际消息给朝廷，在讯息传递缓慢的 16 世纪有相当的策略性功能。简言之，对朝廷和女王来说格雷欣很好用，几乎各种事情都可托他代办，很少打折扣或做不到。朝廷也知道要如何补偿他：爵位与金钱（授予专利权制造玻璃、纸张、建造交易所）。

（5）独子理查德在 1564 年 17 岁过世后，这位平民首富开始做公益与慈善，主要是投入相当的数额兴建济贫收容所和医院。在附录 2 可看到，他在遗嘱中捐钱兴建格雷欣学院。此外他对文学也有兴趣，

① 格雷欣在 1565 年赞助一位诗人丘奇亚德，写一首诗赞美格雷欣事业多又广，包括玻璃厂、造纸厂、兴建皇家交易所、全国首富、王室代理人、商界领袖。原诗全文见 Burgon (1839): *The Life and Times of Sir Thomas Gresham*, Vol. 2, p. 445 and note a。

② Burgon (1839): *The Life and Times of Sir Thomas Gresham*, Vol. 2,pp. 450-458.

资助文学家和诗人，因此有些作者献辞给他。虽然知识广博见闻丰富通晓多国语言，但几乎未系统地写作过。我们现在看到的，都是他因公事留下的亲笔信函。从这些实际业务的书信，只能看出他文句流畅意见清楚，对商界而言这已相当难得，主因是他青少年时在剑桥大学打下的基础。

（6）他在英国商界当然是耀眼的明星，但若从国际企业家族的角度来看，那就还差一截。以意大利美第奇家族的洛伦佐·德·美第奇为例，他在国际上呼风唤雨、左右政界人事、介入宗教界的手法，得到神奇者（il Magnifico）的称号。相对地，格雷欣只是王室的皇商，虽然略有国际知名度，但还谈不上有影响力。这不是格雷欣和美第奇个人的差别，而是在16世纪中后期时，意大利在金融、艺术、宗教上，都明显比还是开发中的英国重要太多。

（7）英国的经济史学者理查德·托尼（1880—1962）对格雷欣有一段精辟的评价："他是个奇妙的三合一体：成功的商人、金融专家、政府的优秀代理人。而第三个身份和其他两个身份，从来没有停止争战过。"[①]格雷欣的出身是伦敦布业出口公会，这是排他性很强的独占性同业公会。从国家政策的角度来看，他必然支持王室的重商主义：积极累积外汇存底（金银）、拥护王室的特许权、反对自由贸易、反对自由竞争、反对市场机能、主张政府大有为、介入各项产业的生产销售与价格、主张用关税壁垒保护民族产业、驱逐境内的外商集团（例如北欧与波罗的海的汉萨同盟）。

换言之，格雷欣的经济政策，和亚当·斯密《国富论》（1776）的自由化概念完全背道而驰。在他的概念里市场是可以操纵的，例如第9章说明他曾主张，朝廷支持他操纵安特卫普外汇市场的英镑汇率。这当然是不可行也做不到的事，但为什么他对这个想法念念不忘？主因是：（1）他急于表功；（2）个性上的妄大；（3）心态上认为市场是可以操控的。简言之，他的经济政策观念还停留在中世纪的王权主控，这也是《国富论》最反对的重商主义代表人物。[②]

① Wilson (1572): *A Discourse upon Usury*, p.83.

② de Roover (1949): *Gresham on Foreign Exchange*, pp.275-277, 286-287.

（8）本章第 1 节说过，王室给公务员和官员的待遇相当差，主因是国库空虚。商界出身的格雷欣，从王室得到哪些财务的报酬？在爱德华六世时期担任外债代理人（1551 年底—1553 年 7 月驾崩），国王曾赏赐几块土地给他（大约是 1552 年间），每年的产值约 100 英镑，还发“奖状”给他说：You shall know that you have served a king。这是荣耀性的夸奖，在政治圈和贵族圈都有相当的效果，在商界尤其难得。这些地产的年收益，有人估算约值 260 英镑，也有人估计 308 英镑，格雷欣过世时（1579）的产值约 150 英镑。[①]

1555 年 10 月间格雷欣写信给玛丽女王，感谢她赏赐年产值 131 英镑的土地，但在其他地方，他又说这块地的年产值 200 英镑。女王还赏他一些庄园和宅邸，价值不明。[②]1568 年 11 月 10 日他写信给莱斯特伯爵说，他只替爱德华六世和玛丽女王工作两年，就被赏赐年产值 300 英镑以上的土地。现在他替伊丽莎白女王工作 10 年，应该考虑会被赏赐什么。[③]虽然已是平民首富，但对金钱还看不开。[④]

（9）现在来看负面的观感。第 10 章第 1 节说过，他为了帮女王还债，把脑筋动到出口公会的货款上，商人对这种手法相当不满。[⑤]第 3 章第 2 节也说过，玛丽女王时期的财务大臣威廉·保利特对他相当排挤，甚至到伊丽莎白时期还在毁谤他。[⑥]

除了同业人士在经济上、朝廷人士在政治上的敌意，民间对他也有负面的观感，试举数例。[⑦]（a）他在奥斯特利的豪宅，把公用地圈起来私用，引起当地人反感，还造成骚动，穷人反对尤烈，这和他的济贫慈善形象大异其趣。[⑧]（b）格雷欣家族的富裕形象，时常招引恶作剧。有人在他叔父约翰爵士的墓上写字，说他是个高利贷者，埋葬

① 详见 Burgon (1839): *The Life and Times of Sir Thomas Gresham*, Vol. 1, pp. 111-112。

② Burgon (1839): *The Life and Times of Sir Thomas Gresham*, Vol. 1, pp. 189-190.

③ Burgon (1839): *The Life and Times of Sir Thomas Gresham*, Vol. 1, pp. 446-447.

④ MacFarlane (1845): *The Life of Sir Thomas Gresham*, pp.125-126 有更明白的实例，谈到格雷欣夫妇对金钱的贪心与恶行恶状。

⑤ Burgon (1839): *The Life and Times of Sir Thomas Gresham*, Vol. 1,pp. 324-331.

⑥ MacFarlane (1845): *The Life of Sir Thomas Gresham*, pp.110-112.

⑦ 参见第 5 章第 6 节末。

⑧ Burgon (1839): *The Life and Times of Sir Thomas Gresham*, Vol. 2, p. 449.

在地狱里。（c）在兼并土地与房产的过程中常与人兴讼，他的母亲与夫人也常做这类的事，予人观感不佳。他过世后夫人和十多位佃户也有类似的产权之争，社会批评他家生财无道。也有人抨击他是高利贷者、独占者、攀附权贵、欺压弱者、兼并者这类难听的话。[①]（d）爱德华六世时由于国库空虚，对民间富者（拥有土地年产值 100 英镑以上）相当反感（民富过君），格雷欣就是国王指涉的典型富商。[②]

（10）总结地说，以现代的眼光来看，他在担任代理人期间，尤其在伊丽莎白时期，正是对外贸易、经济成长、外汇存底、军事力量向上翻转的阶段（参见图 4–1 与图 4–2）。他不是这个新时代的开创者，而是时势创造了这个人物，甚至留名至今：格雷欣法则（劣币驱逐良币）。

他是个有才干、实务性强、唯利是图的典型商人，知道各方人士各行各业的需求与供给，能周旋其间斡旋中介互蒙其利，是个不可或缺的人。在英国商业史上他的地位屹立不摇，今日伦敦市内仍有一条街道以格雷欣命名。他创办的格雷欣学院至今还在运作（参见附录 2），可惜他兴建的皇家交易所已毁于大火（参见附录 1）。[③]

---

① Hall (1902): *Society in the Elizabethan Age*, pp.58, 70-71 有更多细节描述这类的事。

② MacFarlane (1845): *The Life of Sir Thomas Gresham*, p.62.

③ 参见 Salter (1925): *Sir Thomas Gresham, 1518-1579*, pp.166-171 的综合评价。

13 格雷欣之后的王室代理人

13.1 格雷欣的接任者帕拉维西诺

1579 年 11 月格雷欣去世后，王室需要找个接替者，能在国内外找寻资金供国库周转。候选人需要具备哪些条件？（1）熟悉国际金融圈，有实务经验与信誉。（2）熟悉外汇买卖操作。（3）能在不同国家调度搬运巨额资金。（4）能处理外交业务，也能在国外搜集情报。（5）能找到资金支持国外友邦。（6）国际上有声望，能获取金融圈的信任。简言之，就是要找第二个格雷欣，或是在依他的条件找新替身。如果有这个人存在，怎么没在格雷欣衰老之前起用呢？如果没有这个人，短时间内要去哪里变出来？这个人能在伊丽莎白治理的下半段期间（1580—1603）发挥类似功能吗？

英国人当中确实没有人具备这六项条件，只有一位在意大利热内亚出生的商人，大致符合这些条件：霍雷肖·帕拉维西诺（图 13–1）。他父亲托比亚斯是意大利北方的贵族富商，和意大利籍

图 13–1　霍雷肖·帕拉维西诺（1540—1600）

的国际金融圈有密切往来，托比亚斯在1560—1570年间代理教皇独占的明矾开采与销售。明矾是布匹业染整的重要着色剂，低地国和英国的布匹业相当发达，对教皇的明矾有大量需求量。托比亚斯因而在安特卫普设立分店，由儿子霍雷肖主持，业务相当繁荣。

他们的主要客户，是低地国的新教徒布匹业者。为什么天主教的意大利商人，要和新教徒做生意呢？因为托比亚斯希望能得到低地国的进口独占权，不希望其他同业竞争明矾的进口。为什么低地国的新教徒，要和托比亚斯这个意大利的天主教徒做生意？因为这些新教徒需要明矾，但又没钱付款，而托比亚斯肯接受特殊条件：英国女王的信用。如第11章第1节所述，伊丽莎白因为和阿尔瓦公爵有饷银船的纠纷，很愿意支持新教徒的低地国布匹业者反抗西班牙。

英国的国库空虚，军力也比不上西班牙，只好用间接的方式协助：布匹业者向托比亚斯购买的明矾不必付钱，几年后由女王支付。在业务考虑下，天主教的帕拉维西诺只好倾向新教的英国，和朝廷人士有相当往来，和王室有大笔交易。但帕拉维西诺还是不易完全被王室接纳，主因是他的天主教信仰。其间发生一件事改变了他的宗教立场：他的家族由于明矾业务问题和教皇起了争执，导致他弟弟法布里齐奥被捕受酷刑，身心受到严重伤害。

这个案件拖了10多年没解决，他心灰意冷但无法报仇，因而放弃罗马天主教改信新教。1579年格雷欣过世后王室找不到接替者，伦敦虽然有干练的富商，但都没有国际声望与历练。对精明的帕拉维西诺而言好机会终于来了。但他有好几项弱点：（1）不是英国人，忠诚度是否可靠；（2）和伦敦商界没有渊源，更没有影响力；（3）在英国没有家族势力，和王公贵族也没深交；（4）和政界的关系更遥远；（5）在英国没有投资也没有产业，社会基础很弱；（6）出身平凡，和朝廷大臣王公贵族的气息不通。

但英国找不到第二个格雷欣，只好退而求其次，启用一个样样都比不上的外国人。帕拉维西诺具备哪些特殊条件呢？（1）长期和金融圈往来，开立的汇票在欧洲各地都有人肯接受；（2）随时能在金融圈调度几千英镑；（3）通晓6种语言（拉丁、意、法、荷、德、英），商业与外交手法圆熟；（4）同时具备上述三个条件，又能和王室沟通的人，在英国没有，全欧洲也找不出几个；（5）更重要的特质是：帕拉维西诺是野心勃勃的秃鹰，敢作敢为，敢给敢取，是个敢下大注的赌徒；（6）愿意随时放下自己的事业，为王室效命的商人也很少见；（7）对王室的指令服从性高，因而取得枢密院两位高层人士塞西尔和沃尔辛厄姆的信任。

朝廷先试用他办几件事。（1）托他转几笔钱给法国的安茹公爵。（2）在法国做几件小型的情报工作。测试及格后他接到朝廷的正式指派令（1586 年 2 月 14 日），担任女王的大使，执行指派令内详述的任务。[①]要担任大使必须先拥有英国籍，他在 1585 年 11 月取得这项资格。但以外籍英商的身份当大使恐怕不当，1587 年 11 月女王颁授爵位给他。

这时他已高度认同英国社会，购置产业落地生根，成为典型的地主绅士。1588 年击败西班牙无敌舰队的战役中，他在外交与金融方面做出了重要贡献。他甚至还贡献大笔资金协助建造海军，但他的外籍出身与非贵族血统，让他无法登船督战。1590—1591 年间奉派赴日耳曼在王公贵族间穿梭，出手挽救法国，免于被西班牙菲利普二世侵扰。这是一件相当复杂困难度很高的任务，他办到了，也确立了在朝廷的地位。

但品格上他有明显的缺点：相当严重的贪财好色、神经质的易怒、对财富贪婪、无所不用其极的手段、流氓恶棍的手法、几近无耻地拍马屁、喜好调戏女子、让人反感的处女情结。这些恶行恶状都让人看在眼里，官员们都不明白为什么女王会任用这种低格调的外国商人。

后来女王开始对他不满，因为发现了他从 1578 年的 20 年长期贷款中大赚一票。帕拉维西诺警觉到这个变化的严重性，就退隐到剑桥郡的芭芭拉罕乡村。从 1594 年到 1600 年去世这 6 年间，集中精力兼并土地与积聚财务。他去世时约 60 岁，是当时最有钱的平民之一，家财约值 10 万英镑。他是相当独特的例子：（1）从热内亚商人变成王室代理人；（2）取得英国籍又取得爵位；（3）从商人转为地主乡

① Stone (1956): *An Elizabethan: Sir Horatio Palavicino*, pp.xviii-xix, 4-5, 10-11, 120.

绅；(4)在外交领域、情报工作上有亮眼的表现。

政治上帕拉维西诺和格雷欣走同一条路线，但更积极勇敢：他极力攀结首辅与财政大臣塞西尔，和情报头子弗朗西斯·沃尔辛厄姆爵士（1573—1590年间担任首辅）在间谍网方面相当配合。格雷欣去世后，帕拉维西诺和塞西尔家族的利益结合得更紧密：他和塞西尔的两个儿子罗伯特（1590—1612年间担任首辅）、托马斯这些太子党，都有家庭与事业的往来。[①]

以下把重点聚在帕拉维西诺如何替王室筹款，目的是对比他和格雷欣的相似与相异性。此处有三个小要点：(1)基本的用意是对比性的，避免深入细节；(2)帕拉维西诺的事迹并非本书的重点，有兴趣深入者详见Stone（1956）的第3章、第4章；(3)学界对帕拉维西诺筹措外债的理解，远远比不上对格雷欣的深入，主因是格雷欣当年的通讯函，大都保留在国家档案内，已可上网搜寻。相对地，在British History Online上，与帕拉维西诺相关的条目相对地少很多，档案里的帕拉维西诺文件也很有限。

帕拉维西诺替王室的筹款（1580—1592），和格雷欣赴欧陆筹措的外债（1552—1567），有两项本质的差异：(1)格雷欣的借款是为了贴补国库之需或在海外采购军火。帕拉维西诺的贷款，基本上是要支持低地国反抗西班牙统治的新教徒，以及法国的安茹公爵。(2)格雷欣是去欧陆（尤其是安特卫普）筹款，但16世纪60年代中后期低地国的金融中心已萎缩，所以帕拉维西诺的借款对象以意大利金融集团为主。

王室透过帕拉维西诺向意大利金主（例如斯皮诺拉）借过大小不一的数额（1万英镑以下），双方合作还算愉快，他依行规收取0.5%—1%的佣金。但1578年有一笔大额贷款（28 757英镑）年利10%，让王室相当不悦，1592年起帕拉维西诺就退隐乡下避祸。表13-1说明这笔款项的始末。

① 以上这些对帕拉维西诺生平事迹的解说，在Stone (1956): *An Elizabethan: Sir Horatio Palavicino*, chapter 1有非常好的分析。Stone (1956)至今仍是对帕拉维西诺最好的研究。有2篇书评值得参阅：(1) *Journal of Economic History*, 1958, Vol. 18 (3), pp.380-381; (2) *Journal of Modern History*, 1957,Vol. 29 (2), pp.119-120.

表 13–1　英国王室通过帕拉维西诺周转给低地国新教徒的借款，年利 10%

年份	项目	英镑	先令	便士
1578	贷款	28 757	11	3
1581	利息累计	4 616	13	1
1581—1591	女王支付的利息	36 711	12	7
1591—1593	女王支付的利息	4 342	5	6
1593—1598	积欠利息	14 473	5	0
	低地国总共积欠	88 901	7	5

资料来源：Stone（1956）: *An Elizabethan: Sir Horatio Palavicion*, p.87, note 3.

1578 年的这笔 28 757 英镑借款，是用来支援新教徒反抗西班牙。但低地国人无力偿还这笔债款，所以女王在这 20 年间支付了 4.1 万多英镑的利息（36 711 + 4 342）。20 年后（1598）连本带利暴增到 88 901 英镑，低地国人更加还不起。女王也觉得这些意大利金主欺人过甚，用高利贷手法赚取暴利。不愿意付钱的另一原因，是认为帕拉维西诺从中赚走不少。因为他之前有过一项不良记录：替女王借 1 万英镑给法国的安茹公爵时，抓到双方的弱点，硬敲了 3.5% 的超高佣金。

表 13–1 的例子显示：（1）帕拉维西诺在 1572—1592 的 20 年间替王室周转到的数额，远远比不上格雷欣赴海外筹款的成绩；（2）女王对帕拉维西诺的秃鹰作为相当反感，帕拉维西诺与王室的关系纯是生意上的，这和格雷欣的爱国心完全不同；（3）伦敦商界对帕拉维西诺的评价，不论是生意或个人行为都不高，远远比不上格雷欣。

帕拉维西诺在 1592 年退隐乡下后，积极从事高利贷与土地兼并，手法很简单：借钱给王公贵族和地主，收取高年利（超过 10%），借期 6—12 个月，以土地抵押。若到期无法还钱，立刻翻脸并吞土地。这些招人忌恨的手法，加上生活上的不检点（好赌好色），招致许多批评与反感。帕拉维西诺晚年因痛风严重长期卧病在床，加上血尿与排泄困难，大小病缠身，60 岁病故（1600 年 7 月 5 日）。

他守财小气的性格一生未变，逝前累积相当可观的财产，立下严谨的遗嘱分配办法，托人经营管理。其中最重要的一项，是防止夫人再嫁（若再嫁则失去继承权），以免财产落入外人手中。但人算不如天算，他的夫人还在他逝后1年改嫁给欣钦布鲁克的奥利弗·克伦威尔爵士。他们透过各种手法更动遗嘱，保障夫人的继承权。克伦威尔原本积欠巨额债务，幸运娶到富有的寡妇而免于破产，挽救家族的声望。

更奇妙的是，这对夫妇和原先配偶所生的子女，又相互婚嫁（毫无血缘关系）。这在当时并不太奇怪，主要目的是不让帕拉维西诺的庞大财产因子女婚姻而流失。然而上天自有盘算与安排，帕拉维西诺的遗产到下一代手中50年内就完全败光了。有人写四行诗描述这类的家道衰落，大意是："我们为子女添置田产，他们当然高兴；我有了产业，生了小孩，然后（田产）被他们卖掉；再下一代就在贫困中长大，把他们的儿子送去当学徒；命运自有它的漩涡。"[①]

13.2 斯图亚特王朝初期的王室代理人

以上诸章节的内容，是从外债代理人的角度来看都铎王朝经济、财政、外债。1603年伊丽莎白过世后都铎王朝结束，由苏格兰玛丽女王的儿子继承王位（詹姆斯一世），开启了斯图亚特王朝。詹姆斯一世（1603—1625）和查理一世（1625—1649），合称早期的斯图亚特王朝，因为1649—1660年间史称克伦威尔空位期（Interregnum），也就是"共和政治以及护民官政治时期"（Commonwealth & Protectorate），1660—1714称为"王室复活时期"（House of Stuart Restored）。

以下简介斯图亚特王朝（1603—1649）的早期财政状况，以及与格雷欣类似的外债代理人。从王室代理人的角度来看，这段时期较有名的是菲利普·布拉马基。他是意大利人但生于法国，后来成为查理一世的财政代理人，主要是筹钱来维持印度公司的运作，以及替"30

① We for our children purchase land: they brave it/ I' the country; beget children, and they sell./ Grow poor, and send their sons up to be prentices./ There is a whirl in fate。引自Stone (1956), p.320。

年战争”（Thirty Years’ War, 1618—1648）的费用筹款。布拉马基的角色，基本上是听命行事的外籍金融商，对王室的贡献甚至还比不上帕拉维西诺。

本书一共介绍几位王室代理人：第 2 章的沃恩与当塞尔、第 3 章的格雷欣、第 13 章的帕拉维西诺和布拉马基。整体而言，在 1550—1650 这百年间，如图 4–1、图 4–2 显示，是英国翻转走向强权的重要阶段：从一个相对社会落后、工商业不发达、资金缺乏的偏远国，在伊丽莎白时期竟然能打败西班牙无敌舰队，奠定重商主义与产业革命的重要基础。在这个关键性的转折点上，资金的重要性就像从青少年转为成年时期所需的营养。这些代理人帮王室找寻维生素与鲜血，虽然只是听命行事的棋子，但也有他们各自的才华与命运。其中最闪亮的代理人，就是至今仍以“格雷欣法则”（劣币驱逐良币）留名青史的托马斯 · 格雷欣爵士。

附　录

附录 1　皇家交易所

附录 2　格雷欣学院

附录 3　海外探险商人

附录 4　格雷欣与伦敦布业商会

附录 5　格雷欣的商业日志

附录 6　格雷欣的传记

附录 7　英国的货币与币值

这七个附录的简要内容，是理解都铎王朝商业史的重要背景。这些附录都有丰富的原始文献与研究成果，每个主题都能单独深入成册。我用较简洁的手法呈现历史背景与发展过程，提供主要文献供进一步探讨。

附录 1 与 2 解说格雷欣的两项重要遗产。（1）仿照安特卫普交易所的风格，兴建英国的第一个交易所（1569 年完成），1571 年 1 月 23 日由女王命名为“皇家交易所”，但毁于 1666 年 9 月 3—4 日的大火。（2）依照遗嘱（1579 年 11 月）筹办的“格雷欣学院”，说明它的组织结构与运作方式。这个学院至今仍在运作，但重要性已不高。

格雷欣家族属于“海外探险商人”（Merchant Adventurers）：以出口布匹为主业，进口丝绸、奢侈品兼营金融业。附录 3 解说这个特殊商业阶层的历史根源、发展过程、与王室的关系。这个行业获丰厚，深具财富与权势，他们的同业公会称为“布业公司”（The Mercers' Company）。附录 4 介绍这个公会的起源与发展，以及格雷欣家族扮演的角色。格雷欣的父亲和叔父，都担任过这个公会的会长和伦敦市长。

加入公会之前要先当学徒，格雷欣跟随叔父学习 8 年后开始独立经商。附录 5 解说 1546 年 4 月—1552 年 7 月间，格雷欣（27—33 岁）的经商日记账。可由此了解他的业务内容、货品价格、汇率的变化。这本日记账现今保存在公会内，是格雷欣的亲笔记载，也是理解商人活动的重要史料。

附录 6 综述 9 本格雷欣传记，建议日后可以补充的方向与内容。附录 7 解说英国的货币与币值。

附录1　皇家交易所

今日的伦敦证券（股票）交易所，称为Landon Stock Exchange，这是一座很现代化的建筑。[①]引人好奇的是：16—19世纪之间伦敦的交易所在哪里？还在吗？最早是谁兴建的？改建过几次？图A1有简明的答案。

图A1　格雷欣爵士兴建的交易所

1566年6月7日奠基，仿安特卫普的交易所（Burse）兴建，三年后完成。1571年1月23日由伊丽莎白女王命名为皇家交易所，作为本票、汇票、股票、外汇的买卖与交易场所。1666年9月3—4日毁于大火（第一个）。1669年9月28日完成重建（第二个），1838年1月10日再度毁于大火。1842年1月17日奠基，重建今日尚存的交易所（第三个），1844年10月28日由维多利亚女王揭幕，现在成为观光购物中心，证券交易的功能已由伦敦证券（股票）交易所取代。

现在把问题拉回更远一些。（1）欧洲最早的交易所何时在哪里出现？为什么英国这么晚才兴建？（2）在此之前伦敦的金融圈在哪些地方用什么方式交易？（3）谁最先提议要在伦敦建

① 维基百科内有很好的照片与解说。另见Michie（1999）: *The London Stock Exchange: A History*。

造交易所？（4）格雷欣花多少精力与金钱才完成此事？

布罗代尔的《资本主义史》第2册页97—110，提供三项有趣的交易所简史。

（1）Burse的名称源自低地国的港口城市布鲁斯（Bruges），长久以来这是欧洲北方最重要的金融与贸易中心，16世纪才被安特卫普取代，17世纪之后再被北方的阿姆斯特丹取代。中世纪的金融商人、生意人、外汇买卖者、代理人、掮客，聚集在布鲁斯港的Hôtel des Bourses交易，这是资本主义发达史上的重要地标。为何称为Bourse？因为当地有个贵族家庭姓Van der Beurse（这个家族在14—15世纪的行业是broker-innkeeper），他们盖了这个交易中心，把族徽嵌在大门上，至今仍保留着。

（2）法国里昂的交易所称为Place des Changes，巴黎是在Place aux Changes；汉萨同盟城镇的交易所称为College of Merchants；法国马塞的交易所称为Loge；西班牙巴塞罗那与巴伦西亚称交易所为Lonja。各地的称法不一，有些没有特定的建筑物，有时只是个众人聚集的交易场所。

（3）若以交易所建筑物的年份来看，布鲁斯最早（1409），安特卫普其次（1460），但1518年才盖好专用建筑物。里昂（1462），图卢兹（1469），阿姆斯特丹（1530），伦敦（1554，但1569才盖好交易所），鲁昂（1556），汉堡（1558），巴黎（1563），波尔多（1564），科伦（1566），但泽（1593），莱比锡（1635），柏林（1716），拉罗舍尔（1716盖好建筑），维也纳（1771），纽约（1772）。

1538年7月25日，格雷欣的父亲理查德·格雷欣爵士在伦敦市长任内（参见第1章第2节），写信给托马斯·克伦威尔勋爵。[①]他建议在伦敦的金融区伦巴第街盖交易所，方便金融业与商人聚会交易。当时的习惯是伦巴第街每天上下午各有一次交易时间，但因设备不足，必须忍受天气变化与诸多不便。1534年或1535年，亨利八世提议把交易场所从伦巴第街搬到利德贺的建筑物里，但这个提议被拒，

① 此信的原文复制在Word (1740): *The Lives of the Professors of Gresham College*, appendix 1, pp. 1-2.

商人只好继续忍不良的交易环境。

理查德爵士对盖交易所很积极，前往安特卫普参观刚盖好的交易所（1531）。1537 年担任伦敦市长时，提出建筑图给当时担任掌玺大臣的克伦威尔，希望能在伦敦盖一座相同的交易所。伦敦市长的任期只有 1 年（1537 年 10 月—1538 年 9 月），他在卸任前 2 个月又向克伦威尔提这件事。他预估盖交易所的花费约 2 000 多英镑，强力宣扬盖好后对伦敦景观和国家声誉都有助益。

比较大的麻烦是，这块预定地内有些房子属于乔治·莫诺克斯，必须花钱向他买下，希望国王能协助向乔治爵士劝降，请他依原价售给伦敦市政府。市长担心乔治爵士不好说话，请国王的态度与措词强硬一些。朝廷对这封 1539 年 7 月 25 日的信没有回复。格雷欣市长试两次都没成功，这项愿望过了 31 年才由他儿子完成（1569），比父亲当初的规划更豪迈，开幕时还邀请女王来，并更名为皇家交易所。[①]

理查德·格雷欣市长在 1537—1538 年的两次提议都无疾而终。此事沉寂 23 年后，他儿子（托马斯·格雷欣）派驻在安特卫普的代理人理查德·克拉夫（参见第 3 章第 7 节）重提此事。1561 年 12 月 31 日克拉夫写一封 24 页的业务报告给格雷欣，内容包括他对英荷海关的比较，建议如何改革伦敦海关。其中提到伦敦在过去几十年内竟然都还没有交易所，商人必须在雨雪泥泞中交易，简直和摊贩没两样。他认为格雷欣和首辅交情深厚，应该向朝廷提议盖一座安特卫普式的交易所。[②]但新女王才即位 3 年，政权尚未稳固，加上各方面的问题杂乱，此事再度石沉大海。

3 年后（1564 年），格雷欣的独子理查德病逝（17 岁）。同年格雷欣在伦敦市议会上提议兴建交易所。正式提议的日期是 1565 年 1 月 4 日（通过他的仆人安东尼办理）。内容是：（1）费用由格雷欣筹措；（2）目的是方便商界人士交易；（3）伦敦市政府协助找寻地点。

① 参见 Burgon (1839): *The Life and Times of Sir Thomas Gresham*, Vol. 1, pp.30-33。另见 Perry Gresham (1995): *The Sign of the Golden Grasshopper*, pp.42, 45。

② Perry Gresham (1995): *The Sign of the Golden Grasshopper*, p.409.

格雷欣当时的财富已有相当规模，也想借此事稍解丧子之痛。[①]

1565 年初的提议引起相当共鸣，原因是：（1）伦巴第街长久以来每天只能交易两个时段，环境不佳，风雨无遮。（2）低地国的社会不安（参见第 7 章第 5 节），法国也是政争不断，国际商界离开安特卫普后有不少人转来伦敦，交易需求增加。

1566 年间市政府在市内康希尔区找到一块地，内有三条巷子，花 3 532 英镑买下这块地内的 80 多户民宅，加上整地费用总共 5 000 英镑以上。市政府清理干净后转赠给格雷欣兴建交易所，1566 年 6 月 7 日奠下第一块基石，每位市议会员象征性地放置一块金子（祈求生金）。接下来开始施工，翌年 11 月就完成整个结构体。

购置土地的成本是 3 737 英镑 6 便士，由 750 位市民认购，名字刻在建筑物上，也可视为当时伦敦富人的名单。伦敦的布业出口商会，是格雷欣家族事业的核心机构，但只有 83 人认购，总金额 296 英镑。[②]这项认购始于 1565 年 3 月，终于 1566 年 10 月，整体而言建造速度快得惊人。[③]

1561 年 12 月提议兴建交易所的克拉夫对这件事非常热心，负责建造交易所的海因里希（应该是低地国人），同时也帮首辅塞西尔在伯利盖豪宅，当然是格雷欣介绍的。[④]伦敦交易所几乎是复制安特卫普的形式与格局，正午和下午 6 时钟塔各敲一次，召唤商人来交易，这点也是仿安特卫普。底楼是交易厅，楼上是贩卖各国奇异精品的商店。整栋建筑的基本材料是砖块和石块，格雷欣的自宅也用这两种建材。最能显现家族色彩的，是交易所四端的屋顶上都树立一只大蝗虫，这是格雷欣的家徽（参见第 1 章第 1 节末），西厢北端放置兴建者格雷欣的雕像。

这个四方形的建筑内有许多大理石柱，气派非凡。1598 年有位

---

① 交易所的兴建提案书还保存在档案中："Repertories of the Court of Alderman London", Center of Research Library (www.crl.edu): "Reel Eleven, Repertory 15, November 1561-January 1565/1566", and "Reel Twelve, Repertory 16, January 1565/1566 (cont.)-March 1569/1570"。

② Doolittle (1994): *The Mercers' Company, 1596-1959*, p.29.

③ Burgon (1839): *The Life and Times of Sir Thomas Gresham*, Vol. 2, pp.80-88.

④ Burgon (1839): *The life and Times of Sir Thomas Gresham*, Vol. 2, p.256.

日耳曼人亨茨内到英国旅行，对伦敦交易所的雄伟赞叹不已。交易所的上层切分成100多个小商店，租金收入归格雷欣，弥补他对交易所的巨额投资和心血。但启用后2—3年商店的情况并不理想，“大多是空置的”。在兴建过程女王就表示有兴趣参观，格雷欣很看重这件事，极力要盖得更精良，每天监工2次。为了招揽商店入驻，格雷欣说落成当年免租金，之后再调涨到每年4英镑10先令，或许是因为租金太高，较少商店愿意来。

1571年1月23日女王来访，一方面这是格雷欣的荣耀，更重要的是做国际性的免费广告。女王还把名字从“Burse”改为“Royal Exchange”，提高它的位阶与层次。这在当时是一大盛事，留下的文件汇编成95页的数据。1538年父亲的盼望，终于在儿子的心血下大功告成。[①]

有两本彩色图片与文集对伦敦交易所有非常好的解说。（1）Saunders（1991）: *The Royal Exchange*；（2）Saunders（1997）ed.: *The Royal Exchange*（这本最完整也最重要）。兴建第一座交易所的过程，有四项较次要的补充性解说。（1）Doolittle（1994）: *The Mercers' Company, 1596-1959*, pp.28-37.（2）MacFarlane（1845）: *The Life of Sir Thomas Gresham,* pp.184-200.（3）Martin（1892）: *"The Grasshopper" in Lombard Street*, pp.17-18.（4）Salter（1925）: *Sir Thomas Gresham, 1518-1579*, pp.104-112.

---

① Burgon (1839): *The Life and Times of Sir Thomas Gresham*, Vol. 2, pp.345-355.Burgon (1839) 还有三项重要资料，进一步说明伦敦交易所的兴建过程。(1)Vol. 2, pp.500–515: “Appendix No. xxx: Concerning the Royal Exchange and Gresham College”。(2)p.528 的索引：Burse。(3)p.533 的索引：Royal Exchange。另见 Perry Gresham (1995): *The Sign of the Golden Grasshopper,* p.117 的图片与 p.354 的索引。

附录 2　格雷欣学院

大约 1574 年底或 1575 年初（逝前 4—5 年），格雷欣想从自己的财富中拨出部分在伦敦创办一个学院，目的是免费开课给任何想听讲的民众。他已捐给母校剑桥大学 500 英镑，也资助过牛津大学。他考量当时伦敦尚无好的大学，与其资助资源丰富的牛津和剑桥，不如在伦敦新创办一个，每年的经费约 600 多英镑。

图 A2　依照格雷欣遗嘱（1579 年 11 月）筹办的学院

该学院最初设在他的伦敦主教门自宅（上图），至今仍在运作，但已搬迁到霍尔本，学术重要性不高。

1575 年 7 月初格雷欣拟好遗嘱[①]，说夫人在有生之年可以使用原住宅并收取交易所的租金收入。1596 年 12 月 15 日夫人过世后，这两项收入转移给伦敦市政府和布业出口商会（参见附录 4），用以创办格雷欣学院（图 A2）。1597 年初创办时设 7 个学科：神学、天文、音乐、几何（数学）、法律、医学、修辞（文学）。教师的薪资固定为每年 50 英镑，比亨利八世指派的牛津或剑桥教师待遇更好，由交易所的利润支付。

从这学科的排序可看出，神学排首位是中世纪以来的大学传统。天文学排行第二的原因，是当时哥白尼已出版相当先进的天体论，而牛津剑桥都没有这方面的专业，整个英国对天文学都没有足够的理解，格雷欣很看重这门科学。较意外的是他把音乐排在第三。格雷欣规定教师必须未婚，学院内有宿舍，环境清幽，不受干扰。[②]

以下介绍几项与学院相关的史料与研究。

（1）最重要的史料是 Ward（1740）: *The Lives of the Professors of Gresham College, to which is prefixed the Life of the Founder, Sir Thomas Gresham*。这本 338 页的资料集，页 1—32 是格雷欣简要生平传记与他的雕像和棺墓图。之后以非常详细的内容，记载 1597—1728 年间 7 个学科的教授名单。以神学为例，页 39—73 记载 12 位教授的简要生平与讲学内容。这 338 页的摘要，可当作 1597—1720 年间的伦敦学术史料。这 7 个学科的教授名单（1596—1801），可在 Anonymous（1883）: *A Brief Memoir of Sir Thomas Gresham, with an abstract of his will, and of the act of parliament for the foundation and government of Gresham's College* 页 27—28 找到。

（2）另一项与格雷欣学院相关的基本史料，是 48 页的 Gresham College（1707）: *An Account of the Rise, Foundation, Progress,*

① Gresham (1724): An exact copy of *The Last Will and Testament, of Sir Thomas Gresham*.

② Burgon (1839): *The Life and Times of Sir Thomas Gresham*, Vol. 2, pp.435-440， 同 书 pp.515–527, appendix 30，对 1597 年创立后的学院事迹有详细解说。Doolittle (1994): *The Mercers' Company, 1596-1959*, pp.37-40 对学院有不错的内幕解说。MacFarlane (1845): *The Life of Sir Thomas Gresham*, chapter 9, pp.200-208 对学院有简要说明。另参见 Salter (1925): *Sir Thomas Gresham, 1518-1579*, pp.113-115 的解说。

and Present State of Gresham-College in London, with the Life of the Founder Sir Thomas Gresham。

（3）有一本研究16—17世纪伦敦知识圈的专书Ames-Lewis（1999）ed.: *Sir Thomas Gresham and Gresham College: Studies in the Intellectual history of London in the Sixteenth and Seventeenth Centuries*。内含13篇与格雷欣学院相关的研究，引述的文献很丰富，这是最完整的格雷欣学院研究专书。

（4）格雷欣学院至今仍在运作，可从维基百科找"格雷欣学院"。这个条目最后有2个重要链接：（a）学校目前的网站，提供最新的课程、演讲、教师名单。有一项PDF档案数据可下载：*Portraits of the Gresham College*，2006年6月出版，104页，是了解学院现况的重要资料。[①]（b）另一项PDF档案数据，是学院的400年简史：Chartres and Vermont（1998）: *A Brief History of Gresham College, 1597-1997*, London: Gresham College。[②]这本百页的历史回顾，解说学院创办以来的主要阶段与重要图片。

（5）英国的皇家学会（the Royal Society）早年开创时，先依附在格雷欣学院内，之后才独立发展起来。有3篇文章研究这段早期的依存过程。（1）Adamson（1978）: "The Royal Society and Gresham College 1660-1771", *Notes and Records of the Royal Society of London*, Vol. 33（1）, pp.1-21.（2）Hartley and Hinshelwood（1961）: "Gresham College and the Royal Society", *Notes and Records of the Royal Society of London*,Vol. 16（1）, pp.125-135.（3）Johnson（1940）: "Gresham College: Precursor of the Royal Society", *Journal of the History of Ideas*, Vol. 1（4）, pp.413-438.

① http://www.gresham.ac.uk/uploads/Gresham_Portraits.pdf.

② http://www.gresham.ac.uk/uploads/historygreshm_bk2.pdf.

附录 3　海外探险商人

格雷欣家族的主要行业是海外贸易，以布匹（未染整过的布）出口为主，兼营获利较高的货品进口。这类的进出口贸易商从 11 世纪起就在海外各自冒险奋斗，称为“商人冒险家”（Merchant Adventurers）。[①] 有不少人积累相当的财富，势力逐渐增强，1407 年得到亨利四世的特许后，在伦敦成立商人冒险家公司。这个公会有严格的规章，一方面保障会员的权利，二方面用团体的力量和政府协商贸易政策，三方面防止非会员侵犯贸易利益。公会最主要的贸易窗口是安特卫普，1305 年从低地国布拉班特公爵处取得特许，会员可以免费在该地区自由贸易。公会成员有一帮专营羊毛出口（原毛而非毛制品）。另有几帮会员往北走，去普鲁士、挪威、瑞典、丹麦（1408 年得到特许权）贸易。

到了都铎王朝，亨利七世在 1505 年重新颁发特许状。公会设 1 位会长（governor）与 24 位协理（assistants），会员都是有资产的富商，在各地有分会，只有布里斯托地区的公会独立自主，由爱德华六世颁授特许权（1552）。会员原本可在西班牙、葡萄牙、法国、意大利和低地国等地自由经商，但亨利七世时规定非伦敦地区的会员，不可自由与外国贸易，伦敦区的会员每年要缴 20 英镑费用。在这些管制条件下，公会成为独占性的团体，包揽低地国的贸易权，排斥非会

① 参见 Sutton and Visser-Fuchs (2009): *The Book of Privilege of the Merchant Adventurers of England, 1296-1483*。

员与外国贸易团体（如汉萨同盟）的竞争。这种独占引发国内外的反弹，有些人不愿加入，成为跑单帮的进出口商人。

依贸易商品来区，大略可分成三大支：（1）Drapers 是出口羊毛布料商人（Merchants in Woolen Cloth），1342 年 10 月就由爱德华三世颁授特许状；（2）Mercers 是丝绸商（Merchants of silk），是公会中势力最大的一股，这是附录 4 的主题；（3）Boothmen 是谷物商（Merchants of Corn）。

到了都铎王朝时期，尤其是在格雷欣家族时代，贸易公会的势力如日中天：（1）掌控英国出口总额的 80%，商品以未染整的粗布匹和羊毛布料为主；（2）全国关税收入中，出口公会贡献 2/3 左右。掌握这两项重要性后，出口公会进而影响贸易政策、排挤外商、改革海关、协助外交、帮王室调度资金。

格雷欣虽然不是出口公会的主席，但家族在公会内的长期势力，加上与朝廷（尤其是首辅塞西尔）的关系密切，又担任外债代理人，才能在朝廷与商界斡旋，运作周转内外债。虽然日后的东印度公司，业务规模与海外影响力都很重要，但从对贸易政策、对政治、经济、财政的影响力来看，商业史上最重要的团体仍是 16 世纪的出口公会。

因为出口贸易实在太重要，所以在国家档案有许多相关数据。有不少重要的出口商留下私人的经商记录（详见附录 5），所以研究 16 世纪贸易的文献相当丰富。以下简介几项主要的文献。

（1）基本的史实简述，参见维基百科的条目：Company of Merchant Adventurers。Burgon（1839）: *The Life and Times of Sir Thomas Gresham* 第 1 册第 185—189 页有类似的摘要解说可参阅。

（2）中世纪（1296—1483）的出口贸易公会史，最新的专书是 Sutton and Visser-Fuchs（2009）: *The Book of Privilege of the Merchant Adventurers of England, 1296-1483*。

（3）接下来的时段（1474—1564）研究，以 Bisson（1993）: *The Merchant Adventurers of England: The Company and the Crown, 1474-1564* 最完整。其中较好的是第 1 章，作者以具体史实说明出口公会的发展以及和朝廷的关系，提到格雷欣在其中扮演的角色。其次是第 3 章，解说出口公会如何说服朝廷，联手把汉萨同盟的外国商人势力逐出英国。

（4）著名的经济史学者乔治·昂温，有一篇必读的长文："The Merchant Adventurers' Company in the reign of Elizabeth", *Economic History Review*, 1927,Vol. 1, pp.35-64，分析伊丽莎白时期的贸易出口公会有过哪些作为与贡献。

（5）以下列举几项专书研究，供进一步参考。

Carus-Wilson（1954）: *Medieval Merchant Venturers. Collected Studies*.

Gerson and Deardorff（1912）: *Studies in the History of English Commerce in the Tudor Period*.

Johnson（1991）: *John Nelson: Merchant Adventurer: A Life between Empires*.

Lingelbach（2007）: *The Merchant Adventurers of England: Their Laws and Ordinances with other Documents*.

附录 4　格雷欣与伦敦布业商会

附录 3 说过，出口同业公会的三股主要业务是羊毛、布匹（丝绸）、谷物。其中出口额最高、最有政经势力的，是以下简介的布业商会（图 A4–1，The Mercers' Company，又称为 Worshipful Company of Mercers）。这是伦敦最早成立的同业公会，1394 年取得王室特许状。

Mercer 这个词大约在 12 世纪 30 年代开始使用，是从拉丁文转来的，意指商品、货物。中世纪时期的 Mercer 主要业务是出口羊毛，进口丝绒、丝绸和奢侈织物。到了格雷欣家族时代，成为大贸易商的独占性公会，不一定做丝绸生意，以布匹出口到安特卫普为主，旁及北欧、波罗的海、地中海域的各项贸易。用现代的话来说，就是大型综合进出口商。

图 A4–1　曾经的伦敦布业厅

图 A4–2　格雷欣画像（约 1565）

阿德里安·基创作，英国国家肖像馆，伦敦。

伦敦的布业商会公会内设一位会长，除了会内的例行业务，最主要的功能是处理贸易纠纷与商业谈判。1517 年之前有两位会长，一位驻在低地国，一位在伦敦。1517 年之后只选一位。会长之下有 24 位执事，组成协理团：制定规章、颁发指令，协助会长处理海外商务，也有惩处权、指派权、监督权。

若要查索公会的历史与现状，最简单的方式是从网络找“Worshipful Company of Mercers”。除了介绍公会的历史与主要业务，有两项资料相当有用。第一项是查索 1390 至今的会长名单（每任 1 年）。以格雷欣家族为例，父亲理查德爵士担任过三次会长（1532、1538、1548）；叔叔约翰爵士担任过四次（1537、1545、1552、1555）；格雷欣本人三次（1569、1573、1579）。他们家族三人共担任过 10 任，从亨利八世到伊丽莎白一世，可说是四朝元老，在伦敦商界有长期主导势力。

第二项方式，是进入公会的网站 www.mercers.co.uk。除了看业务内容，也要看由他们管理的学校（包括附录 2 所说的格雷欣学院），以及所参与的慈善事业。对历史学者最有意思的，是公会的档案

（1348 至今）。其中有几项值得一提：公会的会计簿（1442 至今）[①]、公会的规章、1348 年至今的会员名单、1619—1888 年的学徒名单、历年的会议记录。

早期的公会史请见 Anne Sutton（2005）: *The Mercery of London: Trade, Goods and People, 1130-1578*。Doolittle（1994）: *The Mercers' Company, 1579-1959* 是最重要的近代公会史，从格雷欣（图 A4–2）去世那年写到 1959 年。前 2 章的回顾与格雷欣密切相关：第 1 章介绍伊丽莎白时期的公会业务与重要文物，附有女王在 1560 年颁授的特许状。第 2 章以格雷欣为主题，介绍他的功绩与贡献，附精美图片（交易所、日记簿、女王参访图）。此书所挑选图片既重要又精致，内文解说非常内行，导论与 1 章、2 章尤其必读，对理解格雷欣家族的重要性非常有帮助。另见由公会出版的 "The Mercers' Company"（2002，10 页小册子），有图文并茂的解说与相关文献。

① 部分的账本已出版，参见 Lisa Jefferson (2009): *The Medieval Account Books of the Mercers of London: An Edition and Translation*。

附录 5　格雷欣的商业日志 1546 年 4 月—1552 年 7 月，27—33 岁

附录 4 的布业出口公会，是个独占性强的同业组织（guild），新会员要通过种种审查。其中一项资格是要在现任会员门下当 7 年学徒，确定新会员是“自己人”。这 7 年的观察期，也是日后其他会员投票接纳他的质量管理过程。格雷欣的家世以及与公会的渊源，当然会通过成为新会员，但他还是要依程序当 7 年学徒。剑桥毕业后，谁“敢”收这位市长、会长的儿子当学徒，赴海外学做生意？格雷欣说他在叔叔约翰门下当了 8 年学徒，之后独立经商（参见第 1 章第 4 节）。

以下要解说的，就是他从 1546 年 4 月 26 日—1552 年 7 月 10 日的经商日记账簿。为什么只记到 1552 年 7 月？第 3 章第 1 节说过，格雷欣是在 1551 年底或 1552 年初，接受爱德华六世的指派担任王室代理人。他从 1552 年初起全力投入外债筹措，自己的事业一方面已

图 A5-1　格雷欣的经商日记账簿，1546—1552

李翎帆摄影。2011 年 8 月我在伦敦参阅这本账簿，布业公会的馆员容许全部拍照，印象深刻。

打好基础，另一方面已建立好工作团队（参见第 1 章第 7 节）：在低地国的事业由理查德·克拉夫主持，在伦敦的事业交给约翰·埃利奥特。所以从 1552 年 7 月之后，他就没亲笔记账了。

这本 6 年 3 个月的亲笔账簿，现在还保存得很好（图 A5–1、图 A5–2），但过去不准影印，所以不方便研究。另一个困难是解读格雷欣的龙飞凤舞笔迹，以及可能只有他自己才看得懂的缩写或密码。首页的内容是："1546 年 4 月 26 日，奉主的圣名，阿门。这本书（账簿）是我托马斯·格雷欣（伦敦布商）亲笔（或由我的学徒托马斯·布拉德肖）记载我的所有业务与活动。根据这本日记账，再转记成总账簿（Ledger）。币值以英国的英镑、先令、便士表达。求主赐我利润与兴盛，使我免于不幸的亏损。阿门。"

账簿的内容五花八门，显示格雷欣的业务范围相当庞杂，除了金融生意外，还从事大笔的纺织品（布匹）买卖。1549—1579 年间除了当王室代理人，他也做金融业务。从 1563 年起，已有明确的档案显示，格雷欣在伦敦的伦巴第街从事大规模的银钱业。其实在

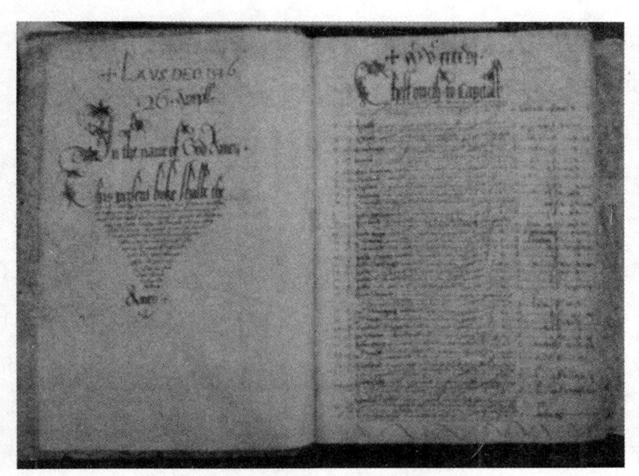

图 A5–2　格雷欣的亲笔账簿

李翎帆摄影。这是首页和内容的第 1 页，是伦敦布业公会的镇馆宝之一。账簿宽 12 英寸（30.48 厘米）长 18 英寸（45.72 厘米），称为"格雷欣的账簿"。首页的译文见 Chandler（1964）: *Four Centuries of Banking*, p.26。另见 Doolittle（1994）: *The Mercers' Company, 1579-1959*, p.28。

1546—1552 年的账簿中，可以看到他一直在从事这个行业，甚至有人称他为“英国银行业之父”。他的金融业做法是接受存款时支付利息，贷款时收取利息，赚取差额。另一项业务，是买卖各国钱币与金银，代收汇票与安排开立信用状。帮王室当外债代理人，除了日薪与办公费，他还收取 0.5%—1% 佣金。

账簿的内容分类是：金库（Chest）、金银（Plate）、珠宝（Jewels）、债务（Debts）和布匹（Textiles）。金库的意思，是内置现金的铁制保险箱。最早的一笔数额是 775 英镑 9 先令 1 便士，之后数额逐渐增加，主要来源有两项。（1）从盈亏（Damage and Gain）项目转来的利润。（2）贷款的利息收入，客户群很广，有团体机构也有个人。团体包括：布业出口公会、多佛的海关署、伦敦贸易公会。个人包括：国王的秘书、自己的叔叔、进出口商人、银钱同业。以贷款取息的项目为例，他的记载方式为：Richard Whalles oweth to Damage and Gain for L95 let out to him upon interest after the King’s Statute for 6 months at L5 per cent。大意是：贷款给惠勒斯先生 95 英镑，依国家规定半年的利率 5%。但有时他也做无息贷款：Sir Edmond Knyvelt oweth to Chest for so much lent him upon plate without interest。

之后的两类记载，是金银与珠宝这类的流动资产，当时这是等同现金的财物。格雷欣的动产中以金链条的比例最高，原因是最容易变现，转让最方便，外出旅行时缠绕在身上较安全，可随时拆解下一两个金环换现金。金银项目内含各国金银币，珠宝项目内含钻石。

第 4 项是债务：别人欠他的钱。例如从 15 世纪以来，和他们家族就有长期生意往来的托马斯 · 帕斯顿爵士，欠他 33 英镑 3 先令，9 月到期；国王的鞋匠欠他 4 英镑 12 先令 8 便士。到期未还者标注为“day past”：若积欠的是货款，则用“for silk”和一般的债务区隔。

另一类称为旅行（Voyage），就是“汇票”。有些是以自己名义开立，有些是替国王开立的（表示国王向他借钱）。付款地有些在伦敦，有些在安特卫普。付款期有些是“三个月后”，有些是“见票即付”。英镑与荷兰镑的汇率变化不定：20 英国先令有时只能换到 19 荷兰先令 7 便士，有时能换到 22 荷兰先令（参见图 9–1）。

还有一类是自己的开销记录：买一顶带边的法国帽子 4 英镑 5 先令（必定非常高档华丽），买一把木柄刀子 11 先令，付医疗费 1 先令，付 2 先令给中介，病中打桥牌输 3 先令 4 便士。[①]

这本收支账簿有 371 页，总共 6 572 笔记载，每项记载都有编序号。这是分类式的流水账（依日期），而不是能一目了然的分析性总账。这种账簿可以看出何年何日何人借了多少钱、卖了多少货，但需要改记为成本会计账，才能看出 1546—1552 年间每年的盈余或亏损（损益表）。或许这是个人的账簿，因为那时尚无所得税也无会计师制，只要记载生意往来的状况备忘，不必做成现代公司的分析性会计表。[②]

既然如此，为何有必要分析这本账簿呢？因为这时期的格雷欣还是刚起步的海外贸易商人，记载的内容相当诚实，连在病中打牌输掉 3 先令 4 便士都记下来。他这 6 572 笔记载，包含许多重要的商业史讯息：买卖的商品内容、每匹布的价格变化、英镑汇率的起伏、借贷利率的高低、各式各样商品的价格、车马船费的高低、医生看诊的行情。另一方面，如本书诸章所示，我们对格雷欣成年之后的贡献相对地清晰，但对他担任代理人之前的活动所知有限，这本账簿是填补这段空档的重要史料。第三，从会计史的角度来说，这是理解重商主义、资本主义发展前，从这位英国重要商人的专业记录的记账方式可以看出，现代会计出现之前商人如何记账。

在此介绍一本类似的研究 Ramsay（1962）edited with an introduction: *John Isham, Mercer and Merchant Adventurer: Two Account Books of a London Merchant in the Reign of Elizabeth I*。此书主角的时代与行业都和格雷欣类似，是住在北安普敦郡的知名商人。这个家族保留他的两本经商账簿，20 世纪 50 年代末期委托知名的都铎王朝商业史学者拉姆齐，做了非常深入的研究。拉姆齐先写 112 页的导论，内分 12 章详细解说艾沙姆的家族经商史，分析他的业务内容、贸易对象、经商路线、公司的架构与运作方式，评价这两本账簿

---

① Chandler (1964): *Four Centuries of Banking*, pp.27-30.

② Winjum (1971): "The Journal of Thomas Gresham".

在商业史上的价值与意义。

拉姆齐接下来把这两本账簿的内容，以现代印刷体清晰重现（共153页），方便读者查索诸多具体细节。书末有两个附录，附录1解析乔治·艾沙姆在1558年的商品库存内容（pp.155–165）。附录2是简要的约翰·艾萨姆生平传记（pp.167–174）。这本书让我印象深刻：英国人对16世纪的商业史，做到这个程度实在令人敬佩。接下来的想法是：格雷欣的经商账簿必然会更有吸引力。因为禁止全文影印，目前为止的研究者只能捕捉片段内容。如果能把格雷欣的账簿写出一本像Ramsay（1962）这样的书，必然会引起商业史与经济史学界的注目。

具体的做法是：（1）把371页账簿扫描成图像文件；（2）找能阅读格雷欣手迹的人，把这6 572项记载打入Word或Excel档[①]；（3）仿效de Roover（1949）：*Gresham on Foreign Exchange*和Ramsay（1962）：*John Isham, Mercer and Merchant Adventurer*的手法，把账簿的内容放入都铎王朝经济与商业的脉络内，这会是一本有意义的专著。

① 参见Jonathan Harlow (2011) ed.: *The Ledger of Thomas Speed, 1681-1690*的做法。另见对此书的介绍与评论：*Economic History Review*, 2013, Vol. 66(2), pp.656-657。

附录 6　格雷欣的传记

我从经济史的角度写本书，较注重结构的变迁、财政体质的变化、汇率的起伏与操纵，这和较注重个人层面的做法不同。也就是说：我从宏观的视角来看都铎王朝的外债问题，格雷欣是支撑性的柱子而非主体架构。从这个角度来看，个人手稿与私函的重要性较低；国家行政性的文件重要性较高，这些历史档案已出版、制成可搜寻的光盘，甚至可上网查索。[①]

目前有 9 项格雷欣的传记，长短不一，角度不同，类型各异。其中有 3 项在 20 世纪出版：Salter（1925）、Bindoff（1974）、Perry Gresham（1995），Ward（1740）是 18 世纪的作者，其余 5 项属于 19 世纪。

（1）John Ward（1740）: *The Lives of the Professors of Gresham College, to which is prefixed the Life of the Founder, Sir Thomas Gresham*, London: Johnson Reprint Corporation 1967. 本书的主题是格雷欣学院（详见附录 2），作者沃德博士是该学院的文学教授。他在书首写的 32 页格雷欣传记，可能是最早的生平简介。

（2）John William Burgon (1839): *The Life and Times of Sir Thomas Gresham* (compiled chiefly from his correspondence preserved in Her Majesty's state paper office)，London: Robert Jennings, 2 Vols.（e-book, 476 + 534 pages）. 这是第一套最完整的格雷欣传记，特点是大量引述

---

① 例如 British History Online (Http://www.british-history.ac.uk)；The National Archives (Http://www.nationalarchives.gov.uk)。

亲笔信函，让他自己表达许多具体细节。作者把这些信函串连起来，放在时代的架构内，依年序排列。缺点是只分章而未分节，也未依主题区隔。这或许是 19 世纪 30 年代写传记的手法，现代读者需要适应。格雷欣的这些信函，主要收藏在国家档案内的文件办公室与 Flanders Correspondence 内。作者的另一项重要贡献，是加上许多注解，以及书末的 30 个附录，都是非常有用的史料，书末的索引非常方便查索。此书仍是研究格雷欣生平与都铎王朝政治经济史的不可或缺的经典著作。

（3）Charles MacFarlane (1845): *The Life of Sir Thomas Gresham, Founder of the Royal Exchange*, London: Charles Knight & Co. (e-book, 245 pages). 这是格雷欣的第二本传记，比上一本晚六年。作者的手法简洁易读，适合不想知道过多细节的读者。他也提供有助益的补充讯息，开头几章对格雷欣家族史与事业的说明尤其有用。

（4）W.H.G. Kingston (1880): *The Gold Grasshopper: A Story of the Days of Sir Thomas Gresham, KNT., as narrated in the diary of Ernst Verner, whilom his page and secretary, during the reign of Queens Mary and Elizabeth*, London: The Religious Tract Society. 此书的性质较特殊，不是传记而是写给青少年看的“旅行探险故事书”。内分 32 章共 352 页，主角是个荷兰少年欧内斯特 · 弗纳，双亲因信奉新教而被处死。他结识另一位少男阿戴尔，俩人接受格雷欣爵士的指令行事。

（5）Anonymous (1883): *A Brief Memoir of Sir Thomas Gresham, with an Abstract of His Will, and of the Act of Parliament for the Foundation of Gresham's College*, London: J. F. and G. Rivington. 这本未具名的简短传记，附加格雷欣的遗嘱主文，以及创办格雷欣学院的原初构想。这本小书的重要性不高，内容也可在其他地方找到。

（6）F. R. Salter (1925): *Sir Thomas Gresham, 1518-1579*, London: Leonard Parsons（189 pages）. 这本小传是为“开路者丛书”（The Roadmaker Series）写的普及读物，介绍格雷欣的生平与事迹。这套丛书内的 18 位“开路者”，包括伊丽莎白女王、库克船长、马尔萨斯（《人口论》作者）。基本上是综述性的简要传记，内容有些小错误，重要性与开创性不高。

（7）Stanley Thomas Bindoff (1973): *The Fame of Sir Thomas*

Gresham, Neale Lecture in English History（30 pages）. 这是由讲演稿印成的小册子，添加许多与格雷欣研究的新成果，报告格雷欣的信函已汇集等待出版。作者是重要的都铎王朝研究者，对史料的掌握与解说都很好，是理解 1925—1970 年间研究欣格雷新进展的重要文献。

（8）Perry Gresham with Carol Jose (1995): *The Sign of the Golden Grasshopper: A Biography of Sir Thomas Gresham*, Illinois: Jameson Books（355 pages）. 这本半传记半小说的作者，自称是格雷欣在美国的后代，曾任西弗吉尼亚州的柏萨尼学院第 12 任校长。他与夫人赴伦敦与各地走访当年格雷欣的活动路线，完成大半书稿后因癌症停笔，小说家卡罗尔·乔斯接手完成出书。内容易读有趣，但小说笔法部分不可尽信，全书价值不高。

（9）Ian Blanchard (2004): "Sir Thomas Gresham (c.1518-1579)", *Oxford Dictionary of National Biography*, pp. 764-771. 这篇短传出自牛津大学著名的《国家人物传记》，作者是格雷欣通讯函件的整理者（2012 年时尚在编辑），也是都铎王朝社会经济史的知名研究者。在 8 页的短文内他写得很浓缩，提供一些新文献，但也有些小错误。这是 21 世纪最新的格雷欣传记。

为什么还需要写一本新的《格雷欣传》？[①]因为上述的 9 项传记中，最重要的仍然是 Burgon（1839）的两册。为什么 1839 年的传记至今仍无人超越？因为他大量引用格雷欣档案的信函，让证据自己说话，反而是最实在最有力的做法。近 200 年来英国经济史的研究不知进步多少，许多档案已数字化可上网查索，网络上的辅助性史料更如雨后春笋，应该足够写一本新的《格雷欣传》。

英国的都铎王朝史专家乔治·拉姆齐在 20 世纪 60 年代撰写两册英荷贸易史时[②]，大费心神整理出完整的格雷欣《通讯集》。另一位

① de Roover (1949): *Gresham on Foreign Exchange*, p.18 有类似的感觉，主要的理由是：还有许多非英文档案尚未运用到。

② Ramsay (1975): *The City of London in International Politics at the Accession of Elizabeth Tudor* (*The End of the Antwerp Mart*, Vol. 1). *The Queen's Merchants and the Revolt of the Netherlands* (*The End of the Antwerp Mart*, Vol. 2, 1986).

重要的都铎王朝史学者宾多夫曾盛赞此事[①]，说这是1839年以来格雷欣研究最重要的事。到了1997年，安·桑德斯博士[②]在序言中提到，拉姆齐之子奈杰尔·拉姆齐曾借她看这些信函的编辑稿件，她希望这些学界引颈盼望的书信能早日出版。2009年1月我写电邮给奈杰尔，探询这些信函是否已准备付梓。他说此事尚无重大进展，因为之前曾聘请过两位编辑但没有成果。之后请爱丁堡大学著名的都铎王朝史退休教授伊恩·布兰查德编辑（就是上述第9项传记的作者），大概进度不佳，屡次函催都无回信。奈杰尔说此事已不急迫，因为大部分信函已电子化，可上网查询（http://www.nationalarchives.gov.uk/）。但对研究者而言，有纸本翻阅较能纵观全局，和上网查索是相辅相成的搭配。

格雷欣还有另一项重要文献，是他在1546年4月—1552年7月（27—33岁）间的经商日记账。奈杰尔说这本账簿的内容，已由另一位都铎王朝史学者彼得·拉姆齐教授编辑过。但拉姆齐已过世，此稿现存在布业公司的档案中，另见附录5的解说。

若能站在这两项原始文件的基础上，配合其他新整理出来的档案资料，加上学术界的新研究，应可写出比1839年伯根那两册传记更深入完整的格雷欣传。以下试举一例，说明为何格雷欣的生平与事业，还有许多值得探究之处。

除了第1章简介的家族事业，他们在各处还有许多投资业务，较少引人注意探索其内容。透过电子搜寻，可以找到不少能深入挖掘的小题材。以 *Calendar of State Papers* 为例（详见书末参考书目内的"官方文献"解说），其中有一项史料是 East Indies, China & Japan, 1513-1616。我以为格雷欣家族应与此无关，没想到在第一片光盘内以"Gresham"搜寻，竟然出现20笔与投资相关的数据（纸本页517的索引更完整）。

这个例子说明一件事：格雷欣家族在海外贸易的投资很值得再深入。过去的格雷欣研究过度注重王室关系，范围太集中在英荷贸易这

① Bindoff, Stanley (1973): *The Fame of Sir Thomas Gresham*, p.28, note 15.
② Saunders (1997)ed.: *The Royal Exchange*.

条主在线。其实比托马斯长一岁的哥哥小约翰，就曾带船队航向俄罗斯（参见第 1 章第 5 节）。这件事的背后，必然是父亲理查德爵士和叔叔约翰爵士有过缜密的规划和资金投入。这是伦敦海外贸易商圈的集体行为，王室甚至还入股分红。简言之，格雷欣家族的“非英荷”贸易路线，还是个非常不被充分理解的题材。[①]

我对格雷欣家族的贸易事业所知有限，以下是一项打捞沉船的报告提供想象的空间。2003 年伦敦港务局在出海口的太子巷航道上，打捞到一艘格雷欣船只。这是一艘中小型的橡木武装商船，长约 14 米，大约是 1574 年之后不久在埃塞克斯或东安格利亚建造的。这艘船沉没在 30 米深的海底，载运的货品有铁棒、铅锭、锡锭、玻璃、皮件等商品，以及绳索和四门炮。这是英国早期锻造的，炮身上有蝗虫标志（格雷欣家族标记），以及 TG 这两个字母（代表 Thomas Gresham）。这份 20 页的打捞论文内容详尽，附 17 张解说图。[②]

整体来说，Burgon（1839）的两册传记在将近 200 年后很需要大幅增订，现在的周边条件已逐渐成熟。但为何见不到历史学界做这件事？主因恐怕是学者会认为，新传记只能强化许多细节，不易得出新的论证。

---

① Scott (1910-1912): *The Constitution and Finance of English, Scottish and Irish Joint Stock Companies to 1720,* 3 Vols.

② Auer and Firth (2007): “The ‘Gresham Ship’: an interim report on a 16th-century wreck from Princes Channel, Thames Estuary”, pp.222-241.

附录 7　英国的货币与币值

都铎王朝的货币单位，以英镑（pound）、先令（shilling）、便士（penny）表示。1 英镑（pound sterling，简写为 li=livre）= 20 先令（简写为 s）= 240 便士（pennies 或 pence，简写为 d），也就是说 1 先令 = 12 便士。“白银便士”已在英国发行流通 600 年，但在 1504 年亨利七世铸造先令之前，“先令”只是个计算单位，并非实质的货币。①

“英镑”在都铎王朝时只是计算单位，并没有面值 1 英镑的货币。那时最高的货币面值是 20 先令（1 英镑），1489 年铸造，称为索维林（Sovereign，1 英镑金币）。除了都铎王朝铸造的钱币，同时在市面流通的，还有之前各王朝铸造的钱币、西班牙的里亚尔（Real）与皮斯托尔（Pistolet）、法国的克朗（Crown）。这些同时流通的钱币相当杂乱：

Mark Sterling = 160d = 13s 4d = 2/3 of a pound.

Angel = 10s = 1/2 of a pound (1547).

Half Mark Sterling = 80d = 6s 8d = 1/3 of a pound.

Noble = Half Mark Sterling = doubly florin = 80d = 6s 8d = 1/3 of a pound. 1464 年币值从 6s 8d（= 80 pence）升值为 8s 4d（= 100 pence）。

Crown = 5s = 1/4 of a pound.

---

① “Imaginary moneys or moneys of account”，参见 de Roover（1949）: *Gresham on Foreign Exchange*, pp.32-33。里士满的亨利铸造先令，含银量 144 格令（grains），正面是亨利七世的侧面头像，这是英国钱币首次出现君主的面容。

Groat = 4 pennies or pence (d).

Penny

Half-penny

Farthing = 1/4d.

Mite = 1/24d.

这些钱币的图片在网络上都可看到，以下 4 本英国铸币史与货币史，也有许多相关图片。Craig（1953）: *The Mint: A History of the London Mint from A.D. 287 to 1948*. Feavearyear (1963): *The Pound Sterling: A History of English Money*. Challis (1992)ed.: *A New History of the Royal Mint*. Allen (2012): *Mints and Money in Medieval England.* 网络上有些条目提供丰富的相关解说，例如“List of British banknotes and coins”, “Coins of the pound sterling”, “Great Britain: Money”, “Guinea (British coin)”。

有个网站可以计算 1264—1970 年，以及 1970 年至今的“英镑购买力”（the purchasing power of British pounds），有两种方式进入。（1）Economic History Association 的官方网站（http://eh.net），点击“How much is that?”，你会看到 “The Value of Money”，内有 10 种计算币值的项目。（2）或是直接进入 www.MeasuringWorth.Com 网站，内有各种币值的计算条目，值得一看。

1971 年 2 月 15 日（这个日期被称为 the“Decimal day”或“D-day”）之前，英国的币制是 1 英镑 = 20 先令，1 先令 = 12 便士。D-day 之后改为十进制：1 英镑 = 100 便士。也就是说，1 个新便士 = 2.4 个旧便士，从此不再使用先令。单位的表达改为小数点（1.5），废除分数制（1½）。

进入前述的“币值计算器”后，可以计算任何两年之间的币值。例如，1550年的1英镑，大约值2010年的251英镑；1970年的1英镑，大约值 2010 年的 11.50 英镑。也可以用“币值计算器”，再转换算成美元。

在格雷欣的时代，安特卫普（现今比利时西北方的大港）是国际金融的中心，整个低地国（约今日的荷兰、比利时、卢森堡）的币制和英国一样，单位也是英镑、先令、便士。为了避免混淆，我用“英镑”（Pound Sterling）来称呼英国的货币，用“荷兰镑”（The Flemish Pound，法文：Livre de gros de Flandres）来称呼低地国的货币。双方的汇率时有变化，以 1540 年为例，“伦敦的 80 英镑，在安特卫普可以换到 107 英镑 6 先令 8 便士。也就是说，1 英镑（20 先令）在低地国可以换到低地国币 26 先令 10 便士。”[①]另请参见本书图 9–1，“英镑与荷兰镑的汇率：1526 年 11 月—1568 年 10 月”。

德·鲁维尔的夫人弗洛伦丝·埃尔德，也是研究中世纪经济史的学者，她曾经重新建构伦敦与其他地区 7 年间的汇率表（1538—1544）。Gould（1970，p.89, table IX）提供“伦敦与安特卫普在 1544—1563 年间的汇率”，也画出变化曲线（Gould 1970, pp.201–202, graph A）。Lloyd（2000, pp.75–78, table 2），提供 1558 年 12 月 23 日—1568 年 10 月 30 日之间，伦敦与安特卫普的汇率。著名的荷兰经济史学者 N.W. 波斯蒂默斯，1943 年发表了 1624—1914 年间，阿姆斯丹的各种汇率报价表（de Roover, 1949, p.132）。

目前对欧洲汇率最完整的研究，是 Ling-fan Li（李翎帆）：“Bullion, bills and arbitrage: exchange markets infourteenth-to seven teenthcenturyEurope”，PhD thesis, Department of Economic History, London School of Economics, 2012, 分析了 1399—1568 年间的汇率报价，与外汇市场的效率。

本书的主题之一是外汇，必须知道欧洲各国的主要货币，以及相互的大致汇率。以下资料取自 Richard Ehrenberg (1928): *Capital and Finance in the Age of the Renaissance: A Study of the Fuggers and their Connections*, “Note on the currencies” (p. 17)。

（1）荷兰盾（Gulden），据 1524 年的王室公告，内含 37 又 1/6 格令纯金。

（2）法国的里弗尔（Livre tournois），1200 年时含 98 克（grams）纯银。1600 年严重贬值，只含 11 克纯银。

（3）法国的埃居（Ecu），1562 年约等于英国的 6 先令。1577—

① de Roover（1949）: *Gresham on Foreign Exchange*，p.117；另见页 73 注释 73 对荷兰币制的详细解说。

1581 年时 1 Ecu = 3 Livre tournois。

（4）西班牙的杜卡特（Ducat），价值约是荷兰镑的 1/3。

有一个网址 MEMDB (The Medieval and Early Modern Data Bank)，可以查询下列 5 种长期的汇率与物价（http://www2.scc.rutgers.edu/memdb/index.html）：

(1)Currency Exchanges (Metz): monetary data from Rainer Metz, *Geld, Währung und Preisentwicklung: der Niederrheinraum im europäischen Vergleich, 1350-1800* (Frankfurt am Main, 1990).

(2)Currency Exchanges (Mueller): monetary data supporting material presented in Reinhold C. Mueller, *The Venetian Money Market: Banks, Panics, and the Public Debt, 1200-1500* (Baltimore, 1997).

(3)Currency Exchanges (Spufford): all currency exchange quotations compiled by Peter Spufford and published in his *Handbook of Medieval Exchange* (London, 1986).

(4)Prices (Metz): grain prices supplied by Rainer Metz and compiled for the printed edition of Dietrich Ebeling and Franz Irsigler, *Getreideumsatz, Getreide- und Brotpreise in Köln, 1368-1797* (Köln, 1976).

(5)Prices (Posthumus): prices drawn from primary sources and published in Nicholaas Wilhelmus Posthumus, *Nederlandsche Prijsgeschiedenis* (Leiden, 1943).

* * *

以下两个表格取自 Challis（1978）：*The Tudor Coinage* 的附录 1。首先是各种重量单位的互换表，例如 1 格令（grain）= 0.0648 克（gram），7000 格令（grains）= 1 磅重。

Grains（gr）	Pennyweight（dwt）	Ounces（oz）	Pounds（lb）	Grams（g）
1.0				0.0648
22.5	（Tower）1			1.4580
24.0	（Troy）1			1.5550

（续表）

Grains（gr）	Pennyweight（dwt）	Ounces（oz）	Pounds（lb）	Grams（g）
437.5		（Avoirdupois）1		28.3500
450.5	20	（Tower）1		29.1600
480.0	20	（Troy）1		31.1040
5400.0	240	12	（Tower）1	349.9200
5760.0	240	12	（Troy）1	373.2480
7000.0		16	（Avoirdupois）1	453.6000

下表显示金银币所含的金银重量与成色（纯度）高低。

Gold carat（c）	Gold grain（gr）	Decimal equivalent	Silver ounce（oz）	Silver dwt
24	0（pure）	1 000.0	12	0（pure）
23	3½（Angel）	994.8		
23	0	958.3		
		925.0	11	2（Sterling）
		920.8	11	1
22	0（Crown）	916.6	11	0
20	0	833.3		
		758.3	9	2
18	0	750.0	9	0
		500.0	6	0
		333.3	4	0
		250.0	3	0

举例来说：24 克拉（carats）（.999）的纯金 =12 盎司（ounces）的纯银（金银的兑换比例是 1:12）。如果 24 克拉的纯金当作 1000 单位的话，此表告诉我们：18 克拉的纯金就是 750 单位，就是 24 克拉的 750/1 000 = 3/4。从这个换算表，很快就知道 22 克拉 = 24 克拉的 916.6/1 000。

1971 年 2 月 15 日十进制化（Decimal Day）之前的英国钱币概况

	Five pounds	Two pounds	Sovereign (Pound)	Crown	Half crown	Florin	Shilling	Six pence	Groat	Three pence	Penny	Half penny	Farthing	Half farthing	Quarter farthing
Five pounds	1	2 1/2	5	20	40	50	100	200	300	400	1 200	2 400	4 800	9 600	19 200
Two pounds	2/5	1	2	8	16	20	40	80	120	160	480	960	1 920	3 840	7 680
Sovereign (Pound)	1/5	1/2	1	4	8	10	20	40	60	80	240	480	960	1 920	3 840
Crown	1/20	1/8	1/4	1	2	2/5	5	10	15	20	60	120	240	480	960
Half crown	1/40	1/16	1/8	1/2	1	5/4	5/2	5	15/2	10	30	60	120	240	480
Florin	1/50	1/20	1/10	2/5	4/5	1	2	4	6	8	24	48	96	192	384
Shilling	1/100	1/40	1/20	1/5	2/5	1/2	1	2	3	4	12	24	48	96	192
Sixpence	1/200	1/80	1/40	1/10	1/5	1/4	1/2	1	3/2	2	6	12	24	48	96
Groat	1/300	1/120	1/60	1/15	2/15	1/6	1/3	2/3	1	4/3	4	8	16	32	64
Threepence	1/400	1/160	1/80	1/20	1/10	1/8	1/4	1/2	3/4	1	3	6	12	24	48
Penny	1/1 200	1/480	1/240	1/60	1/30	1/24	1/12	1/6	1/4	1/3	1	2	4	8	16
Halfpenny	1/2 400	1/960	1/480	1/120	1/60	1/48	1/24	1/12	1/8	1/6	1/2	1	2	4	8
Farthing	1/4 800	1/1 920	1/960	1/240	1/120	1/96	1/48	1/24	1/16	1/12	1/4	1/2	1	2	4
Half farthing	1/9 600	1/3 840	1/1 920	1/480	1/240	1/192	1/96	1/48	1/36	1/24	1/8	1/4	1/2	1	2
Quarter farthing	1/19 200	1/7 680	1/3 840	1/960	1/480	1/384	1/192	1/96	1/72	1/48	1/16	1/8	1/4	1/2	1

资料来源：“Coins of the pound sterling”，*Wikipedia.*

大事记

	格雷欣	英国
1485		亨利七世登基，都铎王朝开始。
1491		亨利八世出生。
1509		亨利七世驾崩，亨利八世即位。
1516		亨利八世的女儿玛丽出生，即日后的玛丽一世（1553—1558）。
1518	格雷欣的哥哥约翰出生。	
1519	格雷欣出生，父理查德，母奥黛丽。生日不详，也有人说是 1518 年。	
1531		亨利八世成为英国教会领导人。
1533		亨利八世的女儿伊丽莎白出生（9 月 7 日），母亲是安妮·博林，日后即位为伊丽莎白一世（1558—1603）。
1537		王后简·西摩产下王子爱德华后去世，日后即位为爱德华六世（1547—1553）。
1542		亨利八世的大贬值开始。
1543	格雷欣加入伦敦的布业出口公会，在低地国替亨利八世工作。	亨利八世向法国宣战。
1544	格雷欣与安妮·里德结婚。安妮的前夫威廉·里德是格雷欣家族好友，也是布业出口富商，年老病逝，有两子。	亨利八世渡海赴法监军。
1545	格雷欣的独子理查德出生。	威廉·塞西尔任首辅与掌玺大臣。
1549	格雷欣的父亲理查德逝。 与塞西尔结交。	

（续表）

	格雷欣	英国
1551	年底或 1552 年初，爱德华六世指派格雷欣为王室代理人，赴安特卫普居住。	
1553	格雷欣的私生女安妮在低地国的布鲁基出生。 格雷欣被朝廷解除代理人职务。 格雷欣之兄约翰赴俄国贸易。 格雷欣之妹伊丽莎白逝。	爱德华六世驾崩，享年 16 岁。 简·格雷当了 9 天女王。 玛丽一世即位，英国改为天主教国家。
1554		简·格雷女王被处死。 伊丽莎白公主被关入伦敦塔。 玛丽女王与西班牙菲利普二世结婚。
1558		玛丽一世驾崩，异母妹伊丽莎白即位。 英国改为基督教国家，原本流亡欧陆的新教徒逐渐回国。
1559	格雷欣在布鲁塞尔的朝廷，短暂担任驻荷大使。 同年 12 月 23 日受封为爵士。	英国与苏格兰和谈。
1560	骑马跌落伤腿，日后行走不便。 格雷欣之兄约翰·格雷欣爵士逝。	伊丽莎白女王重铸货币，目标是恢复 1551 年大贬值之前的币值。
1562		伊丽莎白得天花，几死。
1563	格雷欣在主教门建造豪宅，夫人逝后（1596），当作格雷欣学院院址。	英国景气衰退。 国会逼迫女王结婚未果。
1564	格雷欣的独子理查德病逝（17 岁），葬在圣海伦主教门教堂。 格雷欣提议兴建伦敦交易所。	英法和谈。
1565	格雷欣在密德萨斯的奥斯特利村兴建造纸厂。	英国景气复苏。
1566	格雷欣在伦敦市中心康希尔，奠下交易所的基石（6 月 7 日）。	
1567	3 月底之后格雷欣不再去安特卫普。 11 月交易所已盖好大样。	苏格兰贵族联手反抗玛丽·斯图亚特女王。
1568	伦敦商人开始进入交易所买卖（12 月 22 日）。	英国扣押西班牙阿尔瓦公爵的饷银船，英西相互报复。
1569		英西决裂，英商离开安特卫普，转往日耳曼的汉堡贸易。 英国景气衰退。

（续表）

	格雷欣	英国
1571	1月13日，伊丽莎白女王莅临交易所，赐名为“皇家交易所”。	
1574	格雷欣正式退休。	
1575		开始为期11年的贸易兴盛期。
1579	格雷欣逝（11月21日），享年60岁。送葬行列豪华，与子理查德同葬在圣海伦主教门教堂。	法国的安茹公爵来英国拜会女王。
1586		农业歉收，饥荒严重。
1587		弗朗西斯·德雷克爵士屡次打败西班牙船队。
1588		英国击败西班牙无敌舰队。
1592		伦敦瘟疫盛行。
1593		伦敦的戏剧院因瘟疫流行，几乎全年关闭。
1596	格雷欣夫人逝（12月15日）。 格雷欣学院创办，选举首任院长。	农业歉收，肯特地区粮食暴动。
1597		肯特、萨塞克斯、诺福克地区粮食暴动。
1598		威廉·塞西尔爵士（伯利勋爵）逝。
1600		东印度公司成立。
1603		伊丽莎白女王驾崩（3月24日）。詹姆斯一世登基，改国号为斯图亚特王朝。

资料来源：

Burgon, John William (1839): *The Life and Times of Sir Thomas Gresham* (compiled chiefly from his correspondence preserved in Her Majesty's state paper office), London: Robert Jennings, 2 Vols.(e-book).

Gresham, Perry, with Carol Jose (1995): *The Sign of the Golden Grasshopper: a Biography of Sir Thomas Gresham*, Illinois: Jameson Books, pp. x-xiii “Chronology”.

Kinney, Arthur and David Swain (2001): *Tudor England: an Encyclopedia*, London: Routledge, pp. xvii-xxiii “A Tudor chronology”.

Salter, F.R. (1925): *Sir Thomas Gresham, 1518-1579*, pp. 186-187 “Principal dates”.

Vexler, Robert (1974)compiled and edited: *England: a Chronology and Fact Book, 1485-1973*, New York: Oceana Publications (World Chronology Series).

文献解说

都铎王朝与格雷欣研究的档案、文献、数据库、网络资源、二手研究，多得令人惊异。最基本的研究书目是 Conyers Read（1959）: *Bibliography of British History, Tudor Period, 1485-1603*, Oxford: Clarendon Press（reprinted in 1978, Harvester Press）。1959 年之后的相关文献飞跃增添，以下解说我所知和运用到的信息。

1. 网络资源与光盘史料

（1）谷歌搜寻

这是最便捷也最丰富的数据搜寻首站。若以"托马斯·格雷欣"查索所有网页和图片，会有许多意想不到的信息。例如可以查到他在 1575 年 7 月 5 日所立的遗嘱全文。另一项来源是谷歌图书搜索（以及微软数字图书），可以找到许多相关书籍，有些可以下载 PDF 档，例如最重要的格雷欣传记（Burgon, 1839）2 册。

（2）维基百科（英文版）

以"Thomas Gresham"来搜寻，最先找到的是 5 页的生平简介，以及他的 2 张画像、住宅图片、族徽标志、文末的相关链接。从维基百科可以找到许多相关信息，例如都铎王朝日历的转换对照方式、所有的首辅名单、财政大臣名单、伦敦市长名单、主要的王公贵族人名、地名、战役。

（3）JSTOR 期刊数据库

这是查索旧期刊最方便的免费来源，各大研究图书馆都有，内含5年之前的期刊论文 PDF 档。JSTOR 收录经济学界的 75 种期刊、历史学界的 91 种期刊。可从谷歌进入，若从维基百科以 JSTOR 进入，可以看到 3 页解说，理解这个数据库在 1995 年创办的主旨与发展沿革。这个数据库省却影印纸本期刊的时间，但它只收录知名期刊，格雷欣与都铎王朝经济史的研究，有不少刊在较不知名的刊物上。

（4）图书馆电子数据库

中国台湾地区在 2006 年 12 月购买 5 套电子数据库，供 177 个大专院校与研究机构共享。详细说明请见：（1）林建甫（2007）《近代经济全文数据库简介》，《人文与社会科学简讯》，8（3）: 30–48;（2）张谷铭（2007）《台湾的视界：世界在台湾》，《自由时报》2007 年 7 月 12 日 E5 版。

其中对格雷欣研究最有用数据库，是 MOMW（The Making of the Modern World，近代经济学全文数据库），内含 1460—1850 的 6.1 万多本书，以及 466 种在 1906 年之前的期刊。若以 “Thomas Gresham” 查索，会有许多意想不到的收获。另一个也很有用的数据库，是 EEBO（Early English Books Online），搜罗 1475 年（英国开始有印刷术）以来，到 1700 年之间，在英国及属地出版的书籍和期刊约 12 万种。

这是用当局认可方式，集体采购的公共资源。还有 2 种与格雷欣研究较不相干，但也很值得参访：（1）Eighteenth-Century Collections Online（ECCO），这是 1701—1800 年间，在英国与属地出版的书籍与期刊，超过 15 万种；（2）Early American Imprints：美国境内有印刷术（1639）以来，到1819年间的所有出版品，约7.2万种。

（5）光盘史料

加拿大的TannerRitchie Publishing公司（www.tannerritchie.com）的主要业务，是把重要的西洋史料扫描成“可搜寻”的PDF档。2009年时已发行600种以上的光盘，有些定价才10元加币。与格雷欣研究最相关的是“英格兰”这个类别，内有许多重要的国家文件，可以找到许多与格雷欣家族相关的史料。例如枢密院会议记录（Acts of the Privy Council of England，1542—1597），以及分门别类的国家文献档（Calendar of State Papers）都非常有用。还有亨利八世的书信与文件（1509—1546），也有首辅威廉·塞西尔爵士的文件集（24卷，14片光盘）。这家公司出版的光盘片，“中研院”、台湾清华大学图书馆已各自采购一些，我使用过的部分，请参阅书末参考书目内的“官方文献”。这套光盘的内容，可在计算机上查索，很好用也很重要。

2. 与都铎王朝相关的网址

（1）British History Online. Http://www.british-history.ac.uk/. 这是英国史研究必用的网站，内容丰富得惊人。以都铎王朝为例，在Periods项内查16世纪，2009年7月就有360项史料。若以Subjects项内的“Economic history”来查，有102项史料，其中的Calendar of Treasury books就有29册。两者交叉（即“16世纪的经济史”），共有31项文献，内容还在快速增加中。最方便的是Text search：用“Thomas Gresham”查索，得1 560项结果。另一项重要功能，是可以在线阅读各项文献的全文。例如从亨利八世的“Letters and Papers”（28册），点入后可逐册阅读（从第1册的序言到页506的索引），还可以复制到Word档，比想象中的方便。

（2）British Monarchy. Http://www.royal.gov.uk/output/Page1.asp/. 这是历代君王的官方网站，可以用“search”的功能自由查索。若要

查某朝代的君主，可从其中的“History of the Monarch”项内，从“English Monarch”（400AD—1603）内，找到都铎王朝（The Tudors），选“Elizabeth I（r.1558—1603）”进入后，可看到相关的介绍。

（3）Europeana: connecting cultural heritage. Http://www.europeana.eu/portal/. 这是2009年新运作的“全欧洲文化网站”，以“Thomas Gresham”查索，可以看到他和夫人的画像、他兴建皇家交易所的设计图、格雷欣学院的设计图及在各地的宅邸别墅。这个网站以文化面向为主要要求，可同时搜索全欧洲主要图书馆的收藏，是个强力的联合搜索站。

（4）National Portrait Gallery（NPG）. Http://www.npg.org.uk/. 这是英国国家肖像馆，维基百科有很好的解说。若以“Thomas Gresham”查寻，有25张肖像图，其中有不少是重复的不同版本。

（5）State Papers Online. The Government of Britain, 1509-1714. Parts I: The Tudors: Henry VIII to Elizabeth I, 1509-1603: “State Papers Domestic”; Part II: “State Papers Foreign”. Http://gale.cengage.co.uk/statepapers/. 这个专业网站的主题，是1509—1714年间的国家文献（State Papers），其中与都铎王朝相关的是1509—1603。从这个网址进入后，可看到精美的图片解说。目前还是收费网站，若图书馆尚未取得授权，也可以个人付费搜寻。

（6）The British Library. Http://www.bl.uk/. 原本是英国国家博物馆内的图书馆，现已独立（可从维基百科查“英国国家图书馆”）。若以“Thomas Gresham”搜寻，可找到114页内容：有图片、有手稿、有研究论文。其中最重要的是在“Manuscripts catalogue”内，有59项格雷欣家族的手稿档，以及格雷欣的遗嘱手稿本。

（7）The National Archives（TNA）. Http://www.nationalarchives.gov.uk/. 这是2003年4月创立的英国国家档案局，把英格兰、威尔士与中央政府的档案，汇聚在这个专责机构内。维基百科有很详细的8页介绍，以及相关网站的联结。TNA这把4个大档案馆的收藏合并：（1）The Public Record Office；（2）The Historical Manuscripts Commission；（3）The Office of Public Sector Information（OPSI）；（4）Her Majesty Stationary Office（HMSO）。进入TNA网页后，会

看到种类非常多的档案的分类。对格雷欣研究者而言，TNA是最重要的宝藏，因为已把他的通讯函及相关文件，转成可搜寻的电子文件（参见附录6）。若以“Thomas Gresham”查索，共得639结果（私人信函），若搭配上述第（1）项的British History Online的结果（国家文献），对理解格雷欣的公私领域活动，必然有相当帮助。

（8）The Tudor Group. Http://www.tudorgroup.co.uk/. 这是个有趣的网站，有一群喜好都铎王朝时期服装、建筑、生活方式的人，业余聚在一起穿上16世纪的服装，过着都铎时代的日子。这种“今之古人”的布置，可以感受都铎王朝的气氛。他们也写文章，解释16世纪的各种生活面向，如民间医疗、货币制度。

（9）Tudor England Images. Http://www.marileecody.com/images.html/. 这个网站搜集与都铎王朝相关的图片，主要是国王（女王）、王后的各种画像，内容相当完整，附有详细解说。

（10）Tudor England. Http://englishhistory.net/tudor.html/. 这是研究都铎王朝的集大成网站，从传记到图片都很齐备。

（11）Tudor Place. Http://www.tudorplace.com.ar/. 都铎王朝迷贝雷勒·卡茨先生费心搜集各种资料，汇聚成这个非常丰富的“百货站”，很值得参观。

（12）TudorHistory.org. Http://www.tudorhistory.org/. 这个网站的内容较严肃，陈列各式主题，其中有一项是“Movies and TV”，从1911—2008年的相关影视都有，显示了民间对历史的喜爱。

3. 各地的档案

英国各地与低地国的相关档案数量非常多，在此无法列举。下列5本著作的书末，附有详尽的档案资料来源。

(1)Alford, Stephen (2008): *Burghley: William Cecil at the Court of Elizabeth I*, New Haven, CT: Yale University Press.

(2)Challis, Christopher (1992) ed.: *A New History of the Royal Mint*, Cambridge: Cambridge University Press.

(3)de Roover, Raymond (1949): *Gresham on Foreign Exchange: An Essay on Early English Mercantilism with the Text of Sir Thomas Gresham's Memorandum for the Understanding of the Exchange*, Harvard :Harvard University Press.

(4)Ramsay, George (1975): *The City of London in International Politics at the Accession of Elizabeth Tudor*, Manchester: Manchester University Press (*The End of the Antwerp Mart*, Vol. 1).

(5)Ramsay, George (1986): *The Queen's Merchants and the Revolt of the Netherlands*, Manchester: Manchester University Press (*The End of the Antwerp Mart*, Vol. 2).

参考书目

官方文献（这些基本史料的索引相当好用，先查“Gresham”。）

Acts of the Privy Council of England, New Series, 1542-1631, ed. J.R. Dasent *et al.*, 46 Vols., London: H.M. Stationary Office, 1890-1964. Canada: TannerRitchie Publishing, 22 searchable CD-Rom（台湾清华大学人社分馆；台大总图 2F 密集书库 DA25 B1z 1974, Vols. 1-10. Colonial series: DA25 A1 1966 Vols. 1-6）.

Calendar of State Papers, Colonial, East Indies, China and Japan, 1513-1634, Canada: TannerRitchie Publishing, 5 searchable CD-Rom (台大总图 5F 东南亚资料 VIII-J-1 5-1；British History Online).

Calendar of State Papers, Domestic series, 1547-1649, Canada: TannerRitchie Publishing, 33 searchable CD-Rom（“中研院”史语所；台大总图；British History Online）.

Calendar of State Papers, Foreign series, 1547-1588, Canada: TannerRitchie Publishing, 27 searchable CD-Rom（“中研院”史语所；台大总图；British History Online）.

Calendar of State Papers, Milan, 1358-1618, Canada: TannerRitchie Publishing, 1 searchable CD-Rom（台湾清华大学人社分馆）.

Calendar of State Papers, Spain, 1485-1603, Canada: TannerRitchie Publishing, 23 searchable CD-Rom（台湾清华大学人社分馆；台大总图；British History Online）.

Calendar of State Papers, Venice, 1202-1636, Canada: TannerRitchie Publishing, 25 searchable CD-Rom（台大总图；British History Online）.

Calendar of the Manuscripts of the Marquis of Salisbury Preserved at Hatfield House, Hertfordshire: The Cecil Manuscripts (Historical Manuscripts Commission, 24 Vols.), Canada: TannerRitchie Publishing, 14 searchable CD-Rom（British History Online；台湾清华大学人社分馆；台大总图）.

Calendar of the Patent Rolls, 1225-1560, Canada: TannerRitchie Publishing, 29 searchable CD-Rom. For the period 1226-1452, http://www.uiowa.edu/~acadtech/patentrolls/. The Patent Rolls (*Calendarium Rotulorum Patentium, Rotuli litterarum patentium*)are records of the King of England's correspondence, starting in 1202.

Calendar of the Patent Rolls Preserved in the Public Record Office: Philip and Mary, 1553-1554, 1554-1555, 1555-1557, 1557-1558, London: H.M. Stationary Office, 1936-1938, 4 Vols.（台大总图）.

Calendar of the Patent Rolls (Elizabeth), London: H.M. Stationary Office, 1939, 1964, 1966, 5 Vols.（台大总图）.

Calendar of Treasury Papers, 1557-1728, ed. Joseph Redington, London: H.M. Stationary Office, 1868-1903（台大总图, 6 Vols.; 台湾清华大学人社分馆; Canada: TannerRitchie Publishing, 6 searchable CD-Rom）.

Hughes, Paul and James Larkin eds. (1964, 1969): *Tudor Royal Proclamations*,New Haven, CT. Yale University Press, 3 Vols.

Letters and Papers, Foreign and Domestic of the Reign of Henry VIII, Canada: TannerRitchie Publishing, 34 searchable CD-Rom（"中研院"史语所; 台大总图; British History Online）.

The Statutes of the Realm, Canada: TannerRitchie Publishing, 5 searchable CD-Rom（台湾清华大学人社分馆; 台大总图）.

研究书目

Adamson, Ian (1978): "The Royal Society and Gresham College 1660-1771", *Notes and Records of the Royal Society of London*, Vol. 33 (1), pp.1-21.

Alford, Stephen (1998): *The Early Elizabethan Polity: William Cecil and the British Succession Crisis*, Cambridge: Cambridge University Press.

Alford, Stephen (2008): *Burghley: William Cecil at the Court of Elizabeth I*, New Haven, CT: Yale University Press.

Alsop, James (1979): "The Revenue Commission of 1552", *Historical Journal*, Vol. 22 (3), pp.511-533.

Alsop, James (1982): "The theory and practice of Tudor taxation", *English Historical Review*, Vol. 97 (382), pp.1-30.

Alsop, James (1984): "Innovation in Tudor taxation", *English Historical Review*, Vol. 99 (390), pp.83-93.

álvarez-Nogal, Carlos and Christopher Chamley (2014): "Debt policy under constraints: Philip II, the Cortes, and Genoese bankers", *Economic History Review*, Vol. 67 (1), pp.192-213.

Ames-Lewis, Francis (1999)ed.: *Sir Thomas Gresham and Gresham College: Studies in the Intellectual history of London in the Sixteenth and Seventeenth Centuries*, Aldershot: Ashgate.

Anonymous (1647): *Sir Thomas Gresham His Ghost*, London: printed for William Ley (British Library, e-book).

Anonymous (1833): *A Brief Memoir of Sir Thomas Gresham, with an abstract of his will, and of the act of parliament for the foundation and government of Gresham's College*, London: J.F. and G. Rivington Publisher. Kessinger Publishing's Legacy Reprints, 2007.

Ashton, Robert (1957): "Deficit finance in the reign of James I", *Economic History Review*, Vol. 10 (1), pp.15-29.

Ashton, Robert (1960): *The Crown and the Money Market, 1603-1640*, Oxford: Clarendon Press.

Auer, Jens and Anthony Firth (2007): "The 'Gresham Ship': an interim report on a 16th-century wreck from Princes Channel, Thames Estuary", *Post-Medieval Archaeology*, Vol. 41 (2), pp. 222-241.

Barzel, Yoram (1992): "Confiscation by the ruler: the rise and fall of Jewish lending in the Middle Ages", *Journal of Law and Economics*, Vol. 35 (1), pp.1-13.

Bense, J.F. (1925): *Anglo-Dutch Relations from the Earliest Times to the Death of William the Third*, Oxford: Oxford University Press.

Bindoff, Stanley (1973): *The Fame of Sir Thomas Gresham*, London: Jonathan Cape (The 4th Neale Lecture in English History).

Bindoff, Stanley (1980): *Tudor England*, London: Penguin Books (The Pelican History of England, 5).

Bindoff, Stanley (1990): "The Greatness of Antwerp", in G.R. Elton ed.: *The New Cambridge Modern History*, Vol. 2: *The Reformation, 1520-1559*, pp. 47-68, Cambridge: Cambridge University Press, 2nd edition.

Bisson, Douglas (1993): *The Merchant Adventurers of England: The Company and the Crown, 1474-1564,* Newark: University of Delaware Press.

Blanchard, Ian (1970): "Population change, enclosure, and the early Tudor economy", *Economic History Review*, Vol. 23 (3), pp.427-445.

Blanchard, Ian (1981): "England and the international bullion crisis of the 1550s", in Hermann Kellenbenz ed.: *Precious Metals in the Age of Expansion*, Nürnberg: Beiträge zur Wirtschaftsgeschichte. Band 2, pp. 87-118.

Blanchard, Ian (1999): "Sir Thomas and the 'House of Gresham': activities of a mercer-merchant adventurer", in Francis Ames-Lewis ed.: *Sir Thomas Gresham and Gresham College. Studies in the Intellectual History of London in the Sixteenth and Seventeenth Centuries*, Aldershot: Ashgate, pp.13-23.

Blanchard, Ian (2004): "Sir Thomas Gresham (c.1518-1579)" , *Oxford Dictionary of National Biography*, Vol. 23, pp.764-771.

Blanchard, Ian (2009): *The International Economy in the'Age of the Discoveries', 1470-1570: Antwerp and the English Merchants' World*, Stuttgart: Franz Steiner Verlag. (Reviewed by Herman van der Wee, *Economic History Review*, 2010, Vol. 63 (2):549-550).

Bland, A.E., A.P. Brown and R.H. Tawney eds. (1914): *English Economic History: Select Documents,* London:G. Bell & Sons (16th impression).

Bolton, J.L. and Francesco Guidi Bruscoli (2008): "When did Antwerp replace Bruges as the commercial and financial centre of north-western Europe? The evidence of the Borromei ledger for 1438", *Economic History Review*, Vol. 61 (2), pp.360-379.

Braudel, Fernand (1982): *Civilization & Capitalism: 15th-18th Century*. Vol. 2: *The Wheel of Commerce*, Vol. 3: *The Perspective of the World*, New York: Harper & Row.

Brewer, John (1990): *The Sinews of Power: War, Money and the English State, 1688-1783*, Cambridge, MA: Harvard University Press.

Bridbury, A.R. (1962): *Economic Growth: England in the Later Middle Ages*, London: George Allen and Unwin (Connecticut: Greenwood Press, 1983 reprinted).

Buck, W.S.B. (2005): *Examples of Handwriting, 1550-1650*, London: The Society of Genealogist Enterprises.

Buckley, H. (1924): "Sir Thomas Gresham and the foreign exchanges", *Economic Journal*, Vol. 34, pp.589-601.

Burgon, John William (1839): *The Life and Times of Sir Thomas Gresham* (compiled chiefly from his correspondence preserved in Her Majesty's state paper office), London: Robert Jennings, 2 Vols. (e-book).

Carus-Wilson, E.M. and Olive Coleman (1963): *England's Export Trade, 1275-1547*,

Oxford: Clarendon Press.

Challis, Christopher (1967): "The debasement of the coinage, 1542-1551", *Economic History Review*, Vol. 20 (3), pp.441-466.

Challis, Christopher (1972): "Currency and the economy in mid-Tudor England", *Economic History Review*, Vol. 25 (2), pp.313-322.

Challis, Christopher (1975): "Spanish bullion and monetary inflation in England in the later sixteenth century", *Journal of European Economic History*,Vol. 4 (2), pp.381-392.

Challis, Christopher (1978): *The Tudor Coinage*, Manchester: Manchester University Press.

Challis, Christopher (1983): "On the authorship and dating of 'For the Understanding of the Exchange'", *Bulletin of the Institute of Historical Research*, Vol. 56, pp.34-45.

Challis, Christopher (1992)ed.: *A New History of the Royal Mint*, Cambridge: Cambridge University Press.

Challis, Christopher and C.J. Harrison (1973): "A contemporary estimate of the production of silver and gold coinage in England, 1542-1556", *English Historical Review*, Vol. 88 (349), pp.821-835.

Chandler, George (1964): *Four Centuries of Banking, as Illustrated by the Bankers, Customers and Staff Associated with the Constituent Banks of Martins Bank Ltd,* Vol. 1: *The Grasshopper and the Liver Bird: Liverpool and London.* London: B.T. Batsfor Ltd.

Chartres, Richard and David Vermont (1998): *A Brief History of Gresham College, 1597-1997*, London: Gresham College. (http://www.gresham.ac.uk/uploads/historygreshm_bk2.pdf)

Clark, Gregory (1996): "The political foundation of modern economic growth: England, 1540–1800", *Journal of Interdisciplinary History*, Vol. 26 (4), pp.563-588.

Clark, Gregory (2005): "The condition of the working class in England, 1209-2004", *Journal of Political Economy*, Vol. 113 (6), pp.1307-1340.

Clark, Gregory (2007): "The long march of history: farm wages, population, and economic growth, England 1209-1869", *Economic History Review*, Vol. 60 (1), pp.97-135.

Clarkson, L.A. (1971): *The Pre-Industrial Economy in England, 1500-1750*, New York: Schocken Books.

Coleman, D.C. (1977): *The Economy of England, 1450-1750*, Oxford: Oxford University Press.

Conklin, James (1998): "The theory of sovereign debt and Spain under Philip II", *Journal of Political Economy*, Vol. 106 (3), pp.483-513.

de la Mothe Fénélon, Bertrand de Salignac (Charles Purton Cooper, editor, 1838): *Recueil des dépêches, rapports, instructions et mémoires des Ambassadeurs de France en Angleterre et en Ecosse pendant le XVIe siècle: Correspondance diplomatique de Bertrand de Salignac de la Mothe Fenelon, 1568*-1575,London: Panckoucke (7 Vols.).

de Roover, Raymond (1944): "Early accounting problems of foreign exchange", *Accounting Review*, Vol. 19 (4), pp.381-407.

de Roover, Raymond (1944): "What is dry exchange? A contribution to the study of English mercantilism", *Journal of Political Economy*, Vol. 52 (3), pp.250-266.

de Roover, Raymond (1949): *Gresham on Foreign Exchange:An Essay on Early English Mercantilism with the Text of Sir Thomas Gresham's Memorandum for the Understanding of the Exchange*, Cambrides, MA: Harvard University Press.

de Roover, Raymond (1953): "Anvers comme marché monétaire au XVI siècle", *Revue belge de philologie et d'histoire*, Vol. 31, pp. 1003-1047.

de Vries, Jan and Ad van der Woude (1997): *The First Modern Economy: Success, Failure, and Perseverance of the Dutch Economy, 1500-1815*, Cambridge: Cambridge University Press.

Dewar, M. (1965): "The Memorandum 'For the Understanding of the Exchange': its authorship and dating", *Economic History Review*, Vol. 17 (3), pp.476-483.

Dietz, Frederick (1930): "Elizabethan Customs administration", *English Historical Review*, Vol. 45 (177), pp.35-57.

Dietz, Frederick (1964): *English Public Finance, 1485-1641*, London: Frank Cass (2 Vols., 2nd edition).

Donald, M.B. (1961): *Elizabethan Monopolies: the History of the Company of Mineral and Battery Works from 1565 to 1604*, Edinburgh: Oliver & Boyd.

Doolittle, Ian (1994): *The Mercers' Company, 1579-1959*, London: The Mercers' Company.

Dowell, Stephen (1884): *A History of Taxation and Taxes in England, V*ol. 1: *From the Earliest Times to the Civil War*, London: Longmans, Green & Co. (reprinted by Kessinger Publishing, 2007).

Drelichman, Mauricio and Hans-Joachim Voth (2008): "Debt sustainability in historical perspective: the role of fiscal repression", *Journal of the European Economic Association*, Vol. 6 (2-3), pp.657-667.

Drelichman, Mauricio and Hans-Joachim Voth (2010): "The sustainable debts of Philip II: A reconstruction of Castile's fiscal position, 1566-1596", *Journal of Economic History*,

Vol. 70 (4), pp.813-842.

Drelichman, Mauricio and Hans-Joachim Voth (2010): "Serial defaults, serial profits: returns to sovereign lending in Habsburg Spain, 1566-1600", *Explorations in Economic History*, Vol. 48 (1), pp.1-19.

Drelichman, Mauricio and Hans-Joachim Voth (2011): "Lending to the borrower from hell: debt and default in the age of Philip II", *Economic Journal*, Vol. 121 (557), pp.1205-1227.

Drelichman, Mauricio and Hans-Joachim Voth (2014): *Lending to the Borrower from Hell: Debt, Taxes, and Default in the Age of Philip II*, Princeton: Princeton University Press.

Ehrenberg, Richard (1928): *Capital and Finance in the Age of the Renaissance: A Study of the Fuggers and Their Connections*, London: Jonathan Cape. Translated by H.M. Lucas from the German: *Das Zeitalter der Fugger*.

Elton, G.R. (1961): "State planning in early Tudor England", *Economic History Review*, Vol. 13 (3), pp.433-439.

Elton, G.R. (1977): "Mid-Tudor finance", review of *The Report of the Royal Commission of 1552*, edited by Walter Richardson, *Historical Review*, Vol. 20 (3), pp.737-740.

Feavearyear, Albert (1963): *The Pound Sterling: A History of English Money*, Oxford: Clarendon Press (2nd edition, revised by E. Victor Morgan).

Fetter, Frank (1932): "Some neglected aspects of Gresham's law", *Quarterly Journal of Economics*, Vol. 46 (3), pp.480-495.

Fisher, F.J. (1940): "Commercial trends and policy in sixteenth-century England", *Economic History Review*, Vol. 10 (2), pp.95-117.

Fisher, F.J. (1957): "The sixteenth and seventeenth centuries: the dark ages in English economic history?" , *Economica*, Vol. 24 (93), pp.2-18.

Fisher, F.J. (1961)ed.: *Essays in the Economic and Social History of Tudor and Stuart England,in Honor of R. H. Tawney*, Cambridge: Cambridge University Press.

Fisher, F.J. (1965): "Influenza and inflation in Tudor England", *Economic History Review*, Vol. 18 (1), pp.120-129. Followed with a comment by J.D. Gould: "F.J. Fisher on Influenza and inflation in Tudor England", and a rejoinder by Fisher, *Economic History Review*, 1968,Vol. 21 (2), pp.361-370.

Fusfeld, Daniel (1967): "On the authorship and dating of 'For the Understanding of the Exchange'", *Economic History Review*, Vol. 20 (1), pp.145-150; followed with a reply by Raymond de Roover, pp. 150-152.

Gelderblom, Oscar (2013):*Cities of Commerce: The Institutional Foundations of International Trade in the Low Countries, 1250-1650*, Princeton: Princeton University Press.

Gentles, Ian (1973): "The sales of crown lands during the English Revolution", *Economic History Review*, Vol. 26 (4), pp.614-635.

George, M. Dorothy (1916): "Notes on the origin of the declared account", *English Historical Review*, Vol. 31 (121), pp.41-58.

Goodare, Julian (2009): "The debts of James VI of Scotland", *Economic History Review*, Vol. 62 (4), pp.926-952.

Goris, J.A. (1925): *Etude sur les colonies marchandes Méridionales (Portugais, Espagnols, Italiens) à Anvers de 1488 à 1567: Contribution à l'histoire des débuts du capitalisme moderne*, Belgium: Librairie Universitaire Louvain. Reprinted by Burt Franklin, New York, 2 Vols. in one (1971).

Gould, J.D. (1970): *The Great Debasement: Currency and the Economy in Mid-Tudor England*, Oxford: Clarendon Press.

Gras, N.S.B. (1912): "Tudor 'Books of Rates': a chapter in the history of the English Customs", *Quarterly Journal of Economics*, Vol. 26 (4), pp.766-775.

Gresham College (1707): *An Account of the Rise, Foundation, Progress, and Present State of Gresham-College in London, with the Life of the Founder Sir Thomas Gresham*, London: J. Morphew (e-book).

Gresham, Perry with Carol Jose (1995): *The Sign of the Golden Grasshopper: A Biography of Sir Thomas Gresham*, Illinois: Jameson Books.

Gresham, Sir Thomas (1724): An exact copy of *The Last Will and Testament, of Sir Thomas Gresham, Kt*. To which are added, an abridgement of "An Act of Parliament, passed in the twenty third of Q. Elizabeth, A.D. 1581, for the better performing the last Will of Sir Thomas Gresham, Kt." As also some accounts concerning Gresham College. London: Printed in the year 1724 (e-book).

Guy, John (1988): *Tudor England*, Oxford: Oxford University Press.

Habakkuk, H.J. (1958): "The market for monastic property, 1539-1603", *Economic History Review*, Vol. 10 (3), pp.362-380.

Häberlein, Mark (2012): *The Fuggers of Augsburg: Pursuing Wealth and Honor in Renaissance Germany*, Blacksburg: University of Virginia Press.

Hall, Hubert (1902): *Society in the Elizabethan Age*, London: Swan Sonnenschein, 5th edition.

Hammersley, G. (1957): "The crown woods and their exploitation in the sixteenth and seventeenth centuries", *Bulletin of the Institute of Historical Research*, Vol. 30, pp.136-161.

Hanham, Alison (1973): "Foreign exchange and the English wool merchant in the late fifteenth century", *Bulletin of the Institute of Historical Research*, Vol. 46 (114), pp.160-175.

Harlow, Jonathan (2011)ed.: *The Ledger of Thomas Speed, 1681-1690*, Bristol: Bristol Record Society.

Harriss, G.L. (1963): "Aids, loans and benevolence", *Historical Journal*, Vol. 6, pp.1-19.

Harriss, G.L. (1978): "Thomas Cromwell's 'new principle' of taxation", *English Historical Review*, Vol. 93 (369), pp.721-738.

Harriss, G.L. (1982): "Theory and practice in Royal taxation: some observation", *English Historical Review*, Vol. 97 (385), pp.811-819.

Hartley, Harold and Cyril Hinshelwood (1961): "Gresham College and the Royal Society", *Notes and Records of the Royal Society of London*, Vol. 16 (1), pp.125-135.

Hatcher, John (1977): *Plague, Population and the English Economy, 1348-1530*, London: Macmillan.

Hauser, Henri (1930): "The European financial crisis of 1559", *Journal of Economic and Business History*, Vol. 2, pp.241-255.

Heard, Nigel (1992): *Tudor Economy and Society*, London: Hodder & Stroughton.

Heize, R.W. (1976): *The Proclamations of the Tudor Kings*, Cambridge: Cambridge University Press (2008 reprint).

Hibbert, Christopher (1990): *The Virgin Queen: Elizabeth I, Genius of the Golden Age*, New York: Addison-Wesley.

Hollis, Ⅲ, Daniel (1994): "The crown lands and the financial dilemma in Stuart England", *Albion: a Quarterly Journal Concerned with British Studies*, Vol. 26 (3), pp.419-422.

Hoskins, W.G. (1988): *The Age of Plunder: The England of Henry VIII 1500-1547*, London: Longman (Social and economic history of England).

Howard, Maurice (1995): *The Tudor Image*, London: Tate Gallery.

Hoyle, R.W. (1992)ed.: *The Estates of the English Crown, 1558-1640*, Cambridge: Cambridge University Press.

Hoyle, R.W. (1994): "Crown, parliament and taxation in sixteenth century England", *English Historical Review*, Vol. 109 (434), pp.1174-1196.

Hoyle, R.W. (1997): "Place and public finance", *Transactions of the Royal Historical Society*, Vol. 7, pp.197-215.

Hoyle, R.W. (1998): "Taxation and the mid-Tudor crisis", *Economic History Review*, Vol. 51 (4), pp. 649-675.

Hurstfield, J. (1955): "The profits of fiscal feudalism", *Economic History Review*, Vol. 8 (1), pp.53-61.

Jack, Sybil (1977): *Trade and Industry in Tudor and Stuart England*, London: Allen and Unwin.

Jefferson, Lisa (2009): *The Medieval Account Books of the Mercers of London: An Edition and Translation*, Aldershot: Ashgate.

Johnson, Francis (1940): "Gresham College: Precursor of the Royal Society", *Journal of the History of Ideas*, Vol. 1 (4), pp.413-438.

Judges, A.V. (1926): "Philip Burlamachi: a financier of the Thirty Years' War", *Economica*, Vol. 18, pp.285–300.

Kerridge, Eric (1953): "The movement of rents, 1540-1640", *Economic History Review*, Vol. 6 (1), pp.16-34.

Kervyn de Lettenhove, J. and L. Gilliodts-Van Severen (1882-1900): *Relations politiques des Pay-Bas et de l'Angleterre sous le règne de Philippe II (1555-1579)*, Brussels: Académie Royale de Belgique, 11 Vols.

Kew, John (1970): "The disposal of crown lands and the Devon land market, 1536-1558", *Agricultural History Review*, Vol. 18 (1), pp.93-105.

Kindleberger, Charles (1998): "Economic and financial crises and transformations in sixteenth-century Europe", *Essay in International Finance*, No. 208, Department of Economics, Princeton University.

Kingston, W.H.G. (1880): *The Gold Grasshopper: A Story of the Days of Sir Thomas Gresham, KNT., as narrated in the diary of Ernst Verner, whilom his page and secretary, during the reign of Queens Mary and Elizabeth*, London: The Religious Tract Society (E-book available from www.athelstane.co.uk).

Kinney, Arthur and David Swain (2001)eds.: *Tudor England: An Encyclopedia*, New York: Garland.

Kuehn, George (1940): "The novels of Thomas Deloney as source for 'Climate of opinion' in sixteenth-century economic history", *Journal of Political Economy*, Vol. 48 (6), pp.865-875.

Lacey, Robert (1992): *The Life and Times of Henry VIII*, London: Weidenfeld and Nicolson.

Li, Ling-fan (2012): "Bullion, bills and arbitrage: exchange markets in fourteenth-to seventeenth century Europe", PhD thesis, Department of Economic History, London School of Economics.

Lloyd, T.H. (2000): "Early Elizabethan investigations into exchange and the value of sterling, 1558-1568",*Economic History Review*, Vol. 53 (1), pp.60-83.

Loades, David (2008): *The Life and Career of William Paulet (c.1475-1572), Lord Treasurer and First Marquis of Wincester*, Aldershot: Ashgate.

Louant, Armand (1930): "Gaspard Schetz, seigneur de Grobbendonck, facteur du roi d'Espagne à Anvers (1555-1561)", *Annales de l'académie royale d'archéologie de Belgique*, Vol. 77, pp.315-328.

MacFarlane, Charles (1845): *The Life of Sir Thomas Gresham, Founder of the Royal Exchange*, London: Charles Knight & Co. (e-book).

Martin, John (1892): "*The Grasshopper*" *in Lombard Street*, London: The Leadenhall Press (Kessinger Publishing reprint, 2007).

Mayes, Charles (1957): "The sale of peerages in early Stuart England", *Journal of Modern History*, Vol. 29 (1), pp.21-37.

Mayhew, N.J. (2013): "Prices in England, 1170-1750", *Past and Present*, Vol. 219 (1), pp.3-39.

McDermott, James (2001): *Martin Frobisher: Elizabethan Privateer*, New Haven, CT: Yale-University Press.

Michie, Ranald (1999): *The London Stock Exchange: A History*, Oxford: Oxford University Press.

Mitchell, Brian (1988): *British Historical Statistics,* Cambridge: Cambridge University Press.

Munby, Lionel, Steve Hobbs and Alan Crosby (2002): *Reading Tudor and Stuart Handwriting*, London: British Association for Local History.

Munro, John (2000): "A maze of medieval monetary metrology: determining mint weight in Flanders, France and England from the economics of counterfeiting", *Journal of European Economic History*, Vol. 29 (1), pp.173-199.

Neal, Larry (1990): *The Rise of Financial Capitalism: International Capital Markets in the Age of Reason*, Cambridge: Cambridge University Press.

Nef, J.U. (1942): "War and economic progress, 1540-1640", *Economic History Review*, Vol. 12 (1-2), pp.13-38.

Newton, A.P. (1918): "The establishment of great farm of the English Customs", *Transactions of the Royal Historical Society*, Vol. 1, pp.129-156.

Oldland, John (2014): "Wool and cloth production in late medieval and early Tudor England", *Economic History Review*, Vol. 67, pp.25-47.

Oman, Sir Charles W.C. (1895): "The Tudors and the currency, 1526-1560", *Transactions of the Royal Historical Society*, Vol. 9, pp.167-188.

Outhwaite, R.B. (1964): "Studies in Elizabethan government finance: Royal borrowing and the sales of crown land, 1572-1603", PhD thesis, Nottingham: University of Nottingham.

Outhwaite, R.B. (1966): "The trials of foreign borrowing: the English crown and the Antwerp money market in the mid-sixteenth century", *Economic History Review*, Vol. 19 (2), pp.289-305.

Outhwaite, R.B. (1967): "The price of crown land at the turn of the sixteenth century", *Economic History Review*,Vol. 20 (2), pp.229-240.

Outhwaite, R.B. (1969): *Inflation in Tudor and Early Stuart England*, London: Macmillan.

Outhwaite, R.B. (1971): "Royal borrowing in the reign of Elizabeth I: the aftermath of Antwerp", *English Historical Review*, Vol. 86 (339), pp.251-263.

Palliser, D.M. (1985): *The Age of Elizabeth: England under the Later Tudors, 1547-1603*,London: Longman (Social and economic history of England).

Pezzolo, Luciano and Giuseppe Tattara (2008): "'Una fiera senza luogo': Was Bisenzone an international capital market in sixteenth-century Italy?", *Journal of Economic History*, Vol. 68 (4), pp.1098-1122.

Ponko, Vincent (1968): *The Privy Council and the Spirit of Elizabethan Economic Management, 1558-1603*, Philadelphia: Transactions of American Philosophical Society, Vol. 58, part 4.

Price, William (1906): *The English Patents of Monopoly* (Harvard Economic Studies Vol. 1), Boston: Houghton Mifflin (reprinted by Kessinger Publishing, 2007).

Pryor, Felix (2003): *Elizabeth I: Her Life in Letters*, London: British Library.

Ramsay, George (1957): *English Overseas Trade during the Centuries of Emergence*, London: Macmillan.

Ramsay, George (1962)edited with an introduction: *John Isham, Mercer and Merchant Adventurer: Two Account Books of a London Merchant in the Reign of Elizabeth I*, Durham: Northumberland Press (The Publications of the Northamptonshire Record Society, Vol. 21).

Ramsay, George (1975): *The City of London in International Politics at the Accession of Elizabeth Tudor*, Manchester: Manchester University Press (*The End of the Antwerp Mart*, Vol. 1).

Ramsay, George (1986): *The Queen's Merchants and the Revolt of the Netherlands*, Manchester: Manchester University Press (*The End of the Antwerp Mart*, Vol. 2).

Ramsey, Peter (1953): "Overseas trade in the reign of Henry VII: the evidence of customs accounts", *Economic History Review*, Vol. 6 (2), pp.173-182.

Ramsey, Peter (1968): *Tudor Economic Problems*, London: Victor Gollancz.

Ramsey, Peter (1971)ed.: *The Price Revolution in Sixteenth Century England*, London: Methuen & Co.

Read, Conyers (1933): "Queen Elizabeth's seizure of the Duke of Alva's pay-ships", *Journal of Modern History*, Vol. 5 (4), pp.443-464.

Read, Conyers (1936): "Profits on the recoinage of 1560-1561", *Economic History Review*, Vol. 6 (2), pp.186-193.

Read, Conyers (1955): *Mr. Secretary Cecil and Queen Elizabeth*, London: Jonathan Cape.

Read, Conyers (1959): *Bibliography of British History, Tudor Period, 1485-1603*. Issued under the direction of the American Historical Association and the Royal Historical Society of Great Britain. Oxford: Clarendon Press (reprinted in 1978 by the Harvester Press).

Read, Conyers (1960): *Lord Burghley and Queen Elizabeth*, New York: Alfred A Knopf.

Richardson, Walter Cecil (1953): *Stephen Vaughan, Financial Agent of Henry VIII: A Study of Financial Relations with the Low Countries*, Baton Rouge: Louisiana State University Press.

Richardson, Walter Cecil (1954): "Some financial expedients of Henry VIII", *Economic History Review*, Vol. 7 (1), pp,33-48.

Rolnick, Arthur, François Velde and Warren Weber (1996): "The debasement puzzle: an essay on medieval monetary history", *Journal of Economic History*, Vol. 56 (4), pp.789-808.

Salter, F.R. (1925): *Sir Thomas Gresham, 1518-1579*, London: Leonard Parsons (The Roadmaker Series).

Sargent, Thomas and F. Velde (1995): "Macroeconomic features of the French Revolution", *Journal of Political Economy*,Vol. 103 (3), pp.474-518.

Sargent, Thomas and F. Velde (2002): *The Big Problem of Small Change*, Princeton: Princeton University Press.

Saunders, Ann (1991): *The Royal Exchange*, London: Guardian Royal Exchange (pamphlet).

Saunders, Ann (1997) ed.: *The Royal Exchange*, London Topographical Society.

Schofield, Roger (2004): *Taxation under the Early Tudors, 1485-1547*, Oxford: Blackwell Publishing.

Scott, William (1910-1912): *The Constitution and Finance of English, Scottish and Irish Joint Stock Companies to 1720*, Cambridge: Cambridge University Press, 3 Vols. (reprinted by Thoemmes Press, 1993).

Sinclair, Sir John (1803-1804): *The History of the Public Revenue of the British Empire*, London: T. Cadell and W. Davies, 3rd edition, 3 Vols. (e-book).

Smith, Lacey (1960): "The 'taste for Tudors' since 1940", *Studies in the Renaissance*, Vol. 7, pp.167-183.

Stone, Lawrence (1947): "State control in sixteenth-century England", *Economic History Review*, Vol. 17 (2), pp.103-120.

Stone, Lawrence (1949): "Elizabethan overseas trade", *Economic History Review*, Vol. 2 (1), pp.30-58.

Stone, Lawrence (1956): *An Elizabethan: Sir Horatio Palavicino*, Oxford: Clarendon Press.

Stone, Lawrence (1958): "The Inflation of Honours 1558-1641", *Past and Present*, Vol. 14, pp.45-70.

Stonex, Arthur B. (1923): "Money lending and money-lenders in England during the 16th and 17th centuries", *Schelling Anniversary Papers by His Former Students*, New York: The Century Company, pp. 263-285 (reprinted by Russell and Russell, 1967).

Sussman, Nathan (1993): "Debasement, royal revenues, and inflation in France during the Hundred Years' War, 1415-1422", *Journal of Economic History*, Vol. 53 (1), 44-70.

Sussman, Nathan and Yishay Yafeh (2006): "Institutional reforms, financial development and sovereign debt: Britain 1690-1790", *Journal of Economic History*,Vol. 66 (5), pp.906-935.

Sutton, Anne (2005): *The Mercery of London: Trade, Goods and People, 1130-1578*, Aldershot: Ashgate.

Sutton, Ann and Livia Visser-Fuchs (2009): *The Book of Privileges of the Merchant Adventurers of England, 1296-1483*, Oxford: Oxford University Press for the British Academy.

Sybil, Jack (1977): *Trade and Industry in Tudor and Stuart England*, London: Allen and Unwin.

Tawney, R.H. (1958): *Business and Politics under James I: Lionel Cranfield as Merchant and Minister*, Cambridge: Cambridge University Press.

Tawney, R.H. and Eileen Power (1924)eds.: *Tudor Economic Documents*. Vol. 1: *Agriculture and Industry*, Vol. 2: *Commerce, Finance and the Poor Law*, Vol. 3: *Pamphlets, Memoranda and Literary Extracts*, London: Longmans, Green & Co. (new impression 1951).

Thomas, David (1977): "Leases in reversion on the crown's lands, 1558-1603", *Economic History Review*,Vol. 30 (1), pp.67-72.

Tittler, Robert and Norman Jones (2004) eds.: *A Companion to Tudor Britain*, Oxford: Blackwell.

Tracy, James (2008):*The Foundation of the Dutch Republic: War, Finance, and Politics in Holland, 1572-1588*, Oxford: Oxford University Press.

Unwin, George (1927): "The Merchant Adventurers' Company in the reign of Elizabeth", *Economic History Review*, Vol. 1 (1), pp.35-64.

Unwin, George (1927): *Studies in Economic History: the Collected Papers of George Unwin*, edited with an introductory memoir by R.H. Tawney, London: Frank Cass (1958 reprint).

Van der Wee, H. (1963): *The Growth of the Antwerp Market and the European Economy (fourteenth-sixteenth centuries)*, The Hague: Martinus Nijhoff, 3 Vols. (in 2 books).

Van der Wee, Herman and Ian Blanchard (1992): "The Habsburgs and the Antwerp money market: the exchange crises of 1521 and 1522-1523", in Ian Blanchard *et al.* eds.: *Industry and Finance in Early Modern History: Essays Presented to George Hammersley on the Occasion of his 74th Birthday*, Stuttgart: VSWG-Beiheft, pp. 27-57.

Van Houtte, J.A. (1961): "Anvers aux XVe et XVI siècles: expansion et apogée", *Annales: Economies, Sociétés, Civilisations*, Vol. 16 (2), pp.248-278.

Van Houtte, J.A. (1966): "The rise and decline of the market of Bruges", *Economic History Review*,Vol. 19 (1), pp.29-47.

Van Houtte, J.A. (1977): *An Economic History of the Low Countries, 800–1800,*London: Weidenfeld and Nicolson.

Veitch, John (1986): "Repudiations and confiscations by the medieval state", *Journal of Economic History*, Vol. 46 (1), pp.31-36.

Ward, John (1740): *The Lives of the Professors of Gresham College, to which is prefixed the Life of the Founder, Sir Thomas Gresham* (Dr. John Ward was a professor of rhetoric at

Gresham College, was chosen September the 1,1720, upon the decease of Mr. Martyn), London: Johnson Reprint Corporation, 1967.

Webber Carolyn and Aaron Wildavsky (1986): *A History of Taxation and Expenditure in the Western World*, New York: Simon and Schuster.

Weir, Alison (1998): *Elizabeth the Queen*, London: Jonathan Cape. 董彦廷译 (2012):《伊丽莎白》，新北市：广场出版。

Willan, Thomas (1959):*Studies in Elizabethan Foreign Trade*, Manchester: Manchester University Press.

Willan, Thomas (1962) ed.: *A Tudor Book of Rates*, Manchester: Manchester University Press.

Williams, Penry (1986): *The Tudor Regime*, Oxford: Oxford University Press.

Williamson, James (1991): *The Tudor Age*, London: Longman.

Wilson, Thomas (1572): *A Discourse upon Usury. By way of dialogue and orations, for the better variety and more delight of all those that shall read this treatise*, with an historical introduction by R. H. Tawney, London: G. Bell & Sons, 1925 (New York: Augustus Kelley reprint, 1963).

Winjum, James (1971): "The Journal of Thomas Gresham", *Accounting Review*, Vol. 46 (1), pp.149-155.

Wolffe, B.P. (1964): "Henry VII's land revenues and chamber finance", *English Historical Review*, Vol. 79 (311), pp.225-254.

Wolffe, B.P. (1970): *The Crown Lands, 1461-1536*, London: George Allen and Unwin.

Wyndham, Katherine (1980): "Crown land and Royal patronage in mid-sixteenth century England", *Journal of British Studies*, Vol. 19 (2), pp.18-34.

Yamey, B.S. (1949): "Scientific bookkeeping and the rise of capitalism", *Economic History Review*, Vol. 1 (2-3), pp.99-113.

Youings, J.A. (1954): "The terms of the disposal of the Devon monastic lands, 1536-1558", *English Historical Review*, Vol. 69 (270), pp.18-38.

Young, Frederick (1976): *The Proclamations of the Tudor Queens*, Cambridge: Cambridge University Press (2008 reprint).

张淑勤（2010）《低地国（荷比卢）史：新欧洲的核心》，台北：三民书局（增订二版）。

张淑勤（2012）《荷兰史》，台北：三民书局。

索引

图书在版编目（CIP）数据

王室与巨贾：格雷欣爵士与都铎王朝的外债筹措 / 赖建诚著. — 杭州：浙江大学出版社，2015.12
ISBN 978-7-308-15270-9

Ⅰ. ①王… Ⅱ. ①赖… Ⅲ. ①金融－经济史－研究－英国－近代 Ⅳ. ①K835.619

中国版本图书馆 CIP 数据核字 (2015) 第 248849 号

王室与巨贾：格雷欣爵士与都铎王朝的外债筹措
赖建诚 著

责任编辑 王志毅
文字编辑 张　扬
责任校对 周元君
装帧设计 王小阳
出版发行 浙江大学出版社
（杭州天目山路 148 号　邮政编码 310007）
（网址：http:// www.zjupress.com）
排　　版 北京大观世纪文化传媒有限公司
印　　刷 北京天宇万达印刷有限公司
开　　本 635mm×965mm　1/16
印　　张 25
字　　数 374千
版 印 次 2015年12月第1版　2015年12月第1次印刷
书　　号 ISBN 978-7-308-15270-9
定　　价 56.00元

浙江大学出版社发行部联系方式：（0571）88925591；http://zjdxcbs.tmall.com